ハーゲドン
情熱の生涯

理想のインスリンを求めて

トルステン・
デッカート 著

大森安恵
成田あゆみ 訳

時空出版

Torsten Deckert

H. C. Hagedorn
and Danish Insulin

Published by The Poul Kristensen Publishing Co.
Nr. Vejenvej 8, DK - 7400 Herning, Denmark

回診中のハーゲドン博士

マーグレーテ・スヴェン=ポールセンによる油彩
ベント・ボーセン撮影

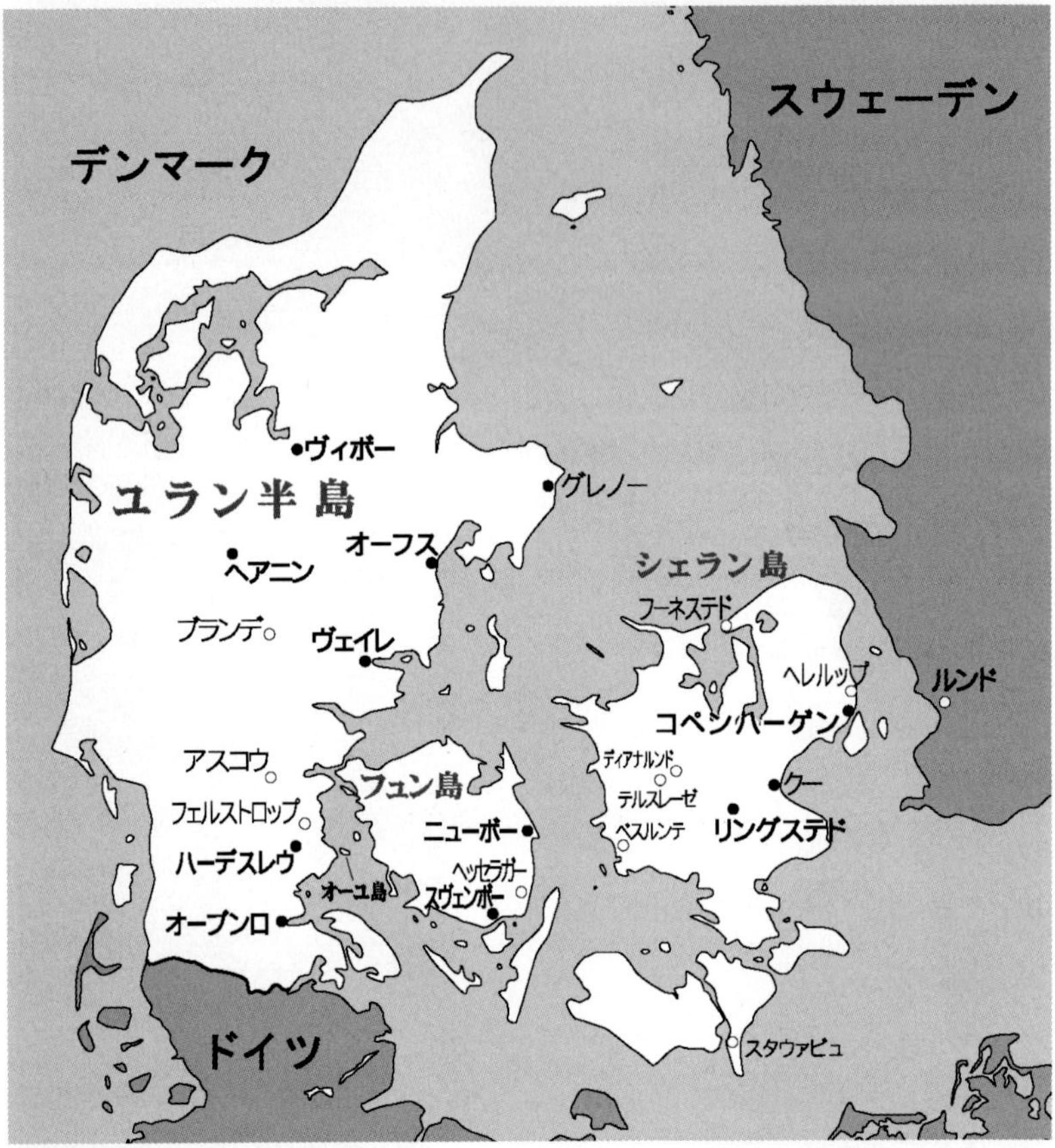

本図は日本語版発行に際して編集部で作成した

はじめに

デンマークはインスリン生産量世界第一位を誇るとともに、インスリン依存型糖尿病治療の分野で世界最先端の組織を擁しています。こうした実績の礎を築いた人物の一人がＨ・Ｃ・ハーゲドン博士です。博士のエネルギー、発明の才、そして実用に向けたセンスにより、一九一八年に史上初の血糖測定法の開発に成功したのに続き、一九二三年にはインスリン治療法の開始、一九三二年には糖尿病に対するヨーロッパのモデル病院設立、そして一九三六年には世界初にして、現在でも同種のものとしては最高峰に位置する持続型インスリンの開発が、それぞれ実現したのです。彼なくしては、デンマークがこれほど長期にわたってトップの座を維持することは不可能だったことでしょう。

ハーゲドンはルネサンス的人間、圧倒的な存在感を放ち、深い教養と多方面にわたる該博な知識を誇る全人的人間であり、その風貌をひと目見たものには忘れがたい印象を残すとともに、論争相手として恐れられる人物でした。その一方で、彼はまた人道主義者であり、持てるものを気前よく与える一面も持っていました。歴史のベールに覆い隠され、他人の野心によってその人物像が歪曲されてしまう前に、その業績と人物像を描いておく時期がそろそろやってきたのではないでしょうか。

ハーゲドンは自伝も書かず、また子供もいなかったため、私がその仕事を引き受けることにしました。彼には敵が多かったことは重々承知しています。しかし、資料は豊富であったことが作業の助けになりました。本書は、ハーゲドンの手による文章のほとんどを保管している、ステノ糖尿病センター、以前のステノメモリアル病院所蔵の資料を土台にしています。

ブランデの役所（ヤコブ・ヤコブセン氏）、グドメの役所（リーバー・ニールセン氏）、ヘアニン病院サービス（ヴィヴィアン・アスフェルト博士）、北ユラン地域文書館、デンマーク国立文書館、デンマーク王立図書館、デンマーク王立爵位事務局、コロニエン・フィラデルフィア（ベント・ゴールボ氏、ジョン・A・イェンセン博士）、動物学博物館、国立美術館（カーステン・ミュラー氏）、ノボ ノルディスク図書館（インガー・マリー・クロー氏）、デンマーク特許局は、いずれも貴重な情報を提供してくださいました。また、ハーゲドンのご家族、ご友人、および関係者の方々、さらには元職員ならびにその家族の皆様方にはとりわけ感謝しております。皆様は私をあたたかく迎え入れ、しつこい質問にも快く答えてくださいました。特にハーゲドン博士の甥や姪にあたる方々には非常に辛抱強くお付合いいただいたほか、手紙や日記、写真を快くお貸しいただきました。これらを加えた結果、本書は家族史の側面を持つこととなりました。

妻リーセ、妹マーヤ、そしてユルゲン・ベルグ、モーンス・イヴァーセン、ニールス・シュヴァルツ・ソレンセン、ヨルン・ネルップといった友人たちには、資料の入力を手伝っていただきました。英国ノリッジ大学のグリン・ジョーンズ教授は、本書をデンマーク語から英訳してくださいました。同教授に加え、出版社のポール・クリステンセン氏、印刷所のユルゲン・クリステンセン氏には、多大なるご協力を賜りました。そして本書の編集と仕上がりを可能にしたのは、一九八一年のヴェルックス基金、ヴェラ ＆ カール・ヨハン・ミケルセン奨学基金、ステノ糖尿病センター、およびノボ ノルディスク財団による資金援助があってこそにほかなりません。ここに改めて感謝の意を捧げます。

二〇〇〇年六月

シャルロッテンルンドにて　　トルステン・デッカート

＜翻訳協力＞

佐藤麻子（さとう・あさこ）
東京女子医科大学 糖尿病センター講師

横山宏樹（よこやま・ひろき）
自由が丘横山内科クリニック院長
元東京女子医科大学 糖尿病センター

中神朋子（なかがみ・ともこ）
東京女子医科大学 糖尿病センター講師

柳澤慶香（やなぎさわ・けいこ）
東京女子医科大学 糖尿病センター助教

目次

1 背　景（一八八八年以前）

朝鮮半島沖での遭難

慈悲深く同胞のことを大切に思ってくださるキリスト教徒の方へ。

万一この手紙をご覧になるキリスト教徒の方がいらしたら、どうかお願い申し上げます。一八六五年八月三一日、ロシアの帆船ハミラ・ミッチェル号が朝鮮半島沿岸で座礁したことを公に知らせていただきたいのです。座礁した町の住人は、私たちをこの地に一四日間引き止め、再び帆船へと向かわせようとしています。ボートには羅針盤もその他必需品もないので、私たちが死に向かうのはほぼ確実です。もはや、愛する故郷の友人たちにこの事実が公にされるよう切に願うのみです。

御心の天になるがごとく！

L・バーフレド

こうして自らの船が朝鮮半島沿岸で座礁したことを、つたない英語で書き送っているイェンス・ラウリッツ・バーフレド Jens Lauritz Barfred 船長こそ、ハンス・クリスチャン・ハーゲドン Hans Christian Hagedorn の母方の祖父である。この座礁の記録には、のちにハーゲドンの人生において重要な意味を持つ何人かの人物が登場することから、ここに全体を紹介したい。(1)

愛するマリー Marie、そしてかわいいキャロライン Caroline。おまえたちが大きくなって初めてこれを読むべきだと私は考えているのだから、大海原で幼な子の誕生を待ち受けるのがどんなに気をもむことか、そしておまえたちの憐れな二人のお母さまたちが、私の長旅に同行するにはどんなに苦悩を味わったに違いないかを汲みとってやらねばならないのだよ。同じ理由で私は多くの困難を味わってもきたが、離れ離れになるのは耐え難いことだから、私が家族を伴って出た旅では神様はやはりすべてがうまくいくようにしてくださったのだ。そう考えると、私たちの婚約に際して、クリスチアーネ Christiane が、間もなく出かけるアムール川への旅に同行するときっぱり言ってくれたのはとても嬉しいことだった。

一八六四年一二月一日に私たちはコペンハーゲンを出航したが、こうした折の常で、心配そうな身内の人々や友人たち、そして愛するマリーを置いていった。私たちとしては後に残していく者のことを案じてはいたが、それを除けば絶好の船出だった。乗船している帆船ハミラ・ミッチェル号の修復は上出来だったし必要なものはすべてきちんと揃っていたからだ。おまえたちのお母さま、大事なクリスチアーネはこの船旅でかなり長い間具合がよくなかったが、それでもそのときを除いてはすっか

ラウリッツ・バーフレド
朝鮮半島沖で沈没したハミラ・ミッチェル号の船長.
ハーゲドンの母方の祖父

り元気になったし、しかもバタビア（現在のジャカルタ）に飲み水を積み込むため寄港したのだが、そのことは、異例な出来事など何もなく旅が進んでいるとクリスチアーネに教えてやれる機会をこうして私に与えてくれた。

やがて私たちは一八六五年六月二九日に荷揚げのための停泊地カルトリア湾にたどりついた。船から荷物を降ろしたり底荷（バラスト）を積み込んだりしている間、お母さまと私は、この地の人々が家で過ごすのとほぼ同じようにともに時間を過ごした。散歩をし、釣りを楽しみ、花を摘み、ギラ（現地の人々はそう呼んでいた）を観賞した。そのほかにも私が彼女に読み聞かせをし、彼女は私のために音楽を演奏してくれもした。

八月一三日に船の出航の準備が整うと、

私たちは中国を目指して再び海へ出た。このとき、小さな子供がきっと授かるはずだと思っていたので、お母さまはそれに備えて何枚かの赤ん坊の産着を持ってきていた。この小さな赤ん坊が生まれたときの状況や可哀想なクリスチアーネがどれほど苦しまなければならなかったかを思うと、今でもこの身が震えるほどだ。小さな赤ん坊とはおまえのことだよ、愛するキャロライン。神様はおまえがお母さまに似てくることを許したもうたのだ。

旅は八月三〇日から三一日の夜までは穏やかに進んでいた。昼のうちに雨が降り出し、夜になって視界が極めて悪くなった。翌日には通過したいと考えていた朝鮮海峡に急速に接近していた。小さな帆を巻き上げる必要があった。船の位置はかなり正確に把握していたので、海図が信頼できるものでありさえしたなら、不運な出来事もなくこの船旅は順調に進んでいただろうに。さらに、さほど遠くない海で荒れ狂う台風のせいで、ただならぬほど大きな潮流が起こっていた。一二時から午前一時には霧を透かして陸地が私たちのすぐ目の前に見え、三方をすっかり取り囲まれてしまった。何が起きたのか分からない状態は長くは続かず、おそらく五分くらいたって船は座礁し、こうして私はすべてを失ったことを知った。

助けられる見込みについては、夜明けまでは判断できない状況だった。夜明けまで船は持ちこたえられるだろうか。それにますます強まっていた風で、救命ボートが使えないということにはならないだろうか。多くの人命を預かり、さらに妻を船に乗せてしまった自分にとって、恐怖に満ちた一夜だった。クリスチアーネにとっては、可哀想なことに、自分が置かれた状況を考えると恐ろしいことだったし、さらに船長である私のためにも辛い思いをしたのだと思う。それでも彼女はけなげに私たちの持ち物をかき集め、もしかすると助かるかもしれないという希望を抱いて、すべて持ち運びできるように荷物をまとめた。

　ようやく夜が明けた。そのとき、何という光景が朝日に照らされたことだろう。夜の間に、私はマストを海の中に捨ててしまっておいた。船を転覆させてさらに手ひどい損害を与えそうだったからだ。私たちはウンコフスキー湾に座礁しており、そこには小さな町があった。町の人々からたいして助けを得られないことはよく分かっていたものの、それでも何がしかの援助を期待していたし、その間もとにかく命が助かったことを神に感謝した。そこで荷物をボートにまとめてハミラ・ミッチェル号に別れを告げ、陸へ向かって漕ぎ出した。

　午後二時ごろ、前述の小さな町へとたどりついたが、きっぱりと拒絶された。身振りや手まねでひとしきりやり取りした後、ここの人々からしてもらえることは何もないと思い知らされて、さしあたり船の残骸へ向けて再び漕ぎ出した。もはや私には、できるだけ細心の注意を払って海岸を南下していくか、さもなくば日本へたどり着くよう試みるしかなすすべはなかった。むろん、日本はさほど遠く離れていなかったし、あるいは航海中の船に行き合うかもしれなかった。

　食糧や飲み水は十分にあったうえ、さらにボートに必要なすべての道具や海図を残して持っていたので、あとは長崎へたどりつくのに数日好天が続き、かなりの風が吹いてくれさえすればよかった。だが、天候は相変わらず芳しくなかった。困難は、ボートが浸水したり大破したりすることなく、この深い入り江から脱出することにあった。もう少し先に進んだ頃になって、どこで避難所を探すことができるかを私は悟った。ここで、なくても当座は困らないものを海へ投げ捨てることにしなければならなかった。そしてそれが済むと、このうえなく哀しい旅が始まった。

船の残骸からたいして離れていないところまでしか進んでいなかったが、夜は足早に迫っていた。その様子は、人の目で見ればまるで私たちが海の中へと沈むためにボートを漕いでいるような眺めだった。町の人々にもそれが分かったので、今度ばかりは私たちが難破船に留まることができないと理解したのだろう、船を一艘こちらへ寄こして、岸まで来たらいいと私たちに知らせた。おかげでこのときは、命が助かり、天候がよくなれば大きなボートで日本まで行こうという希望を相変わらず持っていた。

みすぼらしい小屋が与えられたが、有難いことに二部屋に分かれていて、船から持ってきていたものや、必要とあれば私たち全員も入れる大きさだった。素晴らしい天気が訪れていたが、それを生かしてここから出発することは許されず、私たちはここで五日間を過ごした。この滞在には当惑するばかりだった。

最初の二日間、私たちを見物しに大勢の人々が押しかけて人だかりができ、そのため私たちの惨めな住まいからはもう少しで空気がなくなりかけた。後になって、町の偉い人物と思しき人がやってきて、私たちからかなり距離をとるよう住民を引き離してくれた。彼は彼なりにたいへん親切だったが、一方で私たちがくれぐれもこっそり抜け出さぬようとても用心した。私たちについての報告書がこの国の内地に送られていて、返事は一二日間経たないと受け取れないということを、彼は手振りで私に教えた。そのときまでおとなしくこの場所に留まっていなければならないのだ。

困ったことに、私たちは（ほんのわずかながら）彼らの国に入り込んでしまっていた。この国は世界中の国々から全く孤立していたし、後はさっさと自分たちの思い通りにすることなど許されなかった。

こうした国々の慣習など何も知らない船の乗組員たちは、留め置かれた日々の間も元気でおり、現地の役人たちの手で中国あるいは日本へ渡る手助けをしてもらえるものと期待して疑わなかった。他方で、私は航海が許されるように大型の漁船を購入しようと本当に骨を折った。しかし何より、私の友となったこの官吏には全くと言っていいほど認めてもらえなかった。彼は私たちの持ち物を念入りに調べてはその使い道を尋ねて、あまつさえ面白がっていた。挙句の果てに、この役人（あるいは官吏）は私たちの小屋に住みたがった。彼の居場所があまりに狭いことは否定できず、それで件（くだん）の大型漁船（伝馬船）を私たちの住まいとして手に入れさせた。

こうして、編んで作ったむしろの屋根を船の上に組み立てて帆を張り、自分らの持ち物すべてを船へと持ち出した後に私たちは船に乗り移った。このとき、船は岸すれすれにつながれた。帆船のボートは漁船の横に浮かべて台所として使うことにした。このように今度は海上で暮らすことになったので、見張りは前よりずっと厳しくなり、私たちがとにかく脱出を試みようとしているといって、逃げ出す手立てはすべて奪い去ってしまった。

幸いなことに、最後の四本のオールだけは持っていかないよう断固として抵抗したので、結局のところ官吏はすでに取り上げた物に満足してオールは持っていてよいことになった。このことで、後になって私たちは自分たちの命を救う手段を手に入れたのだった。私としては好天に恵まれている間に奔出してしまいたいと強く感じていたのだ、とここに申し述べよう。しかし、そのような大変なことを本当にやろうと考える航海士あるいは乗組員はいなかったし、それどころか望ましいとさえ思わなかったので、日に日に脱出がいっそう難しくなっていったのは明らかだった。

伝馬船の後部でお母さまと私は、できる限り精一杯自分たちの物をきちんと整えて、箱や帆布で壁を作って他の乗組員たちからは少なくとも距離を置いていた。陸から船に移ったのは九月五日のことで、赤ん坊がまもなく生まれてくることが分かっていた。お母さまの辛抱強さ、愛情、そして思いやりに満ちた神への信頼を私は忘れることができない。彼女はすこぶる冷静で希望に満ちていた。難しい立場に置かれた私にとって、そのことがどれだけ気持ちを安らかにしてくれたか、おまえたちにはきっと分かってもらえるだろう。

九月七日の朝におまえは私たちのもとにやってきたのだよ、愛するかわいいキャロライン。そのときお母さまはこれ以上考えられないくらい立派だった。おまえはきれいな赤ん坊で健康そうだった。こうして素晴らしい幸運に恵まれてとても幸福だったので、私たちは先行きについて前よりも大きな自信を持った見方をした。あと数日はこの船に留まっても、とりあえずは構わないと私は考えた。

食料はたっぷりとあったし、地元の人々が必要なだけ飲み水や燃料を与えてくれた。日本の長崎は、私たちのいる場所からたった九七キロメートルほど先にあったので、私はまだ自分たちが住まいにしている伝馬船を、ずっと持ち続けることができるよう望んでいて、自分が持っている銀貨で代金を支払おうと、その一部を見せた。ともかくも九月九日の日曜日までは伝馬船に住んでいたが、この日の夕方にかけて嵐が起こり、午後一〇時ごろますます激しくなったので、伝馬船を陸地につないであったロープがすべてほどけて私たちはものすごい速さで流されて行った。

乗組員たちは、例の四本のオールをしまってある帆船のボートで、岸に漕ぎ戻ることができるとまだ考えていた。私は全く不可能だと思ったし、前述のように産後二日で苦しんでいる憐れな妻にとってはそのことは間違いなく死を意味すると考えた。そこで、航海士とその他全員に、脱出するつもりがあるなら急いで行くように、また私たち夫婦を置いていくように、小さな赤ん坊は自分たちに任せておくようにと頼んだ。

ほぼ全員がもうボートに乗っていて、一緒に行きたいならすぐに来なければならないと誰彼構わずに大声で叫んでいた。私は状況を見極めるためにテントのすぐ外にいたが、事態はたいそう逼迫（ひっぱく）しているようだった。そのとき、小柄な若者が可哀想な我が妻クリスチアーネのところへこっそり近づいて、とにかくできるなら一緒に来てほしいと懇願した。このような形で私たちと離れ離れになるのは嫌だと思ったのだ。自分たちはおそらく陸地にたどり着けるだろうが、かたやクリスチアーネはきっと海の底に沈んで私や子供まで一緒に連れて行ってしまうに違いないと若者は考えた。彼の名はウィリアム・ヘッセレーヤー William Hesselager といった。

私が戻ってみると、妻は何枚か服を身に着けているところだった。私たちはすばやく彼女をボートに移し入れ、さらに必要な衣服の入った小さな鞄とさまざまな物を詰めた袋を持っていった。ようやく私自身が彼らの後から転がるようにボートに乗り移った。思ったとおり最後の一人だった。船とボートをつないでいるロープは瞬く間にほどけた。これらすべてがたった一瞬の出来事だったのは言うまでもないが、嵐が荒れ狂っている限り状況はとにかく悪く、いやむしろ悪化しており、岸に漕ぎ戻るのは絶対に不可能だった。ほぼその瞬間に、乗組員の一人がいなくなっているのに気づき、彼が叫び声を上げるのも聞こえた。だが、別の二名が行方不明であることは、数時間たった夜明けになって初めて分かったことだ。

　乗組員は懸命に固い決意でオールを漕いでくれたが、私たちは依然として陸から離れたところを漂流していた。したがって、波のうねりはいよいよ高くなり、今にも私たちを飲み込みそうだった。膝に赤ん坊を抱いた憐れな妻を、ボートの舳先（へさき）の恐ろしく居心地の悪い場所へとどうにか乗せていた。船員たちの何枚ものセーターにくるまれて妻は十分に暖を取れたが、ずぶ濡れになると今度は服の重みがひどく重くのしかかった。私には、妻を包む服をしっかりとかかえ、時おり彼女の足を交互に少し動かしてやるほかは、海とオールを握る乗組員に注意を向けることしかできなかった。

　このように私たちは一夜を過ごした。嵐は午前一時までには幾分弱まっていたが、昼前には再び陸へ近づくための困難が待ち構えていた。今夜が自分の生涯最後の夜だと確信していたので、私は故郷に残してきた愛する者たちのことを最愛の妻に言い聞かせた。彼らにとって私たちは跡形もなく消え失せていくのだと。おまえについては、かわいいマリー、ベスルンテにいる私の身内の者たちの元で無事でいることが分かっていると。そしておまえたちにせめて小さな土地を残してきたと。この世で過ごした人生において為し得たことと為し得なかったことすべてに長く思いをめぐらせた後、私は人生にきっぱりと別れを告げた。

それにたとえ陸にたどり着いたとして、何が私たちを待ち受けただろうか。妻の健康はおそらく損なわれただろう。医者の助けもなくきちんとした食糧もない。衣服などもってのほかだし、私たちを助けることもできずその気もないよそ者の中に入り込んでしまったのだ。そう考えると、神がこのように私の苦しみを終わらせてくれるのは当然のことのように思えた。クリスチアーネに溺死について言い聞かせ、彼女の気持ちを落ち着かせようとした。可哀想に妻は、自分を置いていけば私が助かる見込みはないのだろうかとそのときも私に尋ねた。なるほど、本当は私よりも彼女のほうが慰め上手だったのだ。

前述のとおり、今夜は我らが救世主にお目にかかる前の最後の夜だと決め付けていた。もうすべて終わりなのだと。それどころかその時は死を願わんばかりだった。私は年老いた船乗りであり、乗船者の中で自分たちのあやふやな運命を完璧に把握している唯一の人間だった。伝馬船に残してきた者たちも恐らく天に召されたろうと思った。だが私は間違っていた。現実にはどちらも起こらなかったし、お母さまはまだ神が助けの手を差し延べてくれると信じていた。ようやく彼女が正しいことがはっきりしたうえ、お母さまはこの恐ろしい出来事の後で弱った身体をどうにか快復しようとした。

前述のように、昼前になってついに陸地にたどりついた。自分たちがいた場所よりも岸に沿ってかなり南下していた。しかしそこはボートを繋ぐにはあまりに剣呑（けんのん）な場所だったので、やはり元いた場所へ再び戻ろうとした。しかし、潮流が強くてそれは不可能だと分かり、結果的に地元の人々によってボートを岸に手繰り寄せてもらい、我らが友の官吏が再びやってくるまで自分たちが精一杯うまくやっていけるかを見極めざるを得なくなった。官吏は間違いなくすぐにやってくるはずだった。

不運な乗組員たちは疲れきっていたのであっという間に地面に伏して、かなり強い日差しの中で眠ってしまった。そうこうするうちに、私は彼らをまた立ち上がらせ、船から持ってきたオールと帆布でテントを二つ作り、お母さまと私のために一つが与えられた。何もかもずぶ濡れだった。そこで、わずかな持ち物を自分たちの周りに広げて日に当て、少し身体を休めようとした。憐れな妻のベッドときたら何ということだ。果たしてこれからどうなってしまうのだろう。私たちはもはや必要最低限の衣服しか持っていなかった。食糧は、米を少しとライ麦少々、茶葉をちょっとにイワシの缶詰を一缶、シロップの瓶が数個という有様だった。

地元の住民たちの、親しげながらも歓迎すべからざる視線から守ってくれる役人がいなかったので、私たちの置かれた立場は極めて不愉快きわまるものだった。当然ながらテントは濡れて砂まみれだった。のちに、テントが日に当たって乾くと、帆布が動くたびに上から砂が降ってきた。帆布は詮索好きな人々が何かにつけめくり上げるのだった。このように、防ぐこともできずにクリスチアーネと小さな赤ん坊の上には大量の砂が落ちてきた。もっとも、私たちを悩ませる人々の何人かとは、私は幾度となく折り合いをつけようと頑張ったのだが。一方で、この嫌がらせは夕方になるにつれて鎮まるだろう、そして翌日になれば役人が助けを寄こしてくれるだろうと願っていたし、それは間違いではなかった。

こうして私が着るものやテントを見張っている間、可哀想なお母さまは腰を下ろし、砂や汚れを避けたり赤ん坊を清潔にしたりしておこうとし、彼女は驚くほどうまくやっていた。もちろん私は何度もテントを覗いたのだが、そんなあるとき彼女がむせび泣いているのに気付いた。そうなのだ、彼女は座って、ようやく乳房に母乳が流れ始め、これで小さな赤ん坊が目の前ですぐに死ぬようなことにはならないのだからと嬉しくて泣いているのだった。この様子を見て私もまた喜んだが、妻の体力を持ち続けるために何をしてやれるのだろうか。何と切ない辛い思いだろう。

私たちは、涼しいその夜よく眠った。そして翌日、ウンコフスキー湾から友人の一人が私たちを連れ戻そうと本当に助けにやって来た。そこで我らが友である官吏に再び出会ったのだが、彼はまだ国の内地からの命令を待っていた。地元の住人は新鮮な肉を少しとカボチャをいくつか私たちにくれた。私たちは、ぼろぼろになっていたボートに空いた穴をふさぎ、ときが来たらできるだけ遠くまで航海できるよう準備を整えた。

ようやく、九月一三日に、私たちの運命が定められたと伝えられ、できるだけ早く発たなければならないと手振りで説明を受けた。地元の住人は飲み水、燃料、米、カボチャ数個、塩をして干した魚少々、鋼材、石、海綿などをくれた。しかし彼らは私たちを陸へ揚げようとはしなかった。羅針盤や経線儀(クロノメーター)などももう無くなってしまっていたので、陸へ揚がろうがほとんど違いはなかった。私たちは海に出て消え失せなければならなかった。どのような方法で出て行くかが問題だった。

翌日の早朝、私たちは出航した。私は乗組員たちに希望を吹き込んでやろうと最大限の努力をした。実際には私自身がほとんど希望を持っていなかったことは、年長の船乗りたちには何となく分かってもらえるだろう。しかし他に選択の余地はなかったので、天気がまだ穏やかな間に是非とも脱出したいと願わざるを得なかった。私は自分たちの不運な運命について鉛筆で記録を取っていた。ことによると宣教師がいつかそれを見つけ出して、この悲しい運命についての知らせが故郷へ届くだろうと期待していた。

しかしわれらが友、官吏はそうした面倒な事柄に手をつけるつもりはなかった。私たちは何の痕跡も残さず旅立つことになっていたし、そうすれば官吏はいかなる面倒からも解放されるというわけだった。私が書いたものを受け取ろうとはしなかった。詮索好きな地元民を私たちから遠ざけようと、できることはしてくれたのだった。住民たちは私たちの持ち物をよく盗んだが、そのようなときは官吏が当番の見張りの臀部を四枚の松の厚板で叩いたので、銃声のような破裂音がした。彼の自由になるような食糧を分けてくれたし、分別のある人間がそれ以上何を要求できたろうか。陸にいるわけにいかないのだから海へ出なければならなかった。好天に恵まれたとき、直ちに出航させようとしなかったために私たちがすべてを失ってしまったことは考慮されなかった。法が決着をつけなければならない。難破した人間たちが朝鮮でどのように扱われたかを、外部の世界へ知らせる手助けを彼らがしようとしなかったからといって、誰も驚きはしないのだ。

私たちが溺れ死んでも、どのように死んだかは誰にも分からないだろうと思いながら、こうして海に出て行った。我らが友人の朝鮮人たちはときどき私たちの噂をし、ひょっとしたら別の国の人々の所にたどり着き、その幸運を利用して彼らの悪口を言うだろうかと思案するに違いないと思う。私は前述の官吏の顔を本当によく覚えている。大きな丸い鼈甲眼鏡が、少しずつ持ち上がって額のところに止めておけるように、だらだらと段のようになった鼻にかかっているので、物を食べようとするたびに彼の廷臣たちが笑い声を発した。

憐れな乗組員たちはもうすでに、東洋人たちが助けになるとは思わないという私の考えが正しかったことや、直ちに脱出できていたら幸運だったろうということも分かっていたが、そのことを除けば皆元気でとても優しかった。また私は、日本に無事たどり着くか、おそらく航海中の船に行き合うかするだろうという自分の意見を彼らにどうにか伝えもした。他の船に行き合うことにあらかたの望みをかけていたが、このような遥か北の海では近づく季節にほんのわずかの船しか期待できなかった。私たちは漕いで沿岸を南下して進んだが、たとえ大雑把にしろ、どこまで行き着いたのかを判断するのは全く不可能だった。二日経って風が南向きに変わったのでなおさらだった。しかし、背後には依然として日本へ向かう潮が流れており、それが救いだった。

昼間は太陽に、夜間は夜露にたいそう悩まされた。全力で前に進もうとしたが、見通しは暗かった。赤ん坊の可哀想な母親に、服が濡れたときに着たまま乾かすのを辛抱できるよう長く期待することはできなかった。彼女は濡れた帆にひどく具合が悪そうに横たわり、何も食べることができないでいるのに小さなキャロラインに栄養を与えなければならなかった。おおよそニンジンのような味の生のカボチャひと切れ、煮た米かライ麦を少々、時には船に少しだけ持ってきた塩漬け肉の小さなひと切れ、一日にイワシ一匹が彼女に食べさせてやれるすべてだった。

九月一七日の夕方近くに北東から風が吹き始め、うねりが高まった。天気は恐ろしく荒れてきたようで、ボートはひどく水漏れしていた。私自身は舵を取って高波を避けようと最善を尽くしていたが、それでも時おりボートは水をかぶり、憐れな妻と赤ん坊はまたもやずぶ濡れになった。このときが、私が助かる希望を捨てた二度目だった。先行きは本当に真っ暗のようだったので、妻と赤ん坊が餓死したり衰弱死するのを見るより突然死の方がましだと考えたとしてもきっと許されるに違いない。このとき母子は間違いなくもう十分に衰弱して見えた。やせ細った四肢と妻の青白く辛抱強い顔を、私は決して忘れないだろう。

嵐が弱まった。日が差してくると私たちは懸命に身体を乾かしたが、すぐに少し離れたところに一隻の船が浮かんでいるのが目に飛び込んできた。後で分かったことだが、それは日本の函館に向かうイギリスのスクーナーだった。渾身の力をこめて船を漕ぎスクーナーを追ったが無駄だった。向こうからは私たちが見えなかったし、正午までにはへとへとに疲れ切ってしまい、スクーナーは視界から消え去りかけていた。これは痛恨の一撃だった。もはやたいそうくたびれ果てて、眠ろうと身体を横たえた。

午後三時頃起こされて、また別の船がこちらへ向かって来るのが見えるという知らせを聞いたときは、頭が少し混乱して寝ぼけていい加減に話をしたので、これを聞いた哀れな妻は、辛苦や悲しみから私の気が狂ってしまったと考えて、またもや恐ろしい思いをせざるを得なかった。おお、神よ、彼女はすぐに自分の間違いに気付き、私たちは再び全力でこの船に見つけてもらえるくらい近寄ろうと頑張り始めた。今度はうまくいった。追い風を受けて瞬く間に船に近づき、たいした努力もせずにこの進路を真っ直ぐに進むことができた。しかし私たちが視界に入らないのだろうか。これは私たちをおよそ二時間苦しめた疑問だった。小さな布切れをマストの最上部に結びつけた。クリスチアーネはずっと手を振り続けた。私は船の舵を取った。乗組員は漕いだ。午後五時頃、ブリッグ（横帆の二本マストの船）の乗組員が私たちを乗り移らせる準備をしているのが目に入った。

こうして私たちを救助してくれたのは、スコットランドのブリッグ、ウイリアム・ランデル・オブ・グラスゴー号、船長はジェームズ・センプル James Semple で函館へ向けて航行中だった。素晴らしい人々が、窮境にいる私たちを助けようと、できることすべてをやってくれた。私は足がひどく弱ったように感じていたが、これはそれほど長時間このような悪い姿勢を取らされたせいだった。しかし不運な妻はまだ多くを耐え忍ばねばならなかった。二週間近く後になってようやく函館に到着し、妻に適切な治療を施し、小さなキャロラインにきちんとした食べ物を与える手配をした。妻のみじめな乳房は空になっていたので、赤ん坊は授乳時間の半分以上は虚しく吸うだけだった。おまえたちの憐れなお母さまはそれ以上に体調がすぐれなかった。右の乳房がひどく痛み始め、その上熱が上がってきたが、今度は驚くほどすばやく熱が下がった。私たちは、恐らく伝馬船でひどく虱（しらみ）をうつされてもいたので、可哀想な妻はこの苦しみから快復するのに長時間を要した。

前述の通り、立派なセンプル船長とともに二週間を過ごした後、私たちは函館に到着した。そこには一週間滞在し、考え得るこの上ない無類の厚意を味わった。到着するや否や、センプル船長の代理人であるウィルキー氏が船長と相談するために船へ乗ってきた。私たちに会って話を聞き、ボートを差し向けるために急いで陸に戻り、私たちの到着を知らせるよう彼の妻に電報を打った。こうして、まことに短時間ですべての手配がなされ、函館で提供され得るあらゆる援助が妻のために得られることとなった。

素晴らしい治療ときちんとした食事が与えられ、母子は数日で快方へ向かった。小さなキャロラインはさらによくなっていた。このおちびさんは、すくすくと育って私たち夫婦には得も言われぬ喜びだった。反対に、おまえたちの可哀想なお母さまは乳房が激しく痛み始め、そのため長崎で手術を受けねばならなかったが、それも一一月初旬にはすっかりよくなった。先に言ったように、私たちはウィルキー氏と彼の素敵な夫人の家に一週間滞在した。ここでかわいいキャロラインは、広東にあるイギリス会衆派の牧師グレイ氏によって洗礼を受けた。ウィルキー夫人のほか函館に住む何人かの婦人が、自分たちの服の中から必要のない物を哀れな妻に持ってきてくれ、これから故郷へ帰る旅に十分な備えができた。私たちはこうした親切な人々に別れを告げ、イギリスの汽船フジヤマ号に乗船して長崎と上海へ向かった。

この旅路はひどく憂鬱なもので、憐れな妻クリスチアーネは非常に苦しんでいて、またもやすっかり身体が弱ってしまった。しかし運よく、赤ん坊は左側の乳房で満足しており、しじゅう私が温湿布を当てていた右側の乳房にはそう関心を示さなかった。このときは難渋した。長崎で私たちを診てくれたオランダ人の腕のよい医者が、妻が耐えなければならない苦しみの大きさに胸を打たれ、時期尚早とはよく分かっていたものの、炎症部分を切開して痛みを軽減できるようにしようと考えた。有難いことに、おまえたちのお母さまはまだ時間が残っているうちに勇気を出してくれた。私たちがちょうど錨を揚げているとき、その医者は深いところに達する切開手術を行い、まもなくそれが哀れな母親の役に立ち安堵をもたらしてくれることとなった。

もろもろの手助けや心地よい長椅子を手に入れることができる故郷では、病気になったりへとへとに疲れることもない。しかし、海上で苦しみ、船が揺れるたびに痛みを感じ、女性の手も借りられず何もかもがゆるがせにされた状態にさらされ、ここに至っては彼女の衰弱した体にどんな力が秘められているかにかかっていた。自分の苦しみをあれほど辛抱強く耐え、私がしてやれる世話に対してあれほど感謝の念を示してくれることは、誰もができることではなかったろう。おお、神よ、これは故郷へ帰り着く前の最後の辛い出来事だった。

一〇月末に私たちは上海に到着した。数日後、ワイルド・ディア号というう船でロンドンへ向かう通行許可が手配できたので、医者が私たちに旅を続けることができると断言してくれたときは喜びもひとしおだった。おまえたちのお母さまもこの地を発つことを望んでいた。誰もが私たちに並々ならぬ同情を寄せてくれた。こうしてワイルド・ディア号の出航準備が整うまで、船長やダンダ夫人とともにフジヤマ号に乗船したままでいるよう勧められた。
ようやく一〇月二九日になって、故郷の愛しい人々に手紙を送ってから海へ出た。愛する友人たちに私たちの状況を知らせないでおくべきだと考えると胸が痛んだ。最悪の事態はもう終わったのだ。いちばんの悲哀の気持ちは失った三人の乗組員の両親や身内に対するものだった。彼らが助かったとはとても思えなかった。しかし、ここでもまた私は間違っていた。

ワイルド・ディア号での旅は短く何事も起きなかった。おまえたちの愛するお母さまは日に日に力を取り戻し、驚くほどよく育った小さなキャロラインにたっぷりの母乳を与えられた。二月四日、ロンドンに到着し、故郷の人々からの嬉しい手紙の束を受け取った。もちろんすぐに返事を書き、できる限り速やかに旅を続けた。それにしても幸運だった。二月中旬、風変わりな身なりをした私たちは、おまえ、私のかわいいマリーに、そして親愛なる牧師さまとそのベスルンテの家族とに姿を見せることができた。いいかい、マリー、おまえは初めて小さな妹に会い、彼女をそっと抱くのは紛れもなく素晴らしいことだと思ったのだよ。

現在、マーティン・ルーサー号という新しい船に乗ってインド洋をアムール川へと航行中だ。一八六六年一〇月二四日、おまえたちを残してコペンハーゲンを発ったが、この春遅くになれば、別れたときには身体が弱っていたおまえたちのお母さまが元気になっているか、かわいい娘たちのご機嫌はどうかを知ることになろう。一年余りの時間が経たないとおまえたちに会えることにはならないだろうし、そうなってもすぐにかなり長い旅へと再び出発するに違いない。船乗りはたくさんの淋しさを感じるものだし、可哀想な妻にはとりわけそうだろう。

しかし、かわいい娘たちが立派な信心深い女性に成長してくれたら、そして素晴らしい妻が私のために生き延びてくれたら、与えられてきたすべてに深く感謝の意を表し、それが神のご意志である限り日々の糧のために喜んで船を走らせるだろう。

マーティン・ルーサー号の船上にて

一八六七年二月八日

ここで話は終わっている。ハンス・クリスチャン・ハーゲドンは、船の座礁、希望と幸運、勇気と決意、そして絶望と愛にまつわるこの話をいたく気に入っていた。死の一年前、相続人たちのためにこれを写し取らせた。

母マリーについて

この話に登場する幼いマリーがハーゲドンの母親である。ここの説明から察するに彼女もまた海上で生まれた。マリーの母親はバーフレド船長の最初の妻、オトミーネ・クリスティーヌ・バーフレド Ottomine Christine Barfred 旧姓ビャアウ Berg だった。のちにマリーはある意味で気骨の女性となった。八五歳でコペンハーゲンにあったドイツ占領軍の本部ダウマフスに入るための「通行許可証」を取らねばならなかったとき、マリーは自分の出生地を「デンマーク」とだけ記入したが、この呼称はドイツ人の警官にとってはあまり具体的ではなかった。皮肉交じりに警官が、デンマークはこんなに広いのだから出生地をもっと正確に明記できるだろうが、と当てこすったところ、いささかの傲慢さがあるわけでもなく次のように答えた。「私は大西洋を航海中のデンマーク船で生まれたのです(2)」デンマーク人であり、海上、つまり公海で生まれたことに誇りを持っていたのである。

一八五七年一一月一〇日、マリーはデンマーク籍の横帆船(バーク)の上で生まれた。五週間後、船はイギリスの港町ブリストルに到着し、その町のセント・ステファン教会で洗礼を受けた。デンマークには二歳でようやくやってきた。しばらく後、母が重病となり、この病人とともにベスルンテの牧師ハンス・クリスチャン・インゲスレフ Hans Christian Ingerslev のもとに滞在した。妻が瀕死の病人だったものの、船長はこのウエスト・シーランドの美しい土地に長くはいられず、海に出なければならなかった。別れは耐え難いものであり、父が発ってまもなく母が亡くなったのでマリーは生涯このことを忘れなかった。たった六歳だったが、インゲスレフ叔父と叔母が大好きだったので、この素敵な二人とともに住むことを許された。一年後に戻ってきた父はクリスチアーネと婚約した。彼女を連れて行った旅では多くの気苦労と不安が生み出されることとなった。喜望峰を回って東ロシアのサハリン島の近くのアムール川へ向かい、その後、朝鮮半島を通過したが、そこでこの航海は前に述べたように座礁したのだ。一五カ月後にようやく船長がマリーの新しい母、それに異母妹キャロラインを連れて帰郷したときにはベスルンテは喜びに湧いた。

船長はすぐさま新しい全装備の船、マーティン・ルーサー号を購入することにした。アムステルダムで船長が船を譲り受けたとき、マリーは父親の傍らに誇らしげに立ったが、今度は船長一人での航海だった。マリー、彼女の新しい母、そして小さなキャロラインはコペンハーゲンに留まった。マリーにとってこれは環境の大きな変化であり、この場所ではうまくいかなかった。家族が外出すると、決まってベスルンテがある方向をじっと見るのだった。このことが若き継母を喜ばせるはずはなかったので、ある日ソフィー・インゲスレフ **Sophie Ingerslev** 叔母が訪ねてくると、マリーは自分を一緒にベスルンテへ連れて帰って欲しいと懇願した。クリスチアーネがこれを許したので、ソフィー・インゲスレフはマリーを家へ連れ帰った。牧師は大喜びして二人を迎えてくれ、マリーは牧師館で愉快な子供時代を過ごした。(3) 牧師夫妻には子供がいなかったが、教会は裕福で大勢の人々が彼らの家を訪れた。ソフィー・インゲスレフは生き生きとした女性で、マリーのしつけならびに教育を深い理解と温かい心で引き受けてくれた。

ベスルンテでの少女時代

若い頃に、ハンス・クリスチャン・インゲスレフはデンマークの牧師N・F・S・グルントヴィ **N. F. S. Grundtvig** の思想に熱中した。このころには、ベスルンテの「裕福な」教区にいたので、彼はその実践に力を尽すことができた。貧しい家庭の若者たちが、国民高等学校（フォルケホイスコーレ）〔グルントヴィが提唱し、一八歳以上の青年のために各地に設立された私立学校――訳者注〕に行きたいとなるとインゲスレフが手を貸してやった。かくて貧しい未亡人の息子、ディーデリク・ヨハンセン **Diderik Johansen** の教育に出資したので、この息子はグルントヴィ派のフリースクールの教師となることができ、地域の発展に力を貸した。また、父親のいない少女に住まいと金品を与えて面倒を見たりした。

ベスルンテの教会は美しくゆったりとしていた。トロルのボーグにちなんで名が付けられた丘のすぐそばに、いにしえの聖地がいくつかあり、そのうちの一つに建てられたものだった。現在のその教会は一三〇〇年頃からのもので、中世に人々が多く訪れた聖地巡礼の地「ホーリー・クロス・スプリング」のすぐ北側にあったので大きなものだった。教会は田舎の大教会区の中心となっていった。マリーは日曜日になると古い花崗岩でできた洗礼盤のそばに座るのがお気に入りだった。ここからは、現在はコペンハーゲン国立美術館に収まっているリューベックの見事な祭壇画を眺めることができた。叔父の説教を聞き、賛美歌に唱和するのは楽しいことだった。

叔父の牧師は歌はさっぱりだった。そこで病人を訪れるときはマリーを連れて行った。マリーは素晴らしい歌声の持ち主で、おしゃべりしていてあらゆる話題が尽きてしまうと皆が彼女の歌を聴きたがったのだ。二人が帰るとき、マリーに銀貨が渡されることが多かった。

毎年のクリスマスは素敵な行事だった。祭りを祝うために、牧師は立派な牛一頭と豚を数頭屠(ほふ)らせた。肉は腕のいいソフィー叔母の手によって切り分けられ、一二月二三日には教会区の貧しい人々がパーティーに招かれた。ハンス・クリスチャン叔父が説教をし、やがてコーヒーと林檎のパンケーキが供された。喉の渇きがいやされ空腹がおさまり、手織りの服に身を包んだ客人たちがしばらく休むと、ソフィー叔母がそれぞれの家族に手作りのライ麦パンの大きな塊一つ、そして白パンの塊を二つ添えて、牛肉の大きな一切れとおいしそうな豚肉を二切れ配った。[4]

ハーゲドンの母マリー・バーフレドが育ったベスルンテの牧師館

ハンス・クリスチャン・インゲスレフ
ベスルンテの牧師でマリー・バーフレドの養父

マリーはベスルンテですくすくと育った。自分の鳩小屋を持っていて、赤い羽根のイエバト、アメリカコガラ、変種のハトやクジャクバトを飼っていた。「ピアース」という大きなネコも彼女のものだった。一緒にふざけたりぐるぐる回ったりして遊び、そして人々が行ったり来たりした。教育はソフィー叔母から受けた。叔母は『オデュッセイア』や聖書の物語、童話を読み聞かせ、書き方や算術も教えた。マリーは一四歳で堅信礼を受けた。豪勢な贈り物のピアノが与えられた。生き生きとした崇高な生活だった。時おりこの家族は、ヴァレキレ・フォルケホイスコーレからスラーエルセを通りイダルプまで出かけ、旅をしてホイスコーレを回る何人かの説話者の話を聞きに行ったものだ。

一度などは、マリーが一七歳くらいの時、牧

ソフィー・インゲスレフ
マリー・バーフレドの養母

師夫妻と一緒にではなく何人かの地域の他の若者とそこへ出かけて行ったことがあった。ヴァレキレ・ホイスコーレのエルンスト・トリアー Ernst Trier 校長がアブラハムとその家族について話すのを聞くことになっていた。説話やその雰囲気、トリアー校長の人となりにとても感激したマリーは、周囲のことなど目に入らなくなった。他の若者たちが家に帰っても学校に居残った。ベスルンテの牧師夫妻はこのことを静観していたが、数日後に彼らは馬車を仕立ててかわいいマリーはどうなったのかを見に出かけた。しかし、マリーを探し当てたとき心配は消え去った。マリーが「信仰に目覚めていた」ことを感じ取ることができたからだ⑤。

インゲスレフ牧師が職を退いたとき、コペンハーゲンのウスターブロ通り九番地にある木造の家へと家族は移り住んだ。この家はのちにウスターブロ通り一一番地の新区画にあるアパートと交換した。この区画はホルメン墓地に近く、ギャリソン墓地の真向かいにあった。大きなトチノキに白い花が見事に咲き誇り、枝垂れ白樺の木が淡い緑にたたずむ頃、バルコニーに立って湖を見下ろすのは歓びだった。船長とソフィーのもう一人の姉妹であるエマ・バーフレド Emma Barfred が一階に住み、インゲスレフ夫妻は二階に移った。

マリーはツァーレ Zahle 女史の女性教師学校へと通わされたが、そこで彼女の上品な礼儀正しさや美しさ、優れた朗読の才能は高く評価された。語学を学び、試験を受けてストックホルムに住む男爵夫人のお相手役の職を得た。そこで「ヨスタ・ベルリングの物語」を朗読するセルマ・ラーゲルレーヴ Selma Lagerlöf と出会う。[6] しかし、男爵夫人の社交マナーは堅苦しいものだった。マリーはデンマークのグルントヴィ派の仲間たちの元へとしきりと戻りたがったので、志願してライアスコウ牧師館での家庭教師の職を得て、作家ヤコブ・クヌートセン Jakob Knudsen の父のもとで働くことになった。ヤコブ自身はすでに家を離れていたが、彼の兄弟や牧師館の人々からたちまち好意を寄せられたので、一八八二年までここを離れなかった。日々の生活で見せる陽気さや、信仰に関する事柄を気遣うときの真剣さがこの上ない評判を呼び、この牧師の子供たちが成長してマリーがもはやそう忙しくなくなったときには、有名なフォルケホイスコーレであるアスコウのルードヴィク・シュレーダー Ludvig Schrøde 校長がすぐさまこの学校の教師に任じた。こうして一八七八年、マリーはこの素晴らしい有名なアスコウの教師会へと加わった。

のちに夫となる船の航海士イェッペ・ハーゲドンと出会ったのはこのときだった。四年後にアスコウで再会した際、二人は婚約した。このときマリーは二四歳になっていた。

マリー・バーフレド
ハーゲドンの母で家から独立した頃

そうはいってもマリーは、結婚のような大事なことを、コペンハーゲン在住の叔母夫婦に相談せずに決めることにはためらいがあり、シュレーダー夫人に助言を仰いだ。夫人はこの間に二人の成り行きを見守りながら、マリーは誰もが行ってよいことをやってきたし、そうする権利があると考えていたが、ソフィー・インゲスレフ叔母に手紙を書いたらと提案した。イェッペが少なくとも三度はアスコウに来ていたので、彼のことをよく知っていたからだ。それでも手紙を受け取ったソフィー叔母は落胆した。相手が船乗りとは不運であった。ソフィー叔母はすぐさま兄弟のイェンス・ラウリッツ・バーフレドに相談に出かけた。何といってもマリーの父親なのだ。しかし年老いた船長は、速やかに彼女の質問混じりの繰り言を終わらせた。

「分かったよ、だが若者の名前は何と言ったかね。ハーゲドン、ああ、彼はよく知っている。航海士試験で抜群の成績を収めた若い船乗りだ。試験官は私だったのだよ。南ユランの出身でフリゲート艦ユトランド（デンマーク語読みではユラン）Jylland で兵役を終えている。いいことじゃないか[7]」

インゲスレフ叔父はこの知らせをいつもの寛容な様子で受け止め、婚約したての二人にウスターブロ通りで会いたいと書いた手紙が間もなくマリーに送られた。

父イェッペについて

ハンス・クリスチャン・ハーゲドンの父、イェッペ・トムセン・ハーゲドン Jeppe Thomsen Hagedorn は、一八五一年、南ユランのハーデルスレウ近郊のフェルストロップで誕生した。伝えられているところによると、ハーゲドンという名前は、オランダの船長がノルウェーのアーレンダールへ、またそこから南ユランへと流れていったところに由来するらしい。ケルテミンデ出身の船長もまた祖先に名を連ねていると言われている[8]。南ユランの北部に、この一族は漁師、船長、職人、とりわけ農民などをして数百年の間住みついていた。暮らしは平和に続いていき、一八六四年のデンマーク戦争後、プロイセンに併合されるまでこの地を離れる者はいなかった。

イェッペの父トマス・クラウゼン・ハーゲドン Thomas Clausen Hagedorn は亜麻布の機織りで、やはり優れた機織りであった妻のクリスチアーネ Christiane Hagedorn（一八一七〜一九一二）との間に一二人の子供をもうけた。そのうち生後数日で死んだのはたった一人だった。他の子供たちは皆、二千平方メートル余りの土地の一家の小さな区画で成長した。一群れの家禽、牛一頭、豚一頭を飼い、五本のリンゴの木と

ハーゲドンの父が育った南ユランのフェルストロップの教会

一本のナシの木があった。家の南側に伸びるチューリップやヒナギク。家は草ぶき屋根のある外面真壁造りだ。家の中心にある部屋は、居間、食事室それに寝室を兼ねたものだった。寝台は北側のアルコーブに組み入れてあり、昼間はドアで閉め切られていた。西側には機織りの作業場、牛小屋、豚小屋、泥炭庫、鶏舎があった。東側には二つに区切った部屋があり、賃貸ししていた(9)。

イェッペの父は信仰心が厚く、聖書を読むのを好んだ。彼の大きな墓石には、ハーゲドンが家具デザイナー、クリンに何年も後になって注文したルースウェル十字架（クロス）が建ち、この年老いた機織りがよく引き合いに出し、そしてイェッペが決して忘れることのなかった言葉が刻まれている。詩篇一三九篇第一節より「主よ、汝は我をさぐり、我を知りたまえり、汝はわが座るをも立つをも知り、また遠くよりわが思いをわきまえたもう。汝はわが歩むをも我が臥すをもさぐりいだし、わがもろもろの道をことごとく知りたまえり。そはわが舌にひとことありとも、みよ、主よ、汝ことごとく知りたもう」

ハーゲドン一家は自分たちを貧しいとは考えていなかったが、彼らの暮らしはつましく、現在の生活水準から見れば信じがたいほど質素なものだった。イェッペは年少の頃、農場で型どおりの仕事をしなければならなかった。教育はこれに合わせる必要があった。夏の間は週に半日しか勉強に割ける時間はなかった。一二歳のときは朝四時に起きねばならなかったし、夜九時までに仕事が終わらないことも多かった。[10]

イェッペは一八六四年の戦争を決して忘れなかった。デネヴィルケからの退却はこの一三歳の少年の心に強く焼きついたが、一八六四年四月一八日の記憶もまたはっきりと残っている。デュブルからの大砲の轟きを聞いたとき、女中のボーディル・キアスティネン **Bodil Kjestinen** と畑を耕していて、彼女の婚約者がデュブルにいたからだ。その後ドイツ軍がやってきた。デンマーク語で書かれた彼の本は持ち去られ、聖書と賛美歌の本だけ持っていることを許された。このことがあってから、ドイツに関係があるすべてのこと、ドイツ人の戦争への執着、彼らの皇帝への忠誠心、それに考え方の違う人間への蔑(さげす)みをイェッペは憎んだ。[11]

翌年、彼の父が四四歳にも満たない歳で腸内感染のために亡くなると、母は堅信礼の年齢にもならない七人の子供たちとともに取り残された。家族はこの事態に窮したが、母は健康と明るい性格の持ち主だった。それに働き者だった。最上質のリンゴをハダースレーベンやクリスチャンフェルトへ運び、そこで一つずつ売った。母が本物の蜂蜜ケーキを持って帰ると皆大喜びした。

海へ

一八六七年四月一四日、棕櫚（しゅろ）の聖日に堅信礼を済ませると、イェッペは先のことに疑問を持ち始めた。農業や家内での機織りに将来はなかったが、母の出身地オーユ島の船乗りたちは例外なく金持ちだと考えられてきた。そこでイェッペは海へ出ることにした。回想録の中で彼は次のように書いている。[12]

「引き受ける仕事を軽んじているわけではないし、信仰心なしでできるわけではない。自分にとって最善なのは、どこへ行こうと神の摂理に基づいて生きることだと分かっていたし、そうなるよう祈った。それからは、母を助けることができるかもしれない、ということが自分の最大の望みであり、それは母がとても必要としていることであった。家を出る数日前のある夕方、母に別れを告げるために私は家にいた。母は薄いパンケーキを焼いてくれた。母ほどうまく焼ける人はいなかった。それから母は優しく別れを告げてくれたが、そのことを決して忘れないだろう。五月一一日、私は頭を垂れて、皆が泣いてくれているところを後にした」

イェッペはハンブルクで船室係をすることになった。月給は一六クローネだったが、まもなく船上の給仕係りに昇格し、のちに立派な船乗りとなった。母や兄弟たちに再会したのは四年後だった。家を離れて最初のクリスマスイブは辛いものだった。イェッペは書いている。

「クリスチャニアに住む共働きの一家から招きを受けたが、何だかつまらないクリスマスイブで、少し淋しく感じた。船に戻ることになったとき、街灯のそばに腰を下ろし、ポケットから賛美歌の本を取り出して街灯の明かりで数ページをめくった」

フェルストロップへ戻るまでの四年間にイェッペはさまざまな所へ航海した。イギリス、ニューヨーク、日本、オーストラリア、シャム（現在のタイ）、香港、ニュージーランド、中国の港に立ち寄った。イルカが優雅に飛び跳ねるさまや燕が軽々と弧を描いて飛ぶ様子を楽しみ、さまざまな死や嵐に直面し、よその国で出くわした奇妙な慣習に驚いた。彼には決して忘れることのないある嵐がある。イェッペはこう書いている。

「オーストラリアのニューキャッスルから香港へ行く途中のことだった。単なる強風と呼べるようなものではなかった。下段の中檣帆（ちゅうしょうはん）にあるすべての帆がしっかり張られた。帆はそのままの状態を保ちつづけるはずだと考えたのだろう。だが、強風はあまりに激しく船長が帆を緩めるよう命じた。そうすることで、私たちが触れたとき帆はばらばらに吹き飛ばされるだろうと船長は考えたが、実際にもそうなった。帆の切れ端を守ろうと私たちが檣上に上っている間に、私はバントラインを緩めるよう甲板に呼び降ろされた。舷縁まで降りたとき巨大な波が私の上にくず折れてきて、すっかり足がかりを失った。自分の居場所が分かるのにしばらくかかった。最初に手につかんだのは大檣の最下部にきつく縛った小錨で、私が下りてきていたのは前檣だった。足が甲板に着いたときには、腰まである海水の中に立っていた。風下の舷側で前に向かってまたもや移動し始めたが、依然として海水に漬かっていた。その瞬間、そこに浮いていた何かにぶつかった。前部ハッチの蓋（ふた）だということが分かった。そのとたんに船が危険に晒されていることを悟った。元の場所に再び戻せるようこの蓋は取っておかなければならない。蓋を抱えてどうにか進んで前部ハッチの方へ行き、そこに蓋を押さえつけ、あらん限りの声で助けを呼び始めた。やがてほどなく確かに助けはやってきた。夜の闇の中で、蓋を元に戻し釘を打ってできる限りきつく結びつけた。おかげで私は片方の親指の爪を失った。誰かが見つけずにこの蓋が海へ消えてしまっていたら、海水が船中に押し寄せ続けていたことだろう。それに水位は低かったのだから、それ以上海水が入らなかったとはとても言えない。強風は吹き続けた。

翌日船長は、索具の一部を切り離さねばならないと決断した。トゲルンスルの帆柱が二つとも最上部で切り離された。帆柱が中央上部から倒れてくると、一本の帆桁の桁端にぶつかり、それを折ってしまった。翌日、天候が回復してきたので、残っているすべての帆を張り、吹き飛ばされてばらばらになった帆を取り替える作業について考え始めることができた。私たちが檣上に上っている間、船長はしっかりつかまれと叫んだ。周りの海には鮫がうようよしているし横揺れが激しいからと。数日間、船は全力で走っていたし横揺れもたいへんなものだったので、料理用の道具をこんろの上に固定しておけなかった。したがって、乾物を食べて過ごし、活を入れるために時おりコニャックを一口含まされた。帆は取り替え、ありったけの帆を縫い合わせた。一週間ほどして私たちは香港に到着した[13]」

労働はきつかったし、ときには自分の寝台に潜り込めるまでに一八時間かかったこともあったかもしれない。食事は単調だった。週に三回干した魚か干物を、また週に三回塩漬けの牛肉か脂身の多いベーコンを豆と一緒に食べた。日曜には缶詰の肉が出た。これが、朝に太陽が昇るごとく確実に繰り返された。朝食と夕食に堅パンが紅茶かコーヒーとともに供された。旅が長くなるにつれ、故国から持参してきていた肉は必ずと言ってよいほど底をつき、堅パンは蛆虫だらけになった。ジャガイモは、長く海上にあっては未知のもの同然に口にすることはなかったし、缶詰の野菜は当時とても珍しかった。それゆえ、食事の雰囲気が必ずしも和やかそのものだったとは言えないのは予想されたことだった。バンコクで迎えたクリスマス前後には、そうした雰囲気は反乱に変わった。イェッペは記録している。

「クリスマスの日には労働を拒んだ。航海士がいつもどおりの『かかれ、おまえたち』と声をかけて起こしても、私たちは誰も返事をせず起き上がりもしなかった。しばらくして戻ってきた航海士がわけを聞いた。その日は仕事をするつもりはないと答えると、今度は船長自身がやって来たが得た答えは同じだった。行ってしまう前に船長は私に面と向かって、お前も仕事をしないのかと尋ねた。しないと答えると、私たちはこの船での運が尽きてしまった。

数日後に、一艘の警察の船が私たちを捕えにやって来て町に連れて行き、そこで一四日間反乱の罪で留置された。持ち物は、警察署長で港湾管理者もかねている人に預けられた。私たちは編んだ竹でできた四角い小部屋に閉じ込められた。部屋にある家具は、私たちの足を繋ぐための穴の空いた細長いクリートたった一台。行儀よくしていない限り、これに縛り付けられ横たわることになっていた。食べ物は煮た米にヒメウイキョウを添えたものだった。幸いにも私たちを助けてやろうというタイ人の女性がいて、バナナを揚げ、竹の編細工の隙間から差し入れてくれた。これはうまかった。彼女にわずかばかりの代金を支払ったが、看守はそれに気付かなかった。このような状況は数日続いただけだった。警察署長から、今よりましな部屋があてがわれることになっているとの話があったが、その通りだった。床板のある快適な乾いた部屋。一月一日には、署長が一杯のパンチと一切れのプディングを皆それぞれに差し入れてくれた。私たちがそれほど善良な人間だったからだ(14)」

イェッペは時おり家に二百クローネを送金した。たいした額ではないようだが、それでもやはりフェルストロップに住む老母にとっては大助かりだった。しまいには、望郷の念が彼にとって手に負えないものになった。ニューヨークでドイツのブレーメルハーフェンに向けての職を得たが、同じ地で仕事を辞めた。金貨で支払われた給金はチョッキに縫い付けておき、ハンブルクへは駅馬車で、その後ハダースレーベンへは列車で持って帰った。ハダースレーベンからは家まで歩いて帰った。

「考え得る限り最も美しい夏の夜だった」とイェッペはのちに語った。「フェルストロップ教会を通り過ぎたとき、こんなに白く清潔な教会をこれまで見たことがないと思われた。夜中の一時半に母がいる窓の外に着き、コツコツと叩いた。母が起きて、別室で眠っている私の兄弟のヨルゲンに声をかけるのが聞こえた。『ヨルゲン、ここへ来ておくれ。息子のイェップだと言い張る人が外にいるんだよ』すぐに中へ通されたが、母はなかなか灯りをつけられなかった。次から次へとマッチの火が消えたが、ようやくどうにか灯りをつけ、母が私を見て言った。『それにしても、本当にお前なのかい、ちっちゃなイェップ』」[15]

フォルケホイスコーレとの出会い

ドイツ軍が南ユランを支配した後では、イェッペはフェルストロップに留まっていられなかった。ドイツ軍の憲兵隊にこの地で捕まったら、四年間の兵役に臨むことになったたし、そのうち一年は、軍務に備えて医事局に出頭していなかったため、処罰期間となるだろう。そこでイェッペはいくらかの金を借り、先ごろ航海学校が創設されたコルディングというデンマークの町へと逃げ出した。入学を許可され、その年の一二月までには航海士試験の第一部に合格した。一八カ月後、コペンハーゲンで第二部の試験を受けたが、試験官はバーフレド船長だった。

コルディングに滞在中、イェッペはフォルケホイスコーレのことを初めて聞いた。スヴェンセンのホテルでその話をしていたのは、アスコウホイスコーレのルードヴィク・シュレーダー校長だった。イェッペはこの話のとりこになった。一八七五年の冬を通じて、すでに航海士となっていたイェッペはリスリンゲホイスコーレでこの時期を過ごすため三カ月間休職した。フェルストロップでは、そうした脱線にほとんど理解がなかったのだ。村の長老たちは母親に同情の念を示した。とりあえずは何年も物事はとてもうまく行っていたしイェッペは航海士となったのに、この期に及んで母親がこんな馬鹿げた目に遭わされるとは！(16)　しかし、リスリンゲで過ごした時期は、フォルケホイスコーレにひたむきなほど夢中になったイェッペの人生において、ほんの始まりに過ぎなかった。彼が求めたのは知識だけでなく、その精神や気風でもあり、こうした若者に混じる生活は、彼が普段付き合っていた仲間とのものとは全く異なっていた。

再びしばらく海に出た後、イェッペはアスコウホイスコーレの一八七七年から七八年冬期講座に通うことにした。シュレーダー校長の世界史の講義をむさぼるように聞き、語学を学び、夏も同様に逗留し、フォルケホイスコーレでの生活に本当に夢中になってしまっていた。やがて一八七八年、マリー・バーフレドもまた出席した、かの宿命の教師会へと参加することとなった。この会では出席者の感情が高まり、特に牧師のN・リンドバーグとヴィルヘルム・ビアケダル Wilhelm Birkedal との討論がそうで、長く消えない余韻を残した。仲間意識は素晴らしかったのでイェッペには生涯の友人ができた。物理学と数学の教師に任命されたばかりのポール・ラ・クール Poul la Cour 教授の講義に出席するため、滞在期間を延長することにして、自然科学の講義に熱中した。当然ながら、ある程度稼ぐためにときどきは航海しなければならなかったが、海で九カ月働くと、再びアスコウの冬期の学期に出られる経済的余裕ができた。しかし、それでおしまいだった。寝台車に乗ってアレキサンドリアへ向かい、その機会を利用して古代遺跡を見学した。

しかし、航海士として本雇いの仕事を得るのは難しかったので、イェッペはアメリカ合衆国へ行くことにした。兄弟の何人かが同じようなことを経験していた。ちょうど切符の内金を払ったとき、有名なフォルケホイスコーレの名士エルンスト・トリアー の兄弟で親切な貿易商人、F・トリアー F. Trier に出会った。二人はラ・クール教授の家で知り合ったのだ。トリアーはイェッペのアメリカ行きに反対し、彼にカール・トリアーの船の一つに三等航海士としての地位を得てやった。まもなくイェッペは忘れられない航海へと旅立った。

激しい嵐の中、汽船がバルト海沿岸のゴドスケ・サンスに乗り上げたのだ。三等航海士だけを残して全乗組員は船を見捨てなければならなかったが、数日経って天候が回復し波が収まると船は救出された。船主が救助費用の半分を支払うだけでよかったのは、乗組員の一人が船に乗っていたからだった。この偉業によって、イェッペには銀製の懐中時計が贈られた。[17] いつしか、フォルケホイスコーレにつながりのあるこの優秀な航海士へと大きな注目が集まっていた。ホイスコーレ用の船を支援するため、実際に会社を設立しようと奔走していたF・トリアーは、イェッペ・ハーゲドンにこの計画を主導してはどうかと持ちかけた。これを承諾したイェッペは船を降り、必要な株式資本の収集に取り掛かった。彼らには一〇万クローネが必要だった。最初の株を買ってくれたのはフェルストロップに住むマリー・フィンクMarie Finkであった。一八六四年にイェッペが収穫時に彼女を救ったことを忘れていなかったからだ。

アスコウでシュレーダー校長に相談すると、直ちにこの計画に力を貸してくれた。おかげで、シュレーダー校長やすべての教員、それにホイスコーレの生徒の何人かが株を買ってくれた。その一人がマリー・バーフレドだった。ところが、彼女との会話の話題は違う方へそれて、結局一八八二年六月一日に二人は婚約した。彼らは二人とも大人だった。それぞれ両親の一方を亡くしていたし、海での生活を知り尽くしていた。人々と仲良くし、指導することに長けていたし、フォルケホイスコーレの活動に深く関わってもいた。デンマークの理想は彼らの理想でもあり、さらに当時の多くの人々同様に、一八六四年の戦争後、再生への動きに強く影響を受けていた。これからは二人一緒に何かを達成したいと考えた。

フォルケホイスコーレ船スカルム・ヴィ号

トリアーとイェッペが造船台で考えていた新計画、つまりフォルケホイスコーレ用の船を作ることについて、マリー・バーフレドを説得するのはたやすいことだった。彼女は母から相続した全財産で株を買い、嫁入り仕度用の資金もつぎ込んだ。ここに来てようやく、自分はどちらに全面的に専念できるのだろうか、という現実の問題が出てきた。文字通りマリーは持ち物すべてを売り払ったのだが、二人にはほどなく資金が貯まり、バーマイスター・アンド・ウェイン社に七百トンの汽船の造船を依頼することになった。この船は、一二世紀のデンマークの英雄にちなんで「スカルム・ヴィ」号と名付けられた。この英雄は南部へ向けて異教徒ウェンド人と戦い抜き、またその妻が後に有名な南ユラン公となるクヌート・ラヴァー

Knud Lavardを育てていたという人物である。二人はこの話に自分たちを重ね合わせていた。

会社の唯一の目的は船荷の輸送業だったが、それはフォルケホイスコーレの精神に則って行われるべきだと解釈されていた。船長は確かに給料を家に持ち帰ることにはなっていたが、乗組員もまた精神的な高揚を感じるべきとされた。そこで、有名な二人のデンマーク歴史作家、サクソSaxoとスノーレSnorreなどの作品が入った本を船に用意していた。それに加えて、一六人の乗組員のためにコペンハーゲンのグルントヴィ派ヴァートトフ信徒団から贈呈された賛美歌集があり、船室にはドアとドアの間にリードオルガンもはめ込まれていた。[18] 同じような備えのある船はほかになかった。デンマークの歴史書の中から朗読したり、愛国の歌を歌ったりする敬虔なる集まりが開かれることになっていた。乗組員はおいしくて栄養豊富な食事を与えられるはずだった。船長は、ほかの点でも同じだが、自分の財布に食費から余った額を入れることは許されなかった。いかにも、食事はおいしかったし、信心深い集まりもあったが、船上での信仰的な生活は歓迎されなかったので、船に載せた本が擦り切れるというわけでもなかった。イェッペ自身は幻想を抱いていなかった。彼にとっては、自分が引き受けた仕事には利益は少ないはずであり、乗組員が操船術を学び、皆がちょっとした精神的な刺激を得てくれることで十分だった。

イェッペとマリーは一八八四年一〇月一七日、ヴァートトフ教会で結婚した。結婚式の司宰を務めたのはC・J・ブラントC. J. Brandt牧師だった。しかし、会社がリトアニアのリバウから初めての依頼を受け船の準備をすることになったため、ハネムーンは短いものだった。一一月一日、船は航海に出た。ファルスタボ礁に達すると、時を移さず南東から激しい強風が吹いた。マリーはひどい船酔いになった。[19] 船側に当たって載荷門がガタガタと鳴る音、揺れるランプ、換気孔の中でヒューヒューと鳴き声をあげる強風、甲板上で船員がたてるドスンドスンという重苦しい足音とともにそこらじゅうに広がる焦げた茶色のシリンダ油の匂い。そうしたものはマリーの生活の一部となった。もっとも、マリーが海上の生活をそれほど好きになることは決してなかった。ハネムーンにしては悲しすぎたのだ。しまいに載荷門がはがれ落ちたような強烈な嵐で、ブレーカーは甲板につぶれてしまった。

命がけの深刻な事態になっていた。港の入り口近くでスカルム・ヴィ号は、船首斜檣が折れて機能不全に陥った船に行き会った。その船の前檣は、船長の妻を含め乗組員全員を乗せたまま沈没した別の船と激突し、切り離されてしまっていた。マリーは慄然とした。自分がやり始めたこれは一体何だというのだろうか。そうは言っても、マリーは船長から離れたいとは思わなかった。とにかくできる限り多くの機会に彼女は船長と航海をともにした。

数日後に船がコペンハーゲン港に再び繋がれたとき、マリーは二七歳の誕生日を祝った。盛大なパーティーが開かれ、そこには彼女の最も近しい身内だけでなく、貿易業者のヨハネス・シュレーダー Johannes Schrøder、C・J・ブラント牧師、フォルケホイスコーレのファルケンチャーネ Frederik F. Falkenstjerne 校長、N・F・S・グルントヴィ氏の未亡人アスタ・グルントヴィ Asta Grundtvig 夫人、それにプロックロス Plockross という名の弁護士も招かれた。焙(あぶ)ったガチョウを食べた後、皆が賛美歌を歌い、祝辞を述べ、船の乗組員たちになるべく嵐が少ない前途と神の恵みを祈った。[20]

スカルム・ヴィ号は、もっぱら北海やバルト海を空荷のまま八ノットで航海した。時おりアルハンゲリ

スカルム・ヴィ号

スク、メッシーナあるいはテネリフェへ向けてチャーターされることもあった。時勢は好ましくなかったし、利益は少なく、会社の株主たちが期待したものには満たなかった。経費の節約が必要だった。

マリーが妊娠すると、二人は当時コペンハーゲンのウスターブロの町外れだったウスターブロ通り四九番地に、みすぼらしい小さな屋根裏のアパートを借りた。ここで一家の第一子であるイェンス・ラウリッツ **Jens Laurits Hagedorn** が生まれた。子供の父はロンドンにいてマリーがひどく淋しがり、動けるようになるとすぐに、彼女は子供を連れて再びスカルム・ヴィ号に乗りこんだ。[21] 船長が妻子を一緒に船に乗せることは乗組員にとって意義のあることだったし、医師は子供に害はないだろうと考えた。

このホイスコーレ用の船は、相変わらず当初からの拠り所であった理想主義に則って高みを目指し続けており、スカルム・ヴィ号では多くのことが独自に進められた。外国の港にいる赤貧のデンマーク人船員を助けたし、密航者を船外に放り出したりもしなかった。外国の港に船員の教会があると、できるだけ訪ねて行き、牧師たちが船にお返しの訪問をすることは当たり前だった。仕事のない夜に乗組員たちが陸に上がっていると、船長は優秀なフォルケホイスコーレの指導者よろしく、全員が無事に船に戻るのを見るまで床につかなかった。

船上でクリスマスを祝うことが幾度もあったが、彼らは肉を焼いたり焙ったりし、デンマークの伝統料理であるライスプディングを作った。船員は一人一人、ベスルンテの牧師館で行われるのと全く同じようにケーキの皿を受け取った。クリスマスツリーが飾られるとすぐにモーターは止められ、白い停泊灯が揚げられて、乗組員は賛美歌の合唱に加わったり、祝日にふさわしい食べ物やお菓子を分かち合うよう招かれるのだった。

イェンス・ラウリッツがともに過ごしたクリスマスは、本当に忘れがたいものだった。集まった人々皆にお祭り気分が広がると、船の機関員が、小さなおもちゃの船に索具を自分で彫って付けたものを持って現れた。小さなイェンス・ラウリッツへの贈り物だった。スカルム・ヴィ号の給仕係は少なからず胸を打たれた。機関員が行ってしまうと、彼はゆりかごに屈み込んで言った。「ありがとう、ちっちゃいイェンス・ラウリッツ、こんな素敵なクリスマスを過ごしたのは初めてだよ[22]」このとき以来、件のおもちゃの船はハーゲドン家のクリスマスツリー一つ一つに飾られることとなった。イェンス・ラウリッツの小さな船がおごそかに吊るされて初めて祝祭が始められるのだった。

イェンス・ラウリッツの死

しかし、イェンス・ラウリッツが過ごすことができたのはこの時のクリスマスだけだった。一八八七年二月一七日、マリーは叔母のソフィー・インゲスレフに手紙を書いている。

「イェンス・ラウリッツの具合がたいして悪くないといいのですが。ときどきお腹の調子がよくないのですが、かわいらしく、ふっくらしてとても活発です。陸に上がる時期がもう近づいて来ているので、パターソン夫人に、部屋を片付けて、コークス、薪、たきつけ、泥炭、ろうそく、アルコール、ランプの油、マッチがあることを確かめ、部屋とドアにカーテンが掛かっているようにお願いしたいのです。おそらく私たちは長くは上陸していないでしょうから、パターソン夫人にその数日の間、小さな息子のお守りをしていただけたらありがたいのです[23]」

だが、パターソン夫人の出番はなかった。三月の初めに、フォルケホイスコーレの出版物であるホイスコーレ新聞に以下の旨の通知が掲載された。

我らが愛する幼い息子イェンス・ラウリッツは、メッシーナからジブラルタルへ向かう途中、二月二三日に亡くなりました。

マリー・ハーゲドン（旧姓バーフレド）
イェッペ・ハーゲドン

ジブラルタルからは、一八八七年二月二四日、船長自身がベスルンテの家族に宛てて手紙を書いている。

愛する懐かしい叔父さん、叔母さん。

前の便りと同じく私たちが余り元気ではないと、お二人には知らせずに済ませたいと切に思います。でも、お伝えするのは悲痛な悲しみではありません。私たちの愛する小さなイェンス・ラウリッツはもういないのです。ともに旅立った元気で幼い息子は、今はゆりかごに冷たく横たわっています。でも、彼の小さな顔はかわいらしく、心安らかだと分かります。右手には船で育った白いクロッカスの花を持ち、胸には私たちが結んだ小さな緑の十字架が載っています。具合が悪かったのは二日だけで、そう苦しまなかったと祈るばかりです。ともあれ、とても安らかに眠りにつきました。船の皆は、かわいい幼な子がもう彼らに微笑むことができなくてたいそう悲しんでいます。いつも喜んで微笑んでくれていましたから。彼の洗礼式で歌ったグルントヴィの賛美歌を、ずっとありがたく思っています

――「汝はおさなご、ちのみごの口により」

今日はイェンスのいるソファの周りに集い、ジブラルタルへ向かう前にこの賛美歌を唱和しました。かの地で彼のために鉛製の小さな棺を手に入れ、家につれて帰ることになります。それからベスルンテあるいはホルメン墓地の、どちらでもお二人がよい方に葬ってやりたいと思います。スカルム・ヴィ号がバルト海を航海中は、私たち二人は家にいようと考えていますから、おそらく色々と手配できるでしょう。

私たちの小さな息子へ祝福をいただき、愛するお二人に感謝を申し上げます。お二人の祝福が、生まれた瞬間から息子をずっと包んでくれていたと分かるからです。さらに、息子が生まれるのを待つ間の幸せな時間と、それにも増して息子が生まれてからの幸福な時間を授けてくださった神に感謝を捧げます。これからまもなくお二人の家に帰り着き、ともに静かな時間を過ごしたいと思います。

私たちの小さな息子に好意を寄せてくださった全ての方へ愛を捧げます。

私たち二人から最も深い愛をこめて　ハーゲドン(24)

マリーは心の底から悲しんだが、痛ましい息子の死にもかかわらず、再び妊娠したときにも航海を続けた。だが、二人目の誕生以降、海に出るのは四月から一〇月だけになった。

2　幼児から青年時代（一八八八〜一九一五年）

一八八八年三月六日朝六時、寒い冬の日。マリー・ハーゲドンは第二子となる男の子を出産した。聖ヤコブ教会の屋根裏部屋はみすぼらしく、水道管は凍っていたが、親切な仲間たちが産湯を運んできてくれた。[1]洗礼式はヴァートフ教会で行われた。この赤ん坊はのちにハンス・クリスチャン（Christian）として知られるが、教会の登記簿を見ると教区長はクリスチャンの綴りに「K」を使っている。両親もこれにならったが、彼自身は自分の名を書くときには必ず「C」を使い、後年、教会省ならびに主教に対し、名前の綴りの正式な変更許可を願い出ている。彼はその理由を「自分の名はハンス・クリスチャン・インゲスレフ Hans Christian Ingerslev 牧師からとったものだから」と言っており、「寛容にも」この願い出は許可されたのであった。[2]

同年春、クリスチャンⅨ世在位二五周年の節目を祝った年、コペンハーゲンは小規模な世界博覧会である「北欧産業・農業・芸術博覧会」の準備に沸いていた。デンマークが広い世界に向けて、まさに扉を開こうとしていた時代である。産業革命以来、数々の博物館や協同組合の設立、フォルケホイスコーレの創設、装飾芸術の発展などを通じ、芸術と教育が民衆のものとなりつつあった。カールスバーグやツボルクなどのビール、ロイヤル・ポーセレンやビング&グレンダールなどの陶磁器が、デンマークの外に知られるようになったのもこの時期である。幼いハンス・クリスチャンはそうしたコペンハーゲンの動きは知るよしもなかったが、こうした時代精神はいずれ彼の心に刻まれることとなる。とはいえ幼い子にとって、世界はまだ小さなものであった。

少年時代の旅

ハンス・クリスチャンの最初の記憶は、船と結びついている。[3] トナカイ皮を裏地に張ったセーターを着て、船室に降りて行く階段の横の手すりにくくりつけられていたというものだ。そこから太陽を受けて輝く海が見えたのを覚えている。また嵐の日、雲の切れ間から差し込んだ一筋の光が、轟音とともに砕け散る緑色の波をさっと照らし出すさまも忘れられない。船上生活が与えた影響は大きく、このときの船内の様子を彼は次のように振り返っている。

「船長室は向かって右側で、通常ならソファがある場所には、母のための寝台が置かれていた。船尾側には浴室と手洗所、自分の寝台はその上にあったので、いろいろと不便なこともあった。浴室の排水口がスチーム暖房装置と繋がっていたため、シャワーの調子が悪く、寝ていると上から水が降ってきたり、寝室に蒸気が充満したりといったことがあった。寝るときはアザラシのぬいぐるみと一緒だった。海が穏やかなときは足元に置いて眠り、荒れているときは寝台から落ちないよう、このぬいぐるみを手前に詰め込んで眠るのが常であった」

「目が覚めると、まず耳に飛び込んでくるのは、デッキの上を流れる水の音、行き交う長靴の足音、甲板室を洗うバケツの水音、ホースから勢いよく流れ出た水が何かにぶつかる音であった。左右の排水口から交互に流れ落ちていた残りの水が、船が大きく片側に傾くと、海面へと弧を描きながら流れ落ち、船が態勢を立て直すとともに消えていく。海面を照らす太陽は反射しては、船室の白い天井に光の筋となってくるくると踊る。また船壁を洗う波の音や、船が左右に揺れるのに合わせて船体に波があたって砕ける音が、ある時は遠く、また次は近くで聞こえるのであった。ナイフやフォークのかちあう音とフライの香りが漂ってきたら、ようやく解放時間だ。父の船室の扉が開き、それを合図に小窓のカーテンを開けて起床する。それからはデッキに出て、新しい経験と冒険でいっぱいの海の生活を満喫できる。見渡す限り広がり、一瞬たりとも同じ姿を見せない、輝く大海原を眺めるのだ。年を重ねた今、あの光景を再び目にしたいと切に願う[4]」

　少年の朝の仕事は、天気によって異なった。お気に入りは、貨物室に備え付けの、輪になったロープの中に寝転がることであった。そこは鳥の巣のようだった。濡れていなければ何時間でも仰向けになり、マストの上を飛び回る海鳥を眺めていた。また巻き上げ機につながる蒸気管の排水栓をひねり、虹色に輝く水をカップに集めるのも楽しい遊びだった。船の複合機関は、一立方インチ当り七〇ポンドの圧力でボイラー蒸気を生産していた。耳をつんざく大音量のなか、回るクランクや偏心器、いつもきしんだ音を立てている連結器を眺めるのは、少年にとって至福のひとときであった。「その後の人生で目にした何よりも、そこは不思議と荘厳に満ちた小さな世界であった[5]」

航海は、一歳下のボーディル Bodil Hagedorn 愛称ブッラと、四歳下のエリック Erik Hagedorn も一緒だった。船員は優しく、子どもたちは船員の多くと温かい関係を築いた。船上ゆえ安全事項は厳重に守らねばならなかったが、船内のすみずみまで目が行き届き、必要なときにはいつでも手助けを受けることができた。とりわけ客室係は心から頼れる人物で、船内という小社会で起こりつつあることの一切を把握していた。入港すれば周辺の船舶を完全に把握していたほか、遅れそうになった人を、大人子供を問わず、間一髪で引き上げたことが何度もあった。(6) また長年乗船してきた一等航海士のヴェンゲルはムードメーカーで、子どもにも乗組員にも温厚であった。朝鮮沖での座礁事故を生き延びた古い経線儀のねじを子どもたちに巻かせては、白いひげに覆われた赤ら顔をほころばせていた。

船は頑健な造りで、その優美な姿は賞賛の的であった。航海中に亡くしたイェンス・ラウリッツのことがあって以来、両親は二頭のヤギを買い、夏に子どもたちと航海する際は一緒に連れて行き、子供たちにヤギ乳を与えた。冬は船長の友人がヴィッテンベルク農場でヤギの面倒を見てくれた。(7) 退屈になると子どもたちは母親か世話係のカロリーネ Caroline に駆け寄り、お話をせがむことができたし、また乗客に遊んでもらうこともあった。同乗した乗船客には、父親の高校時代からの友人であるニールス・ペダーセンがいた。次いで乗船した体操教師のH・N・ラスムセン H. N. Rasmussen とは家族ぐるみのつきあいであった。彼は一日二回、甲板に出て船員たちに体操を指導した。このほかグンナール・サドリン Gunnar Sadolin や、グルントヴィ教会を設計したP・V・イェンセン＝クリン P. V. Jensen-Klint およびレフスルント・トムセン Refslund Thomsen 知事、フォルケホイスコーレで教えるかたわら風力発電の先駆者となったポール・

ラ・クールの息子のダン・ラ・クール Dan la Cour なども乗船した。フュン島出身の画家ペーテル・ハンセン Peter Hansen も乗船し、船長と子どもたちの肖像画を描いてくれた。[8] またトムセンという教師は、場合によっては船上の客となり、航海の記事を各紙に供給した。[9] 船が寄港地に近づき、海岸線が見えてくると、遠足に行く時間はあるか、森の散歩や釣りなどの遊びをする時間はあるか、皆わくわくしながら見守った。都合がつけば、子供たちと乗組員は観光名所に出かけた。こうしてハンス・クリスチャンは子供の頃に数多くの博物館を訪ねることができた。

五歳か六歳の頃には、スカルム・ヴィ号でロシアのアルハンゲリスクまで旅をした。[10] 船は北極圏のトロムゼで石炭を積み込み、ヨーロッパ北端のノール岬を越えて進んだ。ある時許しを得て、崖に巣を構える海鳥たちに向けて汽笛を鳴らしてみた。鳥たちが大きな声で鳴きながら白い雲となって飛び立ったのは、忘れがたい光景であった。また潮を吹くクジラの群れにも出会ったが、船を壊されるのではと心配で、こちらは遠めに見守った。クジラによって船が転覆し、六人の男たちが溺れ死んだ話を思い出した。船長は六分儀をよくのぞいていたが、青い水平線が見えるときには子どもたちにものぞかせてくれ、七色の太陽を見ることができた。アルハンゲリスクの町は北ドビナ川の河口に広がっており、砂嘴(さし)や大きな三角州、そして無数の小島には赤い草が生い茂っていた。巨大な材木いかだが、たった一人の人によって操られながら、河口へと進んでいく。いかだの中央に小屋があり、いかだの上の人はそこで寝泊りしているようだった。接岸は困難で、潮位は一・五メートルも上下することがあったので、水先案内人が乗り込んできた。にもかかわらず突然、船が海底にぶつかる決まり悪い音がし、船長はすぐにブリッジに出て水先案内人は放免された。結局、船をいかだに繋留(けいりゅう)し、そこから踏み板を出して陸に上がるようにした。

アルハンゲリスクでは、一行は蚊の出迎えを受けた。追い払ってもしつこくまとわりついてくる。税関兼売店の建物で用事を済ませる必要があったので行くと、そこは用のあるなしを問わずやってきた船長たちでごった返していた。筆舌に尽くしがたい悪臭が充満していた。防水布と水夫帽を身につけたハンス・クリスチャンを見て、一人の船長が言った。「坊やはどこの土地の子かい」子は胸を張って答えた。「僕は土地の子じゃないよ、海の子だよ」[11]この答えに船長は感心したようで、子を高々と持ち上げた。こんなに高く持ち上げてもらったのは初めてだと、少年は思った。

別の夏には、グレートベルト海峡でドイツ艦隊に遭遇した。ドイツ帝国の旗を掲げた戦艦ホーエンツォレルンを先頭に、ノルウェーのフィヨルド地方に向かっていた。[12]ノルウェー人が大きな反感を抱いていた、毎年恒例のドイツ皇帝とその部下たちによる北方探査であった。外国人がドイツ皇帝に遭遇したときは、外国人は旗を下げるのが通例であったが、ハーゲドン船長は、南ユランから自分を追放した男のために旗など下げる必要はないと言い、ドイツ海軍の存在を無視した。このため艦隊がスカルム・ヴィ号に接近して威嚇し、行く手を阻もうとした。少年は焦りと恐怖に打ち震えながらエンジン室に逃げ込み、大声で泣いた。[13]それでも船長は屈しようとせず、緊張状態が解け、船が航行を再開できるまでには数時間を要した。

一八九七年のストックホルム世界博覧会も思い出深いものであった。当時九歳、覚えているのは、マッチ棒の自動製造機と、蒸気機関車なのにボイラーのない不思議な機械であった。のちになって、それが世界初のディーゼル機関車であることを知った。[14]気球飛行家ヨハンセンが気球に空気を入れ、博覧会会場から飛び立つところも見た。また同じ年にはロンドンの大英博物館を訪れ、ここもまた心に深い印象を残した。当時、母は叔母に宛て次のように書いている。

「ハンス・クリスチャンは、アッシリアの楔形文字や古代エジプトの人間や動物のミイラが特に面白かったらしく、メト・エン・メミ Met-en-Memmi という名前を見て、知っていると言っていました。どうやら本で知っていたらしく、それだけに一層嬉しかったようです[15]」

父親からはノアの洪水について書かれている石車を示され、楔形文字を粘土板に転写するためのものだと教えてもらった。また、最古の聖書写本の一つであるアレクサンドリア写本も印象深かった。ロンドンの通りは混乱するほど馬車が行き交っていた。忘れがたかったのは、蒸気機関車が牽引していた地下鉄の線路脇に立ち、発車時に数多くの扉を順に閉める車掌の姿であった[16]。機械以外では、生物学的現象に心ひかれた。ビンの中に、水や小石、土などさまざまなものを詰め込んで、肌身離さず持ち歩いていた。船員たちは「泥水のビン」と呼んでいたが気にしなかった。この混合物がどうなるのか知りたくて、何年も大切に手元に置いていた[17]。


時にはもちろん、夏休みを満喫する気分でないときもあった。一度、母が船上で病に倒れたときは、船はエンジン全開、煙突からけむりをもうもうと吐きながら、全速力で陸を目指したこともあった。ようやく見えてきたスコットランドの村ではしかし、港の入口の信号は閉鎖を示していた。水先案内人もいない。重病人がいることを知らせるため、船長は検疫旗を立てるよう指示したが、それでも港の信号は変わらないため、船長は案内人なしの入港を決めた。前に入港した経験があるため、進入経路については多少知っていた。一等航海士はエンジン室のテレグラフ横に待機し、二名が舵輪を担当した。船内は静まり、緊張

父が船長を務めるスカルム・ヴィ号のコペンハーゲン帰港を待つ家族
(左から)エマ・バーフレド叔母、ソフィー・インゲスレフ、ハンス・クリスチャン・ハーゲドン、マリー・ハーゲドン、妹ブッラ

が走った。ついに無事入港を果たすと、医師が乗り込んできて母は診察を受けられることとなった。[18] ほどなく快復して危険は去ったため、安心した船長は陸に上がり、妻のためにグラニュー糖を買った。息子には鎖のついた小さな羅針盤を買い、ハンス・クリスチャンはこれが大いに気に入った。父からの贈り物は珍しかった。だからこそ、父の言葉を覚えているのかもしれない――「羅針盤はお前の中にあるのだよ。迷ったときに何をしたらいいか、羅針盤が教えてくれるのだ」[19]

死を賭けた時もあった。一八九五年、アントワープに向かう最中、第五子のソフィー Sophie Hagedorn が、生後わずか一三カ月で重い病に冒された。船は検疫旗を船首に掲げ、安全弁を鳴らしながらスヘルデ川を全力でさかのぼった。事態は急かった。錨を下ろすとすぐに検疫船が接舷し、医師が乗り込んできたが、もはや手の施しようがなを要していた。滴薬とモルヒネ溶液が母親に渡されたが、赤ん坊に飲みこませることは不可能で、そのまま息を引き取った。船長は旗を半旗にするよう指示した。医師が戻ってきたが、時すでに遅かった。滴薬はビンごと川に投げ捨てられ、赤ん坊は亜鉛の棺に密封の上、右舷の救命ボートに安置された。[20] デンマークのバンホルムまで航行した後は、小型の蒸気船をチャーターして、長男のイェンス・ラウリッツが眠るベスルンテまで棺を運んだ。

大きくなり、学校を考慮せざるを得なくなると、陸の生活の重要性が次第に増してきた。一家はすでにかなり以前に、広くて快適な五つの部屋に風呂とシャワーがある階に移っていた。ソフィー・インゲスレフとエマ・バーフレドといった叔母たちが暮らす、ウスターブロ通り一一番地の同じ建物であった。一八九〇年にインゲスレフ叔父が世を去ってからは、二人の叔母たちは一家の大きな支えとなっていた。悲しいときはまず叔母たちとそれを分かち合い、喜びもまた真っ先に叔母たちと分かち合った。[21]

叔母たちは毎週日曜日、時報のように正確にやってきて、ひと通りの挨拶を済ませると、スコーゴーによる大きな絵の下に置かれたソファにどっかと腰を下ろし、二人して同じ質問をするのが常だった――

「ハーゲドンから便りはあったかい?」

二人は船の航路を慎重にたどり、いつも天気のことを気にかけていた。帰港が近づくと、子どもたちを静かにさせるのは無理な話だった。皆で興奮しながら桟橋に立ち、船がゆっくりと接岸するのを見守る。ようやく子どもたちは船に駆け込み、おみやげをたくさんもらい、乗組員にあいさつをする。海外の港か

コペンハーゲン、ウスターブロ通りのアパート．ハーゲドンはここで 1900 年ごろまで育った．現在はダウ・ハマスキョー通り 31 番地

ら帰ってくるとき、父は必ず面白いものを持ち帰ってきた。熱帯の果物、ザクロ、不思議な貝殻が納められた箱。一度など、生きた亀を持ち帰ってきてくれたこともあった。

母は毎晩、子どもたちのために賛美歌を歌い、ともに祈りを唱え、毎週ではないが教会にも行っていた。子どもは行きたいときだけ行けばよかったが、[22]ハンス・クリスチャンはめったに行こうとしなかった。家族は通常、マーブル教会に通いモンラッド J. H. Monrad 牧師の説教を聴いた。教会の祝日や誕生日に父親がいるのはとても楽しかったが、ほとんどの場合は母親が一人で祝日の準備を行った。もちろん、家事は大変な仕事だったので一人ではこなせない。家の掃除、洗濯やアイロン、洋服の仕立てやほつれ直し、さらには家畜を解体し、オーブンで焼き、保存する仕事があった。女中のカロリーネ（ニラと呼ばれた）、ナデ Nade、マー Ma の三人は一家の日常生活に不可欠であったが、[23]三人全員がそろうことはなかった。マーは父と死別しており、インゲスレフ牧師が面倒を見ていた。一家のベスルンテとのつながりはマーなしでは語れない。

ベスルンテには昔から一家の小屋があり、庭にはリンゴの木があった。ベスルンテから届くリンゴの箱は一家の大きな楽しみで、後年、ハンス・クリスチャン自身が果樹園を持ったときも、この頃のことを思い出して友人に果物を送ったものであった。女中たちは終生ハーゲドン家のために尽くし、カロリーネに至っては死後ヨアヒム・スコーゴーによって回顧録が編まれた。またソフィー叔母は、子どもたちに読み書きを教えてくれた。このとき彼女は一般的な教科書ではなく、北欧神話やロビンソン・クルーソー等を使っており、[24]ハンス・クリスチャンは七歳にしてハンス・エゲデ宣教師のグリーンランド布教物語を一人で読んでいたことから、教え方がかなり上手だったと思われる。[25]また母には時に何時間も本の読み聞かせをしてもらった。九歳のときにはホルベアの戯曲「エラスムス・モンターヌス」を観た。芝居は大成功であった。

しかし母にとっては、子育ての責任感が重圧に感じられることもあった。とりわけソフィーの死後は、ふさぎこんだり、いらいらしたりすることが多くなった。赤ん坊を失った喪失感が重くのしかかっていた。加えて家計は苦しかった。一八九五年から九六年にかけての一家には輸送業による収入はなく、また同年の配当利回りはわずか二・五％であった。[26]一八九六年二月二日付けで夫に宛てた手紙にはこう書いている。

「この先にまったく希望が感じられません。時々数日間はあなたと一緒でも、運賃やら仕事のごたごたで押しつぶされそうに心配で、本当の意味で一緒の時間なんてない、お互いに優しくする時間はありませんでした。いつでも仕事、問題、そして心配ばかりで、こんな生活には耐えられません。愛するイェッペ、こうして年を経るごとに互いの心が離れていくのは本意ではないでしょう。時折、息もつけないほど追い立てられるような日がやってくるのがいやなのです。二人の関係はもう少し平和になれないでしょうか。それに、一人で子育てをするのはとても大変です。ハンス・クリスチャンがあまりに扱いづらいのです。あなたがいない日数は数えません。ただ目の前のことを精一杯こなすだけです[27]」

モルトケ伯爵夫人の学校

ハンス・クリスチャンが学校に行くようになってから、状況は少し良くなった。一八九六年の夏休みが終わると、彼はモルトケ伯爵夫人の学校の二年生に入学した。学校は家から歩いて五分ほど、角を曲がった池の近くであった。ウスターソ通り八六から八八番地の建物は当時新しく（現在はボーディングス・フリースコーレがある）、一八九五年にモルトケ伯爵夫人の運営する女子校と、当時リンネ通りにあったエルゼ・バングの男子校が統合して移ってきたばかりであった。新しい教科書の数々、そして船員の一人に作ってもらった通学かばんは、少年にとって心躍るものであったが[28]、父の使い古したタバコ箱を作り変えたランチボックスについては不満であった。ハンス・クリスチャンは決して優等生ではなかった。算数の成績は悪く、作文も遅かった。クラスで終わるのが一番遅い時など傷つき、泣きながら帰ってきたこともあった。クラスでは二五人中一四位であった[29]。だが、学年が上がるにつれ状況は好転した。得意科目は博物学で、担当のシュタインタール Steinthal 先生が退任すると知った時は大いにさみしがり、それからは一人で実験をするようになった。「泥水のビン」はどこかにまぎれてしまったが、犬の落し物の分類をするために家の前の通りを調べた時など、妹のブッラを助手に連れて行くこともあった[30]。

博物学への興味はその後も続き、想像力と論理思考力を刺激した。一一歳の誕生日には、ギムナジウムで使う物理学の教科書をほしがった。[31] その一方では技術系の科目も得意とし、機械や道具類が大好きで、一八九六年一〇月に父親に宛てた小さな手紙には、「旅から帰ってくるときは道具類も持って帰ってください」と書いている。翌年四月には、初恋について父親に書き送っている。マーブル教会で見かけたアウネーテ・コフェド＝ハンセン Agnete Kofoed-Hansen にひとめぼれし、夏には「婚約した」と言い両親を面白がらせた。とはいえ、そんな初恋もトロイ戦争への興味の前では色あせてしまうようで、少年はこの戦争について父親に熱心に語って聞かせた。母親にはこうも言っている。

「お父様はロンドンに行けばトロイ戦争についてもっと詳しく聞くことができるね。だって、ここよりもロンドンの方が文明が進んでいるから[32]」

もはや学校は楽しい場所になっていた。クラスは総勢、男子二五名であった。一八九七年五月二二日付けの手紙で、マリーは夫に次のように書いている。

「今日、ハンス・クリスチャンは張り切って森に遠足に出かけて行きました。九時半には一八台の馬車に分乗してスコッツブルグに向けて出発しました。湖の横の角を曲がるときには、ハンス・クリスチャンはバルコニーで見送る私たちに手を振ってくれました。もちろん、こちらも手を振ると、クラス全員の子たち、さらには全生徒が手を振ってくれました。叔母さんとラウラも一緒にバルコニーで見送ってくれました。今、こちらは素晴らしい夏の気候が続いており、毎日気持ちよく過ごしています。標本採集用の箱に食べ物を入れて、意気揚々と持っていきました。両親が自分の願いを特別にかなえてくれたという思いでいっぱいだったようです。というのも、標本採集箱は2½クローネと大変高価だったのですが、お友達は皆、親に買ってもらっているようだったので、駄目とは言えなかったからです。でも、来年は自分のお小遣いを貯めて買うと約束してくれました[33]」

一八九七年九月には、不機嫌な顔をしてロンドン旅行から帰ってきた。新学年が始まることで緊張気味になっていたのだが、いざ始まってみると問題は何もなかった。マリーは夫にこう書き送っている。「ハンス・クリスチャンは今のところ、とても機嫌よくやっています。昔を思うと別人のようにいい子になりました。子どもたちが再会を喜び合っている姿は感動的でした。ハンス・クリスチャンは台所にやってきて私の腰に手を回し、『お母さん、いいお嬢さんをお持ちだね』と言ったんですよ[34]」

父の船で過ごした夏の日々と、規則の厳しい学校生活はあまりに違い過ぎて、沈み込んでしまうこともあった。その一方で、当時一般的だった朝の水風呂や体操指導の時には激しく抵抗し、手がつけられなくなることもあった。学校では意地になりすぎて、「神と二人きりになる」ために伯爵夫人の食事室に一人残されることもあった[35]。

スカルム・ヴィ号の利益は少しずつ上向いていた[36]。所属する船会社が一九一六年に倒産したとき、出資者への配当利回りは六〇〇％に達した[37]。フォルケホイスコーレ用の船というのは結果的に、投資としては悪くはなかった。だがこのころにはハーゲドン船長は、陸に上がってからかなり時がたっていた。船乗りを三八年続けた後、一九〇六年に陸に上がり、蒸気船会社の取締役に就任していた。その後、同社解散に伴って退職し、海事監督官を経たのち、コペンハーゲンの港湾委員会の委員になったり、一九一九～二三年にかけては海洋裁判所コペンハーゲン支部の委員を務めたりした。[38]

家族の友人で建築家のイェンセン・クリンに依頼して、オンスゴースヴァイ一二番地に立派な家を設計してもらい、一九〇五年にはそこに転居していた。「赤い石」と呼ばれたその家は現存しており、多少の老朽化が進み時代遅れのたたずまいではあるが、当時はヘレルップ港に面して建ち、にぎやかな家族を包み込む住まいであった。一八九九年にはスヴェン Svend Hagedorn、一九〇二年にはクヌート Knud Hagedorn と相次いで弟が生まれた。二人がある程度の年齢になると、ヘレルップ港にディンギーを与えられた。二人がずぶぬれで帰宅しても母親はきわめて辛抱強かった——日に二回までは新しい服に着替えさせてもらえたが、一日に三回ぬれて帰ってきたら、床につくよう命じられたのであった。[39]

一九〇五年のウスター通りからオンスゴースヴァイへの転居の頃、ハンス・クリスチャンは家におらず、寄宿学校に入っていた。というのも、クヌートが生まれたとき母は四四歳、彼は一四歳で反抗期が始まっており、父親は不在がちで、家の中は女たちが支配していた。そんな一九〇三年、事件が起きたからである。前年より父親が船長を務めていたアスゲル・リグ号が、リバプールからカナリア諸島のラパルマスまで郵便輸送のためチャーターされ、クヌートを産んだ後はじめて母親も乗船することとなった。そんな折も折、エマ叔母が死去し、八〇歳近いソフィー叔母が一人で女中と子どもたちの面倒を見ることになった。それより問題だったのは両親に連絡がつかないことであった。アスゲル・リグ号からの応答は途絶えていた。実は、船はラスパルマスに向かう途中のフランス沖ビスケー湾で嵐にあい、スクリューが壊れ、予定より遅れていたのであった。[40]そのうえ、嵐によってカナリア諸島の電線も大きな被害を受け、電信がほとんど不可能の状態であった。電報は費用がかさむこともあり、船長はコペンハーゲンとの交信を諦めていた。[41]

このためハンス・クリスチャンは、船が沈没してしまったものと思い込んでしまい大きく取り乱した。精神的に混乱する子を見て、ソフィー叔母はディアナルンドに住む姪のアウグスタ **Augusta Sell** に電話し、夫で神経学者のアドルフ・セルの助けを求めた。セルはすぐ診察すると言ってくれ、ハンス・クリスチャンはディアナルンド近くのテルスレーゼのセルの自宅で鎮静処置を受けた。患者ではなかったため、一九〇三年初夏の聖霊降臨日にハンス・クリスチャンからソフィー叔母宛てに書かれたもの以外、手紙や記録は残っていない。[42] アドルフ・セル **Adolf Sell**（一八五〇〜一九二二）は一八七七年にテルスレーゼで開業し、一八九七年には集めた資金をもとに、のちに有名な「神経癲癇（てんかん）サナトリウム」**Nerve and Epilepsy Sanatorium** へと発展する施設「フィラデルフィア」の建設に着手していた。心の病をよく知る彼は、ハンス・クリスチャンを注意深く見守り、落ち着いたのを見届けて言った。「この子に問題があるとしたら、それはこの子が天才だということだ[43]」

後年、ハンス・クリスチャン自身はこの言葉を持ち出しては笑い話にし、両親もまんざらでもなかったと思われる。

両親は無事帰港すると、次の旅には息子も同行させた。南フィンランドのコトカから出発し、アントワープを経てオーステンデ、ニューカッスルに至る旅程であり、その間ハンス・クリスチャンは日記をつけていた。[44] コトカからアントワープ間では嵐の中を進んだ。船が大きく傾いたせいで、大量の水を排出しなければならなくなったが、その間に神経を休めることができた。ブルージュで博物館めぐりができたことも精神に良い影響を与えた。八月一六日に帰港するころには、一家はハンス・クリスチャンの将来に関する決断を下す心の準備ができていた。

ヘッセラガー・ギムナジウム

コペンハーゲンで女ばかりの家の中に置いておくのは、ハンス・クリスチャンにとって好ましくなかった。卒業試験を受けるためにも、どこかしらに転校する必要があったため、両親は寄宿学校に入れることにしたのである。ソレアカデミーとヘアルフスホルムが伝統校として名を馳せていたが、船長を父に持ち科学的発想を好む少年にとって、魅力的ではなかった。そこで、フュン島東端のニューボーと南端スヴェンボーの間に位置するグルントヴィ主義の学校、ヘッセラガー・ラテン・オフ・レアルスコーレが選ばれた。副校長であるV・プロックロス **V. Plockross** が、父の船会社の法律顧問を務めるプロックロス弁護士の親戚であることも決め手となった。[45] 校長はオットー・シュレーダー **Otto Schrøder** という、フォルケホイスコーレの世界では名の知られた人物であった。親にとっては、これ以上は望めないほど安心であった。

新学期が始まってから転校したハンス・クリスチャンは、八人目の寄宿生となった。寄宿生仲間には、コペンハーゲンの貿易商の息子で、のちに教授およびゲントフテ地区病院の上級外科医として生涯の友となるハンス・ウルフ **Hans Wulff** がいた。この学校では一九〇三から〇五年にかけての二年間を過ごした。一クラスの人数は一〇～一二人と少なく、ハンス・ベック **Hans Bæk** 寮長夫妻は居間を寄宿生に開放したり、一緒に食事をしたりと、本物の家庭と変わらない場を与えようと尽しており、何かと気にかけてもらった。

一日の予定表は次の通りであった。[46]

七時	起床
七時二〇分	朝の紅茶
七時五五分	朝拝
八時	授業
九時四〇分	軽食
一〇時	授業
二時一〇分	昼餐
二時四五分	遊び、ゲーム
四時四五分	コーヒー
五時～七時	自習
七時三〇分	夕食
九時三〇分	夕拝
九時三五分～一〇時	就寝

学校創立は一九〇一年、スヴェンボーの町にギムナジウムができるよりも早かった。ハンス・ヤコブ・ケフェド Hans Jacob Koefoed 牧師率いる信仰復興運動が一八七三年にこの地にも届いた結果、教区北端にフリースクール体操協会、そして革新的な寄宿学校が相次いで設立された。寄宿学校は子供を自立した個人へと変えるだけでなく、その成長にも気を配り、良い影響を与えることを目指しており、一九〇二から

〇三年の年報には以下のような寮長の言葉が見られる。

「当寄宿学校は全人的な薫陶を与えるべく、家庭と比べ多彩な可能性を用意しています。なぜなら当校では『育てる』という仕事が家庭の長のみならず、教師や学友によっても行われ、また日々の作業のみならず授業時間外の生活の中でも行われるからです」

しかし学費は高く、父は年間一、〇四〇クローネに加えて洗濯代を払わねばならなかった。

学校は、一八九二年のニューボー＝スヴェンボー鉄道開通によって活気を取り戻した感のあったニュー・ヘッセラガーにあり、しかも駅に近い便利な場所にあった。周辺には宿屋、ビール工場、牧場、貿易商、さらには薬局やマーガリン工場まであり、二二五〇人近くの人が暮らしていた。しかし精神生活はというと、寄宿学校内を別として、ガンメル・ヘッセラガー・キルケビューが核となっていた。ここは教会であると同時に牧師、教師、幼稚園の先生、警官、救貧院の院長、救世軍中尉などが暮らす場でもあった。[47] 教区で最も大きな企業はヘッセラガー村の外のあったヘッセラガーガード・エステートで、三一名が働いていた。学校の周囲の風景は美しく、敷地内の草原を川がゆったりと流れ、近くにはデンマーク国内の氷河期の跡としては最大の奇岩、ダメステンもあった。数キロ先には浜辺や漁師小屋があり、コペンハーゲンまでは四時間半であった。

それでも、寄宿学校に入学した最初の数週間はホームシックにかかったようである。一家の絆は強かったし、口喧嘩もあったが、また深い愛情と寛容にも満ちた家庭であった。そんな折、翌三月から四月にかけてアスゲル・リグ号で行った南イタリアへの船旅は、我慢へのごほうびであり、同行した父とレフスルント・トムセンとともに大いに楽しんだ。メッシーナ海峡のシーラからカリュブディス間を航行し、『オ

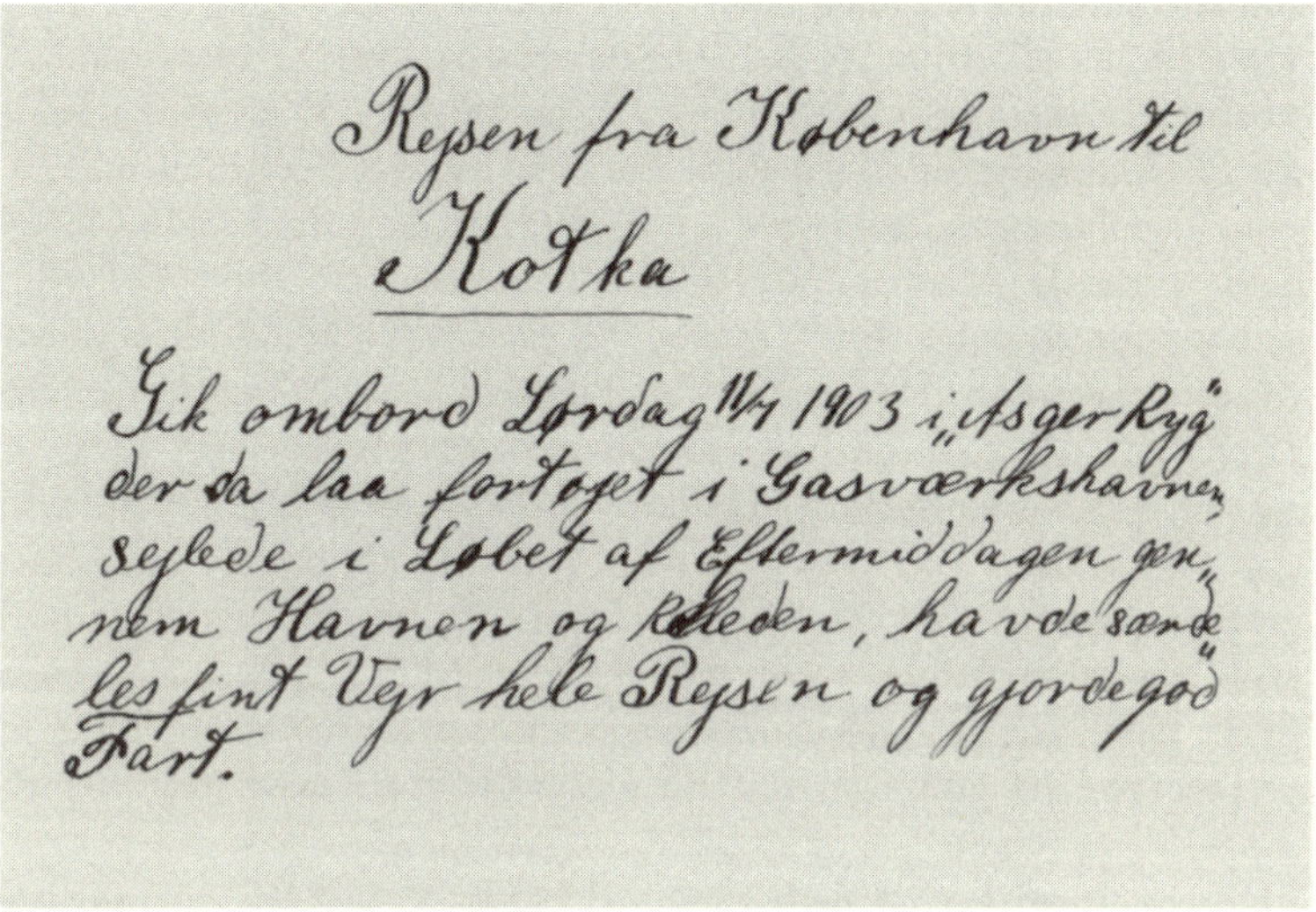

Rejsen fra København til
Kotka

Gik ombord Lørdag 11/7 1903 i „Asger Ryg"
der da laa fortøjet i Gasværkshavnen,
sejlede i Løbet af Eftermiddagen gen-
nem Havnen og Løbet, havde særde-
les fint Vejr hele Rejsen og gjorde god
Fart.

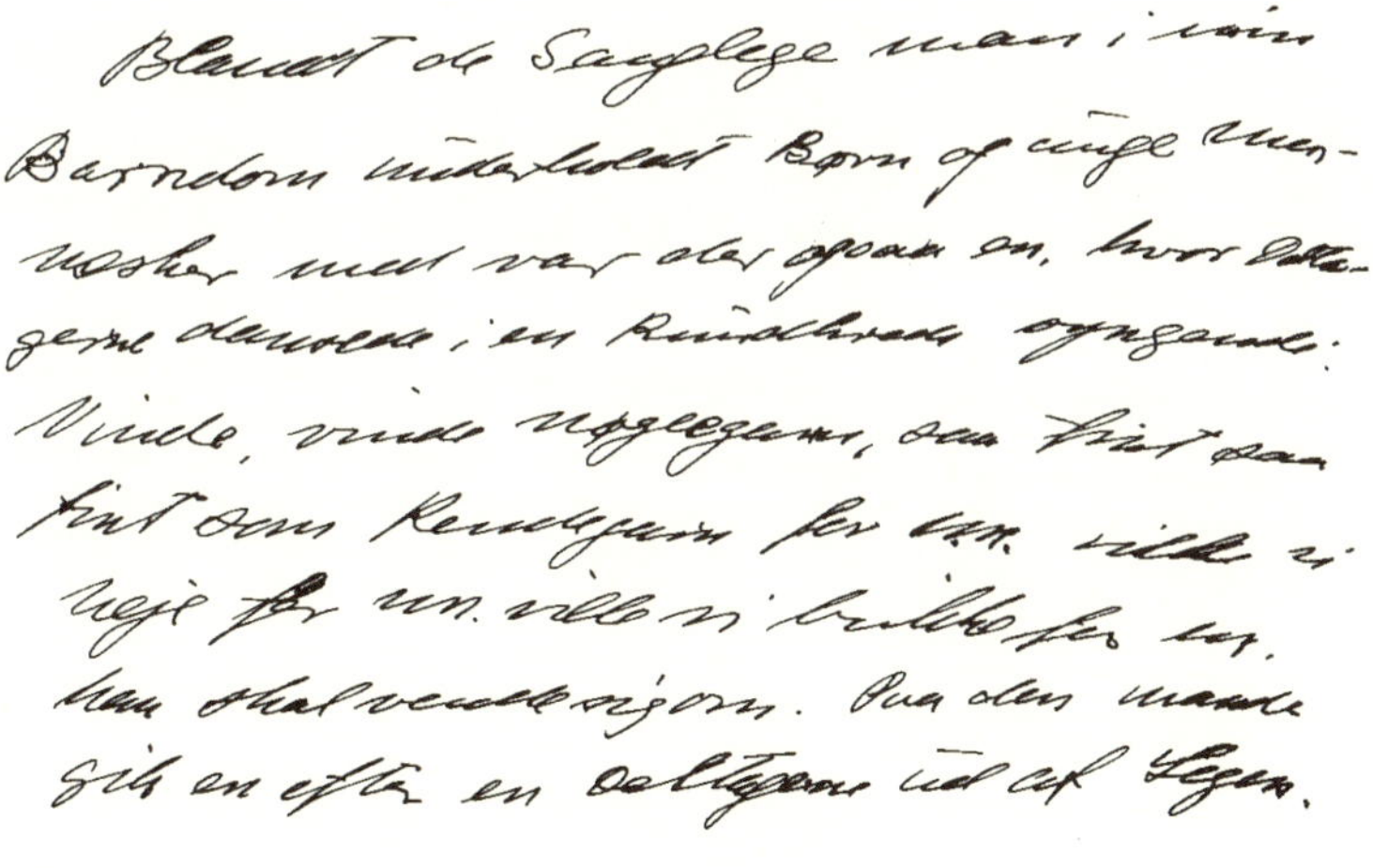

15 歳（上）、60 歳（下）の時のハーゲドンの肉筆

ヘッセラガー校時代のハーゲドン

デュッセイア』で読んで思いを馳せた土地にも行くことができた。メッシーナには一六日間停泊し、その間、一行はシチリア島の美しいタオルミーナの町を訪れて煙を吐くエトナ山を眺めたり、また客船に乗り換えてナポリまで行き、色彩豊かな街の様子に驚いたり、ポンペイまで足を伸ばしてヴェスヴィオ山の火口に登ったりした。単調な学校生活の合間のすばらしい休暇であった。[48] 成績に響くこともなく、一九〇四から〇五年にかけては学年首席を飾り、とりわけ歴史、博物学、物理では表彰を受けた。[49] フランス語とドイツ語だけは平均以下だったが、それより成績の悪い科目はなかった。語学は終生、苦手だった。

「赤い石」の家

一九〇五年夏に帰省したとき、ハンス・ク

リスチャンは硬く短い金髪、意志の強い顔つき、そしてメタルフレームの眼鏡の奥に青い目が光る、生気溢れる青年へと成長していた。カタル性感染症の度重なる再発に苦しんでいたため、身体を強くしようと、外套は決して着なかった。[50] この頃コペンハーゲンは人口増と急激な発展を迎える一方、社会民主党市長の初当選を受け、職場での混乱も深刻なレベルに達していた。しかし家族の住む町は平穏であった。「赤い石」の家にハンス・クリスチャンも部屋を与えられ、「学生試験」と呼ばれる卒業試験の準備に励んだ。

卒業試験は一九〇六年、学校非所属という身分で受験して合格し、迷わず医学部に入学した。アドルフ・セルの影響というよりも、理科系への興味に加え、一年上で一足先に医学部に入学していたハンス・ウルフの影響が大きかった。

このころは一家全員——両親に五人の子供たち、そして女中一人が「赤い石」の家に暮らしていた。末っ子のクヌートはまだ四歳であることからも、子どもたちの興味はまちまちであった。母は兄弟喧嘩を収めるのが上手であったが、それでも激しい対立は少なくなかったものと思われる。このため両親が銀婚式を迎えた一九〇九年、一般病理学研究所でサロモンセン教授の助手に就いたのをきっかけに、ハンス・クリスチャンは家を出た。

サロモンセン、ヘンリケスの助手として

カール・ユリウス・サロモンセン Carl Julius Salomonsen（一八四七〜一九二四）はデンマークの生んだ偉大な細菌学者である。当時、細菌学は注目の学問であり、ロベルト・コッホ Robert Koch が細菌学研究の手法を確立して以来、画期的な発見が次々となされていた。一九〇五年に梅毒菌が発見されて以来、こ

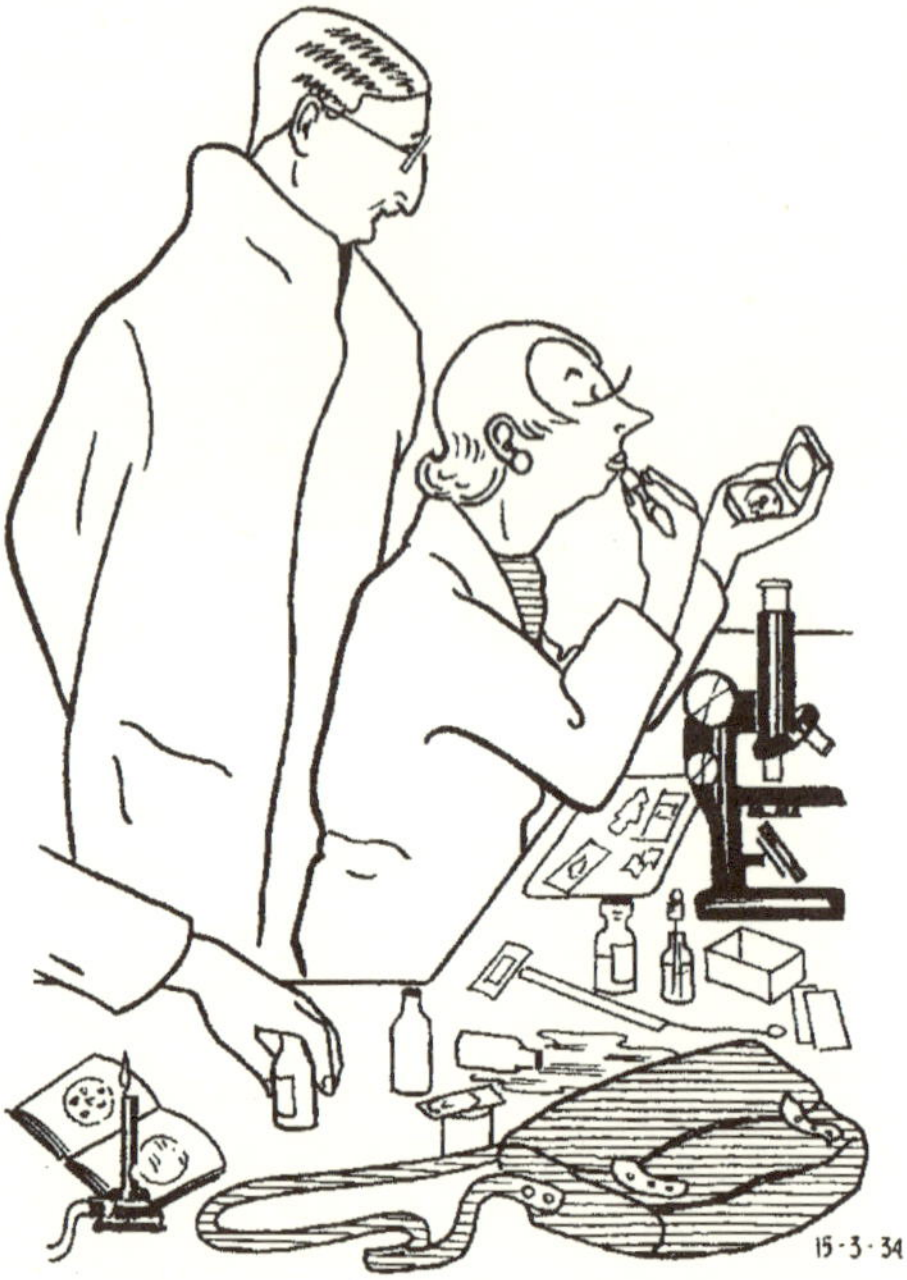

細菌学講座．クリスチャン・ハンブルガー博士「お嬢さん、美しいスピロヘータ菌は見えますか？」(グレテ・ハートマン博士・画)

の忌まわしい性病の治療法解明に向けた競争が始まっていたが、わずか四年後の一九〇九年、ベルリンのパウル・エールリヒ Paul Ehrlich によってサルヴァルサンが発見され、世界初の化学療法となった[51]。これにより、身体にダメージを与えずに梅毒菌すなわちスピロヘータを直接攻撃することが可能となった。

この大発見もあり、細菌学は一般を含め大きな関心を集めることとなった。サロモンセンは人間としても魅力的で、会った人はその科学への情熱に打たれ、欧州全域に広がる幅広い人脈に圧倒され、そして文学や芸術への深い興味にひきこまれるのであった[52]。

当時サロモンセンは、一九〇二年に彼自身が設立し所長を務めていたデンマーク国立血清研究所から、コペンハーゲン

ユリウス・サロモンセン
国立血清研究所の創設者で細菌学者

大学病院に移ったばかりであった。一九一〇年、同院開業にあたっての演説でサルヴァルサンの調合について熱心に語ったが、これがハンス・クリスチャンの心をとらえた。彼は頼み込んで開業したばかりの同院に小さな部屋をもらい、そこで一年以上にわたりサロモンセンの助手を務めることとなった[53]。しかし、最終学年の講義内容が細菌学や病理学から内科学や外科学などの臨床科目になると細菌学への興味は薄れ、生涯続くことになる生理学への関心が芽生えた。とはいえ、恩師への尊敬の気持ちは終生変わらず、研究室にはいつも師の写真が飾られていた。

一九一一年、ハンス・クリスチャンはブレガーテの外科学アカデミーの裏手にあった旧生理学研究所（現在は医学史

クリスチャン・ボーア
呼吸生理学者．ニールス・ボーアの父

博物館）の研究室に移動した。ここではヴァルデマー・ヘンリケス Valdemar Henriques（一八六四～一九六四）教授の助手を務めた。原子物理学者ニールス・ボーア Niels Bohr の父で呼吸器生理学が専門のクリスチャン・ボーア Cristian Bohr が同年五六歳の若さで急逝したことに伴い、ヘンリケスは後任に就いたばかりであった。クリスチャン・ボーアは血液色素による酸素の運搬に関する研究で当時世界的に知られており、有能な研究者が多数集結していた。ヘンリケスはその一人であったが、ボーアと違い、生化学への関心の方が強かった。ハンス・クリスチャンはというと、若くエレガントな科学者であったヘンリケスを敬愛し、その尊敬の念は終生変わることがなかった。またボーアの弟子のなかには、のち

医学生時代のハーゲドン

にハンス・クリスチャンと長年にわたりともに研究を行うこととなる、動物生理学者アウグスト・クローもいた。しかしながらヘンリケスとクローは波長が合わず、クローの妻マリーが博士論文を提出した際には、「ここに書かれていることで、ボーアがすでに示していないことは何ひとつ存在しない」[54]と、その対応は冷たかった。ハンス・クリスチャンは当時クローとの面識はなかった。

試験勉強があったはずの時期に、ヘンリケスの助手を務めていたというのは意外であろうが、彼は寝不足に強く、わずか六年間の勉強で一九一二年の夏に最終試験に臨み、首席でないものの優秀な成績を収めた。試験後も同研究所で助手兼秘書を続け、酸素吸収量と二酸化炭素排出量の測定方法に次第に関心を持つようになった。そんな中、原因不明の理由により、抑うつ症状を覚えるようになる。[55] 自身では働きすぎによるものだと思っていたが、おそらくは人生の決断を下し、責任を持つことを突如迫られた若者が往々にして感じる、もやもやとした不安感が真の原因であろう。

医師免許を取得するために、一年間は病院で実習生として勤務する必要があった。チャンスは一九一三年一二月一日にめぐってきた。西ユランのヘアニン病院が実習生を募集していたのである。一定期間を家から離れて過ごし、才能とパワーにあふれた若きドクター、ビールマンのもとで病院実習を行うのは、ちょうどよいタイミングであった。ホルガー・サクストルフ・ビールマン Holger Saxtorph Biilmann は当時国内有数とされたフレデリクスベリ病院で訓練を受けた、経験豊富な外科医であった。一九一〇年にヘアニン病院が外科・内科を扱う混合病院として開設された当初から勤めており、ハンス・クリスチャンが実習生として入ったときは三八歳であった。

ヘアニン病院は一一棟から構成され、うち四棟は当時まだ珍しかった個室で、最大でも四人部屋であった。皮膚病・性病の患者専用の病室も二室用意し、合計三六床であった。[56] 近代的な手術台を備えた大手術室が二室あり、多くの注目を集めていた。

電動呼鈴、病棟を結ぶ内線電話、処置室、レントゲン用暗室といった、混合病院にはきわめて珍しい設備がそろっていた。研究室もあったが、さほど多くの分析はこなせなかった。濾紙片に滴下した血痕からのヘモグロビン濃度測定、フェーリング試薬を使った尿糖測定、ヘラー法と呼ばれる硝酸を使った方法でアルブミン尿の検出を行っていた。また胃病の疑いのある患者の試験食の分析も行っていた。

1913年、ヘアニン病院の職員一同
ハーゲドン（後列）、ビールマン（シスター・アーネの右隣）

ヘアニン病院のビールマンのもとで働く

ビールマンはハンス・クリスチャンにとって優れた教師であり、また生涯の友となった。ハンス・クリスチャンは母親とともに美しいビールマン邸を何度となく訪れたし、ビールマンがコペンハーゲンを訪れたときにはハーゲドンの家で夕食をとった。[57]ビールマンは手術の腕のみならず、さまざまな分野に才能を発揮した。近代医学の実践者として細菌の存在を重視しており、ハンドルを握る前には必ず拭いたし、近所の床屋では櫛（くし）が完全にきれいでないという理由から言い争いになったこともあった。また自分の体を使ってさまざまな治療法を実験した。腰痛痛に効くとして、肩から足首までをすっぽり覆うジャージー織りのニットを考案し「ビールマンサン」と名付けたり、また天然成分から作られた便秘薬「フェカフット」は効果があったほか、こぶを治すため呪文を唱えることもあった。[58]

ビールマンは患者思いであったが、それを表に出すのが苦手であった。寡黙で感情を表さず、いつも生真面目であった。回診中に会話が始まるとしたら、必ず彼のほうから口を開くのが常であった。驚くほど生産的であったが、休息こそが最良の予防医学だと確信していた。毎日の労働時間は長く、昼夜問わず呼び出され、そして彼以外の医師はこの実習生しかいなかったので、夜間に町の医者のもとに麻酔薬を投与するため走る必要もあった。まさにそういったことが一九一四年一二月、ハンス・クリスチャンが虫垂炎になった時に起きた。このときハンス・クリスチャンは自分で病院に電話し「虫垂切除の準備をお願いします」と頼み、ビールマンがやってきて執刀した。ハンス・クリスチャンは虫垂をホルマリン漬けにし、数日後にコペンハーゲンで結婚式を挙げる妹ブッラに送るよう指示した。[59] そうすれば、自分の体の一部が列席することになる——というのが彼の妹に書き送った内容であった。

ヘアニン病院には以上の医師二名のほか、看護婦二名、看護学校の学生八名、雑用係一名、そして調理人、洗濯係、掃除係がいた。一日一二時間労働で月給は約五〇クローネ、現在の価値で約一四〇ドルであった。患者は、入院許可を受けたのち、町の職人が作った馬車引きの救急車で運ばれてきた。ハンス・クリスチャンは三食を病院でとり、ギャレーと呼ばれる八～九平方メートルの小部屋で寝起きした。部屋はソファーベッドに食卓と二脚の食卓用椅子が置かれ、洗面所は廊下にあった。後任の実習生がある時、部屋環境向上のため安楽椅子を入れたいと申請したところ、病院側の回答は次のようなものであった。

「トルールセンさん、もし安楽椅子をご希望でしたら、ご自分で購入して下さい。お願いしてあなたに来てもらっているわけではないのですから」[60]

ほとんどの患者は疾病保険に加入していたが、なかには入院が金銭的に負担の患者もいた。一九三五年における リングケービング病院の総則には、入院費用は一日二クローネ、性病患者の場合は一日四クローネとある。入院に際しては以下の規則が適用された。「患者が入院を希望する場合、資格を有する医師から当院医師に申請を行う。後者が受け入れに異存なき場合、当事者は経理係に申請を行う。可能なら定評ある生命保険会社または地方自治体による支払保証書の形で、適格な保全能力を有する旨が経理係によって確認された場合、また死亡に伴う埋葬を目的として、患者は病院への受け入れが許可される」[61] 米国では現在も同様の規則が存在する。

一九一四年一二月、ハンス・クリスチャンは見習い期間を終えることとなった。第一次世界大戦が勃発し、軍医として召集されたのである。騎兵隊に配属されたが、しかし召集期間は短く、翌年一月一二日には軍法裁判所より兵役に永久不適格との宣告が下された[62]。理由は定かでない。反抗的だったかもしれないが、懲罰行為は行っていない。兵役を解かれたハンス・クリスチャンは、コペンハーゲンには戻らず、ブランデに拠点を移す。この決定の背後には何があったのだろうか？

3　ブランデ村（一九一五〜二二年）

当時のブランデ村はヴェイレ郡の端に位置していた。郡内で一番広かったが土地はやせており、耕作地は総面積の半分強に過ぎなかった。どこまで歩いても砂ばかりの平坦な荒野が延々と続き、ところどころに泥炭沼地や低湿地が点在し、トウヒがまばらに茂るだけの荒地であった。一六六〇年のデンマークとスウェーデン間の戦争後には村に農家は四六軒しかなく、その後一四軒が土地を離れた。ようやく発展のきざしが見え出したのは一七八八年のデンマークへの移譲、さらに一八六四年のデンマーク戦争を経たのちである。開拓を先導したのは牧師、そして個々の農家であった。後に社会民主党から教会省大臣となるブランデ出身のダール **N. P. L. Dahl** 牧師により、一八九四年までに五万本の木が植えられた。[1] 第一次大戦前には登録人口約三千人、うち実際に居住する者が一、一八〇人にのぼるなど、村は拡大期を迎えていた。

村人が互いの家を覚えるのもそろそろ限界となり、通りに名前をつけることの是非を問う議論が行われた。[2] 目抜き通りは舗装され、電気が開通し、ヘアニンやヴェイレに至る鉄道も開通した。一九一五年には周辺との交通も確立し、国内有数規模の市も開かれるようになった。こうした変化にあわせ、犯罪率も悪化していたため、警官配備の許可を得る必要が出てきた。文化的にはそこそこ活気があり、一九一一年にわずか四クラスで開校した小学校は拡張を間近に控えていたし、ビルケダールの小さな中等学校もうまくいっていた。体操教室が二つに合唱隊、さらには正式な映画館の建設計画まであった。[3]

新しく就任した教区長兼地方司祭のA・マリウス・ニールセン A. Marius Nielsen は話術に長け、説教師としても優れていただけでなく、教会に電球が必要になった際には、大変効果的な資金集めの演説を行ったりもした。「福音は伝道されるべきであり、知識と経験は広められるべきである」との信条のもと、堅信礼を行う者たちの控え室の一角に図書館を設けたりもした。[4] 教区ではやるべきことが山積していたことから、一九一五年には業務を補佐するために牧師補が初めて任命された。

ほぼ時を同じくして、そんなブランデにおける医療業務対策をしたが、同地区での医師稼業は収入の良い仕事とは到底言えなかった。一八八一年には村議会が医師を招こうとしたが、予算がなく十分な報酬を調達できなかったことから立ち消えになっている。[5] 開業しても自活は不可能であった。村は広く、一人の医師が遠方への往診を何度もこなさねばならなかったが、そうなると貧しい村人たちにとっては手が出なかった。しかし一八八五年、国や郡や村が協議の結果、開業医の給料として国が年間八〇〇クローネ、郡が同四〇〇クローネをそれぞれ支出することが決まった。

一方、村役場はヘアニンとセンドレ・オンメ間の辻に医師にふさわしい宿舎を提供し、[6] 一九〇二年より、オットー・アレンズ Otto Arends 医師が診療を行った。一八八五年から数えてすでに三人目の医師であったが、生計を立てることは不可能であった。このためアレンズ医師は増収策として、宿舎に隣接する六エーカーの土地に私費を投じて小病院を建設したが、これが裏目に出てしまう。隣村のギヴに病院があったため、ブランデでの病院需要は明らかに少なすぎて、郡役場への病院支援申請はことごとく無視された。ブランデはやはり寒村だったのである。アレンズ医師は仕方なくこの建物を産院兼予後保養所として運営したが、一九一四年には廃業せざるを得なかった。病院の売却広告を出し、本人はボルンホルム島のクレメンスケアに移住したが、買い手が見つからずに一年以上も放置された後、土地所有者で病院の保証人であった共同組合が引き継いだ。

医師が開業して栄える見通しは少なかったが、一九一四年秋には四四歳のティーオドル・ラーショウ Theodor Raaschou 医師と、五〇歳で離婚歴のあるクリスチャン・エルスレウ Christian Erslev 医師という、ともに経験豊富な紳士である二名もの中年の医師たちが、アレンズ医師の後任としてやってきた。一人は地方当局が用意した建物で、もう一人は銀行敷地内でそれぞれ開業し、翌年明けには村には十分な数の医師がいる状況であった。そのため一月初頭にブランデ・ポステン紙上に大きな告知を見て、村の人々は驚きを隠せなかった。「一月末に、ブランデで一般医として開業します。H・C・ハーゲドン」受付時間は午前一一時から午後一時および五時、電話番号二番、連絡先は前宣教師宅のクヌートセンとあった。この発表は宣戦布告のように響いた。

コペンハーゲン出身、弱冠二六歳にして世界を航海した経験を持つハーゲドンが、高給や大学での職のオファーを断ってまで、ここブランデに腰を据えようとしていたのは、原始的な生活を送りたいといった理想に燃えていたからではない。その原因は、地元の歯科医、ミス・マリア・スタヴンストルップとの恋にあった。

ブランデ初の歯科医であるマリア・スタヴンストルップに夢中のハーゲドン

ミッテとの結婚

マリア・アルフリータ・スタヴンストルップ Maria Alfrida Stavnstrup はハーゲドンと同い年で、一八八八年八月一五日、教師兼教会番の父アンドレアス・スタヴンストルップ Andreas Stavnstrup の長女としてリンケビンク郡ニースに生まれヘアニンで育った。一九一〇年に歯科医師資格、一二年に開業資格を取得後、翌一三年一月一三日にはブランデ初の歯科医として町にやってきた[7]。入れ歯作りを引き受けていた床屋のH・ヤコブソンにとっては、強力なライバル出現となった[8]。

ミス・スタヴンストルップは小柄で華奢、勤勉で倹約家であった。診療は水曜を除く毎日、朝一〇時から午後三時まで受け付け、水曜だけはチュアゴドのアブスティネンス・ホテル（禁酒ホテル）で診療を行っていた。[9] さらには同僚が召集されたのを受け、残された患者のめんどうも見ていた。詰め物、入れ歯、そして局所麻酔による抜歯を行った。抜歯料は一クローネであったが、二本以上同時に抜く場合は割引があった。

全ての歯を抜く場合は一般医の立会いのもと、笑気ガスが用いられた。年配のアレンズ医師は当時新しかった笑気ガスの扱いに不慣れであったため、ミス・スタヴンストルップはヘアニン病院の医師に応援を頼むこととなり、やってきたのがハーゲドンであった。彼は笑気ガスを患者に施し、彼女は恋に落ち、そして彼もまた恋に落ちたのであった。もはやブランデに移り住むしかなかったのである。

一般医として

当時は、一般医として開業するための正式な手続きは不要であり、地域を担当する医事官に電話で知らせれば十分であった。しかし、未熟な若者が一人で開業し、日々の雑務をこなすのは困難であった。幸い、母マリーが手伝いを申し出てくれ、三週間近くも滞在した。[10] コペンハーゲン出身の若者が、村の住民からの疑いの目を集める中、医師として単身開業するには順序立てて事を運ぶ必要があった。独立にはオートバイと拳銃（リボルバー）が必要だというのが、ハーゲドンの意見であった。

悪路での往診が楽になることと、犬の攻撃から身を守ることができるというのがその理由であった。大音量で疾走するオートバイから空に向けて銃を放つのはうまく行くものと思われたが、道がでこぼこしているため、銃を構えながら片手でハンドル操作するのは難しかった。挙句の果てに誤射によりキャブレーターに穴を開けるに至り、西部劇ごっこは終わりとなった。[11] オートバイに引火し、放尿によって鎮火を試

ブランデで往診に向かうハーゲドン

みたが、さして効果はなく、オートバイは売りに出さざるを得なかった。代わりに借金して中古の大きなフォードを購入した。運転免許証が届くのを待たずに運転を始めていた一九一五年四月一四日、下り坂を走行中、マーテンセンと呼ばれる地元の工場の庭に突入してしまい、サンザシの生垣に突っ込んで停止した。ブランデ・ポステン紙によると、ハーゲドンは無傷であったが、ヘッドライトのガラスが割れたほか、生垣が長さ二メートルに渡りなぎ倒された。二頭の馬で引っ張り、ようやく壊れた車を引き出すことができた。

先任の二名の医師がブランデでの開業を続けられなかったのは技術革新、すなわち自動車の有無の差が主な理由であったことは間違いない。馬車での往診はもはや時代遅れであった。一九一五年五月にはラーショウ医師は近郊の町ブレドストラップに移り、翌年にはエルスレウ医師が不祥事の結果、追われるように去っていった。ハーゲドンは勝利を収める形となった。

また自動車に加え、鉄道病院の責任者を引き受けたり、さらには産褥熱予防キャンペーンを行ったりしたことも村人からの信頼につながった。当時の村の助産婦、ミセス・トープ Torp は衛生面の配慮を明らかに欠いており、出勤前に洗顔も整髪もしていないと、鉄道作業員のアクセル・ハンセン Axel Hansen から文句を言われていた。服も汚れ、前かけも着けていない[12]。そこでハーゲドンは助産婦の追加を申請した。一方、産褥熱の患者がその後四人も続けて出たことで、医事官はミセス・トープのブランデでの勤務を禁じ、新しい助産婦を任命した。

またハーゲドンは、村人の便宜のため、薬の販売許可申請を行いもした。それまで人々は、薬を手に入れるのに二〇キロ先のギヴの町まで行かなければならなかったが、その必要がなくなり、医師から薬を受け取れるようになった。また村議会に対しては、例の放置された病院について、もし協同組合が建物を買い取り運営の赤字を補填してくれれば、開業を検討したいと伝えた。議会は動き、ミス・E・スコウベア E. Skovberg、通称ストゥバを婦長に任命、同年中には看護実習生と家政婦を雇い入れた。食事はフォルクホイスコーレの寮から運んだ[13]。こうして一九一五年八月一日、H・C・ハーゲドン二七歳を院長として同病院は再び開業した。ヴェイレ郡のオルリック Christian V. M. Olrlk 医事官は成功にやや懐疑的であったが、八月一一日の視察ではすべてが順調であり、患者受け入れの準備も整っていた。

ブランデに来てから最初の半年で、村の医療水準は大きく向上した。しかしハーゲドンが未婚であることは大きなハンディであった。そのため、地元の歯科医と結婚したことは、彼の中に大きな自信を生んだ。

とりわけ、二人の結婚は反道徳的な要素が一切なかったのでなおさらである。マリアは妊娠も同棲もしていなかった。加えて、結婚はきわめて控えめであったことも良い印象であった。一九一五年六月一六日、ブランデ・ポステン紙に次のような告知が出された。

「一九日（土）から二〇日（日）は不在。以後は地方当局の医師宿舎まで連絡されたし。受付時間は午前一一時～午後一時、および午後五時。ハーゲドン」

一週間後には歯科医からも、医師宿舎を今後の連絡先とすることが告知された。結婚については一言もなく、人々はこれらの情報を自分たちでつなぎあわせるしかなかった。五月三〇日、ブランデ教会にマリア・スタヴンストルップとH・C・ハーゲドンの婚姻公示が掲げられ、六月一九日にはごくささやかな式が行われた。わずかな列席者が、前の式の飾りが残る教会に参集した。新郎の母は前日に到着し、式後に新婦の家で両親と会食後すぐに帰って行った。新居の準備が整い、新郎の両親が訪れることができたのは、式から一カ月を経てからであった[14]。

精力的な医師を迎えられたことは、村にとって良いことであった。しかしそのことは如実に収支に現れ、村の健康保険組合は存続の危機に陥ったことから、臨時総会が開催された[15]。第一の四半期における医師への支出が、七〇〇クローネから一、五〇〇クローネへと倍増していると出納係が指摘したことから、ハーゲドン担当患者の保険証が一五通、エルスレウ医師担当患者のものが二〇通回収され、往診の記載内容と医師側の領収書の照合が行われた。その結果、両医師とも不一致が見つかった。ハーゲドンの患者については二件、ただしいずれもハーゲドンが往診費を負担しており、組合の利益となる不一致であった。これに対しエルスレウ医師の場合、照合結果が一致するケースの方が少なく、往診した事実がないのに往診したことになっていたり、過剰請求が行われていたケースがほとんどであった。このためエルスレウ医師に抗議することとなったが、このときは医事官に抗議の内容が伝わらなかった。

医事官が一連の事実を初めて知ったのは同年一〇月一七日、同医師が乱闘騒ぎを起こして逮捕され、留置場に入れられたときであった[16]。このとき彼は、静脈注射麻薬使用者であり、モルヒネとコカインの常習者だと判明する。すでにその年の初夏には、人々は彼のふらつきに気づいていたし、時には自室の床が揺れるほど飛び回りながら大声で歌い叫んで人々を不安がらせたり、さらには自転車に議論を吹っかけているのを目撃した人もいた。逮捕時には興奮しており、騒いだり暴れたりしながら、混乱ぎみの誇大妄想をとうとうと語っていたため、ヴェイレにあるクリスチャン・デ・フィーネ・リヒト Christian de Fine Licht医師の率いる精神病棟に収容された。鎮静化したのは二週間後であった。

医事官は教区主管者代理のマリウス・ニールセンによる報告書を添え、この一件を国家保健委員会に報告した。同報告書でニールセンは、エルスレウを頭の良い人だと評しながらも、モルヒネ中毒であり、「自己を律しているときは有能な医師だが、自分の弱さに屈したときは、そうは言い難い[17]」と述べている。このときハーゲドンは、医事官の求めに応じて、次のような発表を行った。

「私の判断では、エルスレウはある時は非常に有能であるが、別の時はあまりそうでもない。純粋に主観的な意見だが、個人の一般医という、監督者のいない職業に今後も従事することは、容易に悲劇につながる可能性がある[18]」

しかし死者はなく、国家保健委員会は介入できなかった。医事官はエルスレウと話をしようとしたができなかった。そこで患者たちはハーゲドン医師をかかりつけにする形で、自らの意見を行動で示した。翌一六年一二月、エルスレウ医師は村を離れ、ヘアニンのブランデホテルに宿泊したところで足取りが途絶えている。この日、尋常でない音を立てる宿泊客がいたためオーナーは警察を呼んだ。この宿泊客こそエルスレウ医師であり、コペンハーゲン市民病院に職を得て向かう最中の出来事であった[19]。

あちこちで歯車が狂い始めていた。欧州では第一次大戦の嵐が吹き荒れていた。ドイツとの国境の町コンゲアまで、わずか一〇〇キロしか離れていなかった。南ユランからは一五、〇〇〇人がデンマーク兵として出征した。一、五〇〇人が命を落としたほか、デンマークに逃亡した者もおり、戦場からの悲しい知らせは毎日のように届いていた。エルスレウが夢の国に逃げ場を求めたのも、無理のないことだったのかもしれない。

一方ハーゲドンは、病院を開業させ、てきぱきと往診をこなし、産褥熱を撲滅し、町で薬を受け取れるようにし、健康保険組合と良好な関係を築くなど村で人気の医師となった。人気と言えば病院の庭もなぜか人気で、立ち入りの制限が必要となった。ブランデ・ポステン紙によれば、子供たちは「女中に付き添われている場合でも、破壊願望をかきたてられるのみならず、病院職員に注意されても無礼」だからとされている。かつての恩師であり畏友でもあるヘアニン病院のビールマン医師には、アドバイザー役を依頼した。ハーゲドンは社交的ではなく子供もいなかった。夫人は自分の歯科診療と猫たちの世話をした。彼女は大の猫好きであり、ハーゲドンも猫についてはお行儀よくしている限りは許容した。しかしいつもおとなしいとは限らず、シャム猫が数日間病気になり家のあちこちに放尿し、挙句の果てに自分の枕の上にされたときに逆上し、銃で撃ってしまった。即座に後悔し、おろおろしながら妻の帰りを待った。猫は手厚く葬られ花輪には「成せることを成した」の文字が記された[20]。この一件ののち、ハーゲドン夫人は夫に対し科学的関心に集中するよう説得した。

糖尿病への関心

ハーゲドンは糖尿病に関心を持つようになった。華やかさにはいささか欠けるこの病に、なぜ関心を持ったのかは定かではない。おそらくは研究活動を始めた頃に、糖尿病患者の悲しい運命に心を強く動かされたのかもしれない[21]。若い患者はやせ衰えて数年で死亡し、年齢が上になると壊疽や失明が見られた。またこの時期、父親が糖尿病と診断されたことも関係しているかもしれない。少なくとも一九二〇年に治療を受けていることが判明している。ハーゲドン自身も、また弟のうち二人も後年糖尿病になった。一九一五年には、すでに糖尿病に関心を抱いていたことが病院の入院記録からも伺える。一九一五年および一九一六年の年頭における四名の入院患者のうち、一名は浮浪者、そして三名は糖尿病患者であった。

一九一五年、糖尿病について解明されていることは少なかった。炭水化物代謝に主に影響を与える代謝疾患であること、症状は倦怠感、喉の渇き、多尿、頻尿、尿糖の出現、体重減少、血糖値増加とされていた。西暦二〇〇年には、アレテウスによる糖尿病の克明な記述が見られる。「糖尿病は不思議な病であり、特に一般的というわけではない。胴や四肢が溶け、尿とともに流れ出てしまう。患者は水門が開いているかのようにとめどなく尿をしている。患者は短命で、不快で苦痛である」[22]

一七七五年、マシュー・ドブスン Matthew Dobson（一七四五～八四）が、尿の甘みが糖によるものであること、また糖尿病患者の血清も甘みがあることを示した[23]。一八三九年、アポリネール・ブシャルダ Appolinaire Bouchardat（一八〇六～八六）により、初めて糖尿病患者の血液中にブドウ糖が存在することが確認されたが、健康な人でも同様かどうかは疑問の余地が残っていた。[24] フランスの有名な生理学者クロード・ベルナール Claude Bernard（一八一三～七八）はこれを否定したが、他のフランス人医師たちはそれに反対した。そこで決着をつけるため、アカデミー・フランセーズはデュマを委員長とする調査会を設けてこれを検討した[25]結果、クロード・ベルナールが正しいとの結論に至った――つまり、健康な人間の血液中にはブドウ糖が存在しないというのである。すでに委員会には反論の声が多数寄せられており、早くも一八五六年にはショヴォー Auguste Chauveau により、健康な人の血液中にもブドウ糖が含まれること、しかも断食後であっても〇・一〇％存在するとの、信頼できる調査結果が提出された。ハーゲドンがブランデで働いている頃には、糖尿病患者の尿に含まれるブドウ糖は血糖値が上昇した結果であるとの認識が一般化しつつあった。だが、なぜ糖尿病になると血糖値が上昇するのかは、依然として不明であった。[26]

糖尿病の関連器官もまた不明であった。ローマ皇帝マルクス・アウレリウスの侍医で、死後一五〇〇年を経るまで権威であったガレノス Galenos（一三〇～二〇一）、さらには錬金術師として知られるパラケルスス Paracelsus（テオフラトゥス・ボンバトゥス・フォン・ホーエンハイム Theophrastus B. von Hohenheim 一四九三～一五四一）も、糖尿病は腎臓の病だと考えていた。[27] 一方、ジョン・ロロ John Rollo（～一八〇九）のように腸の病気だとした者もいたほか、クロード・ベルナールは肝臓の機能不全に起因すると主張するなど、よく分かっていない部分が多かった。

結局、膵臓に注目が集まったのは一八八九年、当時ドイツ領であったストラスブール大学のノーナンの研究室で行われた異例の実験による。当時最も知られた糖尿病医であったベルナール・ノーナン Bernhard

Naunyn（一八三九～一九二五）のもとには、共同研究を行うために世界中から医師が集まっていた。[28] ある日、その中の一人、ロシア出身の青年医師オスカー・ミンコフスキー Oskar Minkowsky（当時三〇歳）と、一〇歳年上のヨーゼフ・フライヘル・フォン・メリンク Joseph Freiherr von Mering は、「膵臓なしで犬は生きられるか」をめぐって賭けをした（動物愛護団体のない時代である）。フォン・メリンクはクロード・ベルナール同様、生きない方に賭け、ミンコフスキーは生きる方に賭けた。実験を行うことにした二人だったが、膵臓を除去したところでフォン・メリンクがしばらく留守にすることとなった。残ったミンコフスキーは、嬉しいことに犬が生き続けるのを見届けることができたが、しかし不快なことに、犬小屋が汚物や尿で汚れていた。彼は研究所の助手を叱ったが、助手は「犬はひどく喉が渇いているようで、ひっきりなしに排尿しているため、犬小屋を常にきれいにしておくことは無理だ」と弁解した。ノーナンから「頻尿の場合は尿糖検査を行うべき」と教わっていたミンコフスキーは早速、フェーリングの硫酸銅溶液で尿検査を行い、フォン・メリンクが戻ったときには、犬は生き続けたこと、しかし尿中のブドウ糖は五％に達したことを報告した。

膵臓を除去すると糖尿病になる！ この実験は繰り返し行われ、また他の実験もあわせて行った結果、糖尿病は消化液を産生する膵臓組織とは無関係であることが示された。[29] よって、膵臓は消化を促進する消化液を分泌するだけでなく、おそらく糖尿病を防ぐ成分を、血液に直接放出しているものと結論された。

そこで関心が集まったのが、すでにポール・ランゲルハンス Paul Langerhans（一八四七～八八）が記述していた、膵臓内の小細胞群であった。その重要性が当時は理解されていなかったが、これこそ、現在ランゲルハンス島と呼ばれるものである。[30]

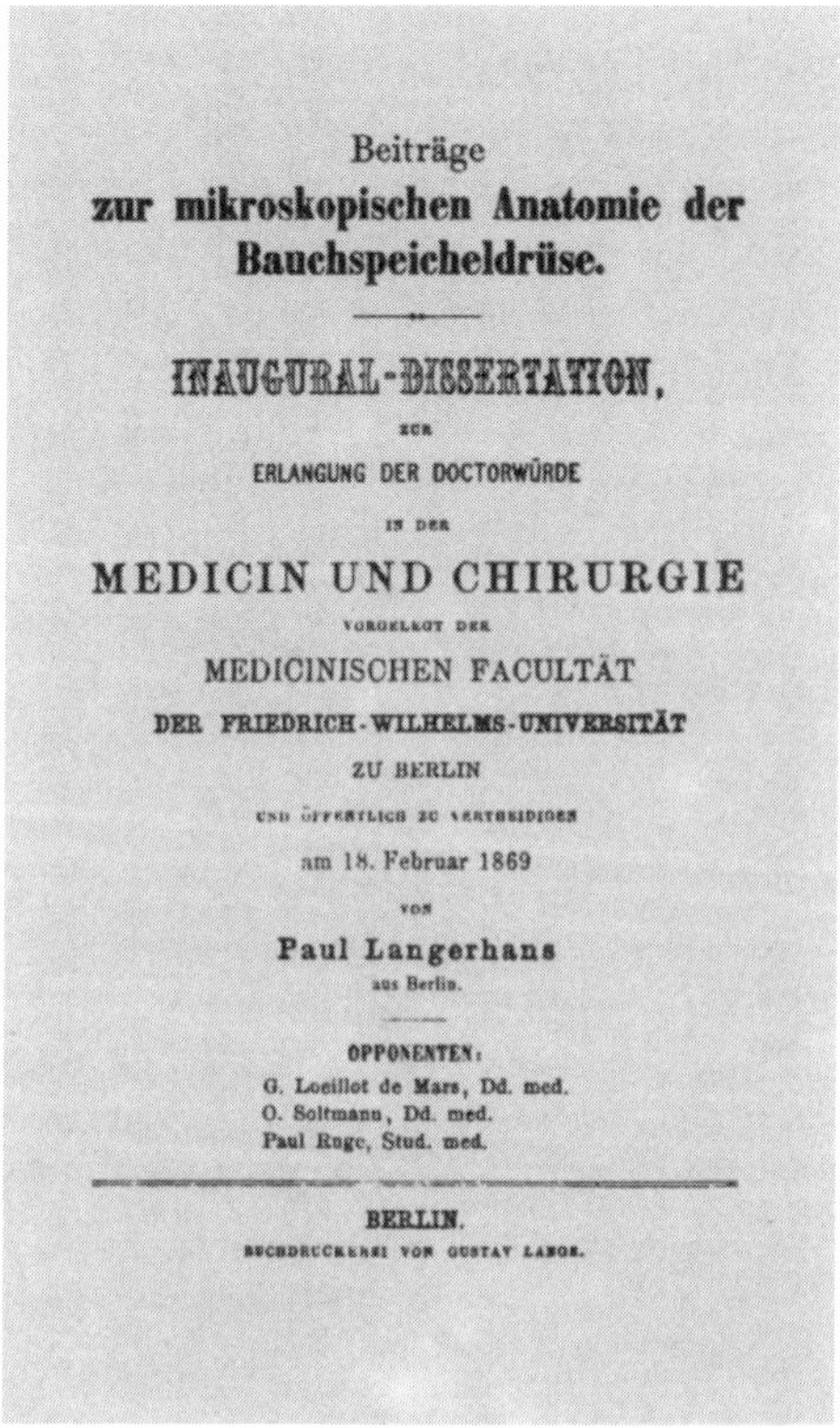

Beiträge
zur mikroskopischen Anatomie der Bauchspeicheldrüse.

INAUGURAL-DISSERTATION,
ZUR
ERLANGUNG DER DOCTORWÜRDE
IN DER
MEDICIN UND CHIRURGIE
VORGELEGT DER
MEDICINISCHEN FACULTÄT
DER FRIEDRICH-WILHELMS-UNIVERSITÄT
ZU BERLIN
UND ÖFFENTLICH ZU VERTHEIDIGEN
am 18. Februar 1869
VON
Paul Langerhans
aus Berlin.

OPPONENTEN:
G. Loeillot de Mars, Dd. med.
O. Soltmann, Dd. med.
Paul Ruge, Stud. med.

BERLIN.
BUCHDRUCKEREI VON GUSTAV LANGE.

ポール・ランゲルハンスによる博士論文の表紙

その実証に成功したのは、ロシア出身の二五歳、レオニド・ソボレフ Leonid Szobolev であった。彼はウィルヒョウ論文集として一九〇一から〇二年にかけて発刊された一連の優れた論文中の、主膵管[31]を結紮（けっさつ）すると、腸に分泌物を放出している腺組織は破壊されるものの、ランゲルハンス島は無傷であり、またランゲルハンス島が無傷である限りは糖尿病にはならないことを動物実験によって明らかにした。ここから彼は、糖尿病の発症を防ぐ物質がランゲルハンス島で産生されており、この抽出を試みるべきだと提言した。そして「このようにランゲルハンス島を解剖学的に単離させることで糖尿病の臓器療法が合理的に検証可能となる」[32]と記述している。

しかし、ソボレフの発見が追試されるには一九二一年まで待たねばならなかった。理由はいくつかある。一つには、当時の顕微鏡技術では糖尿病患者のランゲルハンス島の周辺または内部の異常を見つけるのが必ずしも可能でなかったこと。もう一つは、ソボレフの実験の再現が困難であるため、膵臓に含まれるとされる糖尿病予防成分を抽出・分離を試みた研究者はベルリン大学のツルツァー Georg Ludwig Zuelzer（一九〇六）、シカゴ大学の学生E・L・スコット E. L. Scott（一九〇九）など多数いたが、いずれも納得できる結果を出せなかったことがある。[33] ツルツァーは「アコマチン」という名称で、膵臓抽出物の特許を米独で取得していたものの、膵臓およびランゲルハンス島が糖尿病において果たす役割については、ハーゲドンが糖尿病に関心を向け始めた頃にもまだ議論の対象となっていた。[34] 端的に言えば、原因も不明であり、インスリンも発見されていなかったのである。

食事療法

糖尿病は、その特質こそ明らかになっていなかったが、治療は可能だった。有名なドイツの糖尿病医、エドゥアルト・キュルツ Eduard Külz（一八四五〜九五）は、糖尿病患者の尿糖にはバウアー錠、少量の砒素、カールスバート産ミネラルウォーターのいずれも効果がないことを示し、[35] 唯一治療の可能性があるのは食事療法と、できれば運動量を増やすことだとした。

デンマークでは一九〇二年、デンマーク健康新聞出版社からマリウス・ラウリッエン Marius Lauritzen 博士による小冊子『糖尿病――温泉や保養地での滞在による治療』が刊行され、重度の糖尿病についてはノイエナール、ヴィシー、さらにはチェコのカルロヴィ・ヴァリやマリエンバートといったアルカリ泉での入浴および周辺地域の散歩を行うことを勧めている。滞在期間は四～六週間とし、その後はライン川沿いの海抜三一六メートルの地点にある炭酸鉄泉で後治療を行うのが望ましい、しかしながら主な治療は食事療法にあるとする。「食事療法以外の治療は効果がない。いかなる治療も最上の手段すなわち『食生活』とともに行わねば、この病を克服あるいは正しく抑制することはできない[36]」

ではどんな食事が望ましいのか。

ジョン・ロロによって糖尿病の原因が食物の消化異常によるとされて以来、正しい食生活の探求が進められてきた。ジョン・ロロ同様、ミルクや黒プディングのような高タンパク食を推奨する者がいた一方、ノーナンのように脂肪量を高くし、タンパク質と炭水化物の摂取を抑える食生活を処方する者もいた。ただし、食事量をコントロールする必要がある点、気の向くままに食べてはならない点、高炭水化物食品は制限すべき点では全員が一致していた。最も効果的なのは断食療法とされ、これについてはブシャルダの観察に説得力があった。一八七一年、普仏戦争の折にパリがプロイセン軍に包囲され、町全体が食糧不足に陥ったが、その際に多くの糖尿病患者の尿糖が減少したのである[37]。

多くの医師がこの経験を踏まえようとした。ドイツのカール・フォン・ノールデン **Carl von Noorden** はカラスムギ治療を食事に取り入れることで、消化を一日休む「代謝の日曜日」すなわち断食日を設けた。スウェーデンのルンドの医師で、当時のスカンジナヴィアで最もよく知られた糖尿病医のカール・ペトレン **Karl Petrén**（一八六八～一九二七）も同様の意見であったが、患者に冷たくあたるような考え方に賛同せず、「代謝の日曜日」の代わりに「野菜の日」、つまり野菜とブラックコーヒー以外は摂取できない日を設けた。[38][39]最も厳しい食事療法を掲げたのは、ニューヨークのR・T・ウドヤット Rollin T. Woodyat とその後継者フレデリック・M・アレン Frederik M. Allen という二名の米国人であった。彼らは尿糖が検出されなくなるまで断食をさせた後、尿糖をチェックしながら注意深くメニューを組み立てて行き、尿糖が少しでも検出されればカロリーを一段階前に戻すという方法をとった。アレンはこの方法を子供や若者の患者にも試したことから、彼の診療所では子供たちが骨と皮ばかりのやせこけた姿で歩いており、それは目を覆うような光景だったという。この治療法は肥満の患者には効果的だったが、大半の若い患者には拷問に等しかった。すでにオオカミのように空腹で、何キロも体重が減っている患者に対し、さらに食事を禁じることは本当に正しいと言えるのか――かほどに厳しい治療に踏み出すことを、多くの患者とその家族はためらったが、アレンは「この治療法によってむしろ寿命は延びる」「これに代わる治療法はない」「この治療法を拒否することは安楽死に相当する」[40]と反論した。重度の糖尿病の症状による死亡よりも餓死の方が苦痛が少ないというのが彼の考えであり、こうした禁止事項を例外なく厳しく守らせ続けた。

一九一五年には、アレンと並ぶ米国の有名糖尿病医であるエリオット・ジョスリン Elliott P. Joslin も、アレンとほぼ同じ方法で治療にあたっていた。彼の主著『ジョスリン糖尿病学』第二版（一九一七）の序文には、彼のモットーが次のように書かれている。「すべての糖尿病患者が砂糖を摂らないことは平時には望ましく、戦時には義務である。というのも未治療の糖尿病患者が一週間で排出してしまう食物量は、兵士一人の一日分の食事に相当するからである」[41]

食事療法はハーゲドンの関心領域でもあったが、彼は飢餓療法になじめなかった。美味しい食べ物が好きだったし、楽しみを放棄するのは最後の手段としてしか認めたくなかった。それよりも、炭水化物を多く含まない食品を探すか作るかし、それを取り入れることで、血糖値の上昇を伴うことなく糖尿病関連器官が耐えられたり、倦怠感を緩和し体重減少を防ぐことができるような食生活を送れればと考えた。

手始めにカラメル状の成分の研究に着手し、[42]ビールマン博士の兄弟で化学の教授であった、アイナー・ビールマン **Ejnar Biilmann** に相談をもちかけた。だが結果を客観的に文書化する必要が生じ、そのためには呼吸商（ＲＱ）の算出か、血糖値の測定のいずれかを行うことが必要であった。生理学研究所時代の代謝研究から、重度の糖尿病患者の呼吸商（二酸化炭素排出量と酸素吸入量の関係を示す数値）は0.7であることを知っていた。適切な食品を摂取した場合、呼吸商の上昇と血糖値の減少のいずれか（または両方）が見られるはずであり、尿検査だけに頼るのは信頼性が低すぎると考えられた。そこで彼は、呼吸商の簡便な算出方法と、血糖値の簡便な測定方法をそれぞれ編み出すことにした。数年後に彼は両方に成功し、その結果として国際的な注目を集めることとなる。

当時、血糖値の測定は難しかった。一回の測定に10 ml以上の血液が必要で、分析には時間がかかり、しかも結果は不正確であった。転機となったのは一九一三年、スウェーデンのルンド大学の生化学教授イヴァー・バング **Ivar Bang** により、当時としては画期的なミクロ的手法が編み出されたことであった。[43]わずか0.1～0.2 mlの血液で検査可能となったため、一時間に数回の血糖分析が必要なハーゲドンの研究にも利用可能であった。一九一六年九月二〇日には血糖分析の方法が記されたバング著『血液成分の微量同定の方法』を購入、すぐに必要な装置を買い求め、一一月二一日には恩師ビールマン医師への手紙に「いつでも分析をお任せください[44]」と書くほどになっていた。しかしバングの方法では手間も時間もかかり、結果も不安定であったことから[45]、より良い方法を用いる必要があった。こうして実験を進める中、彼は思わぬ助けを得ることができた。ブランデ薬局の若い調剤師長からである。

ノーマン・イェンセンとの出会い

一九一六年当時、ブランデには薬局がなかったが、進歩の波に遅れないよう薬局を建てる計画が持ち上がっていた。二〇世紀に入って薬学は大きく進歩し、医学とは別個の独立した学問となっていた。薬学においては、植物エキス、鉱物エキス、そして絞首刑に処せられた死刑囚の頭蓋骨などではなく、合成成分による薬の占める割合が急速に高まりつつあった。一八九八年にはアスピリン、一九〇四年には喘息薬としてのアドレナリン、睡眠薬のベロナール、一九〇九年には梅毒特効薬サルヴァルサンが発売された[46]。また甲状腺ホルモンなど臓器抽出物を用いた治療法が行われるようになった。ヴォルテールの言葉を借りると「医師は患者を慰め、自然がその健康を回復させるまで待っていた」時代は明らかに終わりを迎えつつあった。薬学は特別な研究領域、医師の助けとなりつつあった。ブランデにも必ず薬局が必要であった。ついに一九一七年末には、ストア通りとガンメル・デアスルンドヴァイ（現在のゴッドバネ通り）の角に薬局の建物が完成する一方、同年九月一日には薬剤師O・C・A・ウィンディング O. C. A. Winding を支えるため、ノーマン・イェンセンが調剤師として薬局に勤務することとなった。

ビルガー・ノーマン・イェンセン Birger Norman Jensen（一八八九〜一九四六）はハーゲドンより一歳年下で、マリボーの牧師館で育った。近眼で博学であったが、博学ぶるときもあり、細部にこだわりすぎるきらいがあった。一九〇四年から〇八年にかけて、育ったナクスコウの町の薬局で見習いとなり、薬剤師補の試験で優秀な成績を収めた。この薬局に一年勤めた後、王立デンマーク薬科大学に入学し、一九一〇年一〇月に優秀な成績で卒業した。翌一一年から一七年にかけてはレイキャビクの薬局に勤め、うち最後の一年間は現地の医学生に化学を教えた。趣味は高等数学で、アイスランド語も現地の人さながらに話すようになったが、腰を据えるつもりはなく独身のままデンマークに舞い戻り、そしてここブランデにやってきた。(47)

開業して間もない薬局は、新しい医学に人々がまだ懐疑的であったこともあり、それほど忙しくなかった。植物エキスの他には、モルヒネと麻薬が多少売れたほか、睡眠薬としてのバルビツール酸塩、鎮静剤としての臭化物、解熱剤としてキニーネやアセチルサリチル酸、頭痛にカフェイン、息切れにテオブロミン、心臓病にバレリアンやジギタリスを処方するくらいであった。サルヴァルサンや甲状腺ホルモンを求める人はごくまれであった。

ノーマン・イェンセンの自伝には次のようにある。

「薬局での生活は単調だったが、地元の医師H・C・ハーゲドンには、物理学と医学の分野で桁違いの技術と能力が感じられた。彼からはその後長きにわたり、大きな影響を受けた。ブランデでは二人で血糖の性質に関する研究を行った。その流れの中で、血糖値をきわめて簡単に測定できる微量測定法を新たに考案した。この方法は、その簡便性と信頼性から、現在では多少の改良を加えた上で世界中で使用されている」(48)

新たな血糖測定法

この測定法は、まったく新しかったわけではない。バング法同様、還元法であり、アルカリ溶液中でブドウ糖によりフェリシアン化物を還元させた後、還元されずに残ったフェリシアン化物をヨードメトリー法により滴定するものであった。ブドウ糖を使ってフェリシアン化物を還元する方法はジェントルがすでに説明していたし、ヨードを使ったフェリシアン化物の滴定はC・モア C. Mohr が記していた。[49] この二つを組み合わせ、実用化した点が新しかった。ハーゲドンの先行研究とイェンセンの実用化の才はともに、この手法の完成に大きく寄与したとは間違いない。一九一八年八月一日、ノーマン・イェンセンが薬局に勤めだしてからわずか一一カ月後、この手法はデンマーク国内で発行されていた医師向け週刊誌上に詳しく掲載された。[50] 何段階もの手順が必要な内容であることに加え、研究はブランデ病院の小部屋というきわめて原始的な環境で行うことを余儀なくされていた点、そして大戦末期で試薬の入手が困難な、入手しても精製してからでないと使えないという状況を考えると、この時期に発表できたことは驚きを禁じえない。一部の器具は、この研究者たちがみずから製作した。

この手法は成功であった。その前年に博士論文を提出して以来、バング血糖法を使ってきたÅ・Th・B・ヤコブセン Åge Th.B. Jacobsen までもが採用した。九月にはコペンハーゲンで行われた北欧内科学会で発表を行い、手法自体さらには発表方法が多くの注目を集めた。動物生理学者のアウグスト・クロー（一八七四〜一九四九）、著名な大学教授で医学研究者のクヌート・ファベル Knud Faber（一八六二〜一九五六）も、田舎からやってきたこの切れ者に注目した。クローは自著の毛細管生理学に関する重要論文を送り、[51] ファベルに至っては、コペンハーゲンに来て博士論文を書かないかと申し出た。だがハーゲドンに

ブランデで血糖測定法の研究を進めていた頃
(後列左から)ハーゲドン、ノーマン・イェンセン、(前列右) 婦長のミス・スコウビャウ(愛称ストゥバ)、ハーゲドンの妻ミッテ

はその準備が整っていなかった。ブランデで忙しかったのである。同年二月、村議会が病院を引き継いだ結果、彼は村の医事官の推薦を受け、主任医師に就任していた——ただし処遇は顧問医であった。病院は拡張工事中、しかも暖房管理と庭仕事の担当として、クリスチャン・ソレンセンなる人物を年棒九〇〇クローネで雇ってしまった後であった。[52] ブランデが彼を必要とする理由はもう一つあった。スペイン風邪と呼ばれたインフルエンザ禍が、同年一一月、この地域にもじわじわと広がっていたのである。すでに七名の患者が死亡していた。[53] そしてスペイン風邪はコペンハーゲンにも広がっており、ハーゲドン家でも弟三人がすでに病に倒れていた。[54]

一九一八年一一月に終結した第一次大戦は、ハーゲドン家にも爪跡を残した。妹ブッラの夫であり建築家のクヌート・マーストランド Knud Marstrand はサンクトペテルスブルクで暴漢に襲われ命を奪われた。一九一四年に結婚後、夫婦はすぐにロシアに渡り、クヌートはそこで数多くの施工を担当するかたわら、モスクワ近郊でレンガ工場の経営にもたずさわっていた。牛を一頭飼っており、厳しい冬、さらにはロシア革命期の物資不足はこの牛のおかげで乗り切ってきた。ブッラはデンマークへの手紙には必ず、ため息とともに「戦争さえ終わってくれれば」と書いていた。[55] 終戦の年のクリスマスにはデンマークに帰ってきたが、ハパランダ経由でロシアに戻る困難な旅の末、夫がチェコスロバキア人の革命分子に殺されていたことを知る。妻は夫の死を乗り越えることができず、ロシアにその運命を翻弄された。

大戦終結と時を同じくしてブランデ病院の拡張も完了し、ベッド数二八床、年間入院可能数は延べ五千

ブランデ病院職員と一緒に．1918 年

床となった。スペイン風邪も終息に近づき、病院にはグレット Jens E. Gløet 医師が新たに着任した。ハーゲドンには、いよいよコペンハーゲンが魅力的に感じられてきた。すでにヒト血糖調節に関する科学的研究に着手していたが、ブランデでは研究に十分な人数の糖尿病患者を診察することができなかった。また、コペンハーゲンにいた方が、もう一つの関心領域である呼吸商（RQ）測定に関する研究も進む可能性が高そうだった。ちょうどその頃、アウグスト・クローが酸素消費量の測定装置「ヴィッペスピロメーター」を開発したことも知っていた。糖尿病患者の酸素消費量の計測にも最適と思われたし、(56) 二酸化炭素量も同時に測定できるような改良方法も頭にあった。この点についてクローに手紙を出すと、それは名案だ、一緒にスピロメーターを改良する準備はいつでも出来ているとのことであった。さらに、ノーマン・イェンセンが薬局を退職したことにも後押しされた。イェンセンは農業研究所のA・C・アンデルセン A. C. Andersen 所長の下で働く誘いを受け、コペンハーゲンに移ることになっていた。[57]

どうすればコペンハーゲン行きを実現できるだろうか。その機会は一九一九年八月一八日に訪れた。その日ハーゲドンはある学会で、そこでの白眉との呼び声高い、血糖値の閾値に関する発表を行った。続く夕食の席上、ファベル教授から提案があった。コペンハーゲンに来て、大学病院での自分の担当病棟でフェローとして働かないか。診たい患者をいくらでも診ることができる、ただし給料は出せないとのことであった。[58] 彼はこの話に飛びついた。ブランデ病院では後任の医師として、ヒンメルストルップ医師なる人物を一〇月一日にも手配できるとのことであったため、正式にこの申し出を受けた。母親がやってきて引越を手伝い、ヘアニンのビールマン家に別れを告げに同行もした。

九月一日、ハーゲドンは父の家である、ヘレルップ港にほど近いオンスゴー通りの家に戻った。五日には引越パーティを行い、ブッラとノーマン・イェンセンも顔を出した。この時期は社交的な生活を満喫した。家族やノーマン・イェンセンと語らったり、カードゲームに興じたり、劇場や映画館に足を運んだりもした。またアカデミックな雰囲気にも浸り、両親を連れて誇らしげに大学病院の中を案内した。[59] デンマーク内科学会さらには生物学会で問題点を論じたり、発表を行ったりした。その一方で彼は、同時代の大きな政治のうねりにも巻き込まれていた。

デンマークと南ユランの再統合

最も大きな政治的動きは、デンマークと南ユランの再統合であった。祖母は再統合を見ずに一九一一年に世を去った。第一地区の投票は一九二〇年二月一〇日に行われた。当日は大雨に強風という悪天候だったが、そんな天気をもってしても南ユラン人が投票所に向かう足を止めることはできなかった。投票率は九一・五%。両親にとっては投票所に行けるだけでも感慨深く、特に過去五二年間、フェルストロップへの立ち入りを法的に禁じられていた元海員の父にとっては感激もひとしおであった。彼はカリフォルニアの友人にこう書いている(60)。

「第一地区のデンマーク移管への投票に参加できたことは比類なき喜びでした。小生、食事制限中の身ゆえ、南ユラン人でない妻の同行も許可されました。妻も喜んでいますが、彼女の養父母インゲスレフ牧師夫妻が存命なら、今日のことを誰にも増して喜んだに相違ありません。妻が愛国主義の洗礼を受けたのはベスルンテの養父母の牧師館でした。一八六四年は養父母らとともに迎え、当時のことは彼女の胸に深く刻み込まれたのです。よって、南ユラン人と変わらぬ大いなる喜びをもって輪に加わることができました。こうしたことから察せられる通り、小生にとっても妻を同行できることは大きな喜びでした。早めに出発し、コルディングからクリスチャンズフェルドへと車で向かいました。デンマーク国旗を掲げて国境を越え、南ユランに入ることも許されました。クリスチャンズフェルドの町の入り口には凱旋門がしつらえてあり、デンマークの国旗を見ると少年たちが大騒ぎを始めました」

「クリスチャンズフェルドからフェルストロップまでは電車で向かいます。生まれ故郷であり、投票もそこで行います。これまでのように、ドイツ的な物はすべて避けるのではなく、今日はまっすぐ駅員に近づき、挨拶をして、フェルストロップの村からほど近いマチアス・ヨハンセンの農場に寄ってもらえないかと訊ねます。そこが今回の目的地です。本当は禁止なのですが、何度か頼むと了解してくれ、実際に停車してくれました。こうしたことをするのは初めてだと言っていましたが、これからは我々が物事を決めるのだという印象を与えたはずです。要は、小生は少々舞い上がっており、ともあれ、ようやく自由を謳歌したということでしょう」

「投票日は朝八時に庭へ出てデンマーク国旗を掲げ、国歌を歌いました。昼に投票を済ませ、夕方には村中の人が公会堂に集結してこの日を祝いました。外部から演説人も呼んでおらず、どの村も自分たちのことで手一杯の状況で、この村には演説人がいませんでした。それでも皆で語っては歌い、それまで経験したことのない祝祭の場になりました。きっと、その場にいた人全員が、一つの喜びを分かち合っていたからでしょう。青い海にブナの梢が映る間は、昔からのデンマークがいつまでも続くことを願って、『麗しき土地ここに』を何度も歌いました。その日は教会で礼拝もあり、村で生まれ育ち現在はシンダルで牧師をしている先生が礼拝を行いました。最後列まで人であふれる教会、小さな鐘の音に人々が集まってきたのでした――大きな鐘は大戦の際、溶かされて弾丸となったのでした。礼拝堂に響き渡った歌声は、コペンハーゲンのヴァートフ教会さながらでした。皆で『うたがい迷いの闇夜をついて』を唱和する中、学童たちが祭壇へと進み、欄干に飾られたリースを順に外しては、戦死者の墓の上に置いて行きました。この教区では一七人が戦争で命を奪われました。教会所有のデンマーク国旗は一八六四年以来ずっと、農家に隠してありました。今ようやく取り出され、教会に掲げられたのです(61)。喜びと苦しみの末、日常生活が戻りつつあります。経済的にも国家的にも、苦難が続くことでしょう。ドイツ人は憎悪に満ち簡単には変わらないでしょうが、いつかは心も変わって考え直し、謙虚になり過去の傲慢を抑えようと思うかもしれません。それまではドイツに平和は訪れず、ドイツ人は我らの良き隣人とはなり得ないでしょう」

イェッペはしかし、自分の予測の正しさを知ることなく、一九二九年に世を去った。

博士論文

コペンハーゲンには、妻のマリア Maria Hagedorn 通称ミッテは同行しなかった。大都市が少し怖かったのかもしれない。あるいは、義理の両親や、さらにはまだ学校に通う年齢の末っ子クヌートと同じ屋根の下で暮らすことにためらいがあったのかもしれない。そもそもハーゲドンはミッテを養える状況ではなかった。ファベル教授の与えたポストは無給の一方、妻はブランデにすばらしい診療所を持っていた。彼女が夫に合流したのは半年後、それまでに彼女は診療所を売却し、ハーゲドンはコペンハーゲン市立病院第三医局の病院医としてソフス・バング Sophus Bang 顧問医の下で働くようになっていた。二人で市内に小さなアパートを借り、「赤い石」の家に移れるまではそこで暮らすことにした。弟のスヴェンが農業訓練を受けたことから、両親はホーンスヘーレドに農地を買い与え、結婚するまでは同居する計画を立てていたのである。

一方、博士論文は大詰めを迎えており、ハーゲドンはミッテを必要としていた。すでにハンス・クリスチャン・オルセン Hans Chistian Olsen という名の研修医に頼み込み、血糖測定やブドウ糖負荷試験の作成を手伝ってもらっていた。オルセンは研究室助手のミス・ブラスクに教わって血糖測定はできるようになっていたが、それでもまだ人手が足りなかった。[62] ミッテは、一九二〇年一二月に論文が提出できるよう、図表の作成や計算を手伝った。

このころ、オーフス病院が顧問医を募集していた。採用の可能性についてファベル教授に相談したところ、かなり高いのではないかとのことであり、ハーゲドンはこれに応募した。クローとソフス・バングからの推薦状を添付したほか、知事のカマヘア・ドンス Kammerherre Dons や近隣の医事局、病院委員会の委員などにも挨拶に行くほどであった。[63] だがこうした努力も空しく、採用されたのは年上のÅ・Th・B・ヤコブセンであった。ここでもしハーゲドンが採用されていたら、クローの妻マリーの担当医になることもなく、デンマークにこれほど早くインスリンが発見されることもおそらくなかったであろう。しかしこの話は次章に譲る。

医学博士論文の公開審査は一九二一年六月二日、ストゥディエゴーオンの大学別館で行われた。よく晴れた暖かい日で、満員の講堂にはボック Johannes C. Bock 教授、ヘンリケス Valdemar Henriques 教授、ラッシュ Carl Rasch 教授、シャルデモース Vilhelm Schaldemose 教授、ビールマン教授、そしてその弟でヘアニン病院のビールマン医師、さらにはアウグスト・クローとその妻、マリー・クロー医師の顔も見えた。相談役にはソフス・バング、クヌート・セーガ Knud Secher、Th・E・ヘス・タイセンが並んでいた。医師と「一般席」を隔てるロープのすぐ後ろには、イェッペ・ハーゲドンと妹のブッラが座っていたほか、新聞記者の姿もあった。[64] 講堂はほこりっぽく、ポリティケン紙には「春の大掃除を忘れている」との評がある。時計が二時を知らせると同時に、医学部長のアクセル・レンドルフ Axel Lendorf 教授、続いて博士候補者と審査員が入場すると、一同は起立し、静寂が訪れた。医学部長は議事録を開き、博士号取得希望者に簡

博士論文の審査で答弁を行うハーゲドン(左上)1921年．公式反論者として立っているのは「偉大なクヌート」ことクヌート・ファベル教授．その右はÅge Th. B. ヤコブセンでクラディウス博士（頭が禿げている）とともに演壇下にいる．背を見せるのは「温厚な」フリデリシア教授（新聞社のスケッチ）

単な説明を求め、一同は着席した。当時の医学博士の公開審査は激論となるのが常であったので、[65] 場内には大きな緊張が走っていた。博士候補者は、「ヒトにおける血糖調節」と題した論文に着手した動機について、簡単な説明を行った。

ポリティケン紙には、ハーゲドンは「昔風の村の牧師」を思わせるような自信を漂わせる風貌から、一瞬にして聴衆を味方につけたとある。続いて、温厚とされるフリデリシア Louis S. Fridericia 教授が最初の「反論者」として立った。同教授は、現実には糖尿病の原因は何一つ明らかになっていない、良いものも悪いものも含めすでに多くの文献があるが、本博士論文は前者に属するとしてから、周辺組織がブドウ糖代謝に役割を果たしているとの発見は独創的で、重要性もきわめて高いと述べた。「本観察結果は、彼が用い、ノーマン・イェンセンと共同で開発した、優れた精密な新手法に起因するものである」しかしその発見は、すでに一八五六年にショヴォーが、動物においてとはいえ行っており、格別目新しいものではなかった。[66] フリデリシアはさらに、本論文は新発見のいわば金脈であり、きわめて困難な作業環境の下で成されたことは賞賛に値すると述べた。以上の「親切な議論」に対しハーゲドンが感謝を述べると、クラウディウス Marius M. C. Claudius 博士とÅ・Th・B・ヤコブセン博士が非公式の反論者として発言の許可を求めた。クラウディウスは表現の訂正、さらには四一ページのコンマが抜けていることを指摘するなど退屈なものであったが、ヤコブセンの番になると、活発で時には興味深い議論となった。新聞にはハーゲドンの「当意即妙の切り返し」を賞賛する記述もある。隠し玉を持った論者もいなかった。最後の「反論者」として立ったファベル教授は、堂々と雄弁に語った。本論文を読むのは喜びであった、清新にして本質に迫ろうとする勢いがあるとしながらも、バングならびにÅ・Th・B・ヤコブセン両博士の貢献に十分な注意を払っていないと批判した。

審査会は四時間にわたって続いた。四人とも賞賛を惜しまず、英語で出版されなかったことを異口同音に残念がった。血糖測定法さらには論文全体が国際的な注目と評価を集めることは想像に難くなかった。ハーゲドンは笑みを浮かべ、有益な議論に対して感謝を述べつつも、恩師への感謝は言葉を重ねることではなく、今後の研究を通して伝えたいと述べた。こうした品の良い言葉を最後に閉会となり、解散となった。医学博士となったハーゲドンは伝統のドクターズリングを買うことはしなかった。一八年後、父の死をきっかけに八三歳の母マリーが事務局に出向き、息子のために買い与えた。[67]

六月二四日、博士号取得を祝うディナーがようやく行われた。あわせて弟エリックの神学学位取得祝い、そして末っ子のクヌートのギムナジウム卒業試験合格祝いも行われた。亜麻布織工の孫は皆、学問の道に進むこととなった。父母にとっては格別の一日となった。スピーチがあり歌があり、またノーマン・イェンセンに対し「この大仕事にあたってのさまざまな助けに」感謝して乾杯も行われた。[68] その夏は思い出深いものとなった。仕事は、ハーゲドンは時間のあるときは弟たちと三人、エーレスンドに船に乗りに行くことが多かった。仕事は、市立病院のニュートーで、三月に取得した専門医としての勤務のほか、ドッセリンゲンのロレンセン教授の診療所で個人的に行う診察があった。妻のミッテはというと、都会の生活に少しずつ慣れていった。九月二日には、ハーゲドンの両親が去った「赤い石」の家に移り住んだ。両親にとっては、自分たちの手で建て、数々の楽しい時間を過ごした、愛すべき家を離れるのは名残惜しいものがあった。母は感傷的に、「赤い石で最後の朝の賛美歌を歌う」と日記に綴っている。一方で父は、こうするしかないと思っていた。六月末には退職しており、今や若い家族がこの家に入ろうとしていた。一階は人に貸し、クヌートだけが残って屋根裏部屋で暮らすことになった。ブッラ、エリック、スヴェンの弟妹たちもすでに家を去り、それぞれの場所で生活を築いていた。

代謝測定器

すべてが平和で穏やかだった。ハーゲドンの糖尿病治療への関心は続いており、次第にこの分野の権威として位置づけられていた。彼がよくしていた話に、市立病院に糖尿病で入院していた少年の話がある。[69] 回診中、バングがこの少年の治療法を批判した。教授が別の治療法を提案なさっていることは理解します――とハーゲドンが述べたところ、バングは「私のここでの地位は提案を行うようなものではない」と答えた。ハーゲドンは謝罪しようとしたが、バングは病棟から足早に去ってしまった。翌日、弁明をしようと教授の研究室を訪ねたが、謝ろうとする前に教授がすぐ口を開いた。
「記録を見ていたが、どうやら君の方が糖尿病治療には詳しいようなので、今後は君が担当するがいい」そこで回診時には主に糖尿病患者のもとで足を止めるようにし、血糖値、食事、カロリーについて研修生たちに話すようになった。そんなある日、ハーゲドン博士がふと立ち止まり、オルセンに向かって「ロッカーにかかっている私のジャケットのポケットから、計算尺を取ってきてくれるかね」「どのジャケットかどうやったら分かるでしょうか」「簡単さ、今朝、襟にゆで卵をこぼしたのでね」[70]ハーゲドンは一緒にいてとても楽しく、また何でも親身になって教えてくれたので、学生たちは週二回、臨床医学での患者説明に同行することを楽しみにしていた。

科学研究にも再び力を注げるようになった。特に関心があったのは呼吸商（RQ）であった。この件についてアウグスト・クロー博士と頻繁に連絡をとるようになり、かつてブランデでノーマン・イェンセンと血糖測定法の研究に没頭していた頃と同様、この新しい問題に没頭するようになった。かつてと同じように、実験には家族全員が駆り出されたほか、ノーマン・イェンセンは再び何度もモルモットの役割を果たす羽目になった。これに加え、若きブラント＝レーベルク Poul Brandt-Rehberg とともに、クロー研究所で浮腫の病因論を研究する時間を捻出していた。しかも一九二一年一一月一日には市立病院で主任病院医に昇進し、診察を外せない状況になっていた。エネルギーに満ち溢れ、楽しく尊敬できる人物であったが、同時に野心的で闘争的でもあった。口を開けば誰もが耳を傾け、そして当局のばかばかしい対応に関する話は一度話し出すと尽きることがなかった。一度など、専門医の育成について激しく議論したことがある。一九一九年、ブランデ時代にすでに、自らを代謝疾患の専門医と称したいと申請を行ったが、却下されて

ハーゲドンの新しい代謝測定器「天才的な構造物」

いた[71]。その数年後、デンマーク医学協会は専門医に関する規則を提案したが、ハーゲドンはこれに激しく反対し、一九二二年一〇月四日の会合では次のように述べている。

「この場をお借りして、デンマーク医学協会が導入した専門医として開業するための準備について、何点か意見を申し上げてもよろしいでしょうか。私の中では、実務資格を有する医師は、自らの行動に対し責任を持たねばなりません。そうした責任を、医師としての業務のみに限定することを望むのなら、そうする自由を与えられるべきと私は考えます。一方、デンマーク医師会は、占有権の導入をその務めと捉えておりますが、私はこうした占有権の導入に対する責任を持たない所存であります。専門家として認識されるに相応しい基準を導入するには最も適さない道が、今選ばれようとしていると言ってもよいでしょう。それは、『訓練期間を一律に定める』というものです。専門家は職人ですが、これでは当該人物の技術ではなく、訓練を受けた期間のみが問われることとなってしまいます。それでは訓練期間中、遊んで暮らしても専門家になることが可能になります。逆に、独学した有能な人物が、訓練を受けていないという理由で資格を認められない可能性があります。腹部の疾患を特に治療したいという人がいたとしたら、それを禁止する理由は私には見当たりません[72]」

代謝測定器の開発は、一九二四年の『バイオケミカル・ジャーナル』誌での発表をもってようやく完成した[73]。著名な米国人研究者ヴァン・スライクス Donald Dexter van Slykes に「天才的な構造である」と賞賛された。

だが当初の意図に反し、ハーゲドン自身がこの新開発の代謝測定器を使い、糖尿病患者を対象とした体系的な検査結果を発表するには至らなかった。これを行ったのはカイ・ホルテン Cai Holten という、当時ハーゲドンと同じ病院で病院医として勤務していた人物であった。彼はこの研究で博士号を取得し[74]、後にオーフス大学教授になった。しかしハーゲドンにはそこまで研究の手が回らなかった。彼はすでに、インスリンに全精力を傾けていたのである。

4　インスリン

一九二一年六月二日、ハーゲドンが博士論文審査会に臨んだ時点では、その後の一生を左右することになる展開が次々と起きているとは、彼自身予想だにしていなかった。その展開とはインスリンの発見である。インスリン研究を先導するのはもっぱら同時代人であった。この時期に科学研究が集中的に行われたのは、第一次大戦後という時代状況の中、確かさを見出したいという同世代の願いの表れともとることができるだろう。

戦争によってあらゆる価値観は崩壊し、生活も精神も拠り所を失い荒んでいた。そんな中、インスリンの開発に加わるというチャンスを与えられたハーゲドンは、両手でそのチャンスを掴み、ポストもキャリアも、さらには生活全般を形作っていた中産階級の枠組みもすべて投げ打って身を捧げ、ついにはコペンハーゲン郊外のヘレルップにある家まで、悪臭漂う研究室にしてしまった。

インスリンの発見

インスリンの発見は突然降ってわいたものではなく、多くの人々と多くの実験が関与したプロセスであった。発見が一九二二年までなされなかったのは、科学技術の発展が関係している。一九二〇年に微量定量法が開発され、これによってインスリンの効果を測るための前提条件である、一時間に複数回の血糖測定が可能になった。またインスリンの発見がニューヨークのロックフェラー研究所などではなく、当時無名のトロント大学で行われたことは、インスリン発見の条件である進取の気象、知識、想像力、組織力が全てそろっていたのがトロント大学だけだったという事実に起因する。インスリンを発見したのはバンティングとベストの仕事ではない。二人には独創的な着眼点はなかった。確かに二人は進取の気象を持ち、エネルギーを注いだが、だがインスリンを発見した業績は主にマクラウドとコリップの二人にある。彼らの知識、組織力、そして創造性があってはじめて、膵臓から抗糖尿病成分を抽出するための三〇年にもわたる試みの末、ついに臨床使用に耐えうる溶液の生産が可能になったと言える。バンティングとベストが開発したものは、患者治療には不適切であった。

一連の開発は一八八九年、膵臓を除去すると重度の糖尿病につながるという、画期的な発見に端を発する。この発見は何度も確認され、なかでもよく知られるのがフランス人エドゥワール・エドン Edouard Hédon（一八六三～一九三三）の偉業である。[1] エドンは、膵腺部全体を少しずつ除去することで、出血量を抑えるとともに術後の炎症を最小限に抑えるエレガントな手術方法を編み出した。またミンコフスキーとフォン・メリンクによる「膵臓の膵管以外の断端を皮下組織に縫合した場合、糖尿病発生を防ぐことができる」との研究結果を確認し発展させた。また糖尿病を発症した犬の血液循環を健康な犬のものと接合した結果、尿糖排泄量が大幅に減少することを証明した。

これらの実験結果、さらにはソボレフの観察結果から、膵臓のランゲルハンス島から何らかの抗糖尿病成分が分泌されており、血管を通じて全身に到達している可能性が強まった。そこで同成分の研究が着手されたが、ストラスブール大学で研究が開始されてから三〇年たっても、決定的な結果は出なかった。なぜこれほどまでに困難だったのだろうか。甲状腺については一八九一年、粘液水腫（甲状腺機能低下症）を改善する活性物質の抽出にすでに成功していた。しかし膵臓については成功せず、数々の実験もすべて失敗か、よくても説得力に欠ける結果に終わっていた。一九一三年、のちにノーベル賞を受賞することになる生理学者のジョン・ジェームズ・リッカード・マクラウド John James Rickard Macleod（一八七六～一九三五）が、困難な点をまとめている。その中で彼は困難が引き起こされる理由として、第一に抽出過程において膵液が活性物質を破壊している可能性がある、第二には膵臓中の活性物質を貯蔵する部分が小さすぎて分離できない可能性がある、または第三として、活性物質が不活性の状態で貯蔵されており、血液中に分泌された時点で初めて活性化される可能性がある――とした[2]。

クライナーとパウレスコ

しかし、分離の可能性が完全に放棄されたわけではなく、血糖測定法の向上に伴って関心が再燃した。米国では若きイズリアル・クライナー Israel Kleiner が、血糖測定法を用いることで膵抽出物の効果を記録することに初めて成功した。彼は、膵抽出物には血糖低下作用のある因子が含まれているとする優れた論文を次々と発表し、その集大成として一九一九年には有名なアメリカの Journal of Biological Chemistry 誌にそれまでの研究成果を発表した[3]。その中で彼は、糖尿病を発症した犬に膵抽出物を食塩水に溶解させて静脈注射した結果、犬の血糖値が低下することを、一六の実験で確認できたとした。多くは五〇%以上もの血糖低下が見られ、副作用は体温のわずかな上昇以外目立ったものはなかった。しかし同年、彼はロックフェラー研究所を去ることになり、しかも去るにあたって膵抽出物の精製と濃縮に必要な実験を行うまでに至らず、その後もこの研究を進めることはなかった。

一方ヨーロッパでは、ブカレスト大学生理学教授のニコラス・パウレスコ Nicolas Paulesco が、クライナーとは別に研究を進めており、早くも一九一六年には膵抽出物を使った実験に着手していた。しかしオーストリア軍のルーマニア侵攻により中止を余儀なくされ、ようやく再開できたのは大戦後の一九一九年であった[4]。糖尿病の犬の血管に膵抽出物を直接注入するという実験手法、さらには血糖低下・尿糖排泄の減少という結果のいずれも、クライナーと同様であった。

したがって、クライナーとパウレスコがそれぞれにインスリンを発見していたことは、疑問の余地がない。二人は互いに同じ方法で、膵抽出物のみがこうした作用を引き起こし、他の組織の抽出物では見られないことを示していた。この効果を説得力を持って示すには尿検査では不十分であり、血糖値のデータを示す必要があった。ツルツァーとスコットによる先行研究が説得力を欠くのはこの点が原因であった。クライナーとパウレスコは先行研究同様、効果は一時的なものの反復可能であること、さらには糖尿病を発症していない動物にも効果があることを示した。しかしながらどちらも、血糖低下物質の純粋な形での抽出については資源不足から実現できなかった。

一九二一年七月初旬、パウレスコは上記の研究結果を発表したが、論文はフランス語であり、しかも時すでに遅しであった。というのも、トロント大学の若手研究者グループが同じ問題に取り組んでいたのである。トロント大学は自分たちの実験に熱中するあまり、クライナーやパウレスコの研究結果を真剣に受け止めなかった。そのうえパウレスコの論文はフランス語で書かれていたため、トロント大学側は論文で述べられた結論を大きく誤読した[5]。しかし、トロント大学のほうがエネルギー、資源、支援すべての点でクライナーやパウレスコにまさっていたため、最終的には勝利をさらうこととなった。クライナーやパウレスコの成果をわずか九カ月で再現し、しかも血糖低下物質の十分に純粋な状態での抽出に成功することで、糖尿病患者がこれを定期的に、しかも重大な副作用が及ぶことなく使用できるようにした。そのうえ、この血糖低下物質が糖代謝に特異的な作用を及ぼしていることについても、鮮やかな実験によって示した。しかしながら、インスリンの精製と特異性実験のいずれについても、その功績はコリップとマクラウドではなく、バンティングとベストに帰せられた。本来、インスリンの歴史においてまず語られるべきなのは、前者なのである。

バンティングとベスト

トロント大学で起こったことを説明しよう。オンタリオ州ロンドン出身のカナダ人開業医、フレデリック・バンティング Frederik Banting は、ミネソタ大学のモーゼス・バロン Moses Barron による論文に遭遇した[6]。主膵管(ウィルズング管)内の胆石により膵臓が完全に破壊された患者症例についてのもので、主膵管から腸に至る出口が完全に閉塞され、腺組織が破壊していたが、問題の組織を切除した結果ランゲルハンス島は無傷であり、このことは患者が糖尿病を発症していないという事実に符合するというものであった。この論文はバンティングを大いに刺激し、眠れぬ夜を過ごした彼は一九二〇年一〇月三一日、次のようにノートに書き付けた。「犬の膵管を結紮。膵島を残して腺房が変性するまで犬を生かす。犬の内分泌物を分離し、尿糖減少を試みる」[7] バンティングを興奮させたのは、胆石の作用に似せることで、膵液が抗糖尿病成分に及ぼす破壊的影響を避けることができるかもしれないとの思いであった。先行実験では膵臓全体が使用されており、それが分離を阻んでいるのかもしれなかった。

しかし、こうしたバンティングの考えは、新しくもなければ必要でもなく、また実用的なものでもなかった。バンティングをさかのぼること二〇年近く前にソボレフがすでに着想しているものであり、その事実を知らなかったことは恥に値する。また着想としても誤っており、血糖低下成分の抽出には膵臓腺組織変性を試みる必要はなく、バンティング自身も後年は膵臓腺全体を使用している。[8] 何より、この方法だと主膵管を結紮してから膵臓腺組織を破壊するまでに六週間近くかかることから、大量の活性物質を産生するにはまったく実用性に欠けていた。しかしバンティングはこの考えに固執し、患者に使用できる糖尿病治療溶液をつくるにはこれしかないと考え、すべてを投げ打ってこの溶液の産生に身を捧げようと心に決めた。彼は糖尿病患者の悲劇的な末路を知っていたし、この病気で命を落とした学友の告別式に列席したばかりであった。

フレデリック・バンティングは当時二九歳、無名の独身医師であった。父は働き者の農夫だった。一九一〇年にトロント大学医学部に入学、一七年にはカナダ軍に召集され軍医としてフランス前線に出征、負傷して勲章を授かった。前線で過ごした時期に経験した原始的な生活、さらには同志愛、忠誠心、勇敢さ、確固たる意志といった美徳は彼に大きな影響を与え、私生活で培われた猜疑心や陰のある性格とともに、彼の性格に二面性を与えた。一九二〇年、オンタリオ州ロンドンで開業したときには自暴自棄になっていた。[9]開業医としては失敗に終わり生活は苦しかった。しかしその頃には、膵臓から抗糖尿病成分を取り出すという考えに完全に取り付かれていた。

マクラウド

トロント大学のマクラウド教授を紹介されたバンティングは同年一一月七日、自分の考えを説明するためマクラウドに会いに行った。マクラウドは当時四八歳、スコットランド出身で一九〇三年に米国に移住した。いくつかの大学で職に就いた後、一九一八年にトロント大学生理学教授に就任した。すでに糖代謝の著書で知られ、わかりやすい文体と上手な講義で有名であった。バンティングの説明にマクラウドはさして感心せず、「バンティング医師は、糖尿病における膵抽出物の作用に関する論文のうち、教科書的で表面的な知識しか有しないことを知った[10]」と記している。だがマクラウドは関心がないわけではなかった。ソボレフやクライナーがそれに近い着想を抱いていたが、実際にテストされたことはないことを知っていた。それに加え、バンティングは気に留めていなかったが、今や確実な血糖測定法が開発され、血糖測定をもって尿糖試験を補うことができるという事実もあった。

バンティングはマクラウドを紹介してもらうにあたり有力者の後ろ盾があり、実際には軍医としての執刀経験しかなく、膵臓除去のような複雑な手術は未経験であったにもかかわらず、経験豊かな外科医として紹介されていた。マクラウドは助力を申し出、自分の研究室を開放するのでそこで実験を行うよう勧めると同時に、自身の科学者としての豊富な経験を踏まえ、過大な期待は抱かないようにとも言った。あまりに多くの人がすでに試みており、望む結果が出ないこともある。バンティングはもう一度考え直すことにし、そして婚約者エディットとの関係が破談になってしまうと、研究計画をすべて放り出し、ノースウェスト準州マッケンジー渓谷での石油探査旅行に志願してしまった。応募したバンティングに対し探査団のリーダーは、団では医師を同行させることを検討しており、首脳部で正式に決定すればバンティングに参加を要請したいと返事したが、結果は不合格であった。バンティングは再び膵臓研究に身を捧げることに決め、診療所をたたみ、一九二一年四月二六日、トロントに移った。[11] この時点でもまだ、マクラウドはバンティングの知識にさして感銘を受けていなかった。数年間のブランクの間に、入手可能な文献に目を通すこともしていないのは明らかであった。だがその一方で、マクラウドにも次第に興味が芽生えており、研究室だけでなく自由に使える実験動物、さらには血糖測定法に詳しい医学生を紹介すると伝えた。

血糖測定法は一九一五年から二〇年にかけて米国で発展を遂げており、一五年にはルイスおよびベネディクトが独自の方法を発表していた。しかしこの方法は血液2 mlを要するため、改善が模索されたが、デンマークで開発された方法を超えることはなかった。[12] マクラウドはバンディングに対し、チャールズ・ベスト Charles Best とクラーク・ノーブル Clark Noble という二名の四年生を紹介した。二人とも手伝うことに意欲的であったが、バンティングが手伝いを希望する七月については、夏休みをとりたいと申し出た。そこでコインを投げて、どちらが七月に手伝うかを決めることになった。このくじでベストが助手に決まった。彼がいずれ世界に名を知られることも、この時に決まったのである。

まず、数匹の犬の膵臓を除去する計画が立てられた。膵臓を段階的に除去するというエドンの提唱した

J・J・R・マクラウド教授

トロント大学チームのリーダー役として1922年、臨床使用に耐えうるインスリンの生産に成功した

方法を用いるべきだとマクラウドは助言した。五月一七日、一匹目の犬の手術が行われたが、手術に手間取り八〇分を要してしまった。結果は思わしくなく、一カ月後、マクラウドは休暇でスコットランドに出発する際、楽観的な見通しは立てていなかったがその予想は正しかった。一カ月半後、研究グループは一九匹の犬に手術を行ったが、計画通りの経過をたどったのは四匹で一四匹は死亡していた。しかし数多くの失敗にもめげず、若い二人は計画を進め、そして結果を出したのである。七月三〇日には初めて成功し、その二週間後にはクライナーやパウレスコに並ぶ説得

力を持つ結果を出すことができた。対象実験であり、対象動物である犬は数日以内に糖尿病で死亡したが、膵抽出物を投与された犬は健康のままであり、さらに注射を追加すると正常な血糖値に到達させることができた。二人は大喜びし、この物質をラテン語で小島を意味する「イスレット」になぞらえ、イスレチンと名付けた。

当時まだ二〇代と若かったバンティングとベストを結束させたのは、犬を生存させるために乗り越えねばならなかった数々の問題、そしてバンティングの信念と熱意、そして理想に燃える思いであった。ベストは休みを返上し実験は続けられた。うだるように暑く、施設は老朽化しており、犬は貴重で高価だった。犬は道端で一匹一~三ドルで買ってきた。無給のバンティングは両親からの借金のほか、中古の車や診療所で使っていた機器を売っては資金を得た。学生寮に寝泊りし、食事は友人におごってもらう生活だった。彼は予想のつかない行動をする人物で、小さいことにも腹を立て、風車が大隊列に見えてしまうドン・キホーテのようなところがあった。また、その粗暴な振舞いはアカデミズムの人間のものとは到底思えなかった。しかし自分の掲げた目標に向かって邁進し、すべてを投げ打つ覚悟があった。こうしたバンティングに、テニス選手になることを諦めた経験を持つ好青年のベストは、ついていけないと感じることも多かったが、恩師マクラウドは休暇に出ていた。出発前にマクラウドは二人に対し、実験の詳しい進め方を手配してあった。二人は休暇先に実験の成功を報告する手紙を書き送り、マクラウドは返事を書いた。

「確かに、大変心強い結果に思われます。これらの抽出物が本当に膵臓糖尿病における血糖値を低下させることを誰もが納得するよう証明できたら、大変な偉業を成し遂げたことになります。クライナーをはじめ、同様の結果を発表した人々は証拠が適切でなかったため、他人を納得させるには至りませんでした。科

ベスト（左）バンティング（右）
1921年、犬を使った実験に初めて成功した頃

学においては、ある点について自分自身を納得させるのは往々にしてたやすいことですが、他人が取り壊すことのできない証拠の要塞を築くことはきわめて困難です[13]」

だが二人がこの手紙を受け取った頃には、結果はきわめて説得力のあるものとなっており、バンティングには未来は光り輝くように思われた。彼は故郷の家と大半の家具を売り払う。すでにエドンの手法は使わなくなっており、また膵臓内の腸液産生組織を除去しなくても、生物学的に効果のある結果が得られることを示していた。また膵臓腺全体からの抽出物でも血糖は低下すること、さらに膵抽出物は弱酸性液を使うと効果的に調整できる一方、アルカリ液を使うと効果が消滅することも明らかにした。

九月末にマクラウドが休暇から戻ったころには、大半の作業は終了しており、生物活性を有する膵抽出物が確保されていた。バンティングは勝利を確信しており、研究所の環境向上と給料を要求した。不意打ちを食らって内心あまりいい気がしなかったマクラウドは「膵臓実験が自分の研究室で行われている他の実験より重要だとは見なせない」と返事した。さらに、自分は実験を中止させる権利も握っているのだと匂わせたところ、バンティングは烈火のごとく怒り出した。最終的にはマクラウドが譲歩し、この怒れる若者に対してよりよい作業環境を与えると同時に、一〇月一日からは給料さえも与えることにした。そのうえ、友好的な態度を変えず、重要なアドバイスを与えることをやめなかった。頭に血が上ったこの二人の科学者に対し、ミスの可能性を減らし、実験計画を守るよう勧めた。また、抽出手段としてアルコールを使うことや、ツルツァーにならって健康なウサギでも膵抽出物をテストすることを勧めた。重度の糖尿病犬を使っての実験は不確定要素が多すぎて、結果が不鮮明になる可能性がある。バンティングとベストはこれらのアドバイスに従った。

一九二一年一一月一四日、トロント大学生理学会誌クラブの内部の会合で、マクラウドはバンティングに対し、研究者仲間や学生、および数名の外部聴講者の前で実験の報告をするよう勧めた。[14] しかし、マクラウドの流暢な紹介を受けて登場したバンティングは、報告発表をするのが初めてだったため大失態を演じてしまう。この一件はマクラウドのバンティングに対する反感を高めることとなった。一カ月半後、再びイスレチンの話を、さらに大きな学会で発表する機会が訪れた。ニューヘヴンで開催されるアメリカ生理学会、しかもアレン、ジョスリン、スコット、クライナーも参加するという。バンティングは緊張してまともに話すことができず、聴衆を納得させることができなかった。批判すべき点の多い発表であったし、そもそも新しい点はあったのか？

そこでマクラウドは研究室の名誉のために立ち、答弁を引き継いだ。バンティングとベストをかばっての行動だったが、バンティングの目にはそれが自分の手柄を横取りしようとするものに映った。彼の中にマクラウドへの憎悪が生まれ、彼はマクラウドの悪口を言うようになった。[15] だがマクラウドにしてみれば、科学的業績を横取りしようなどとは微塵も思っていなかった。彼は骨の髄まで紳士であり、枠組みを作り、良き助言を与え、批判し、刺激し、監督することを自分の任務と心得ていた。バンティングとベストが実験結果を論文にまとめ、非常に正当なことであるが、マクラウドに対し共著として名を連ねることを提案した際にもマクラウドは辞退した。借りた羽で飛ぶ気はなかった。そしてトロントでの会合後、マクラウドとバンティングの対立が取りざたされるようになった時、マクラウドはジョスリンにこう書いている。

「我々が膵抽出物の作用について仕事を進めてきたことは確かであり、きわめて心強い結果となりました。しかしながら、完全に確信が持てるまでは、これらの結果を人間の糖尿病患者の治療に適用しようとすることは、やはり避けたいと考えています。この仕事を行ってきたバンティング博士およびベスト氏は、ニューヘヴンでの学会でこれらの成果を発表する予定です。その頃までには、確定的な結論に到達する位置にいたいと期待しています[16]」

しかしバンティングは病的なほどの嫉妬と猜疑心にさいなまされており、また確定的な結論に至らなかったため、状況は改善しなかった。実際のところ、クライナーやパウレスコの成果からさして進んだとも言えない状況だったのである。彼らが進展を見せたのはわずかに二点、第一に血糖低下成分の濃縮方法として、酸性アルコールを使って抽出後、アルコールを蒸発させるという方法が可能だという点、第二にイスレチンは種特異性がないこと、すなわち雄牛とりわけ牛胎児の膵抽出物が糖尿病犬の血糖低下に効果を有する点である。だが抽出物によって効果にはばらつきがあり、また異種であったため、先行研究の記述通りの結果にはならず、先行研究の内容と実験結果には大きな開きがあることが多かった。このときの記録によると、七五回の注入のうち、血糖を低下させたとする信頼性の高い結果が出たのは四二回であり、二二回は効果なし、一一回は実験から信頼できる結論を導くことが不可能であった。

コリップ——初めての患者への投与

二人が手助けを必要としていることはマクラウドの目に明らかであったが、彼はトロント大学内から人材を調達する望みを捨てていなかった。米国の医薬会社リリー社のクロウズ G. H. A. Clowes 氏から、会社として援助するとの申し出を受けたときも、そこまで開発が進んでいないからと言って断った。彼が目星をつけていたのはコリップであった。

ジェームズ・バートラム・コリップ James Bertram Collip（一八九二〜一九六五）はマクラウドの同僚であった。一九二〇年、二八歳でアルバータ大学生化学教授に就任し、一年間のサバティカルを得ていた。組織抽出物を扱った経験もある彼は、経験も浅く科学的知識にも疎い二人の若者の助けを買って出た。二一年一二月、コリップは研究グループに合流し、バンティングとベストが満足行かない結果に不満を募らせるのをよそに、はやくも雄牛の膵臓からアルコール抽出した成分の精製に成功、その結果は副作用を伴う

J・B・コリップ
若き教授でトロントグループの最重要メンバー

ことなくウサギの血糖値が低下するという目ざましいものであった[17]。またコリップは、この抽出物が糖尿病犬の肝臓内でのブドウ糖の産生および糖尿病犬の尿中に含まれるケトン質の消滅につながること、さらにはこの抽出物をウサギに注入するとウサギは痙攣を起こすが、ブドウ糖を接種すると痙攣は即座に止むことを発見した。インスリン・ショックの発見である。いまや、研究の主導権とアイデアはコリップの手にあった。

　コリップは、近々患者での試験が可能な調整が出来上がるものと考えるようになった。バンティングとベストはこうした状況が面白くなく、不満を募らせ、まず自分がイスレチンを患者に試したい、しかも自分とベストが精製した抽出物を使いたいと申し入れた。そこでコリップは引き下がり、バンティングとベストは自分たちの手による抽出物を、重度の糖尿病患者であったバンティングの知り合いの学生に経口投与した。しかし効果はなかった。そこで二人は、数名の糖尿病患者への実験を許可するよう医学部長にお願いしてほしいとマクラウドに頼み込んだ。患者に試すのは時期尚早と感じていたマクラウドだったが、しぶしぶこれに従った。次第に世論が高まっており、後戻りできない状況に追い込まれた。一九二二年一月一一日、トロント総合病院に入院中の一四歳、レナード・トムソン Leonard Thompson の左右の臀部に、濃茶色の液体7.5 ml、計15 mlが注射された。この一件は当事「慈善事業」と呼ばれた。現在では一回の投与量は0.5 ml未満である。

血糖値は微減したが、少年の全身状態は改善せず、尿糖および尿酸値もほとんど変化がなかった。納得できるとは言いかねる結果であった。おまけに片方の臀部の注射痕が癤(ねぶと)を生じてしまった。二人の抽出物は、一九〇六年のツルツァーによる抽出物と大差ないものであった。だが新聞はこの話を聞きつけ、トロントスター紙はマクラウドのもとを取材に訪れた。マクラウドは怒っていた。バンティングの圧力に屈したこと、新聞にこの一件をかぎつけられたこと、そして研究室の同僚が反目しあっていること。取材に対しては言葉を慎重に選び、ごく控えめにしか語らなかった。翌日になって記事が載った時、バンティングとベストについてごくわずかしか触れられていなかった。

この一件は、バンティングの怒りを再燃させた。最悪の予想が当たってしまったと思い込んだ彼は、あらゆる機会をとらえてマクラウドを誹謗中傷し、その様子は大学内の他の教授にも知られるほどであった。二人の共通の知合いが話合いの場を設けてくれ、和解したものの表面的にすぎなかった。マクラウドとバンティングが真に和解することは決してなく、バンティングは終生、マクラウドを憎み続けた。

状況が非常に緊迫していることは、周囲の目に明らかであった。バンティングとベストは落ち込んでいた。新しい抽出物は失敗に終わり、バンティングはニューヘヴンで恥をさらし、患者への投与はほぼ失敗に終わった。それに引き換えコリップは次々と実験に成功していた。コリップには出し抜かれ、そしてマクラウドには足を引っ張られている——二人にはそう感じられた。そんな一月二〇日頃、衝突は起きた。コリップは抽出物中の不純物の一部を除去し、活性物質の濃度を大幅に向上する手法の開発に成功した。しかしマクラウドと協定を結んだコリップは、この手法をバンティングに教えることを拒んだのである。もはや両者の間に信頼はなかった。バンティングは怒り喧嘩になった。コリップはこの時点で、希薄化したアルコールに溶出したインスリンを、濃縮アルコールを使って沈殿させることが可能だと発見していた。この手法を使えば、再びレナード・トムソンの治療に使える程度にまで抽出物の精製が可能になる。こうして一月二三日、再び投与が行われた。今度は納得できる効果が生じ、副作用もなかった。以後、レナードには一日一回インスリンが投与されたほか、重度の糖尿病患者六名が選ばれ、インスリン投与を受けた。この治療は奇跡的と言ってよいほどの結果をもたらした。(18) 一九二二年一月二三日は医学史上、特筆すべき一日となった。

数カ月後、初の臨床結果が『カナダ医学会雑誌』に掲載された。購読者も少ない、傍流の学術誌である。ここにもマクラウドの名前はなかったが、コリップに加え、糖尿病治療を担当した医師であるキャンベルとフレッチャーの名は掲載された。その一方で研究チームは、コリップが精製した溶液が糖尿病患者の呼吸商を上昇させるという点に関する論文をあわせて発表した。これにより、イスレチンが肝臓でのブドウ糖形成に関与しているだけでなく、代謝に直接作用していることが明らかとなった。これは彼らの手柄であった。コリップは、患者にほぼ一定の効果を持つ溶液を投与できるよう、品質の標準化に挑むことにし、絶食させたウサギの血糖を五〇％低下させるのに必要な成分量を一生物学的単位と定めた。いまやインスリンの生産量拡大への道が開かれた。トロント大学の付属施設に「コノート抗毒素研究所」という名の血清研究所があり、ここでコリップによるインスリン生産が開始される予定であった。だが新たな問題点が次々と明らかになる。まず、コノート研究所で作られる溶液は効果がきわめて低いこと。四月中旬を過ぎてからは、コリップによるインスリン生産はゼロに落ち込み、インスリン治療を受け始めていた患者も中断せざるを得ず、焦りの色が見え始めた。バンティングはコリップがプロジェクトを放棄するのではないかと不信感を見せるようになり、コリップはそんなバンティングを恐れるようになった。さらに輪をかけて元婚約者のエディットとの間で問題が再燃したバンティングは、酒に手を出すようになった[19]。

とはいえ、インスリン生産を阻害する要因については順次、解決策が見出された。マクラウドは、この物質をイスレチンではなくインスリンと呼ぶことを提案した。「インスリン」はラテン語で「島」を意味する insula に由来する。こちらの語源の方が世界的にもよく知られており、また一九〇九年にすでにデマイヤーによって提唱されている名称でもあった。良い名称を得たこと、また数多くの実験に成功したことを踏まえ、一同は一九二二年五月三日、米ワシントンで開かれる米国内科医師会で研究成果を発表することにした。マクラウドが一同を代表して登壇した。彼の発表はすばらしく、話し終えると聴衆は立ち上がって惜しみない拍手を贈った。同会史上初のスタンディング・オベーションであった[20]。今度ばかりは、血糖低下因子の分離成功を疑うものは誰もいなかった。当時世界で最も権威のあった糖尿病医アレンはこう語っている。「どうやらトロントチームは膵臓内分泌物を、有毒物質をほぼ含まない状態で取り出すことに成功したようだが、もしこれが事実であれば、彼らは近代医学における最大級の成果を達成したことは疑いの余地がなく、またこの栄誉を共有できる権利を持つものは他にいない(21)」この名誉ある場に、バンティング、ベスト、コリップの三人の姿はなかった。三人の話によると、彼らは旅費を捻出できなかったため、総会には出席できなかった。

インスリンの発見者はバンティング——本人も、また周囲もそう考えていた。あらゆる刊行物にはまずバンティングとベストの名が記され、マクラウドとコリップは二の次であった。確かに、トロント大学でインスリン研究を始めたのはバンティングである。メディアはバンティングをこぞって書きたて、彼は国民的英雄となった。前線で戦った経歴を持つ元負傷兵、貧農の生まれ、そして糖尿病による死から人類を救うという夢を実現するために全財産を売り払ったといったエピソードは、国民的英雄にふさわしかった。直情的で、裏表がなく、自信あふれる物言いは、大衆には魅力的であった。私利私欲のために働いていなかったこともあり、北米青年の鑑として祭り上げられた。

こうした人気ゆえに彼は歴史に名を残したのであって、才能があったからではない。その後バンティングとベストは、トロントの熱狂的な郷土愛によって大いに持ち上げられた。一九二二年にはバンティングのために新しい診療所が用意され、彼自身が選んだ患者を治療できる準備が整えられた。また同年にはトロント大学の研究教授(教育は行わなくてよい)に就任したほか、一九三〇年には彼専用の研究所が設立されるまでに至った。常に取り巻きを従えていたが、科学的に見るべき成果は何も残さず、一九四一年、ニューファンドランド島上空を戦闘機で飛行中に事故死した。

ベストは研究を続け、一九二五年には医学博士号を取得、一九二八年にはマクラウドの後任としてトロント大学生理学教授に就任した。ベストはインスリン発見にあたり独創的な貢献は行っていないことから、彼がノーベル賞の賞金の分配を受けたのはバンティングの友情によるものである。バンティング同様、自身の名を冠した研究所をトロントに与えられていたが、バンティングと異なるのは、後年になってコリンやヘパリンに関する発見で生化学界に貢献した点である。一九六七年に引退し、その一一年後に死去した。ハーゲドンとは友人であり、一九三〇年代以来何度も行き来しており、妻のマーガレット・ベスト Margret Best も交えた友情が続いた。

コリップは、四名の中で明らかに最も独創性に富む人物である。彼の創造性、洞察力、勤勉があってこそ、臨床使用に耐えうるインスリン溶液が生み出されたと言える。一九二二年夏には古巣のアルバータ大学に戻り、イースト菌とタマネギを原料とする植物エキス「グルコキニン」を経口投与すると血糖値が下がるとして、その研究に没頭したが、うまくいかなかった。[22] 後年、副甲状腺ホルモン、卵巣ホルモン、脳下垂体ホルモンの抽出に成功し、この分野の権威となった。一九六五年死去、享年七三。

マクラウドは一九二八年、追われるようにトロント大学を去った。バンティングによって人生を狂わされた彼はトロントを発つ列車に乗り込むと、靴の泥――「大学町の泥」だと友人に書いている――を払い落としたという。[23] 彼にとってインスリンの発見は、コリップの言葉を借りれば「汚らわしい仕事」だった。一九三五年、マクラウドはスコットランドのアバディーン大学教授として、五九歳の若さでリウマチを患い亡くなった。

5　アウグスト・クロー（一九二二〜二四年）

インスリンがデンマークにもたらされたのは、アウグスト・クローの妻、マリー・クローの功績による。最初にインスリンに大きな関心を寄せたのも、この新成分に夫の興味をひきつけたのも、そして夫に対し、発見者トロント大学チームに連絡するよう説得したのも、すべて彼女にほかならない。しかし彼女について語る前に、ハーゲドンの人生に大きな役割を果たすこととなった、夫の方のアウグスト・クローについて簡単に説明しておこう。

アウグストについて

シャック・アウグスト・スティーンベア・クロー Shack August Steenberg Krogh は、船大工であったヴィゴー・クロー Viggo Krogh と妻マリー Marie の子として一八七四年一一月一五日、グレノーに生まれた。(1) 幼い頃から自然観察に強い興味を示した彼は、一八九三年にオーフス教会学校の卒業試験を終えると、いったんは動物学の道に進んだ。だが動物学者ウィリアム・ソレンセンから生理学の知識の重要性を諭され、これがきっかけとなり、生涯をかけて進む道への第一歩を踏み出した。たぐいまれな観察力、想像力、そして明晰な頭脳のおかげで、彼はこの道を非常に遠くまで進むことになる。学生時代からすでに非吸血性ブヨの幼生の流体静力学の研究に没頭していた。当時は自宅の部屋で行っていた研究であり、一時はやめたが後に再開した。

研究生活の大半を捧げるテーマとなった「呼吸と代謝」に関する問題に触れたのは、生理学者クリスチャン・ボーアの研究室に入ってからである。赤血球研究が専門のボーアは、赤血球中の酸素量を説明するには、赤血球には複数の種類があるとするしかないと考えていた。そうではなく血中の二酸化炭素の結合度に左右されること、そのため必要に応じて血液が酸素を組織内に放出しやすい仕組みになっていること(「ボーア効果」)の発見に至ったのは、ほかならぬクローの功績である。

ボーアとクローが異なった結論に至った例はほかにもある。肺における二酸化炭素の放出について、ボーアはこれを肺細胞の能動的な過程だとしたが、クローは血液と肺から送られる空気との間に生じる二酸化炭素の結合力の差が十分あることから拡散作用の形で二酸化炭素が放出される、つまり純粋に物理学的な現象だと考え、こちらが正しかった。

また当時、動物組織が窒素を取り込み排出する方法が議論されていたが、クローはネズミをガラス器に入れて密封し、ガラス器の外に設置した磁石でピストンを動かして空気を対流させながらネズミを観察し、その成果を懸賞論文で発表することで、この問題に決着をつけたこともあった。

クローはボーアの強力な後押しを受け、一九〇八年にはコペンハーゲン大学で講師の職を得たのち、同大学の動物生理学教授に就任し、呼吸と代謝の実験を続けた。このころヨハネス・リントハート Johannes Lindhardt との共同研究「筋肉エネルギー源としての脂肪および糖質の相対的価値」で、限界に挑む手法を用いた実験を行ったことは特筆に価する。呼吸生理学の道をこれ以上進むことが難しいと感じたためか、彼は研究テーマを「組織内の酸素摂取」に変え、こうして彼の代名詞である毛細管研究につながっていった。

研究成果をまとめた論文「動物およびヒトの呼吸交換」では、計測方法に対する深い洞察をもとに、きわめて複雑な主題を単純明快な形で説明することに成功し、この研究で彼はノーベル賞を受賞した。

クローがこれだけの科学的成果を為し得たのは、その頭脳に加え、彼が技術者としても有能であったことによる。ハーゲドンはこの点についてこう書いている。

「彼は自分で吹いて作ったガラス器をプラスチシンで留めるといった、非常に原始的な実験システムを使用していた。こうした単純な器具の何かを交換・修正する際には、ほっそりした手を器具に伸ばすと、緩慢かつ少ないながらも驚くほど正確な動きにより、確実に求める結果に至るのであった。当時は彼以外、このシステムに手を加えられる人は皆無に近かった。その一方で、より恒常的な実験システムを構築していたが、彼はこれをきわめて慎重に組み立てる一方、その際に図面を引くことはまずなかった。頭の中に完全な絵が描けるため、普通の人なら紙に描かざるを得ないところを、頭の中に思い描くことができた」

クローによれば、構造を紙の上に描かず、できる限り頭の中にとどめておくことは利点につながるのであり、一度頭の中から外に出したらその案に集中し、他の案はある程度排除するとのことであった。

クローの発表は明快で無駄がなく、著した生理学の教科書は簡潔明瞭の手本であった。教師としての才能は講義でいかんなく発揮され、研究室で学生にガイダンスを行う際には、一対一だろうと複数が相手だろうと、その才能はさらに水際立っていた。若い科学者が助言を求めて次々と訪れる中、彼らの問題点をすばやく見抜き、話し合いを通じて突破口を開いたり、または直接アドバイスを与えたりするなど、惜しみなく力を注いだ。

正解を含む多くの選択肢があり、凡人にはそれらがみな同じように見えるときにも、クローは正解を選び出す天性の素質があった。こうした非凡な才能に加え、彼は非常に仕事熱心でもあった。時には研究はゲームだという態度を示すこともあったが、並外れた生産性を考えれば、それは彼の一面に過ぎない。最後までやり遂げようとする強い義務感と同時に、ひとたびあるアプローチでは先に進めないことがわかると、傍目には、あっさりと諦めることのできる人であった。

クローの関心は幅広く、自分の専門分野のみならず、自然科学全般に通じていたほか、文学や芸術にも造詣が深く、医学史家マールと共同編者となりニールス・スティーセンの著作集の刊行に関わったりもした。無神論者でデンマーク教会を離脱したため[2]、長女のエレンは学校で「小さなダーウィン主義者」とはやしたてられた。音楽だけは苦手で、不快な騒音にしか聞こえなかったという。

マリー・クロー

アウグストの妻、ビアテ・マリー・クロー Birthe Marie Krogh（一八七四〜一九四三）は医師で、ヒトの肺における空気の拡散に関する論文により一九一四年に医学博士号を取得した。デンマークで医学博士号

呼吸生理学の実験に向けた準備をするクロー夫妻

を取得した四人目の女性であったことに加え、肺での空気拡散定数の計測に一酸化炭素を用いるという論文の手法により、大きな関心を集めた。彼女は患者にとっては良き医師であり、夫にとっては有能なパートナーであった。二人は互いの知識を補い合う関係であり、夫が一度こうと決めて邁進するも壁に突き当たり、時としてかっとなるような場面でも、妻はそのきわめて穏やかで調和のとれた性格をもって、夫のいらだちを抑えるのであった。(3)

ニュ・ヴェスター通りの研究室

クローはニュ・ヴェスター通り一一番地に自宅兼研究室を構え、そこで動物生理学の研究を行っていた。この通りは一八九〇年の火災後に再建されたクリスチャンスボー城と、実業家カール・ヤコブセンの寄贈したコレクションで有名なニュー・カールスベア美術館の間という観光名所に位置する。クロー邸は現存しており、現在は国立博物館所有のアイソトープ研究所として使われている。クローがここに入居したのは一九一〇年九月一日、前の住人であったサロモンセン教授が、ブライダムスヴァイに建設されたばかりのコペンハーゲン大学病院内に設置された病理学研究所に移ったため、その後任として入った。アパートメントの二階全フロア、計三〇〇平方メートルは広々として明るく、しかもサロモンセン教授はすでに一部をジフテリア血清の生産拠点として使用していた。クローは全フロアを研究所に改装し、サロモンセン教授時代には召使部屋であった屋根裏を自分たちの住居にあてた。また二階には妻の診療所も設けられた。(4) 一階には作業場と助手の住居が設けられ、裏には納屋もあった。子供たちにとっては納屋の裏、蛙の泳ぐ池がこの家の一番の魅力であった。

この家でクローは研究生活の黄金期を過ごし、生理学者ヨハネス・リントハートとの共同研究に専念した。自転車エルゴメーターやクロー式肺活量計を発明したのも、のちにノーベル賞を受賞することになる活動筋への酸素供給や毛細血管の生理学の研究を行ったのも、また妻マリー・クローが一九一四年五月二八日に医学博士号を取得して喜びに沸いたのも、さらには一九一三年に長女エレン Ellen Krogh、一七年に次女アウネス Agnes Krogh、一八年に三女ボーディル Bodil Krogh と、四人の子供たちのうち三人が生まれたのもこの家であった。のちにオーフスで解剖学者となる長男エリックは二歳でこの家に越してきたことになる。(5) そしてインスリンに関する研究が初めて行われたのも、この家であった。

ハーゲドンとクローは一九一九年、クローがノーベル賞を受賞する前の年より知合いであり、(6) おそらくクロー式肺活量計を見学しにクロー邸を訪れたものと見られる。ハーゲドンがクローのもとを足繁く訪ねたのは医学博士論文を完成させた後で、彼自身の言葉を借りれば、肺活量計の開発に多大な関心があったこと、なぜならそれによって二酸化炭素の排出量を計測し、ひいては呼吸商を定めることが可能と考えていたからであった。加えてハーゲドンはクローの助手ブラント・レバーグと共同で、浮腫の原因を探ることに関心を抱いており、そのこともあってクロー邸をよく訪れた。[7]

一九二〇年秋にノーベル賞を受賞したクローのもとには、続々とオファーが舞い込んだ。米国からは、イェール大学のランデル・ヘンダーソン Randell Henderson 教授からシリマン医学研究財団が主催する同大学講座での講演依頼、メイヨー・クリニックのブースビーから客員研究員のオファー、ハーヴァード大学のコール教授からハーヴェイ記念講演の依頼、ジョンズ・ホプキンズ大学のジョン・J・エーベル John J. Abel 教授から同大学での連続講義の依頼、[8] さらにはロンドン大学、エディンバラ大学、そして米国の他大学からも招待が続いたが、トロント大学からは何もなかった。また受賞も相次いだが、クローは旅に出ることを躊躇していた。この躊躇こそ、インスリン研究がデンマークで行われるようになるためには必要不可欠であった。というのも、インスリンは翌二一年になるまで発見されなかったからである。

躊躇の理由は病であった。クロー自身は健康だったが、一三歳の長男エリックが病の床にあった。肺炎と肋膜炎にたびたび冒されており、[9] 命の危険にさらされていたところに、結核と診断され転地療養を勧められていた。さらにマリーも一九二〇年以来、体重減少や倦怠感に悩まされるなど体調が思わしくなかった。心配した夫は、療養のためフネンに住む彼女の兄のもとで三週間過ごさせた。具合はいくらかよくなったものの、完全回復にはいたらなかった。それでもマリーはストックホルムでのノーベル賞授賞式に同行し、一二月に行われた晩餐会ではスウェーデン王子と、同じ年にノーベル文学賞を受賞したクヌート・

ハムセン Knut Hamsun の間に座り歓談を楽しんだ。しかし、講演旅行は延期せざるを得なかった。
マリーは糖尿病であった。診断が下されたのがいつかは定かではないが、ノーベル賞受賞に伴う数々の祝賀行事が終わってからと考えられるので、一九二一年より前とは考えにくい。相談を受けた夫は、妻にハーゲドンを紹介した。この青年医師は薬剤師と共同で、静脈に穴を開けずに済む、大変実用的で高精度の血糖測定法を開発したばかりなのだ。しかも医学博士号を取得したばかりだ。こうした情報は彼女が信頼を寄せるに十分であり、彼女は一四歳も年下の、ニュートー三番地に小さな診療所を開設したばかりのハーゲドンに相談した。自ら開発した新しい血糖測定法を使ってハーゲドンが血液分析を行ったところ、マリーが糖尿病であることは疑いの余地がなかった。絶食が指示され、数日後に尿糖がゼロになると、尿糖を確認しつつ、専用の食事メニューを少しずつ組んでいった。この治療法は功を奏した。患者としてのマリーは自己規律がきわめて強く、自己憐憫はみじんも見せず、家族にさえ自分が糖尿病だと明かさなかった。一九四三年に癌で死去するまで、子供たちは母が糖尿病だと知らなかった。インスリン治療は二〇年間に及び、後半一〇年は一日四回のインスリン投与を行っていたという(10)。

米国旅行

一九二一年から二二年の冬、マリーの体力は徐々に回復した。そのため旅行の計画が再び立てられ、ついに二二年九月一〇日、まる一年の延期を経て二人はデンマークを出発した。もし米国への講演旅行が予定通り一年前に行われていたら、クロー夫妻がインスリン研究に関わることはなかったであろう。二一年一〇月の時点ではインスリンに関する講義、論文、新聞記事のいずれもまだ存在しなかった。旅行を通じてクローは大きな収穫を得ることになる。まず英国入りし、そこから米国に移動したが、夫妻は早くもロンドンで「インスリン」という言葉を初めて耳にする。マリーはハーゲドンにこう書き送っている。「アーネスト・ヘンリー・スターリング Ernest Henry Starling 教授（一八六六〜一九二七）の話では、[11] 膵臓上の腺から分泌される消化液の破壊的作用を防ぐことで、膵臓内分泌液を活性状態で抽出することに、米国の科学者が成功したそうです」[12] また、当時有名な英国人生理学者でありアウグストの友人であったサー・ヘンリー・デール Henry Dale がことの真偽を確かめるべくトロント大学に赴いたことも、夫婦の心を動かした。二人はインスリンに興味を持ち始めた。

九月一九日、夫妻はサウザンプトン港を出航、同二七日にボストンに到着した。ボストンでのジョスリン夫妻との会食中、ジョスリン教授と隣に座ったマリーとの間でインスリンの話題が出た。彼女はそのときのことを、ハーゲドンに宛てて次のように書いている。

「ジョスリンは患者に実験を行うための素材を持っているとのこと。私の理解ではまだ実験段階の模様。ジョスリン教授によると、タンパク成分を次第に除去可能になったことから、現在の調製は当初よりも大幅に改善され、注入による有毒な作用は低下したとのこと。同教授は重症患者のみに投与を行い、その結果、血糖低下と耐糖能改善が複数例見られたそうです。製剤を製造したのが誰なのか名前は分かりませんが、同教授以外にも複数のボストンの先生方が試しているところを見ると、そちらでも入手できる可能性は十分にあります」また一〇月二八日付けでシカゴから投函した手紙には「あなたが理論的にも実践的にも必ずやこの製剤に関心をお持ちになろうかと思い、デンマークでの製剤の実験をあなたが行うためにその方法を教えてほしい旨、主人にはトロント大学マクラウド博士に手紙を書いてもらうことにしました」

この手紙は一一月九日にハーゲドンのもとに届き、その興味に直ちに火をつけたことは言うまでもなかったが、クロー夫妻に返事を待つ余裕はなかった。一〇月末には、クローはマクラウドに次のような手紙を送っている。

「当方はシリマン講座の講演者ならびにメイヨー財団の招待者として米国を訪問しております。道中至る所でインスリンによる糖尿病の実験治療についての話を耳にしております。そこで、もしデンマークでも同様の実験を行えるような手配を整えることが、博士ご自身およびその協力者の方々の計画を邪魔しないのならば、ぜひご検討いただけないかと思い、本状をお送りしている次第でございます。私の友人であり、私の研究室で客員研究員を務めるH・C・ハーゲドン博士という、有能な研究者であり糖尿病の専門家がおります。彼はすでにいくつかの優れた仕事をしていますが、残念ながらこれらは目下デンマーク語でしか出版されておりません。微量血糖測定法を考案し、徹底的に検証しており、個人的には現時点で最高水準のものと考えております[13]」

一週間後、マクラウドからの返信が届いた。

「私どものインスリン研究の成果をぜひご一緒に検証し、あなたの助言と協力を得られれば幸いです」

マリーの粘り強さが実を結んだ瞬間であった。

トロント

一一月二三日から二五日にかけて、クロー夫妻はマクラウド家に滞在した。北欧からの来客は初めてではなかった。すでに同年の夏にはスウェーデンで最も有名な内科学者であり、糖尿病医としても知られるルンド大学のカール・ペトレン教授がインスリンの件で訪れていた[14]。だが当時、インスリンの可能性は不確実であった。その後数カ月はインスリンの生産が停止し在庫が払底したため、インスリン投与によって一度は昏睡状態から脱出した患者が数週間後に死亡するという事態も起きていた。そんなこともあり、ペトレン教授はそれ以上インスリン開発に執着しなかった。それでもマクラウドから聞くべき話があまりに多く、トロント観光に出かける時間はほとんどなかった。インスリンは糖尿病に奇跡的な効果をもたらすものと思われたが、しかし過剰投与が奇妙な症状につながる場合も見られた。インスリン投与を受けたある帰還兵は、夜になって壁をよじのぼろうとしている所を夜勤中の看護婦に見つかり、ブドウ糖を注射すると直ちに行動が正常に戻るといった例もあった[15]。

ペトレン教授は残念ながら、コリップ教授に会うことはできなかった。コリップはすでにアルバータ大学に戻っていたのである。だがクローの方はバンティングに会えた。バンティングは自分の名を冠した病院に、興味深い患者を何人か抱えていた。その中にエリザベス・ヒューズ Elizabeth Hughes という患者がいた。米国共和党大統領候補の娘である彼女は、同病院でインスリン治療に入る直前、一日に糖質わずか七グラム、タンパク質三〇グラム、脂質六〇グラムしか摂取を許されておらず、一四歳ながら骨と皮ばかりにやせこけていた。インスリン治療を開始してからは、食事内容は当初カロリーの三倍にまで引き上げられ、一一月三〇日には退院の見通しとなるほどの回復ぶりであった。またクローが同病院で目にしたシャーロット・クラーク Charlotte Clarke という五七歳の女性患者は、右足が壊疽を起こし重篤な状態であり、インスリン投与を経て右足を膝下から切断した際には意識の混濁が見られるほどであったが、術後は順調に回復し、義足を使って歩く訓練を開始していた。また、おそらく彼はこの時期に小児病院に入院していた一一歳のエルジー・ニーダム Elsie Needham という女児に会っている。彼女は瀕死の状態でインスリン治療を受け、トロント大学で昏睡状態からの回復に初めて成功した患者となった。いずれも、奇跡と呼ぶにふさわしい例であった[16]。

こうした例を見聞きしたクローは、インスリンの可能性にたちまち取り付かれた。トロント大学では弱冠二三歳の医学生、チャールズ・ベストが率いるチームによって、コノート研究所でインスリンの生産が開始されたという。そしてベストはバンティングが犬の実験を行った際に助手を務めた人物で、血糖測定の技術を持つこと、またトロント大学が米国のリリー社と提携しインスリンの商業生産を目指していることも聞いた。一般世論、医学界、そして患者たちからの圧力は増す一方であり、問題点に対処するため、トロント大学では「インスリン委員会」を設立していた。これは科学者と企業人からなる小グループで[17]、同委員会が特許を取得してさまざまな状態のインスリンの独占的生産権を確保し、その後、科学者または科学研究所にこの権利を与え、厳格な管理下で生産を開始するという計画を立てていた。同委員会はすべての実験結果を公開することで、独占の回避を目指していた。

こうした事情から、生産に関する権利の交渉や話合いはこのインスリン委員会が一手に担っており、すでに英国の医学研究会議を代表してサー・ヘンリー・デールが訪れ英国向けライセンスを取得していた。インスリンの発見者たちはすでに特許を申請していたが、特許取得後は直ちにこれをトロント大学に譲渡する旨同意していた。審査は終了しており、特許が下りるのは時間の問題であったため、マクラウドから見ると、北欧諸国でインスリンを生産する権利をクローに与えることを阻むものは何もなかった。そしてクローはマクラウドの考え通り、トロント大学学長との間で、北欧諸国向けにインスリンを生産する権利に関する契約の協議に入った[18]。

実に多くのものを目の当たりにして床に就いたクロー夫妻は、眠れぬ夜を過ごしたものと思われる。とりわけマリーの興奮は想像に難くない。効果的なインスリンの投与を受けられれば、空腹に苦しむことからも、倦怠感に悩むことからも、酸中毒と昏睡の恐怖におびえて暮らすことからも、解放される可能性があるのだ。彼女はまだ四八歳で、人生はまだこれからだと思っていた。それに末っ子のブーディルはわずか四歳だった。マクラウドから見せられたローリン・ウッドヤートからの手紙が、彼女の頭の中をめぐっていた。

「インスリンの効果は実に劇的、結果はとにかく目覚ましく、薬でも手術でもこれほどのものは見たことがありません[19]」

とは言うものの、二人は翌日の講演にまずは集中しなければならなかった。講演では、ブラント＝レーベルクと共同制作した毛細管の映画を上映し、ついで質疑応答を行った。映画の方は各地で熱狂的に迎えられていた。その一方でマクラウドから、「この夏より魚の膵臓からインスリンを抽出する作業に着手している」と聞かされた。魚を使うことで、抽出したインスリンが膵液と混合し、ひいては破壊されることを防ぎやすくするらしい。多くの魚種では、インスリン分泌組織と膵液分泌組織の分離は比較的容易であった。そしてマクラウドは、デンマークなら魚が豊富のため、魚インスリンを使った研究はクローが引き継ぐべきだと言った。翌日、インスリンに関する会合が、アレン、ジョスリン、ウッドヤート、ラッセル・ウィルダー Russell Wilder、ウィリアムズ William Robert Williams とリリー社の研究部長クロウズを招いて行われた。クローは彼ら全員と言葉を交わしたが、会合には参加しなかった。もう情報は十二分に得たという思いであった。一一月二五日、クロー夫妻はマクラウドに見送られて駅を出発した。

クローをして自身の研究を中断させ、インスリン研究に取り組ませた原動力は何だったのか。患者に投与可能なインスリンの生産は、生化学ならびに生物学の知識、豊富な原料、そして技術と組織力を要する、きわめて難しい取組みであることは承知していた。必要な設備の大半はなく、自作を迫られた。米国製インスリンがデンマークに輸入されるのを待った方がいいのではないか。そこには倫理上の懸念もあった。「トロント大学インスリン委員会の承認を受けない何者かが、粗悪な品質と激しい競争というリスクを冒しながら、インスリン生産に参入する可能性はないだろうか[20]」とクローは一九二四年一月の日記で振り返っている。北欧諸国では医薬品は特許を取得できず、従って勝手に独学して生産方法を手に入れた人に対し法的措置を講じることは不可能であった。クロー自身は三つの理由を挙げている――第一に、リリー社の納品時期が定かでない点、第二に、輸送中におけるインスリンの信頼度低下の問題、そして道徳的な問題として、インスリンを無断で製造する人を可能な限り遠ざける義務があったという点である。そしておそらく第四の理由として、マリーの存在があった。マリーがインスリンの投与を受け、今のような数多くの制限が必要なくなったとしたら、どんなにか素晴らしいだろう……。

デンマークにおけるインスリンの生産開始

ハーゲドンは首を長くしてクローの帰りを待っていた。一二月一二日、クロー教授はトロント大学から北欧でのインスリン生産に関する許可証をたずさえ、コペンハーゲンのランゲリニエ埠頭に到着、翌日にはニュ・ヴェスター通り一一番地の動物生理学研究所で、この件に関する初の会合を開いた。[21] 会合にはアウグスト・クロー、マリー・クロー、H・C・ハーゲドン博士、クローの助手を務めていたクヌート・ガド・アンデルセン Knud L. Gad Andresen、そしておそらくポール・ブラント＝レーベルクが顔をそろえた。

クローが持ち帰った情報、そして入手可能なわずかな文献のみを頼りに話合いを行った結果、ハーゲドンが個人の研究室で牛と魚の膵臓から抽出を行い、クローは動物生理学研究所で抽出物の生物学的活性を調べることが決められた。ハーゲドンは非常に乗り気で、「家もここも喜びに湧いています」と母親は日記に書いている。後年、ハーゲドン家では一二月一五日を「インスリンの誕生日」と定めた。多忙を極める中クリスマスを迎え、家族行事もその年は中止となった。ハーゲドンはノーマン・イェンセンや市立病院でインターンを勤めていたH・C・オルセンに電話した[22]ところ、二人とも助力を申し出た。ミッテもまた手伝うと言った。そこで下宿人たちにはよそに移ってもらい、自宅を研究所に改装した。H・C・オルセンは当時を振り返ってこう書いている。

「到着すると、ハーゲドンはすでに牛市場から戻り、膵臓をいくつか買って来ていた。ミッテは台所で粉砕器（ミンサー）を使って膵腺を細かくし、ノーマン・イェンセンは細かくした膵腺に塩酸をかけて濾過するところであった。アルコールに含まれる塩酸がインスリン破壊作用を持つトリプシンの影響を防ぐと考えられ、このため濾過液はインスリンを含むものと期待された。ハーゲドンはクローのもとに車で抽出物を運び、クローはその生物学的活性を調査した」

一週間後、早くも最初の試験結果が出た。

「一二月二一日、動物生理学研究所で、初めて雄牛と魚の両方の膵臓を使った試験が行われた。試験の結果、微量ながらインスリンの存在が示された。雄牛の膵臓抽出物約4cm^3をウサギに投与したところ、インスリン投与後特有の痙攣と血糖降下が見られた[23]」

クローが研究のパートナーとしてハーゲドンを選んだのは一見、無謀に思われたかもしれない。経験豊富な薬学者や化学者ではなく、若い医師に助けを求めたのは大胆すぎではなかったか。クローもハーゲドンも組織抽出の経験は皆無であった。また技術的な問題があることは、トロント大学も米リリー社もはっきり述べていた。トロント大学では同二二年三月、インスリン生産が中止に追い込まれた。優秀な頭脳を結集させて問題解決に向け努力したが、解決までには二カ月も要した。また同八月にはリリー社でも同様の事態が発生したほか、英バロウズ・ウェルカム社でも実験レベルから市販レベルへと生産を拡大しようとしたところ、やはり生産中止に追い込まれるということがあった。クローは薬学者の助けを検討しなかったわけではない。ハンス・バッケスゴー・ラスムセン Hans Baggesgaard Rasmussen という、ハーゲドンと同い年の有望株で[24]、王立デンマーク薬科大学の化学担当教授に任ぜられた人物である。

しかし結局、クローが選んだのはハーゲドンであった。タフで野心家で、技術的センスがあり、血糖測定ができ、医師ゆえに患者とのつながりがあった。そしてクローはこの決定を後悔しなかった。翌二三年五月三一日、医学雑誌『医師週報』には彼による次の記述が見える。

「筆者とハーゲドン博士は、インスリンの生産を有能な薬化学者に依頼したいと考えていたが、不可能だと判明した。生産を確保すると同時に、次々と現れる問題点を解決する唯一の方法は、ハーゲドン博士にひとまずインスリン研究所の統括を一任することだと明らかになった。この場を借りて、ハーゲドン博士によるインスリン研究への貢献に対し、心からの感謝と賞賛を贈りたい。博士は自宅のすべてを研究室とし、苦労を厭うことなく働き続けている。本研究最大の課題の克服、そして生産方法に関するいくつかの重要な進歩は、すべてハーゲドン博士に帰するものである」

二人はマウスを使った実験も試みたが、明快な結果には至らなかった。クローは、低血糖のマウスは低体温になるが、ストーブの近くに持っていくとウサギと同じように痙攣を起こすことに気がついた。[25] こうした観察に基づいた実験でクリスマス休暇は過ぎ、翌二三年一月上旬には、マウスを実験動物に使ってインスリンの新しい標準化方法に関する実験が始まった。この方法は大きな効果があり、リリー社が米国に擁するようなウサギ農場はもはや無用となった。

レオ・インスリン

インスリンの生産は複雑な工程を必要とし、また満足な生産量が得られなかったため、数多くの工程について検討が加えられた。その結果、膵腺の鮮度が高いことが重要だと判明した。回収後は直ちに冷凍してから運搬に供さないと、膵液がこれを破壊する。冷凍保存した膵腺を加工した場合のみ、満足な量が生産できた。そのうえ、アルコールの揮発中に相当量のインスリンが同時に失われていた。だがハーゲドンが真空を使った揮発装置（仲間うちでは「フォルトゥーナ」と呼ばれた）を開発してからは、揮発に伴うインスリンの減少は大幅に低下した。

しかしながら、これ以上実験規模を拡大するには費用がかかり、資金が必要であった。考えられる道は、国の予算に頼ること、有限会社を設立すること、そしてすでに存在する企業と協力関係を結ぶことの三つ

アウグスト・コングステッド
ノルディスク研究所の共同設立にレオ製薬会社のオーナーとして参画

であった。有限会社の設立だけは、不確実な要素があまりにも多いことから全員が反対した。その場合、魚の販売も手がけねばならない可能性があった。それはハーゲドンにとっては何としても避けたい道であった。一方、デンマーク国立血清研究所のトーヴァル・マッセン Thorvald Madsen からは、このプロジェクトに対する国家的支援の申し出があった。しかしクローとハーゲドンは検討の末、すでに存在する企業との協力関係を選んだ。研究を進めつつ、同時にこのプロジェクトが北欧で行われていることの意味を残すには、この方法が一番だと思われた。二人は当初から、インスリン研究を北欧で進めることにこそ、意義を感じていたのである。

こうしてクリスマスの後、二人はレオ

製薬会社のアウグスト・コングステッド August Kongsted に連絡した。[26] マリー・クローとハーゲドンは、すでに同社とジギタリス溶液の標準化に関する仕事をしており、同社ではこの成果をもとにジギタリスの工場生産・輸出を行う近代工場を設立しようとしていた。コングステッドは二人の願いを快く聞き入れ、実験費用の負担、生産体制確立の支援、製品販売の担当について了承した。インスリンが市場化された暁には、売上は同社支出分の回収に優先的に配分されることとしたが、コングステッドは北欧諸国でのインスリン販売から利益を得るつもりはなく、唯一の条件として、レオ社の商標であるライオンをアンプルの包装に印刷してほしいと述べた。クローとハーゲドンはこれを了承し、以後は決して契約内容の見直しを要求することはなかった。コングステッドが一九三九年に死去してからも、契約内容は変わらなかった。ライオンがようやく包装から消えたのは、ハーゲドンの死後ヘンリー・ブレナムがノルディスク研究所の所長に就任してからであった。ハーゲドンとクローは、インスリンを少しでも安く市場に届けるため、無給で実験を続けるつもりであった。その結果、一九二三年末にインスリンが市場化されたときの百単位の価格は、米国で約四クローネ、英国で三・五クローネであったのに対し、デンマークでは二・五クローネに抑えられた。コングステッドはこうした人道的な取組みを評価され、一九三四年には勲章を授与された。[27]

帰国後二週間でインスリン生産への道筋が見えてきたことから、クローはコペンハーゲン医師会で、翌二三年一月二日に講演会を行った。デンマークにおいてインスリンが初めて公に話題となった日である。講演では、自分たちが今デンマークで生産を試みている、この驚くべき新物質についてすべてが語られた。最大の課題は、より純度が高くかつ安定した品質の確保だと考えていると述べ、インスリンがすぐにでも市場に出回るのかという期待を戒めた。十分な量のインスリンが市場化され、治療に利用可能になるには、丸一年は要するものとクローは考えていた。講演ではまた、インスリンの独占によって価格が高騰するのではといった噂を牽制すべく、トロント大学のインスリン委員会やコングステッドとの契約についても述べられた。講演内容は一九二三年一月号の『医師週報』に掲載後、一般紙にも掲載された。ベアリングスケ・ティーズネ紙の「デンマークで糖尿病の新治療法開発」の見出しのもと掲載された、クローとハーゲドンの写真入りの記事の末尾には次のようにある。

「デンマーク中の多くの人が、この問題について偉大な取組みを進めているクロー博士に感謝することであろう。多くの人が最大の期待、そして最大の信頼とともに、その解決を心待ちにすることであろう」

数々の奇跡

期待は裏切られなかった。同二三年三月一三日、市立病院で糖尿病患者に対するインスリン治療を行うことが初めて認められた[28]。ソフス・バング医長を先頭に医師や看護婦が無言でベッドを取り囲む中、患者に対する初のインスリン皮下注射が行われた。奇跡は起こらなかった。そこで注射を追加したところ、ようやく変化が起こり始めた。血糖値が七四〇mg%から三九〇mg%まで降下し、クスマウル呼吸[29]も停止し、患者は意識を回復し、医長は大きな感銘を受けた。だが午後になると体内に水が溜まって心不全を引き起こし、午前一時一五分、患者は死亡した。知らせを聞いたハーゲドンは意気消沈して言葉もなかった。

翌日、医師会議でこの件が議題になり、ハーゲドン、ヨハンネ・クリスチャンセン Johanne Christiansen 博士、そして当時は実習生でのちにオーフス大学教授となるカイ・ホルテンが出席した。ハーゲドンは無言だったが、クリスチャンセン博士の見解は明快であった――これまで見られなかった現象である血糖の急降下が起きた、今後も治療を試みる必要がある。そこで翌月、さらに七名の患者にインスリン注射が行われた。全員、インスリンなしでは生存の望みは薄いと考えられる重症患者である。今度は全員が、最初の注射の後も容態が急変せず、その後何年も生き続けた。

当然のことながら、こうした成功例の噂はデンマーク中を野火のようにかけめぐり、重度の糖尿病患者の主治医や家族がインスリンを求めて続々と、電話や来訪を繰り返すようになった。だがインスリンは圧倒的に不足していたため、きわめてもどかしい状況であった。ある日、患者の父親と名乗る人物がハーゲドンに電話してきた。インスリンの在庫がなかったため、ハーゲドンは断らざるを得なかった。しかし研究室に行くと、その家族は主治医のアドバイスに従い、コペンハーゲンのハーゲドンの研究室で待っていた。患者である一四歳の少年は棒きれのようにやせ衰え、自力で動くこともままならず、父親にかつがれてやってきたのであった。ハーゲドンは少年を市立病院第三病棟に入院させ、インスリン投与の手配を行った[30]。少年はその後、ノルディスクインスリン研究所の忠実な職員として長く勤務した。

インスリンを最初に投与された患者の一人である一〇歳の少女が後年、植物状態から脱して健康を取り戻した様子について語った記録がある。

「ハーゲドン先生がくださった最初の注射は、忘れもしない一九二三年三月二三日のことでした。ハーゲドン先生のほかにも何人かお医者様がいらっしゃいました。確か、バング教授とおっしゃる方もいらしたと思います。私はとてもやせていたので、最初の注射はとても痛かったです。でも二日後には起き上がって歩けるようになり、体重も一日で五〇〇グラム増えました。この頃、普通の食事をとることが許されました。『普通の食事はやっぱりいけません』と取り上げられたらどうしようと思い、食べ物はバナナやオレンジの皮まで全部マットレスの下に隠しました。お腹がいっぱいになってふくらみました。ハーゲドン先生は私のお腹に気が付きましたが、私は先生に『先生だって大きなお腹をしているのだから、大丈夫ですよね』と言いました。でもこの話を母にしたら怒っていました。それまで小さくてやせ細っていた私でしたが、日増しにまるまると太っていきました。そこでハーゲドン先生に『僕の手伝いをしてほしい』と頼まれました。そのおかげで、体の調子はさらによくなりました[31]」

課題は山積していたが、士気は高かった。四月一日、ハーゲドンは市立病院を休職し、カイ・ホルテンが代わりを務めることとなった。ここに至るまでには苦労も少なくなかった。ホルテンの自伝には次のようにある。

「ある日、もう一人の研修医であるモーヴィル Poul L. Moreville が回診を終えて第三病棟の研究室にいたところへ、ハーゲドンが回診から戻ってきた。ハーゲドンは手を振り上の空で『ごきげんいかがですか』と言った。モーヴィルは機転をきかせて『私にはそんなことは到底言えません』と返した。モーヴィルの返事にただならぬものをかぎとったハーゲドンは言った。『どうして?』『あなたは研修医を終えたばかりのホルテンを騙したでしょう』ハーゲドンは、私に十分気を使わなかったことにようやく思い至って深く反省し、そうして手配が整えられ私は第三病棟の病院医となった。モーヴィルの同志としての思いやり、そして恐れを知らぬ物言いを、私はその後も感謝の気持ちとともに思い出す。あの状況で思い切ったことを言い、ハーゲドンに気づいてもらうという目標を達成することは、そうそうできることではない」

ホルテンにとっては、ハーゲドンとの出会いは大きな意味を持った。長く続く友情が芽生え、ついにハーゲドンは名前で呼ばれることを許す間柄になったが、そうした友人はほんの一握りに過ぎなかった。

ホルテンはハーゲドンを、自身にとって最も重要な意味を持つ人物と位置づけており、ハーゲドンとの協力関係から数多くのことを学んだという。[32] ハーゲドンの仕事ぶりについては、次のように書いている。

「患者たちには奇跡が起きた。圧倒的な例を一つ挙げてみたい。裕福な家庭に育った一二歳女児の患者がいた。彼女はアレン療法と呼ばれる超低カロリー食を続けることで生きながらえており、文字通り骨と皮だけの状態であった。皮膚はかさかさに乾いて皮がむけており、数カ月に及ぶ寝たきりの生活から後頭部の髪が抜け落ちてしまっていた。女児に一〇日間に渡ってインスリンを投与し、また十分な食物を与えたところ、後頭部の禿げた部分から髪がぽつぽつと生え始めているのが観察できた。ほどなくして彼女は起床し、歩行訓練を行うことができた」

またホルテンによると、インスリン時代の黎明期においては、患者の経過観察はインスリン標準化の試みの一部に位置づけられていたという。製剤のバッチ番号はカルテに記載され、患者には数日間にわたり、同じ調製内容を同量投与された。食事も糖質・タンパク質・脂肪が一定比率で配合されるなど厳格な管理がなされたほか、一日何回もさまざまな血糖試験が行われた。こうした結果は間をおかず、ハーゲドンの自宅で行われた会合で検討が加えられた。

市立病院を休職したことで、ハーゲドンには余裕ができた。イースターには農場で暮らすハーゲドンの両親と弟のもとをミッテとともに訪れた。新鮮な空気を吸うことは良い気分転換になった。ハーゲドンは自分の置かれた状況を改めて考えた。インスリンの問題は魅惑的なほど奥が深いがリスクも伴っていた。

いろいろ考えた結果、自分はインスリン研究に必要な条件をあまり備えていない気がした。それに、アカデミズムの道を完全に断念し、製造業へと完全転身するには迷いがあった。そこで彼は再び呼吸商の試験に着手すると同時に、医学部グラム Hans Christian J. Gram 教授の後任に応募することにし、同四月一七日、ルンズ大学に応募書類を提出した。後任人事の話題は幅広い関心を集めた。ハーゲドンに加えてクリステン・ルンズゴー、カール・スーネ Carl Sonne、E・モイレングラハト E. Meulengracht、トーマス・ヘス・タウセン Th. E. Hess Thaysen が応募していた。決定までは波乱含みの気配であった。模擬講義の結果、ファベル教授がルンズゴーを推したところ、公邸の窓が割られるという事件が発生した。この時の投石の一つは医学史博物館にしばらく保管されていた。[33] ともあれこの頃には、ハーゲドンは候補から外れていた。八月一八日、インスリン研究による多忙を理由に候補を辞退したのである。

実のところ、インスリン治療が目覚しい成果をあげていた六月七日——クローがアメリカから帰国してから半年も置かずして——ハーゲドンは『医師週報』誌に実験結果を発表できるほどであった。[34] これは北欧でのインスリン治療について初めて言及するものとなった。ここでも、インスリン治療にまつわる問題点をすべて列挙している点は興味深い。そこでは、患者によってインスリン抵抗性が異なること、インスリン・ショックの危険性、医師の介助なく自宅でインスリンを注射することに関連する危険性などに触れており、当時はまったく新しい概念であった。血糖調節による合併症予防の重要性、等々が簡潔明瞭に記されている。六月二三日にはデンマーク内科医師会、翌七月には第一一回北欧内科医師会議で相次いで発表を行った。彼は一躍、北欧糖尿病学界のトップに躍り出る。

マリア・ハーゲドン
妻であり忠実な研究助手

ハーゲドンの研究成果は、患者と医師、そして関係者に大きな期待を与えたが、当時の生産手法では需要を満たせなかった。しかし品質については、膵臓の冷凍方法や、冷凍状態のまま粉砕するという方法が確立してからは、大幅に安定した。四月にはマクラウドから手紙を受け取っていた。一九二三年四月一三日付けと書かれたその手紙には、インスリンの等電位沈降法について説明されていた。(35) 前二二年一一月、セントルイスのワシントン大学フィリップ・シェーファー Phillip Schaffe 博士とリリー社のジョージ・ウォルデン Georg B. Walden 主席技術者がそれぞれ別個に、インスリン水溶性の向上に酸性度が重要な役割を果たすことを発見しており、現在は純化の過程でこの点を検証中とのことであった。これにより、インスリンの純度が大幅に向上し、ひいてはインスリン溶液の効果時間を大幅に引き延ばすことが可能となった。この結果は直ちにコペンハーゲンでも取り入れられ、インスリン生産量の拡大につながった。

一九二三年五月には、クロー、ハーゲドン、コングステッドの三人により、レオ製薬会社の独立生産部門としてノルディスクインスリン研究所が設立され、デンマーク、ノルウェー、スウェーデンの計六診療所に向けてインスリンを届ける体制が整った。しかし、クローが『医師週報』にこのことを発表できたのは一カ月後であった。発表では、インスリンを北欧の全病棟に供給可能である、コペンハーゲンの「ライオン薬局」およびスウェーデンのヘルシングボリにある「ABレオ有限会社」で、一単位2½オーレで購入可能とのことであった。インスリンの効果があまりにも劇的であることから、この発表は多くの関心を呼んだ[36]。当時は甲状腺ホルモン等の他のホルモンも当然知られていたが、何日または何週間もかけてゆっくりと体に変化を及ぼすのに対し、インスリンは注射後一時間以内に効果が現れる点が関心を集めた。二二年にはインスリン関連論文はわずか一九件であったのに対し、翌二三年には三二〇件に急増したことも、インスリンに対する関心の表れと言えた。

しかし、インスリン研究の発展は国によって異なる様相を呈した。『北欧医師図書』二三年五月号掲載のマリウス・ラウリッツェン Marius Lauritzen 編集長による調査結果から、当時の状況を知ることができる。温泉と糖尿病に関する著作で知られる同氏が欧州の著名糖尿病医全員にアンケートを送ったところ[37]、ほぼ全員から回答を得た。それによると、ウィーンのファルタ W. Falta 医師はまだインスリンの名前も知らなかった。オランダでは七名、フランスでは二名ほどの患者がそれぞれインスリン治療を受けた。イギリスについては、ロンドンのＰ・Ｊ・カミッジ P. J. Cammidge 医師が回答した。

「インスリンが何らかの高血糖症の根本治療となるとの証拠は存在しない。最大でも膵臓を生理学的に休息させ、一部の成功事例において膵機能の回復につながる可能性があるに過ぎない。それでもなお治療において最も有用な援助である。しかしながら過剰な期待は禁物である」(38)

同医師は、何名がインスリン治療を開始しているかは述べておらず、せいぜい五〇人強と思われるが、それでも英国保健省は五月中旬には英国全土の糖尿病患者にインスリンを確保する決定を下していた。しかし英国のバロウズ・ウェルカム社は国内市場に十分な供給を行うことができず、大半はリリー社からの輸入に頼らねばならなかった。またマイケル・ブリス医師は、米国でインスリン治療を受けている患者は英国よりかなり多く、数千人にのぼるとしたが、米国でのインスリンの市場化はデンマークでのインスリン発売開始と同じ、二三年一一月まで待たねばならなかった。

ドイツの状況は、これらとは全く異なるものであった。第一次大戦で疲弊しきっていたドイツにはインスリンの熱狂はまったく届かず、しかもこの時期は史上空前のインフレに見舞われていた。カナダに手紙を出そうにも、切手代が一〇億マルクもする有様である。このためドイツの医師たちは、手紙を書くことも海外雑誌を講読することもままならず、フォン・ノールデン、ミューラー、クレンペラー G. Klemperer、ウンバー F. Umber といったドイツ人医師らはインスリンを知らなかった。一方、ミンコフスキーとノーナンにとって、これは絶対に見逃せない話題であった。すでに八〇歳のノーナンは、かつての教え子でブレスレフ大学教授であったミンコフスキーに対し、「インスリンに関する報告を自分は信じない」と書き送っている――アメリカ人は何でも大げさに言うが、これもきっとその例に過ぎないと。だがミンコフスキーは恩師より慎重であった。[39]彼はトロント大学に手紙を書き、バンティングとベストからアンプルを取り寄せた。ミンコフスキー教授は当時六二歳、背が高く物静かな男で、白い髪とひげ、そして柔和で包み込むような眼差しが印象的であった。その姿は尊敬の念を呼び起こし、信頼してついていこうと思わせるところがあった。学生の一人であったゴールドナー博士による、ミンコフスキーがインスリンのアンプルを受け取った時の記述がある。

「講堂を埋め尽した聴衆の前で、ミンコフスキーは白衣のポケットからアンプルを取り出し、『我が国に届いた初めてのインスリンです。発見者であるバンティング氏とベスト氏に依頼して送ってもらいました。かつてインスリンの父となることは、私の夢でした。それはかないませんでしたが、しかしインスリンの発見者から〈インスリンの祖父〉と称されたことを、ここに喜びとともに謹んで受け入れたいと思います』こう述べると、学生たちは足を踏みならして賛同の意を表した。ついでミンコフスキーは糖尿病の症例として、一人は足に激しい痛みを覚える高齢男性、もう一人はケトアシドーシスを起こしている幼児の二症例を示したうえで、今ここには両名に投与するに十分なインスリンがないわけだが、どちらに投与すべきかと学生に尋ねた。より死に近いと思われる幼児に与えるべきだと学生たちが答えたところ、ミンコフスキーは悲しげに首を振り、『足の痛みはインスリンの短期投与によって回復する可能性が高いと判断されるが、子供の命を救える可能性はない。一時的に効果があったとしても、インスリン注射を短期間行ったところで、最終的な結果を変えることはできず、子供の苦しみを長引かせるだけである。同情のかわりに医師は患者の評価について賢く冷静で現実的でなければならない』と結んだ。学生たちは静まり返っていた。

講義は続けられ、多くの学生は歴史的事件に立ち会っている気持ちになってきた。みな、一生の目標が実現した喜びを謙虚に示す老先生の姿を目のあたりにしたこと、そして自分たちが医学史の新しい段階への入り口に立っていることを実感していた」

だが『医師図書』のアンケートは、欧州では一九二三年の中頃にしてすでに、デンマークがインスリン供給体制でトップを走っていることを示していた。クローとハーゲドンはこの事実を喜んだが、トロント大学からの数知れない援助のことも忘れてはいなかった。

インスリン発見史をひもとくと、インスリン研究に関連する人々の間で情報交換がきわめてオープンに行われていたことに驚きを禁じえない。二三年の初めには、トロント大学、リリー社、ロンドンの医学研究会議、クローのチームの間では、インスリンの生産と標準化に関する詳しい情報が満載された手紙によって、活発な議論が交わされていた。こうした姿勢は、多くの患者にとって命にかかわるほど重要なインスリンという物質を、競争の対象に堕落させてはならないという、関係者の願いがこめられていた。こうした理想主義的な態度をとらない人が一部にいるのは、クローとハーゲドンにとって悲しいことだった――スウェーデン製薬協会研究所が「インスリン・サル」を市場化したのである。だが一単位の重量がデンマーク製のものと比べて三〇倍もするなど、不純物が多いものであった[40]。

ダイアスリン

デンマークでの敵は、クローの助手であったガド・アンデルセンであった。二二年一二月一三日、帰国翌日のクローが会合を開いて旅行中に見聞きした話をした時、アンデルセンも同席していた。そして翌年二月には一人でインスリンの生産を開始していた。クローは傷ついたし、またトロント大学に合わせる顔がない思いであった。クローはマクラウドにも、またアンデルセン本人にも手紙を書き不満を述べた。しかし状況は動き出しており、止めることはできなかった。アンデルセンは自分の研究所を設立し、夏期休暇の前には「ダイアスリン」と名付けた製品をメディシナルコ社を通じて発売できるところまでこぎつけた。しかし同社のインスリンは注射時に痛い、生物学的に不安定、そして供給量が安定しないなど批判が多かった。一九二五年にノボが市場に参入して市場を一掃するまで、販売は続けられた。

ノーベル賞の人選は間違い

嵐のような半年が過ぎ、クローは自分の研究に戻ったが、その前にトロント大学チームへの感謝の気持ちから恩返しをした。一九二三年一月、彼はマクラウドとバンティングをノーベル生理学賞候補に推薦したのである。[41] 同年の候補者は五七人にものぼり、バンティングは二名、マクラウドは一名の推薦を受けていた。両名を推薦したのはクロー一人であったが、ノーベル委員会はクローの推薦を採用し、バンティングとマクラウドは一九二三年のノーベル生理学賞を受賞した。本来ならバンティング、コリップ、マクラウドの三名か、あるいはパウレスコとコリップのほうが適任であった。これにて出世物語はおしまいとなるが、ツルツァーとパウレスコは亡くなるまで、自分たちこそインスリンの発見者だという姿勢を崩さなかった。インスリンそのものは治療法を意味しない。しかしマイケル・ブリスの言葉を借りれば「インスリンによって大きな石が撤去され、糖尿病は死の問題から生の問題となった[42]」のである。

6　ノルディスクインスリン研究所（一九二四～三一年）

工場でのインスリン生産には予期せず多くの課題があることが明らかになった。インスリン治療中の患者全員に、投与を中断しないと約束していたこともあり、納品先を制限せざるを得なかったが、当然それは大いにもどかしさを伴った。クローによると、ニューヨークの大富豪がインスリン治療を希望するも、基準を満たさなかったために治療を断ったところ、怒った大富豪はインディアナポリスのインスリン工場を買収し、インスリンを買い占めようとしたほどであった。結局それは実現しなかったのだが、それでも治療できる患者に限りがあることは精神的重圧であった。そのためハーゲドンとクローは、生産拡大に向けてあらゆる努力を払っていた。

オンスゴースヴァイのハーゲドンの自宅では、雄牛と子牛の膵臓を一度に数キログラム処理していたが、すでに需要に追いつかなかったため、一九二三年五月にはレオ製薬会社内に間借りし、週五回、計三〇キロを処理できる体制を整えた。粉砕は妻ミッテの粉砕器（ミンサー）で行うのではなく自作した機械で行うようになり、真空揮発装置などの機器類の開発はノーマン・イェンセンの弟で大手造船会社のバーマイスター・アンド・ウェイン社の技術者、テオドール・イェンセン Theodor Jensen が担当した。

エンドルップの工場

同年秋には正式な工場の建設が検討にのぼり、一一月末にはコペンハーゲン近郊のエンドルップにいくつかの候補地を選定した。といっても物置小屋に毛が生えた程度のものであったが。その後は操業開始に向けて突貫工事が続いた。各種装置や器具類を設計し、さまざまな工場に製作を発注する。しかも、インスリン需要の急増にあわせ、製作から据付けまでは最短の日数で行わねばならない。同年後半期のインスリン供給量は月間五〇〇国際単位以上と一五倍も増えたが、それでも六〇〇名程度の患者にしか対処できなかった。[1] 増産は一刻を争う課題であった。

新工場が操業を始めると、一日あたり二五〇キロの膵臓が処理可能になった。さらにインスリン生産量も、ブタの膵臓を使うようになってから、膵臓一キロあたりの生産量が四〇〇単位から八〇〇単位にまで増大したため、ほどなくしてインスリンの備蓄を検討できるようになった。そうすれば、生産が落ち込んでも患者への供給を途切れさせないことが可能になる。

一同は常にプレッシャーを感じており、ぴりぴりしていた。ハーゲドンに連絡のとれる電話は三台、ヘレルップ一九九四番の私用電話、ヘレルップ二七一〇番の「赤い石」自宅兼研究所、そしてセントラル一三九三四番の診療所があったが、そのどれにも応対しなければならなかった。その年もハーゲドンとミッテはクリスマスの家族行事に顔を出せなかった。弟妹たちは両親の家に集まり、朗読やゲームに興じたり、賛美歌を歌ったりしてクリスマスを過ごした。[2]

新工場建設と並行してクローとハーゲドンが頻繁に議論したことの一つに、インスリンの製品形態に関する問題があった。米国式にならってインスリン溶液を含むアンプルがよいのか、それとも錠剤にして、注射直前に患者自らに溶かしてもらうのがよいのか。[3] インスリン溶液の方が生産しやすく、また当然のことながら患者にとって扱いが楽であったが、耐久性に限度がありしばしば予測しないことも起きた。これに対して錠剤であれば長期保存が可能である。さらに、インスリン溶液は特に高純度の場合、作用時間が短縮化する傾向があったが、これに対し錠剤の方が作用時間が長かった。この背景にはハーゲドンが開発した手法があった――すなわちインスリン抽出物を乾燥させ、サトウキビから生産したグラニュー糖を加えて混ぜると、一錠あたりレオインスリンが一～二単位含まれる錠剤になる。これを患者が完全に溶かすことは困難なため、この錠剤の溶液を注射するとインスリンが細かい粒子のまま皮下組織に注入され、時間をかけて溶解し、インスリンの作用時間が長くなる仕組みである。一日三回の注射が二回で済むことから、これは利点であった。こうしてインスリン錠の発売が決定され、一九二五年にノボ社が溶解済みインスリンの販売を開始するまで製造された。[4] 溶液の方が、患者にとっては血糖コントロールが困難であったものの、患者の支持はもっぱら溶液に集まった。

エンドルップの工場は一九二四年二月上旬に操業を開始し、インスリンの生産を行った。実験、標準化、ビン詰め、梱包、経理などの業務はオンスゴースヴァイで行われた。

ハーゲドンの自宅兼研究所「赤い石」は、装置や器具類、そしてマウスが所狭しと並んでいた。来訪者は皆、マウスの放つ悪臭に顔をしかめ、もはや郊外の瀟洒な住まいの面影は失われていた。一階ではミッテ、ミス・ビョルン、そしてハラル・ペダーセン夫人がビン詰めと梱包を行った。また化学薬品の並ぶ研究室があり、ハーゲドンはここで作業したほか、ヘミングセン修士がマウスを使った標準化実験の計算を行うのもここであった。(5)ノーマン・イェンセンは時々手伝いに来たし、アウグスト・クローもたまにだが顔を出すことがあった。

ハードな仕事が続き、エピソードにも事欠かなかった。たとえば、インスリンの純化に大量のアルコールを使っていたことから、税務官への対応は日常茶飯事であった。ある日検査中、税務官が「アルコールが一五キロ足りない」と指摘したのに対し、ハーゲドンは「教授が飲んでしまいました」と答えた。これに対し、クローはつぶやいた。「おや、そんなに飲んだかね」

税務官も研究員もそれぞれの作業を続ける中、税務官の詳しい調査によって不足分のアルコールが発見された。(6)

経理はミッテの兄弟で新聞記者のペーテル・スタヴンストルップ Peter Stavnstrup とミス・マリア・ラスムッセン Maria Rasmussen が経理室で行った。食事室にはマウスが置かれ、倉庫には膵腺を保管するための機械や冷凍庫が置かれていた。二階には血糖研究室が設けられ、ハーゲドンの研究助手兼秘書のミス・ローレンツ・ペターセン Lorents Petersen とミッテが作業を行った。ミス・ペターセンはこのほかにニュートーー通りの診療所、およびロレンセン教授が院長を務めハーゲドンが個人的に診療を行っていたドッセリンゲンの診療所の手伝いも行っていた。

二階にはまた、H・C・オルセンの部屋、そしてハーゲドンとミッテの住居部分があった。もはや家は

デンマーク初のインスリン研究所となったハーゲドンとミッテの自宅.
ヘレルップのオンスゴースヴァイ

オンスゴースヴァイのハーゲドン邸の庭に通じる階段にて
(左から)K・イーヴァス、アクセル・ヘミングセン(喫煙中)、テオドール・イェンセン(誕生日プレゼントを手にしている)、マリア・ラスムッセン、クヌート・オ・トーマス・ケア

牛の膵臓であふれていたが、ミッテは文句ひとつ言わず、積極的に手を貸した。歯科医としてのキャリアはしばらく中断していた。ハーゲドンの両親はしばしばこの家を訪れ、研究員たちと食卓を囲んだ。研究員たちは、時折ハーゲドン船長がしてくれる海の話に魅了された。屋根裏には両親の部屋があり、コペンハーゲンにいるときは、そこに泊まることもあった。

ハーゲドンは自宅兼研究所でもエンドルップの工場でもあらゆることに興味を示し、問題が発生すれば解決するまで粘り強く考えた。また批判や良き助言にはすすんで耳を傾けたが、ひととおり相談した後に下した決断は決して覆さなかった。インスリン溶液を自由に研究できたのは、クローの指導のもと研究を進めるかたわら博士論文の執筆を進めていたアクセル・ヘミングセン Axel Marius Hemmingsen という研究員だけで、ハーゲドンはヘミングセンの研究内容以外にはすべて口をはさんだ。

トーヴァル・ペダーセンの解雇

エンドルップの工場で働いていたトーヴァル・ペダーセン Thorvald Pedersen は、ハーゲドンのこうした介入ぶりを、次第にうとましく思うようになった。工場が操業開始してからというもの、周囲の圧力は日増しに高く、課題は山積しており、神経がすり減る一方であった。最終的にトーヴァルは解雇され、そしてノボ社を設立する。トーヴァルの兄、ハラル・ペダーセン Harald Pedersen は、長年にわたりクローの研究室で技術者として働いていた。

ペダーセン兄弟はウスタ・フールップの学校教師を親に持ち、弟トーヴァルは解雇された当時三六歳、兄ハラルは四五歳であった。コペンハーゲンに出てきた兄弟は仕事も順調だったが、ハラルは勤務中に発電所の爆発に巻き込まれて片目を失う。わずかながら年金を得たが、一九一八年、ハラルはクローの研究所の技術者となった。[7] 非凡な洞察力と発明心を持つ彼は、クローと共同で空気サンプル自動採取機の特許を取得した。弟のトーヴァルは化学者で、コペンハーゲンの大手化学工場に勤めていたが、一九二三年一〇月にクローの推薦を受けてハーゲドンの仕事をするようになった。ここで彼は一から出直しを余儀なくされた。不和の原因は定かではないが、一歳年下のハーゲドンとはそりが合わなかったらしい。ハーゲドンは何でも自分で決めたがり、主であって不服従には我慢ならない性分であった。

だが真に問題なのは、こうしたハーゲドンの性格によって、本来なら妥当な反論であったはずのものが一大事になってしまうことであった。そうなると彼は押し黙り、ついにはかんしゃくを起こす。ハーゲドンは死ぬまで自分のこうした性格が引き起こす過程を理解したとは思えない——あるいは理解したかもしれないが、どうにもできなかったのかもしれない。ともあれ、かんしゃくを起こしたハーゲドンは暴れまわるハリネズミのように手がつけられなかった。そして、自分の性格によって物事を台無しにしたのは、これが最初で最後ではなかった。

ハーゲドンがトーヴァル・ペダーセンを解雇したことは、その後さまざまな運命を変えることとなる。ハーゲドンにとってこの解雇は敵を作ったことに等しく、トーヴァルにとっては悲劇に等しかった。解雇を聞いた兄もまた怒った。すでに一年半ハーゲドンのもとで働いたトーヴァルは、前の職場に戻ることも新しい職を探すことも困難であった。しかも失業給付もなかった。すぐになんとかする必要があった。そして思い付いたのが、自分たちでインスリンを生産することであった。製品需要はきわめて高い。クロー

トーヴァル・ペダーセン
ノボの共同設立者の一人．写真はエンドルップでハーゲドンの助手をしていた時分のもの

に辞表を提出するにあたり、ハラルは大いに躊躇したに違いない。辞めて何をするのかと訊ねたクローに対し、ハラルは答えた。「二人でインスリンを生産します」「まさか、それはできないでしょう?」「そうおっしゃるならお目にかけましょう」そして兄弟は本当に生産に着手したのであった。(8)

クローの怒りはすさまじかった。またもトロント大学に合わす顔がないと、プライドが傷つけられた思いでいっぱいだった。だがどうすることもできなかった。ハラルの家族は、妻がハーゲドンの研究室を手伝っていたほか、娘もクローの研究室で標準化の研究を行っており、そしてトーヴァルは言わずもがなと、皆インスリンの生産から販売の過程を熟知していた。

家族四人もインスリン研究にたずさわっていたのである。このため、そもそもペダーセン兄弟は、インスリンを独自生産するためにクローとの契約を破棄したのではとの見方もあるが、それは穿ちすぎであろう。正直者のペダーセン兄弟にとって契約破棄は金銭的な悲劇であった。兄弟はクローやハーゲドンとの対立を望んでおらず、実際、インスリン生産に成功すると、生産したインスリンをノルディスクインスリン研究所に販売したいと申し入れた。だがハーゲドンとクローはこれを拒否した。そこで兄弟は初めて、自分たちの会社であるノボ テラピューティスク研究所を設立したのである。一九二五年二月一六日のことであった。

トーヴァル・ペダーセンが追われた後、重苦しい雰囲気が漂っており、耐えかねたミッテはノルウェーにスキーに出かけた。トーヴァルの代わりを見つけるのは難しかった。新しい薬剤師としてクヌート・オ・トーマス・ケア Knud Å. Th. Kjær を迎えたものの、ハーゲドンはこれを機に市立病院の職を辞し、インスリン生産に専念することにした。事態は彼の思ったようには進んでいなかった。アカデミズムの道につながる橋をすべて断ち切ろうとは思っていなかったが、トーヴァルとの一件によってそうせざるを得なくなっていた。彼が終生、トーヴァルへの反感を拭い去ることができなかったのも、一部はこの点に根ざしているものと思われる。だがそのことに深く関わっている時間はなく、インスリンをめぐる状況が日々刻々と変化するにつれ、その変化の渦に身を再び投じるしかなかった。いまや全体で従業員一一名を抱えていた。ハーゲドンは最高額の月額一、〇〇〇クローネの報酬を得ていた。(9) 研究所を独立機関にするため、工場と研究所の組織を切り離す必要があった。

気晴らしのため、そしてストレス解消のため、ハーゲドンは新しい車を買い、四月二六日の父親の誕生日の際には車でお祝いに駆けつけた。だが父親はハーゲドンの仕事の不調を見抜き、カリフォルニアの友人にあててこう書いている。

「ハンス・クリスチャンの仕事は大いに進んでいるようですが、妬みや不誠実の兆候が見られます。どうかこのままうまくいってほしいと願うばかりです。現在のところ、息子は科学研究の仕事の多くを中断させ、インスリンに心血を注いでいるようです[10]」

父は息子に、働きすぎなのだから少し休んだらと言った。そこで八月に入り、仕事の山を越えるとハーゲドンはヨットを物色し始め、ついには五トンの二人乗りヨットを購入してしまった。ミッテを料理人として登録した上で、彼女の誕生日後の八月一七日に二人は出港した。

「息子は乗組員とともに、美しいデンマークのスンド海峡に向けて出港した。一行は南下してツェラン島やフュン島の沖を通ってオーブンロに向かい、そこから北上してフーネステドに至るも、大しけで四日間足止めされた。妻は心配の余りスヴェンに車を借りてもらってフーネステドに停泊中の二人に会いに行った。残念ながら私は風邪でその日は留守番であった。ようやく嵐が通り過ぎるとイセフィヨルドに沿って南下し、我が家の目の前に停泊してくれた。畑に出ると二人のヨットが見えるほど近い。二人は我が家に数日間滞在したが、しかし平穏な日々は長く続かなかった。というのも陸に揚がれば電話があり、二人にとって電話があれば牧歌的な暮らしなどもはやないからである。独立したノルディスクインスリン研究所の設立に関する重要な会議が行われ、クローとコングステッドとともに慎重な決定を下す必要があったため、ヨットはイセフィヨルドに置き去りにされた。会議が無事に終わって初めて、二人は再びヨットに乗

ることができ、そうして帰宅後ヨットは陸揚げされ、ヘレルップ港で冬を過ごすこととなった」（父の手紙より）

独立組織へ

半年でインスリンの販売はさらに倍増し、コングステッドからの借入金も完済した。そこでクローとハーゲドンは、インスリンの生産・研究部門をレオ製薬会社から独立させることを検討するようになった。インスリン開発をめぐる理想主義的な性格とその科学的背景を守り抜くには、そうするのが一番であった。インスリンを利益追求の事業にはしたくなかった。一九二四年七月一日、インスリン生産部門をノルディスクインスリン研究所（ＮＩＬ）という独立組織に移行させることで、両者はコングステッドと合意した。また、レオの商標であるライオンは引き続きラベルや包装に残すこと、レオ社は今後も海外での販売を担当することでも合意した。だが研究所は財務上は完全に分離独立することとなった。

新組織の定款について話し合うための会議が開かれた。その中でコングステッドは、税制優遇措置が受けられ競合するような医薬工場の建設には参加したくない、よって新工場の事業内容は臓器療法向け製品の製造、すなわち甲状腺や膵臓などの臓器から抽出される医薬品の製造に限られるべきだと、強く主張した。会議は順調に進み、九月一八日に帰宅したハーゲドンは上機嫌で満足そうであった。[11] 会議では研究所の定款の主な内容について合意したほか、研究所の事業収益を管理するための慈善団体の設立についても合意に至った。大きな一歩であった。最終的にまとまったノルディスクインスリン研究所の組織は明快であった。その概要は以下の通りである。

1　本研究所は、以下に署名するH・C・ハーゲドン医学博士、製薬業者A・コングステッド、アウグスト・クロー教授によって設立される。三者は一九二四年七月一日、これまでレオ製薬会社によって遂行されてきたインスリンの製造を本研究所に移転する。

2　本研究所の創立理事は三人の創設者により構成される。三人の任期は終身とし、死後はインスリン研究所理事の推薦を受け、インスリン基金理事会が新理事を決定するものとする。理事会は、生理学、薬理学または一般病理学、医師および事業家または技術者のいずれかの分野から選ばれた科学者によって、常時構成されるものとする。

3　ノルディスクインスリン研究所の売上は、第一に関連する工場の運用、ならびにインスリン製剤の臨床試験および実験に充当することとする。また、臓器療法の分野で事業展開するために必要だと理事会が見なす支出に充当する。上記の余剰分については、事業の継続および将来的な拡張のために必要だと理事会が見なす規模の準備金として留保することとする。

一九二六年一二月一六日、コペンハーゲン
署名――A・コングステッド
署名――アウグスト・クロー

署名――H・C・ハーゲドン

会長にはクロー、所長にはハーゲドンがそれぞれ就任した[12]。

ノルディスクインスリン基金（NIF）

だが、定款の最終版が完成するにはさらに二年の月日を要した。理由は、ノルディスクインスリン研究所に先立ち、まずノルディスクインスリン基金の設立が必要であったことによる。基金に参加してもらう北欧中の主要人物の選定、打診、そして集合という作業には当然ながら時間がかかったが、ハーゲドンとクローはこれを手分けして行った。二人の考えは多くの賛同者を集め、早くも二五年四月一六日にはハーゲドンの自宅で理事会を開催できるほどであった。ハーゲドン、クロー、コングステッドの手によって作成されたガイドラインは全会一致で採択され、最終版の文言は次の通りになった。

1　ノルディスクインスリン基金という名称の基金が設立された。同基金の目的は、ノルディスクインスリン研究所の事業活動から発生した金銭の管理とする。

2　同基金の第一回理事会は、ノルディスクインスリン研究所理事のうち二名を選び、これによって選定されるものとする。すなわち以下の通りとする。
H・C・ハーゲドン博士、コペンハーゲン

A・クロー博士、コペンハーゲン
さらに
G・ボ G. Boe 博士、ベルゲン
オラフ・ハンセン Olav Hanssen 博士、オスロ
Å・Th・B・ヤコブセン Åge Th. B. Jacobsen 博士、オーフス
H・C・ヤコベーウス H. C. Jacobæus 教授、ストックホルム
カール・ペトレン Karl Petrén 教授、ルンド
トルステン・トゥンベア Torsten Thunberg 教授、ルンド
J・チルグレン J. Tillgren 博士、ストックホルム

6

同基金に所属する基金は、管理費の支払い、および適切な規模の準備金の確保を行ったのち、以下に充当されるものとする。

a　実験生理学の分野における科学研究
b　臓器療法および内分泌学の分野における臨床科学研究
c　北欧諸国の糖尿病患者に対する支援

一九二六年一二月一六日
署名――H・C・ハーゲドン

二つの組織はともに一九二七年一月八日、国王の承認を受けた。トロント大学チームの掲げる原則ともよく一致したこれらの組織は、その後、長年にわたりデンマーク国内向けインスリン供給体制の基礎となった。北欧的といえる実践的な協力体制の確立に対して、世論は歓迎のムードであったし、関係者にとってもインスリン関連事業が利益追求ではなく、理想主義的な性質を持つことは誇らしいことであった[13]。

ノルディスクインスリン基金はその後、フィンランドの加盟により拡大したほか、一九四九年には会則に修正が加えられた。しかし、ノルディスクインスリン研究所の最高機関という位置づけ、および利益を集めたうえで、科学的ならびに人道的な目的のために使うといった根本原則は不変であった。基金は研究所の理事を選出したが、それ以外の点においては基金の管理に限定され、研究所を支配する機関ではなかった。研究所の会計は基金に提示はされたものの、承認を得るような関係ではなく、また基金の理事も年一回しか集まらず[14]、科学研究助成金の申請団体を選んだりといった重要事項を執り行うに過ぎなかった。

会議の議題を決めることから付属機関の設立に向けて音頭を取ることまで、基金の仕事の多くはハーゲドンが先頭に立った。協調的なムードのもと話合いが進むよう、年次会合の準備を念入りに進めるのも彼の仕事だった。年次会合はその後に引き続き行われる懇親会もあわせて皆の楽しみとすることとなり、一度など酔いが回りすぎて大声で歌う者あり、酔いつぶれて両脇を支えられながらよろよろと階段を昇る者ありという状態になったほどであった。

ハーゲドンが他界した時点での科学研究助成金は、累計五、四五九、四九二クローネにのぼった[15]。このほかにもここから枝分かれした数多くの基金を設立し、[16] 科学目的の取組みに対する援助を合わせると、ハーゲドンが生前に行った同基金からの援助額は一、五〇〇万クローネに達する。そのほぼ半額ずつが科学研究と、主として患者のケア等の人道的な取組みに振り向けられた。これは総売上の約七%に相当する。[17]

一九二五年は平穏な年であった。駐車が楽との理由から、診療所をアクセルボーに移したり、弟のクヌートと一緒に家族のヨット、リル号で海に出る時間を作ることもできた。クヌートはスンド海峡で行われたレースで優勝したこともあったほどのヨットの名手であった。[18]

同年二月一六日、ノボ社が設立され、市場にインスリンを供給するようになった。その年の夏、ハーゲドンはツェラン島にある膵臓業者つまりリングステドとクーおよびカスレウにある食肉処理業者との提携に奔走した。しかし、その後ノボ社と妥当な契約を結ぶことができ、膵臓確保に神経を使う必要はなくなった。

ハーゲドンはノーマン・イェンセンとの関係を再び深めていた。より短時間でできる血統測定法を編み出したいと考えたのと、もう一つは純粋なインスリンを生産し、できれば結晶化させたいと考えたのである。[19] 後者の仕事については、かつて学生の頃に助手を務め、現在は経験豊富な医師になっていたH・C・オルセンに依頼した。オルセンはピリン溶液を使った実験を繰り返したが、すさまじい悪臭のため、保管は庭の植え込みの奥に行わざるを得なかった。

インスリンの結晶化に初めて成功したのはハーゲドンのチームではなかった。その栄誉はボルティモアのジョンズ・ホプキンズ大学病院の薬理学者ジョン・ジェイコブ・エーベル教授（一八五七〜一九三八）

質問に立つハーゲドン

に与えられた。エーベルが結晶化に成功したのは一九二六年であったが、この注意力散漫な老紳士は過程を再現することができず、のちになってようやく、小量の亜鉛を加えることで結晶の生産が可能であることが判明した。[20]タンパク質の結晶化に成功したのはこれが初めてであったため、この成果は大きな注目を集めた。クローはエーベルからサンプルを取り寄せて、A・ヘミングセンにもっと厳密な実験を依頼した。驚いたことに、これら結晶の生物活性は自分たちが塩酸を使って生産していたインスリン粉末とさして変わらなかった。

ハーゲドンは、糖尿病患者の呼吸商に関するホルテンの博士論文にも関心を寄せていた。ホルテンの研究作業はクローやハーゲドンの監督のもと、そしてブラント=レーベルクの助力を受けながら、大学病院の外で進められていた。[21] 医学博士論文公開審査会は一二月一七日に執り行われた。聴衆として質問に立ったハーゲドンは、皮肉で発言を締めくくった。「尊敬すべき同僚よ、今やあなたや私のように知的環境に恵まれず、ただひたすら熱心にしかも純粋に仕事をこなすだけでコペンハーゲン大学博士号を取得することが可能となったことに、私は喜びを禁じえません」当時は同大学で研究を行わない限り博士号を取得することは困難であった中、ハーゲドンもホルテンも大学関係者の身分を持たずに論文を執筆したのであった。[22] その年のクリスマスは久しぶりに家族と過ごし、両親とスヴェンが住む農場で初めて祝うことができた。妹のブッラ以外は家族全員が顔をそろえた。妹は再婚に向けた準備を進めており、昔の持ち物を探しにロシアに行っていた。

もはやノルディスクインスリン研究所以外にもインスリンを製造するメーカーは存在したが、それでも増産は必要であった。ノボ社、そしてノボインスリンを販売するメディシナルコ社のいずれもデンマーク国内のシェアを大きくは奪えなかった。二五年一一月、メディシナルコ社はインスリンの値下げに踏み切り市場最低価格を実現したが、シェアに変動はなかった。ノルディスク研究所は設備投資が必要であり、その年の冬は新工場の用地探しで過ぎた。ハーゲドンはコペンハーゲンかその近郊が良いと考えていたこともあり、候補は次第に郊外のゲントフテ市のブロゴースヴァイに絞られた。ハーゲドンは両親を連れ、車で何度も見学に訪れ議論した末、ついに公会堂で着工に向けた契約書が交わされた。建設はガンメル・ストランドに事務所を構える設計士兼監督のニコライ・ハンセン Nicolai Hansen に一任された。

五月一四日、契約決定通知がハンセンから届いた。ようやく動き出せる。ハーゲドンは持てるすべてを新工場の建設に注ぎ込んだ。これまでの経験すべてをもとに最新鋭のインスリン製造工場を建設する――このうえなく生き生きとしていた。身長一八七センチ、体重一一〇キロの巨体が一心不乱に働く様子は印象的であった。

「出勤から帰宅まで、勢いが止まることがなかった。ある時は診療所、ある時はロレンセン博士の診療所に、またある時はエンドルップの工場に、さらにはクローやコングステッドとの会議にと飛び回っていたが、一番長く時を過ごしたのはゲントフテの建設現場であった。その頃の彼の心を最も多く占めていたのは、建設の進み具合であった。すでに医師であり化学者であり、製造業者であり実業家であり、技術者でもあったが、そのうえ建設関係にも足を踏み入れようとしていた。多面的な天才の全体が生命感でみなぎっていた」とオルセンは記している。[23]

建設中、所員は一度は現場を見に行かされた。ハーゲドンの母は数え切れないほど連れて行かれたほか、ハーゲドンの兄弟、そして新しく義理の弟になったユルゲン・ルドルフ・スタウンスベア Jørgen Rudolf Stavnsbjerg 夫婦、義妹のビールマン家一同、ノーマン・イェンセン一家、さらにはクローも建設現場を訪れた。二七年六月二八日、「赤い石」でインスリン基金会議が開かれた際も、理事たちは会議終了後に車で新工場建設現場に連れて行かれた。

従業員は四〇人ほどになっていた。[24] 新工場は三棟からなり、外観こそ邸宅風であったが、内部の装置はすべて最新式であった。発電機と水浄化装置を自前で備えていたほか、内線電話と無線呼出しシステム、修理部屋に印刷室もあり、製造工程の多くは完全自動化または半自動化されていた。原材料の購入（主に

1927年にゲントフテの「赤い」工場に設置されたインスリン半自動製造機

ブタ膵臓）は指定の食肉処理業者と契約が交わされ、法で定められた家畜検査のほかに研究所の検査員によってチェック体制が敷かれた。食肉処理場で摘出された膵臓は、微生物の付着や膵液の漏出を防ぐために所定の方法で包装後、専用容器に入れて冷凍後輸送された。研究所に到着した膵臓は確認後、冷凍庫に保管された。

インスリンの生産は、まず膵臓を細かく刻み、大量のアルコールを使って抽出を行い、アルコールは蒸留後再利用された。抽出物をガラス製、鉄製、石製などの大きな容器で数回洗浄後、アセトンを使ってインスリンを凝結させる。アセトンは簡単に揮発可能である。こうして出来上がったインスリン粉末は白色に近く、水溶性に富み、無期限に保管可能であり、工場には現金に換算すると八〇万クローネに相当するほどのインスリンが貯蔵されていた。生産に技術的な問題が発生した場合、あるいは寒波の到来や食肉処理場でのストライキや閉鎖騒ぎが発生した場合でも、長期にわたりインスリン供給が保証できたため、患者にとっては安心であった。

新たなバッチには必ずマウスを使った生物活性検査が行われた。この検査は専用の部門で、国際連盟の衛生機構による承認を受けた標準製剤と対照させて行われた。標準製剤はトロント大学コノート研究所、英国医学研究協議会、およびノルディスクインスリン研究所の三施設で生産されたインスリン粉末の混合物で構成され、ロンドンの英国国立医学研究所に保管されていた。

ノルディスクインスリン研究所では当初から製剤の純度にこだわっていた。保存期間のこともあったが、加えて患者の副作用――注射部位周辺の不快な反応、インスリンアレルギー、インスリン抗体の形成などを抑えたいことも一因であった。インスリン粉末1mgあたりの生物活性が一六単位以下の場合、そのバッチは不合格とされた[25]。(今日のインスリン結晶の生物活性は1mgあたり二八単位前後である)

こうした高い純度に加え、レオインスリンは殺菌剤を含まない点でも他社の一歩先を行っていた。影響が明らかでない化学物質を患者に与えないという立場を取ったため、監視を徹底し工場設備の滅菌には細心の注意を払った。職員は火星人のような不気味な防護服、さらには帽子とフェイスマスクを着用して作業を行った。

アンプルのガラスについては、長期保存中に異物を放出しないような種類のものが総力をあげて探された。またゴム製のフタについても、インスリンをシリンジに移した際に針先が欠けたりゴムに穴が開いたりすると漏れにつながることから、これらを防ぐために最大の注意が払われた。運悪く患者がインスリン溶液に雑菌を混入させてしまった場合に備え、溶液は雑菌が繁殖しない程度に酸性に保たれた。すべての患者が清潔な状況での注射を心がけているとは限らないことから、針はアルコールに漬け、シリンジは週一回煮沸消毒するよう指導された。使い捨て素材のない時代である。しかしながらシリンジを煮沸しないどころか何年もそのまま使い続ける、針先が曲がり痛くて注射できなくなるまで同じ針を使い続けるといった人が後をたたなかった。注射箇所の服をまくって消毒しない人、それどころか衣服の上から注射する人さえいた。にもかかわらず、総じて物事はうまくいった。

インスリン製剤の安定性については、アクセル・M・ヘミングセンとクローが詳細な研究を行い、その結果は一九二八年に発表された[26]。当時、同研究所で生産されたインスリン製剤は摂氏二〇度で一年以上保管後もほぼ同程度の生物活性を維持可能であった。レオインスリンは安定した高い品質のインスリンを生産するという評価が確立し、次第に輸出も増加した。一九三〇年には生産量の八五％が輸出向けとなり、一日あたり百万単位以上の生産体制となった。一週間につき二万五千頭分の膵臓が処理されていた。

北欧諸国への輸出については、研究所から販売会社に直接インスリンを卸す契約をレオ製薬会社と交わしていた。北欧諸国以外への輸出については、コペンハーゲンのレーヴェンロウス通り八番地に本社を構えるレオインスリン会社がカール・ニールセン社長のもと輸出業務を担当しており、インスリン販売を目的とした海外拠点は一九三〇年で二八カ国に及んだ。レオインスリンはフランスとアイルランド以外のヨーロッパ全域で購入できるようになり、特にイギリスとスペインでの売上が好調であった。北米には進出しなかった。

北欧市場に向けては、最低価格でインスリンを供給したため、デンマーク、ノルウェー、スウェーデンの三カ国での売上からは利益が出ていなかったが、その他の国での売上からはまずまずの利益が生じていた。それでもレオインスリンの価格は他社と比べても低く抑えられていた。そのため、海外のインスリンメーカーから妨害を受けることもあった。例えば英国のメーカーは、アンプルのラベルに「殺菌剤不使用」の表示を義務付ける法律を設けさせたうえで、レオインスリンがこれに対応すると、今度は活字が小さすぎると文句をつけた。ノルディスク側が活字をそれ以上大きくしたらガラス容器を使う意味がなくなってしまうと指摘して、英国側はようやく取り下げた。[27] また英国のメーカーは、イギリス国内には相当数のユダヤ教徒が暮らしているためブタから抽出したインスリンを使うのは許されないとするビラを作成し、営業妨害をはかったこともあった。このビラは英国での多くの注目と議論につながったため、ハーゲドンは特に対策の必要はなく、むしろノルディスク研究所の良い宣伝になると考えたほどであった。ノルディスク研究所はブタインスリンを使っていたが、英国製のものは雄牛の膵臓に主に頼っている状況であった。

インスリンの増産が続く中、一九二九年にはすでにボイラー室と生物学研究室を設ける必要が出てきた――この部屋の主であるアクセル・M・ヘミングセンが二六年に科学修士号を取得したことから、「修士部屋」と呼ばれていた。この部屋ではミス・マリー・ヴァイツェ Marie Weitze も作業を行い、一九三八年にヘミングセンが海外に移ってからは研究を引き継いだ。新工場はハーゲドンの誇りであった。社交ダンスの会も開かれ、映像に残されていて現在でも見る価値があるが、[28] 国内外の広報活動に使われた。またハーゲドンは工場案内冊子の英語版も作らせており、以下のような文であいさつを締めくくっている。「関心を持つ医学関係者は誰でも、ノルディスクインスリン研究所への来訪を歓迎いたします」

生理学者の会合に際し、ノルディスク研究所の前で.
中央の白いコート姿がハーゲドン

そしてこの言葉は忠実に守られた。一九三一年八月二七日から二八日にかけてコペンハーゲンで第三回北欧生理学会が開催された折には、参加者全員がゲントフテの最新工場に招待された。全員をいくつかのグループに分け、グループごとに異なる色のバッジを配り、ハーゲドン自らが印刷した小冊子を手に、グループごとに工場見学ツアーが行われた。工場を出発する際には三発の花火が打ち上げられ、ツアーの終了を華々しく飾った。見学会は大成功で、後日の新聞では生理学会のハイライトとして紹介された。

インスリンの売上は好調だったが、会社としては一種類の製品しか販売しておらず、経営基盤は脆弱であった。そこで新しい生産体制と新社員の雇用に伴い、インスリン以外の臓器療法用物質の実験に向けた検討が開始された。まずは甲状腺抽出物の製品化が検討されたが、他の研究所のほうがはるか先を行っていることが判明したためすぐに断念された。

一方、肝臓抽出物については具体的な話が進んだ。一九二六年、ジョージ・R・マイノット George Minot（一八八五〜一九五〇）により、悪性貧血患者に欠けている物質が生の肝臓に含まれることが発見された。なおマイノットは糖尿病であり、インスリン治療を受けていた。肝臓を生で食べることで貧血を治療できるというものである。顔色が悪く、時に黄色いほどに見える患者が、肝臓を食することでみるみる回復する様子には目覚ましいものがあった。この発見を受けて、多くの研究者がブタの肝臓から活性物質を抽出しようと実験を行っていた。一九二八年、ノルディスクでは肝臓抽出物の研究が順調に進み、当時ビシュペビヤー大学病院の薬剤師になっていたノーマン・イェンセンの助けを受け、製品化までこぎつけた。「ヘパチン」[29]と名付けられたこの錠剤をオスロ大学のオラフ・ハンセン教授に送り、試験を依頼するところまで行ったのだが、しかしながらトロント大学のベスト教授をはじめ他のグループの方が進んでいることが分かり、この計画は断念された。

のちの一九三四年頃には副腎皮質ホルモンの生産に向けた実験を行った。副腎皮質ホルモンは当時まだ新しい物質で、ハーゲドンがかねてより関心を寄せていたアジソン病（慢性副腎機能不全）の治療に劇的な効果があることが知られていた。製剤を標準化するには麻酔したネコを実験に使うことが必要であった。そこで生物学研究室内に手術室が設けられ、猫が運び込まれた。ハーゲドンは製剤の開発にも麻酔法にも関心を持った。最終的な副腎皮質抽出物はインプラントの形とし、ハーゲドン自らこれを患者の皮下に挿入した。患者に全身麻酔を施したうえで、大きな帽子にマスクに手術着と全身を白に包んだハーゲドンの

ハーゲドン船長の75歳の誕生日を祝し、「赤い石」の家にて
（前列左から）船長と妻マリー、エリックと妻インゲボルグ、H. C. ハーゲドンと妻ミッテ.（後列左から）ブッラと婚約者のユルゲン・ルドルフ・スタウンスベア、スヴェン、クヌートと婚約者インゲボルグ

巨体が患者の前に立ちはだかった。手術傷からの感染を防ぐため、完全な無菌状態で一切を行う必要があった。この方法での手術は一九五五年、プロジェクト自体が中止になるまで続けられた。[30]

その後もハーゲドンは麻酔法への関心をもとに、キェルト・トーニング Kjeld Tørning 博士と共同でウアソン病院で研究を続けた。若い頃から近代麻酔学に興味を持っていた彼は、マケッソン社製麻酔器をデンマークで初めて導入し、ウアソン病院で自ら行った胸の手術に使ったほどであった。その後この麻酔器は、コペンハーゲン近郊ヘルシンオアにある技術博物館に寄贈された。[31]

「赤い石」の家にて

こうした中、ハーゲドンは四〇歳の誕生

日を迎えた。仕事は通常通り行ったが、ミッテがケーキを焼いてくれ、自宅兼研究所のスタッフ全員が二階に集まり、ココアがふるまわれた。ハーゲドンは甘いものに目がなく、クリームの乗ったケーキとミッテの作るバニラビスケットが特に大好物であった。蓄音機をかけて音楽を楽しみながら、ビンゴゲームが行われた。大いにはしゃいだハーゲドンは、ミッテを戸棚の上へと持ち上げて置いてしまうほどであった。当時はまだ、妻は夫の人生の中心にいた。[32]

父親は、新工場の名称がノルディスクインスリン研究所に決まったことを喜んでいた。建設作業を見守っていたが、いまや現場に出向く体力はなかった。一九二六年四月二六日には七五歳の誕生日を迎え、ハーゲドンとミッテに祝ってもらっていた。

その頃はまだ、「赤い石」の自宅では物事はうまくいっていた。研究室を少し縮小した結果、妹のブッラと婚約者のユルゲン・ルドルフ、まだ独身だったスヴェン、クー近郊の村に赴任したばかりのエリックと妻インゲボルグ、そして医学部の予備試験を控えていたクヌートと婚約者のインゲボルグ・ルカス Ingeborg Lucas と、家族全員がここに住めるようになった。祝祭にふさわしい出来事であったが、父親は足の腫れがなかなか引かないなど体調が思わしくなかった。二六年七月五日、ハーゲドンは両親とミッテを車に乗せて両親の農場まで連れて行った。これまで何度となく通った道だったが、父にとっては生まれ故郷を見る最後の機会になることを全員が分かっていた。ベスルンテ、コースヨ、ニューボーからはヘッセラガーを通ってスヴェンボー、そしてオーユ島へと、ハーゲドンは車を走らせた。[33] 見せておきたいところはたくさんあった。

一カ月後、両親は農場の家を引き払い、オンスゴースヴァイから道を隔てたところの、海岸につながる

庭から見た「赤い石」の家
ハーゲドンの母マリーはこの家が大のお気に入りであった

道沿いにある家に引っ越した。ここなら波の砕ける音を聞き、海を眺めることができた。集中暖房と風呂のついた近代的なアパートで、しかも「赤い石」の家にほど近かったことから良い場所であった。父の具合が少し良いときは、「赤い石」の庭に集まったり、短いドライブに出かけたりした。九月半ばにはエリックが司式を務める礼拝に出席したりもした。父にとっては生涯最後の礼拝となった。帰宅後、体調が急速に悪化し、一九二九年二月一三日に息を引き取った。

ハーゲドンにとって父親は尊敬する存在であったが、親しくなることはついになかった。父は常に物事の輪の一歩外にいた。思えばハーゲドンの子供時代、父はほとんど家にいなかった。すべてを母親がとりしきっていたし、母親の家族とは毎日顔をあわせていた。そんなこともあって父の死後、子供たちは母親のことを前にも増して一層気遣うようになった。何かにつけて家を訪ねたり、手紙を書いたりし、家を訪ねるときは花やブナの枝、おいしいものを忘れず、喜びも悲しみも常に母親と分かち合った。ハーゲドンは旅から帰ると、みやげ話をするためではなく無事を知らせるためだけに、母親のもとを訪ねた。そして母親は起こったことをすべて日記に書く人だった――「赤い石」で度々食事を共にしたこと、子供たちに会いに行ったこと。あるときはコペンハーゲンのブッラと婚約者のもとへ、またあるときはエリックと婚約者のところへ、さらにはスヴェン夫婦の農場のもとへ、そしてヘアニンのクヌート夫婦のところへ。クヌートはビールマンのもとで一年間インターンを勤めたのち、ヘアニンの診療所を買い取っていた。誕生日、祝祭日、結婚記念日、新年、一月五日の公現祭は大事にされ、必ず守られた。ハーゲドンは母親を車でよく教会に連れて行ったが、自分は礼拝に出席することはなく、ごくまれにミッテが同行した時に限って出席した。

国有化の危機

父の死はハーゲドンにとって精神的危機のさなかに訪れた。それは彼を駆り立てていた一切の原動力が失われていくかのような時期であった。ことの起こりは一月二五日で、ミッテが倒れてゲントフテのコペンハーゲン区立病院にかつぎこまれた。開腹手術が行われ、入院は五週間に及んだ。そして退院後一〇日目、父が危篤状態のさなかに政府から爆弾発表があった――インスリン生産を国営化するというのである。二月六日、野党自由党政府であったマドセン＝ミュデル Thomas Madsen-Mygdal 政権が保健大臣ヴィクター・ルボウ Victor Rubow 博士を通じて法案を初提出した。法案名は「国立血清研究所拡張法案」と一見何の変哲もなかったが、その内容は血清研究所に対し臓器療法製剤、実質的にはインスリンと肝臓抽出物を製造販売する権利を与えようとするものであった。法案では財政的理由、すなわちインスリンおよび悪性貧血治療物質への支出が、生命保険会社および患者にとって金銭的負担になっていることを理由に挙げ、血清研究所が製造販売を引き受けることで価格抑制が可能だとしていた。自由党と社会民主党の両方がこの法案に賛成し、このままでは第三読会で法案が可決される危険が出てきた。臓器療法製剤をすでに生産していた民間業者はこの法案に驚き抗議した。

議会での審議の翌日、ハーゲドンは保健大臣のもとを訪れた。大臣は前日の民間業者との議論は友好的なものだったと説明した。その時のハーゲドンの様子を報じた新聞は次のように書いている。「彼に対する会談内容の説明は当然ながら拒絶され、大臣はその会話の内容を明かすことを望まなかったが、彼はそれでもこの有害な提案を全身全霊で、あらゆる法的手段を使って阻止する覚悟であることを述べ伝えた」これに対し保健大臣は、ハーゲドン博士のいささか常軌を逸した怒りは理解しかねると答えた。それに対してハーゲドンは、常軌を逸した怒りを伴わずとも、誤解に自らをさらさない程度に自分の意図を明瞭に伝えることは可能であると述べた。「この点で私は現在のところ、大臣よりも幸運であった」とハーゲドンは記者に話した。(34)

デンマーク製薬協会など他の多くの団体や組織も、この法案に抗議した。審議からわずか一週間後、ハーゲドンは調査分析結果を『医師週報』誌に発表した。

「デンマークには、臓器療法治療を行う組織がいくつか存在する。その中には高い評価を受けた著名な団体もある。この分野で北欧最大の組織はノルディスクインスリン研究所であり、同研究所は世界最大級のインスリン製造企業でもある。北欧三カ国の有力研究者の協力によって設立された背景から私的財産の追求とは無縁であり、また製造工程は専門家および技術者の監視を毎日受けていることから、同研究所は驚くべき特別な地位を占めている。この地位は国営企業の利点に迫るものであると思われる。言うまでもなく、国がこうした事業、ひいては責任を引き受けるのであれば問題解決の可能性はある。これに対して先の提出法案で、血清研究所ならびに保健省に問題解決の義務を負わせることなく、こうした事業への随時介入の権利を与えるのであれば、それは問題全体に対する絶望的なほど誤った対処につながる。無論、いかなる私的企業に対しても、いつその権利を奪われるかどうか分からないような仕事に精力を傾けるよう期待することはできない[35]」

ここから分かる通り、国がノルディスク研究所と同じ方法で臓器療法製剤の製造販売を行うことは理論的に可能だとハーゲドンは考えていたが、国営の方がコストを抑えられるとの見方には疑問を感じていた。理由は二点、第一には国営血清研究所によるインスリンの市場は小さすぎるため、レオインスリンと比べて生産コストが高くつく可能性があった――レオインスリンの主要市場は国外であったし、血清研究所と比べて営業効率が勝ると考えられたのである。

ハーゲドンはジフテリア血清の価格を独自に調べた結果、血清研究所のものは高すぎるとの結論を得ていた。「このことは、血清研究所の事業領域を拡大するという段階を踏む前に、営業の全般的状況、とりわけデンマーク内外の営業拠点に関して綿密な調査が必要ではないかとの疑問を抱かせる」「この、客観的に見て誠に遺憾な法案の責任についても、疑問が残るところである。もしこの法案が通過すれば、実りある団体に深刻な打撃を与え、かかる団体に国を去る必要があると思わせる危険がある。法案が提出されただけでも多くの時間が失われ、不信と不安を引き起こした（ハーゲドンは建設作業を一時中断していた）。技術的責任は必然的に、国家保健委員会に帰属しなければならない。この重大な過ちは、同委員会がこの分野における専門領域を一切有しないことを我々が思い出すとき、初めて明らかになるであろう」

法案提出の主導者が血清研究所のトーヴァル・マドセンでないことが明らかになると、ハーゲドンの国家保健委員会に対する攻撃は一層激しくなった。

「法案の重要性に対して理解不能なこの無内容に対する責任は、政府当局に対するこの分野の専門的アドバイザー、すなわち国家保健委員会に帰せられるべきである。国家保健委員会全体が、こうした特殊な分野の科学研究と技術発展に対する、弾圧を先導していることは、およそ理解不能である。国家保健委員会の行動派、関連分野の専門領域の欠如のみでは到底説明がつかない。こうした事態が引き起こす結果に対する、必要な注意の欠如があったと考えられる。ただし、何らかの政治的欲望が、遺憾な方法でこの事態の進展に影響を与えることを望んだ場合は別であろうが」

クロー博士も法案に反対し、新聞に鋭いコメントを発表した。論争は一カ月半に渡って続いた後、ようやく沈静化した。一九二九年三月二一日、政府が総辞職に追い込まれたのである。総辞職の引き金となったのはこの一件ではなく、予算を議会に否決されたことであった。クリスマス・ミュラー Christmas Møller 率いる保守派が軍事費拡大に反対したことに腹を立てて予算に反対し、社会民主党のスタウニング Thorvald Stauning はこれに乗じて政府総辞職を迫った。(36) 四月二四日に総選挙を行うことが決まった。保健大臣は、先の法案が可決される見込みはないことを悟り、その審議を行うことは二度となく同年一〇月に亡くなった。こうした政治日程をめぐる偶然によって、デンマーク向けインスリン生産の火は絶やされず

自動車マニアのハーゲドンは修理もお手のものだった

被害なしに済んだ。ハーゲドンは一安心であった。危険は去ったのだ。工場全体をスウェーデンのマルモに移転する計画も白紙に戻すことができた。

父の死

これらはすべて、父が死の床にあり、ミッテが入院中である最中に起きた。だが三月末までには政府は辞職し、ミッテは回復し、そしてすべては過ぎ去った。ハーゲドンは旅の計画を立てることにした。母親を大いに喜ばせ、感謝の思いを伝えたかった。それに、どこか遠くに行きたい気分であった。いろいろ考えた結果、ヨーロッパ一周という長旅に出ることにした(37)。

皆で地図をにらめっこした結果、同年三月三一日の復活祭の日、一行はゲサーからヴァルネミュンデへと出発した。ロストック、ポツダム、ドレスデン、ライプチヒ、アイゼナッハ、ヴァルトブルク、ローテンブルク、ミュンヘン、ガルダ湖、ヴェネチア、ミラノ、カンヌ、リヨン、フォンテンブロー、パリ、ブルージュ、オステンデ、ブリッュセル、そこからケルンを経て、ドイツとの国境の町パボアからデンマークに戻った。

母のマリーはハーゲドンとミッテを独占できるのが楽しそうだった。ポツダム宮殿、ドレスデンの絵画、ヴェネチアの美しさに魅せられた。自然の風景を愛で、嬉しそうに世話を焼かれていた。道中のトラブルはただ一回、アルプス越えの最中に車輪が脱落してしまった時であった。ハーゲドンはなんとか車を停めて整備士を呼んだ。ハーゲドンの助けを借りつつようやく整備士は修理を終え、ハーゲドンが代金を払おうとすると、整備士は「私は同僚からはお金はとりません」[38]と言い、ハーゲドンを喜ばせた。

高級ホテルに泊まることもあったが、多くは安めの宿に泊まりながらの旅だった。パリではコペンハーゲンの王立図書館司書でハーゲドンの学生時代からの友人であるヴァルデマー・ハンセン Valdemar Hansen に会った。旅は一カ月半にも及び、母にとってはまたとない贅沢であった。それでもオステンデに入って海が見えたとき、彼女は歓声をあげた。夫の死で沈んでいた気持ちが和らいだ楽しい旅であった。

ハーゲドンにとっては平和な一年となった。オスロ、ストックホルム、ヘルシンキに何度か出かけた以外は、日々の仕事を淡々とこなした。ミッテと美しいデンマークの海に出る機会も何度かあったし、クリスマスは「赤い石」で家族全員が集まって祝った。

職業上の秘密に関する権利

一九三〇年、ハーゲドンの頭の中を占めたもう一つの問題は、医師の機密保持義務と職業上の秘密の権利に関する問題であった。[39] きっかけは個人的体験であった。とある有名人が彼のもとで糖尿病の治療を受けていたが、重篤な状況に陥った。患者のかかりつけ医が車を飛ばし、わざわざハーゲドンのもとまで知らせに来てくれた。昏睡か、それもインスリン中毒か？　しかし実は、自殺であることが明らかとなった。そうなると警察に報告する義務が生じる。ハーゲドンは裁判所に出廷し、証人として死亡時の様子を証言するよう求められたが、彼は証言を拒否した。この事例に限っては真の死因を言わないほうが、家族にとっては幸せだろうとの思いがあった。医師としての職業上の秘密保持の義務と権利について言及したところ、裁判官から「証言を命じ、拒否すれば懲役もありうる」と言われた。ハーゲドンは「確立された人権を守るためなら刑務所に入ることも辞さない」と一蹴した。結局そこまでには至らなかったが、この裁判は大きく報じられた。

報道に触発され、ハーゲドンは医師の秘密保持に関する義務と権利の歴史を調べてみた。文献にあたったほか、パリのデンマーク大使館を通じてマリン弁護士に連絡をとり、法律的見地からの意見も求めた結果、この主題で講義を一回、記事を二本書くに至った。大変読みやすいこの記事の中でハーゲドンは、古代の詩人たちが医学を「沈黙の技術」と呼んでいたことに触れ、医師が沈黙を守る義務はカトリック聖人よりも古い歴史を持つとし、聖ヒエロニムス **Hironymus** の「ヘリオドゥルスへの手紙」から以下を引用している。

「あなたの目を守ることによってだけでなく、あなたの舌を守ることによって、高貴な人々の秘密を守ることは、あなたの義務である。婦人の外見を決して論じてはならない。また、一つの家の中で起きたことを、別の家の中で決して噂してはならない。ヒポクラテスは弟子に対して誓いを求めた。この秘儀に対し、彼らに秘密を守ることを要求したのである。であるからして、命を慰める力を預けられた我々が、他の人々の家の評判を、あたかも我々のものであるかのように扱うことが、どれほど可能であろうか」

このほかにも、病人の秘密を守る医者の権利は尋問する裁判官への服従に勝るとした、一七世紀のイエズス会宣教師アゾリウス **Joa Azorius** の言葉など数多くの精神的指導者の言葉を引用したうえで、ヨーロッパ各国における法的慣習を挙げていく。そして当時のデンマークにおける、裁判所で証人に立つという医師の絶対的義務を糾弾する。

「医師が専門家ゆえに知らされた事柄への証言要求を、他の一般市民に対する証言要求と同程度に行うことは、筆者の考えでは到底支持できない。なぜなら、もし医師が預かった秘密を打ち明けるよう裁判所に要求されたとしても、彼はこの職業の千年の伝統にのっとり、そして患者は主治医が秘密を完全に守ると信じてその秘密を明かすものだという理解に基づき、時には良心の命ずるところから、証言台に立つことを拒否することが許されるべきだからである。裁判法に一般的な、証言に同意しない者に対する強制手段はこのような場合には無意味と見なされ、適用しようとすることは当事者よりもむしろ法曹の評判に大きな傷をつけるであろう[40]」

無論、国や他者を守る権利というのも存在すること、あるいはデンマークでは医師の秘密保持に関する権利はフランスほど徹底できないことは見えていた。他者の生命に危険が及ぶ場合や誤診の場合などには、こうした権利は二の次になろう。そこでハーゲドンはデンマーク裁判法に対し、ノルウェー法にならって

2. November 1931

Skarpe Angreb paa Læge-ansvarligheds-Kommissionen.

Dr. med. H. C. Hagedorn hævder, at Kommissions-Flertallets Lovforslag er præget af Mistillid til Lægestanden.

TIL SKADE FOR DE SYGE

Sukkersygespecialisten, Dr. med. *H. C. Hagedorn*, en af den københavnske Lægestands kendteste Navne, gør

Ret til at praktisere, *skal* have gennemgaaet en Hospitalsuddannelse. (Nu er Uddannelsen frivillig).

医師の責任に関する委員会への、ハーゲドンの攻撃を報じた新聞

「無実の人が有罪だとされるのを防ぐために証拠が必要である場合を除き、裁判所は医師に対し、その意思に反して証言を要求することはできない」という趣旨の文言を加えることを提案した。

ハーゲドンのこうした歴史に依拠した説明と明快な結論は、翌年行われた裁判法の医業に関する項目（第八項〜第一〇項）の改訂に貢献したことは明らかである。

この頃ハーゲドンの名前が新聞をにぎわした第三の事件に、医学倫理委員会に対する攻撃があった[41]。同委員会はルボウ保健大臣が、劣悪な医師と専門医の活動に関する法的枠組の強化を目的として設立したものであった。ハーゲドンは『病院新聞』誌に寄せた文章の中で、同委員会の構成さらには政治活動に熱心な医師らに対し、本業への取り組みが足りないと厳しく批判した。もちろん、劣悪な医師による診療は禁止されるべきだし、責任に対する規則が厳格化されることは望んでいたが、それだけではない。医学倫理委員会が一般開業医志望者に対して病院研修を義

務付けようとするのも、研修を担当するチューターが派遣されない以上は同様に無意味である——というのが彼の主張であった。こうした鋭い主張は多くの注目を集め、法律の最終的な条文に影響を与えた。

英国での訴訟

インスリンの生産高と売上は引き続き順調に伸びていたが、一九二九年一〇月、米国を襲った株価大暴落は、すぐにヨーロッパ市場にも波及した。一九三一年夏には大恐慌の影響が英国でも顕著となり、ラムゼー・マクドナルド Ramsay MacDonald 率いる労働党内閣の総辞職につながった。マクドナルド元首相は保守党党首スタンレー・ボルドウィン Stanley Baldwin および自由党党首のハーバート・サミュエル Herbert Samuel と組んで国民政府の党首でい続けた。そして翌三二年の総選挙後、ボルドウィンは厳しい経済政策を講じ、その一環として「医薬素材」の輸入関税を三三％へと引き上げることを含む各種関税引上げを導入した。その目的は当然ながら、英国内の産業と雇用の保護にあった。右肩上がりのノルディスク研究所の業績を、これまで妬みの眼差しで見つめてきた英国のインスリンメーカーは、これを機にデンマーク製インスリンに輸入税を課すことで、業績の伸びにストップをかけようという考えであった。そのためにはインスリンを「医薬素材」に分類してもらうのが最良である。そこでメーカーは貿易委員会を相手に訴訟を起こし、インスリンは医薬品であり課税対象にもかかわらず貿易委員会はこれを長いこと認めてこなかったと訴えた。[42]そこで貿易委員会はハーゲドンに対し、インスリンに関する訴えが起きていることを伝えるとともに、多額の裁判費用を出す余裕がないこと、しかしながらノルディスク研究所にはぜひ助けになってもらいたいと言ってきた。知らせを聞いたハーゲドンは、頭に血がのぼった。インスリンは医薬素材などではなく、薬剤として英国に輸入されていたはずである。考えた結果、ハーゲドンは訴訟を闘うことに決め、自らロンドンに乗り込んだ。

聴聞会は大英帝国の歴代の総督の肖像画が並ぶ貿易委員会の大広間で、五〇人前後の出席者の前で行われた。ノルディスク研究所の担当弁護士は、かつらと法服に身を包み、その隣にハーゲドンが座った。形式的な問答が続く間、弁護士は心配になり、ハーゲドンに向かって裁判に負けるかもしれないと耳打ちし、ハーゲドンは、もし負けたらどうしてほしいか弁護士に伝えた。別室で裁決後、裁判長と二名の裁判官が再び入室し、今後インスリンは「医薬素材」と見なされると言い渡した。ハーゲドン側の負けであった。あらかじめ決めてあった通り、弁護士は発言の許可を求め、そして述べた——依頼人はこれまで常に英国の法制度を尊重してきた、よってかかる判断が下されるのは依頼人を失望させるものである、病に冒された人々が、これにより今後は法律によって、金銭的な不利益まで被ることになるのはきわめて不本意である[43]。以上の理由から、デンマークのインスリン研究所に代わり、依頼人はここに、裁判所がインスリンに課した輸入関税については同研究所が負担し、患者の負担としないことを提案する。

この問題は大きく報じられ、英国議会でも議論された結果、ついにインスリンは新たな輸入関税の対象外にすることが決定された。ハーゲドンはこの結果に大いに満足した。何より、裁判所での仰々しいやりとりは楽しいことこの上なかった。後日、あの戦略はどうやって思いついたのかと訊ねられたハーゲドンの答えは「法律にのっとった主張では水掛け論になるだけだと最初から分かっていたので、感情に訴えることにした」 腐敗、愚行、当局による権力の濫用に対しては断固として立ち向かうのがハーゲドンだった。入念に準備を重ね、断固たる行動を公にとり、法律の改変を迫ったのは、三年間でこれが三度目であった。

最初に行ったのがインスリン生産の国営化の阻止、次に行ったのが医師に対する証言義務の改定、そして今回、英国でインスリンを医薬素材に分類する法律を廃案に持ち込んだ。彼が闘うのは追い詰められた末の行為でもなければ、私利私欲を求めての行為でもなく、自分の考える正義の概念が侵されたと感じたからであった。

教授選

一九三〇年春、学問の道に戻りたいという欲望が再び頭をもたげた——そしてこれが最後となった。クリステン・ルンスゴー Christen Lundsgaard（一八八三〜一九三〇）が四七歳で急逝したため、臨床医学部門の担当教授の座が空席になったのである。候補者選びが進む中、さまざまな人の口からハーゲドン教授の名が挙げられた。当時はすでに国際的にも有名で、糖尿病およびホルモンという専門家のまだ少ない新分野では右に出る者のいない存在となっていた。ハーゲドンにとってはこれがラストチャンスだった。自分の将来は実業家か、それとも医師なのか。医師の技術に強い関心があり、自分が医師だと示したい気持ちがあった。彼は立候補し、そして医学部の裁定委員会からの教授資格を有するとの知らせに喜んだ——これで堂々と立候補を取り下げることができる。研究所の医師仲間であるH・C・オルセンは、このときハーゲドンが次のように言ったのを聞いている。「来る日も来る日も学生への講義に追われたり成果のない会議に出たりする生活は、さぞかし悲惨なことだろう。第一、私は自分の病院だって作れるのに」教授資格があると宣言されただけでハーゲドンは十分だった(44)。

教授にはカール・スーネが就任した。

7　ニールススティーセン病院――ステノメモリアル病院（一九三二～三六年）

ハーゲドンにとって、自身の病院を建てたいとの思いは、ノルディスクインスリン研究所の新工場や生物学研究室の操業が始まってからほどなくして芽生えていた。一九二四年に市立病院を退職して以来、インスリン治療の経験を積む場は限られていた。個人的に開設していたアクセルボーの診療所、あるいはハーゲドンが時おり診察に訪れていたロランツェン Lorenzen 博士の診療所には、社会的に恵まれた境遇の患者しかいなかった。また、新しいインスリン製剤の試験を行う場も必要だった。マウスを使った実験の精度が大幅に増していたこともあり、新製剤については患者を使った実験は行わなくなっていた。とはいえ、持続型インスリン製剤の開発の必要性は日増しに高まっており、これについてはインスリンの効果に影響を与える他の作用を一定に保てるよう、入院患者で効果を見る以外に方法はなかった。

こうしたことから自前の病院が必要だと感じるようになったハーゲドンは一九二九年、ノルディスクインスリン基金に計画書を提出し[1]、理事会はノルディスク研究所の活動領域を広げる意向について全会一致でこれを採択した。新しい病院は北欧諸国全域から患者を受け入れることとした。また高額の税金を免除されることから、試算した結果、研究所からの援助なしでも光熱費や機械類の検査費用をまかなえる見込みとなった。計画では、病院の正職員の給与および食事については研究所の負担とする一方、その他の病院経費については患者負担（二人部屋の場合一人一日四クローネ、個室の場合一日一二クローネ。いずれもコペンハーゲン大学病院に準じた設定であった）でまかなえると試算された。以上を合計するとわずかだが病院収支は黒字となり、これは治療費を負担できない患者のために使うよう計画書では提案された[2]。

ノルディスクインスリン基金の収入は急激に増加していたこともあり、ハーゲドンの提案する最新機器を備えた高水準の研究病院の建設はすんなりと承認された。建設費用は年間予算の範囲内で拠出可能であった。ゲントフテの研究所の向かいにある高台に用地が確保された。周囲はレーベスコウスバッケンに連なる谷とチョーネゴーれんが工場の敷地内の採石場に連なる谷に囲まれており、ゲントフテ湖の向こうにコペンハーゲンの街を望むことができた。この眺めを失わないために、病院と湖の間の一〇エーカーの土地も同時に取得した。ハーゲドンはカーレ・クリン Kaare Klint を通じ、イヴァー・ベンツセン Ivar Bentsen なる人物を知った。王立美術アカデミーの教授であるベンツセンが、かつては大工だったことがハーゲドンの関心をひいた。彼は伝統建築と近代建築の融合で定評があった。また住宅の実績があると同時に発電所や大規模な建物の建築経験も有していた。またカーレ・クリンと共同でフレデリクス病院を装飾芸術美術館へと改築する工事も手がけていた。

ハーゲドンは田舎の大邸宅からその他の大型建築まで、デンマーク国内でベンツセンが手がけた仕事をすべて見て回り、その上でベンツセンにステノメモリアル病院の設計を依頼した。直角を多用し、機能主

1931年、ブロゴースヴァイで着工

義的なれんが造りの外壁に銅の屋根を頂くステノメモリアル病院の建物は、ベンツセンの代表作と言われている。病院の周囲に配された石塁以外、田舎の邸宅を思わせる要素は何もなかった。[3]

建　設

入札者決定後の一九三一年五月、建設工事が着工した。設計士ヴィゴー・イールン Viggo Egelund が現場の指揮にあたったが、ハーゲドンは工事のあらゆる点に首を突っ込んだ。建設中は胸ポケットにいつでも計算尺を差していたほか、毎週木曜日は建設現場に行く日と決めていた。建設予定地の水圧を考えると二階まで水が届かないことに気づき、エンジニアにそのことを指摘してからは、水道供給の問題が最優先事項となった。[4] ブロックやタイル、床材の色などの見本を実際に見せてもらったり、鉄

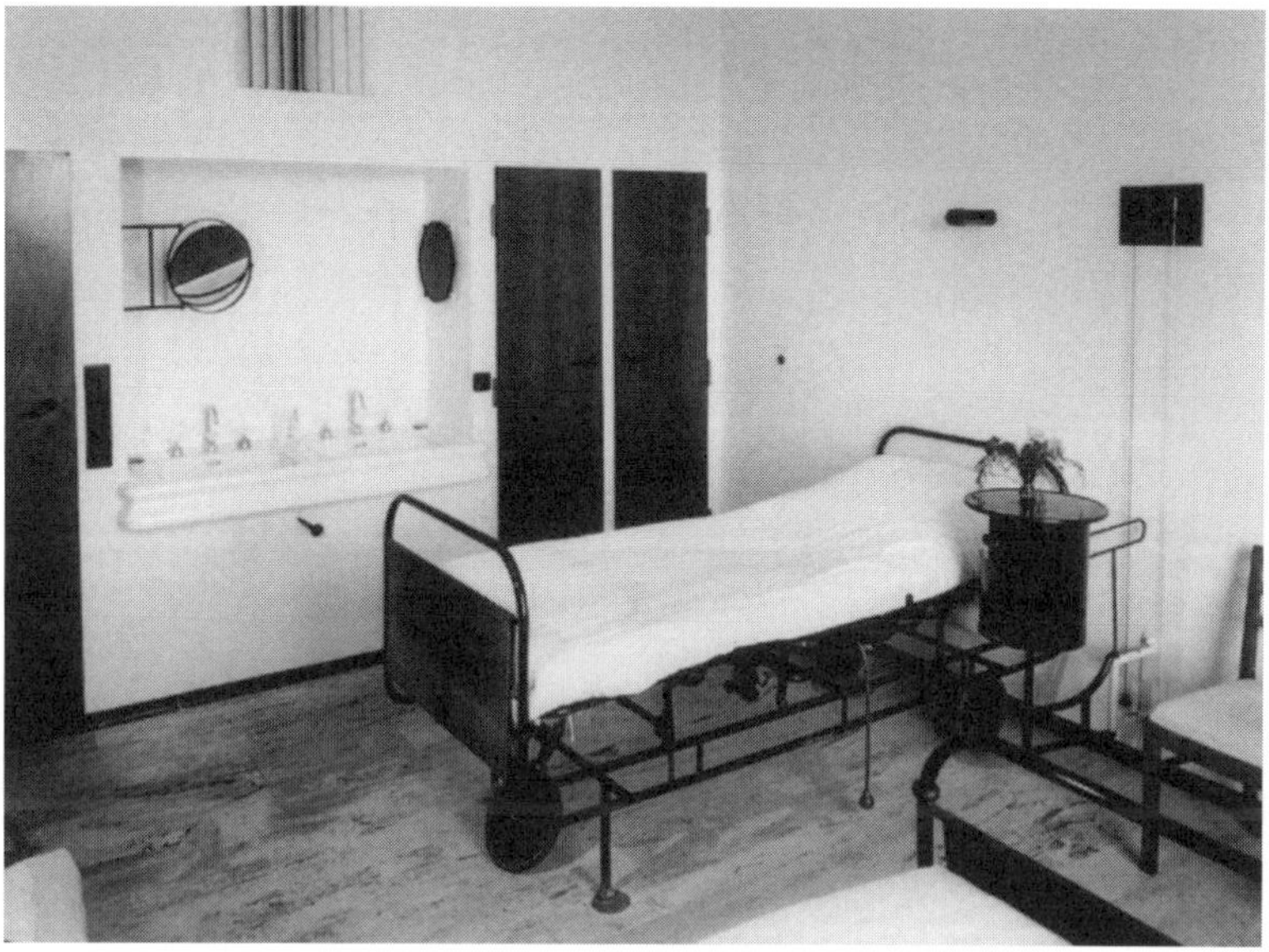

ステノ病院の二人部屋．作り付けの洗面所、調節可能な鏡、有名なベッド、腕木で壁に固定されたテーブルなどが見える

製の窓枠については庭にモデルを作って開閉実験を行ったりした。音響試験も行い、病棟の防音が十分かどうかも試した。

入院患者用のベッドには特にこだわった。ハーゲドンの指示に従い研究所の技術者自らが製作したこのベッドは、小さなゴム風船を下に押すことで、患者は寝たままの状態からベッドの水圧システムを作動させ、好みの角度にマットレスを傾けることができる仕組みであった。またベッドにはゴム車輪が取り付けられており、車椅子の必要がなかった。このベッドはのちの病院用ベッドの原型となった。(5) 見学に訪れた、外科医として著名なベルリン大学のザウアーブルッフ Ferdinand Sauerbruch 教授とマイノット博士はこのベッドが大いに気に入り、一台購入したいと言い、無料でプレゼントされた。

ハーゲドンは忙しかったが、友人のことを忘れなかった。基金のメンバーであるÅ・Th・B・ヤコブセンが肺の治療を受けるためにスイスのダボスに滞在したもののしっくりこなかった際には、ハーゲドンはダボスにいる彼のもとを訪ね、さらにはオーストリアのバート・ライヒェンハルまで彼を連れて行った。友人はそこで回復を遂げた。

病院の建設過程で失われた命もあった。骨組みが完成した段階で鉄骨が落下し、作業員を直撃した。すぐに救急車が呼ばれ、現場にいたオルセン医師が同乗してゲントフテ病院まで付き添った。救急室に運ばれた時点ではこの作業員は意識不明だったが、同日死亡した[6]。現場は暗いムードに包まれたが、一九三一年一〇月には棟上式が予定通り行われた。

一年半後、病院は完成した。総工費二〇〇万クローネで、贅沢な病院と評された。細部までくまなく目が行き届いており、ハーゲドンは一九三三年、『北欧医学雑誌』に誇らしげに書いている[7]。

「……病棟はすべて南東向きで、個室と二人部屋からなり、前者は専用のバス・トイレ付きである。大きな内開きの窓は二重ガラスであり、人工空調システムとは別に急速な換気が必要な場合は小窓を開けることが可能である。ベッドから景色が見えるよう、窓は低めに設置されている。病室の両側の廊下には電気で暖める作り付けリネン収納庫が並ぶ。病室は二重扉を採用し、また患者の衣類を収納する作り付けのワードローブ、作り付けの洗面台と可動鏡を備えた一角もある。病室扉の内側および戸棚扉は家具に合わせてマホガニーを使用した。

掃除のしやすさを考え、テーブルは腕木を介して壁に取り付けてあるほか、角を丸くして患者に配慮した。床材は防音性を考慮してゴム製、壁はつや消し仕上げの樹脂を使い、透明感のある明るい色とした。ま

オーランドタイルで覆われた壁と片持ち式のコンクリート階段

た特別な仕掛けを使い、照明はすべて間接照明とした」[8]さらにはレントゲン室、手術室、四〜五階には来訪者用宿泊施設に加えて看護婦や事務係の部屋もあった。開院数年後には、ミッテのために歯科が設けられた。

特に注目を集めたのは、階段と外壁であった。外壁はスコンベルガ社の化粧れんがを使い、三段ごとに黒色をはさみ、また上階に行くほど濃い色を使うことで、建物全体が上に行くほど色が暗くなった。これによって建物が垂直に見える効果があり、「後退しているような印象がなくなる」[9]という建築上の意図があってのものであった。トウヒでできた屋根の下は広々とした屋内テラスになっていて、寝たきりの患者も日光浴を楽しめるよう配慮されていた。階段塔は一見、外壁と同化していたが、実際にはコンクリートのせり出し階段であった。踏み段と踊り場にはスウェーデン製のオーランドタイルを使い、訪れた人は皆その美しい模様に感嘆の声をあげた。すべての型や角は丸くなっており、美しく仕上げてあった。

総ベッド数は二〇床、職員は医長H・C・ハーゲドン（通称「ドクター」）、主任医師一名、婦長ミス・オクス Oxe と副婦長ミス・アンナ・ラーソン Anna Larsson をはじめとする看護婦六名、調理師兼配膳係のミス・バッガー Bagger に加えて合計一四名が勤務した。

開　院

一一月五日土曜日、奇しくも米国からマリー・クローの手紙を受け取ってからちょうど一〇年目にあたる日に、ステノメモリアル病院の正式な開院式が行われた。八時、ノルディスク研究所職員ならびに病院職員が見守る中、屋上に旗が掲げられた。ハーゲドンの母とミッテも同席し、ハーゲドンが旗を掲揚する様子を見守った[10]。旗が風に開くと、調理室で働く少女たちの合唱により、この日のために作詞された曲がデンマーク国歌のメロディーにあわせて歌われた。およそ名文ではなく、ハーゲドンは聞いていて身が縮む思いだったが趣旨は悪くなかった。

歌の後は、ハーゲドンによる歓迎のスピーチ、続いて主任医師のH・C・オルセンによるスピーチと続いた。オルセンはハーゲドン夫妻の努力をたたえ、その努力が患者のため、研究のため、そして医学のためにならんことを希望すると述べた。午後はノルディスク研究所により、ノルディスク基金理事、名士、建築家、エンジニア、職人、そして記者を招いてレセプションが行われた。フランセン博士（最高医事責

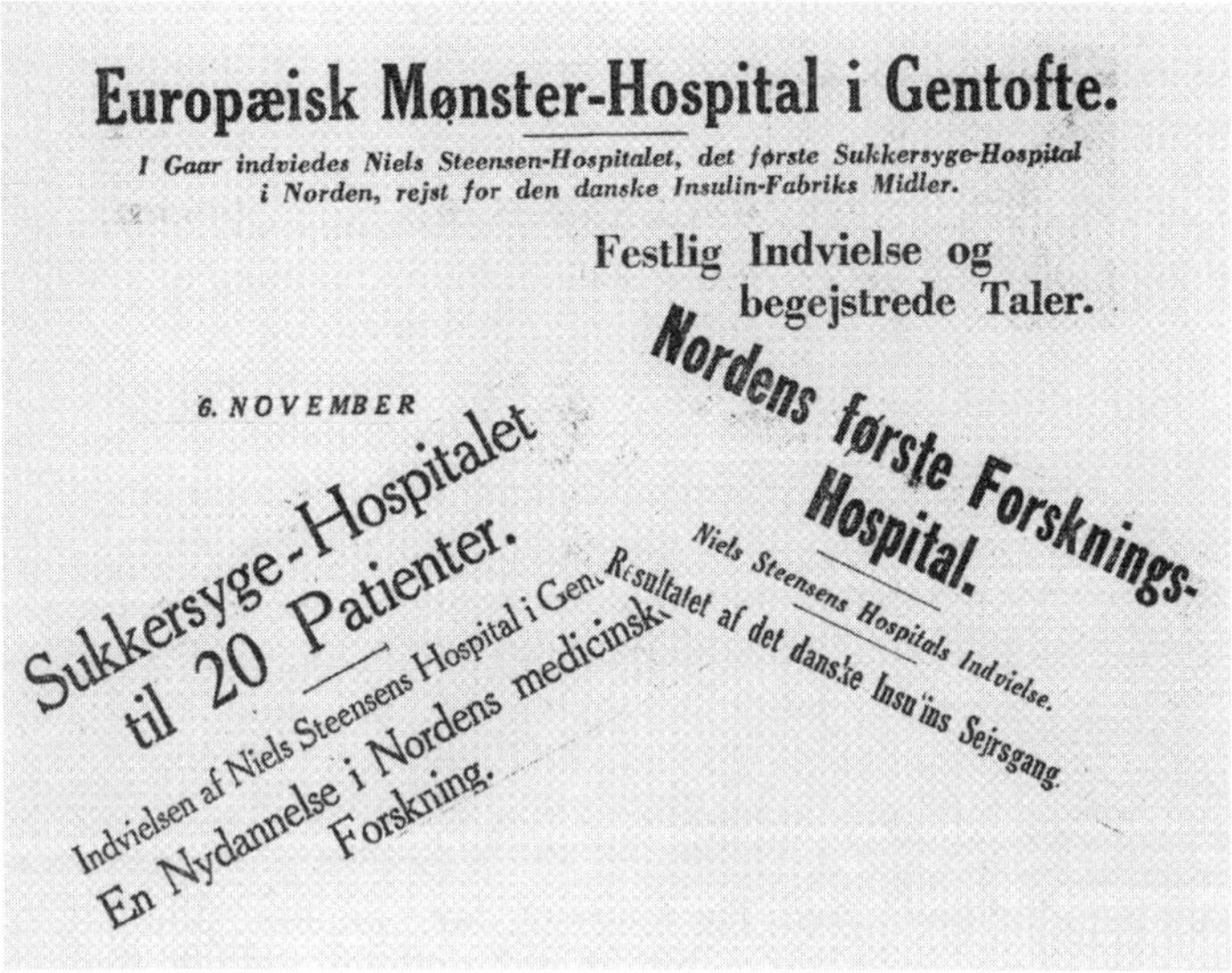

新しい研究病院の建設は「デンマーク製インスリンの成功物語」と各紙で熱狂的に取り上げられた

任者）、スコット＝ハンセン Johan P. Skot-Hansen 博士（デンマーク医学協会会長）、ヨハンナ・リンドハート Johannes Lindhardt（体操担当教授）、ヘンリケス元教授、ファベル教授、ヴァールブルク Erik Warburg 教授、ヘス・タイセン教授、そしてもちろんバング教授、さらにはH・M・ハンセン H. M. Hansen（物理担当教授で後年学長となった）などの大学関係者や、スヴェン・オ・スコ Sv. Å. Schou やノーマン・イェンセン薬剤師などの院内業務関係者が顔を見せたほか、当然のことながらマリウス・ラウリッツェン博士、チーヴィッツ博士、カイ・ホルテン博士、そしてもちろん、すべてのきっかけを作った人物であるマリー・クロー博士も出席した。ボルベア F. J. Borgbjerg 教育大臣、ベルテル・ダルゴー Bertel Dahlgård 内務大臣は欠席した。

開院式は多くの注目を集め、新聞に詳しく報じられた。スウェーデンの日刊紙ダーゲンス・ニヘーテルは「ゲントフテに欧州のモデル病院誕生」の見出しのもと、病院の特徴を子細に報じた。充実した設備を誇る二人部屋については間接照明つきの作り付け式洗面台を大きく取り上げ、大学病院の洗面台は三脚の上に洗面器を乗せただけのもので、一二人部屋のパーティションで仕切られた片隅に置かれ、照明も単調であると指摘したり、また公立の大病院では一般的な、ベッドの脇に配された木の硬い椅子と比較して、この病院ではやわらかいクッションのついた上質な椅子が置かれていると述べた。またスウェーデン北部の新聞ソシアルデモクラテン紙は、この病院が金持ち専用ではなく、診察料は国立病院と同水準に抑えられている点を強調するとともに、ノルディスク基金が無料のベッドを常に一人分確保していることを評価した。また同紙では、病室の壁に加えて床にも防音効果が施されている点を指摘した。

デンマークの新聞ポリティケン紙は、ハーゲドンが開院式では常に後ろの方におり、ようやく一同の前に姿を現したのは、最初のスピーカーであるクローがインスリン物語の締めくくりに「その成果はあらゆる期待を超えるものであったが、それはすべてハーゲドン博士のおかげです。彼が成しえたことは、他の誰においても不可能だったことでしょう」(11)と言ったときであったと報じた。これを受けてハーゲドンは「この最後の言葉は、偉大な科学者でさえ誤りを犯すことがあることを示しています」と言ってから、この研究病院の建設に貢献したすべての人に感謝の言葉を伝え、この偉業はマジパンリングケーキを注文したときに初めて実感したとも述べた。

同時にハーゲドンは、デンマークの往年の科学者であるニールス・スティーセンを病院名に冠した理由を説明した。いくつもの分泌腺の発見で知られるこの偉大な解剖学者に敬意を表してのみならず、その人

マジパンリングケーキの山

道主義的な姿勢に設立者が共感を覚えたからにほかならない――すべての人間の命はかけがえのないもので、それ自体に価値があり、科学の発展のための道具として使うことはできないと。折しも同年、隣国では国家社会主義ドイツ労働者党ナチスが圧勝していた。

病院の内部見学を終えた人には、マジパンリングケーキ、果物、マデイラ酒などの軽食がふるまわれた。ノルディスクインスリン基金の会長であるトゥンベア教授ならびにノルウェーのオラフ・ハンセン教授より、北欧初の研究病院の開院に対し祝福の言葉が述べられた。夜に入ると、当時はコペンハーゲン随一の高級レストランであった「ニム」に三五名の特別招待客を迎え、フルコースの晩餐会が開催された。総額は七六一・五五クローネにのぼり、ハーゲドンが個人的に一三八・四五クローネをクロークおよびサービス料として支払った。楽しく、そして希望あふれる有意義な夕べであった。翌日曜日は職員とその家族のための病院見学日とした。午後三時から五時にかけて病院内のすべての施設が解放され、ハーゲドンと看護婦たちが人々を案内した。終了後は研究所の食堂で懇親会が開かれた。

患者と治療方針

月曜日、初の患者となる三名を迎え入れ、病院は営業を開始した。同年一一月、ハーゲドンはデンマーク王国よりナイト爵位を授与された。ハーゲドンはこの一件を楽しみ、ノーマン・イェンセン、H・C・オルセン博士、チーヴィッツ Ole Chievitz 博士に対しては、目一杯飾り立ててくるよう指示を出したうえで、彼らを夕食に招待した。[12]

インスリン依存性の患者あるいはその他の内分泌・代謝疾患患者については、北欧全域のすべての医師からの紹介を受け入れた。とは言え、実際に受け入れられるのはデンマーク在住の患者がほとんどであった。

患者は四〇歳以下が望ましいとされたが、重篤な場合は誰でも急患扱いで受け入れた。開院から最初の五年間では、重篤なアシドーシスを伴う急性患者を一二名受け入れた。その多くはきわめて深刻な症例で、うち三名が死亡した。[13] 重篤なアシドーシスの死亡率は当時きわめて高く、一九六〇年代に入りアシドーシス患者の水代謝および塩代謝の深刻な異常が解明され、水分量と塩分量を注意深く観察する療法が導入されるようになって、こうした患者の死亡率はようやく大幅に低下した。

患者の多くは計画入院であった。開院当初五年間の入院患者数、計一、一一一名のうち約半数はインスリン依存型糖尿病であり、残りは肥満（一二〇症例）、内分泌疾患（八七症例）、その他であった。四年間でベッド稼働率は七五％から九七％へと上昇した。病院内での出産は六件あり、うち四件は手術を要した。また副甲状腺切除、副腎切除、胆嚢摘出、前立腺除去などの大手術が有名外科医によって行われることもあった。

入院患者は婦長と当直の看護婦による確認を受けた後、病院医の診察を受けた。糖尿病患者のうち眼、腎臓、神経などが冒される後期合併症の割合はわずか六〜八％であったのは驚きであり、半世紀後にはこの数字が八〇％近くにまで上昇した。壊疽もごくまれであったが、これは患者が比較的若く、糖尿病に罹患してからの期間が短いことが理由であった。一方、当時は結核が深刻な合併症として非常に多く見られ、その多くが死に至った。こうした合併症が見られる場合を除き、入院許可は糖尿病のコントロールが困難かどうかによって決められており、糖尿病かどうかの判断には口渇、倦怠感、思春期遅発、身長が伸びない、インスリンショックの頻発などが通常は基準として用いられたほか、ときには肝腫の有無を問わず特に理由のない血糖の大きな変動が見られただけでも入院が許可された。こうした異常はさまざまな説明が可能であったため、患者は入院後すぐに血液検査と尿検査を行い、それによって血糖調節の安定度に関する大まかな把握が試みられた。採血は耳たぶから行い、ハーゲドン、ノーマン・イェンセン、そしてファニー・ハルストロムが検査方法について患者に説明後、高速測定法を用いて洗面室で検査が行われた[14]。その結果が伝えられ、そして治療開始となった。

血糖測定は一日五回、患者の状態がよくない場合は六回以上行った。尿はすべてステンレススティール製の機能的な容器に一滴残らず採取のうえ、冷蔵庫に保管されることとなっていた。二四時間ごとに毎回の尿量とその重量が量られ、尿糖が算出された。そのほか一日一回、ケトン体と尿蛋白の検査も行われた。入院後初めての朝を迎えると、患者はベッドの中で各種検査に必要な採血を受け、続いて身長・体重・血圧検査を受けてから、ようやく朝食となった。すべての測定は毎日同じ状態、同じ時間に行うべきだというのがハーゲドンの再三の主張であった。検査結果はデータシートに整然と記入され、ソフス・バングが市立病院にならって導入した仕組みに従い着々と蓄積された。患者はまたミッテ・ハーゲドンによる歯科検診を受け、必要であれば治療も受けられた。開院当初五年間の歯科治療件数は二四二件、うち六三件には金の詰め物を施した——患者にとっては有難いことこの上なかった。

食事管理については、それまでの食習慣、最新の検査結果、そして治療目標に応じて調理係が計算して計画を立て、看護婦の監督のもとこれに従うことで、入院一日目からきちんと治療とケアの目が行き届いていると患者も納得することができた。

食事は患者ごとの適量が盛られ、病室内に設けられた折りたたみ式のマホガニーのテーブルで供された。食事のたびにテーブルの上には優雅な陶食器、糊のきいたナプキン、ダマスク織りの純白のテーブルクロスがセッティングされ、椅子カバーは週一回交換された[15]。夕食は温かくておいしく、脂肪分はかなり多かったが、糖質とりわけ砂糖、牛乳、白パン、ジャガイモなど糖質の吸収の速い食物は制限されていた。野菜は豊富だったが、調理には非常な手間がかけられた——例えばニンジンは、水溶性すなわち吸収の速い糖質を完全に除去するために二回湯通ししたほか、生のニンジンはレモンと一緒に摂取することとし、しかも一回五〇グラムまでと制限された。また大きな特徴として、患者には一般国民の平均摂取量を大きく上回る一日二〇〇グラム（小児は一日三〇〇グラム）の果物が与えられた。ただし、果物によっては血糖上

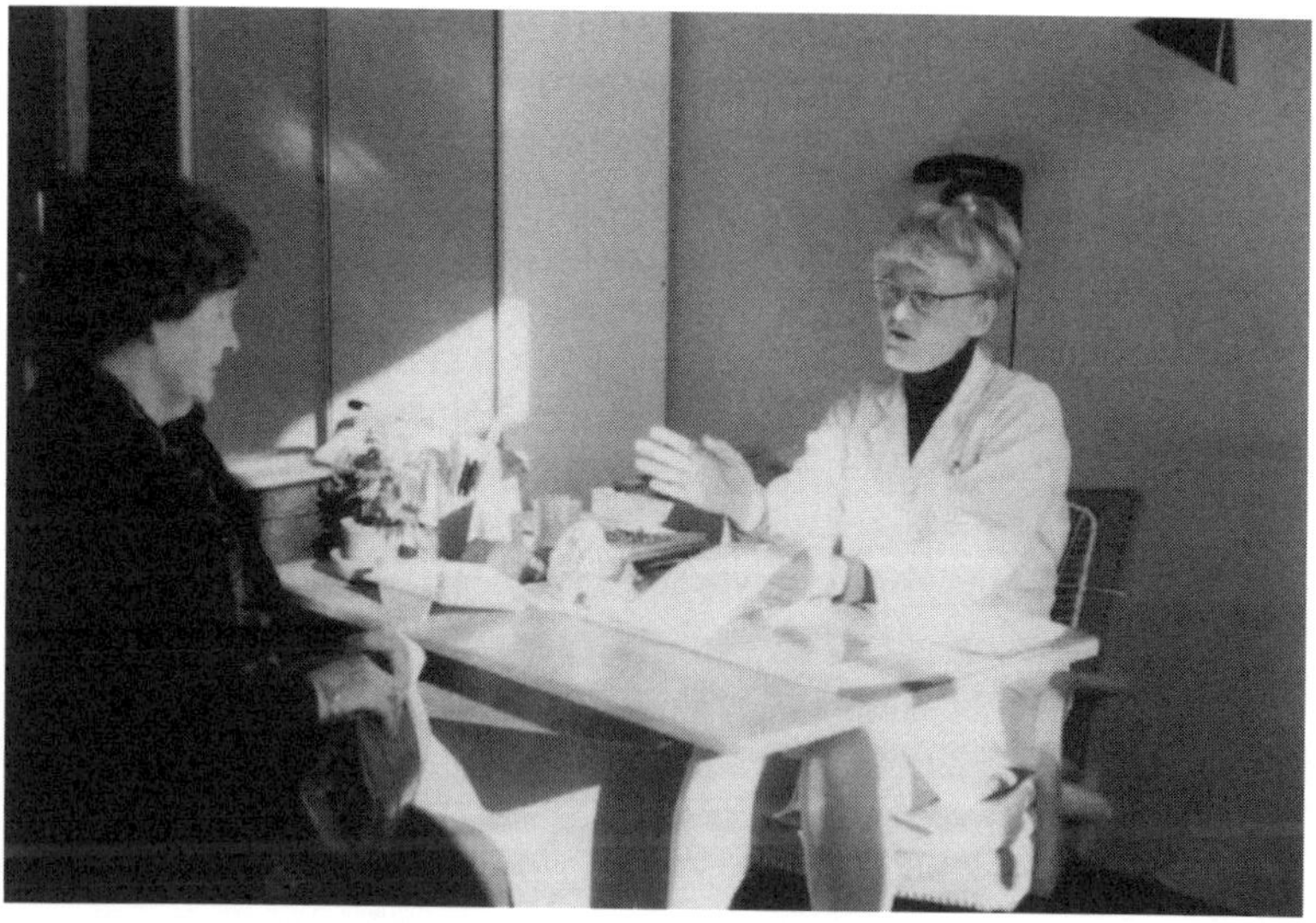

栄養士ヴィベケ・マーグによる個別指導

昇効果が大きいものもあることが判明していたことから、一定の制限が設けられていた。アルコールは、インスリン時代前とは異なり禁止された（多くの患者にとってこれはこたえた）が、昼食に軽くビールを飲むことは許されていた。

一九四六年、栄養士のミス・バッガーが退任し、後任にヴィベケ・マーグ Vibeke Maag 夫人が就いてからも、食事管理の方法と内容は引き継がれた。マーグ夫人は健康に良いことと見た目の美しさやおいしさの両立にきわめて長けており、ハーゲドンの死後も彼女の定めた原則はほぼそのまま踏襲された。許可を与えられた人以外からは飲食物を受け取ってはならない、病院敷地外に出ておやつを買ってはならない、といったことである。[16]

食事管理は、インスリン沼周辺での毎日の体操、そして看護婦による日々のインスリン注射とあわせ、糖尿病治療の柱であった。患者、看護婦、栄養士によって管理体制が厳格に守られれば、血糖変化は一定のパターンを描くようになる。変動のパターンに問題がある場合は、インスリン投与量や食事に修正が加えられた。

カロリー摂取量は厳しく観察され、週二回の体重測定をもとに微調整が加えられた。なかにはこうした入院生活を苦行だと感じる人もおり、ある時インスリン沼近くの木の幹に「ハーゲドン先生くそくらえ」と彫りつけた文字が見つかったことがあった。この消えない文字を書いた張本人である一三歳の患者は、自分が食事制限を受けているのにハーゲドンが太っていることが我慢ならなかったのである。[17]

規則を破るものは皆無に近かった。入院による改善への期待が大きかったこと、ハーゲドンに対する尊敬の念、有能で献身的なスタッフ、そして何より体力が回復しているという実感が患者を支えていた。医師たちとスタッフとの間に流れるユーモアとウィットにあふれる会話は、多くの患者にとって楽しいものであった。あるとき、数人の独身貴族の女性たちが「今後はミスではなくミセスをつけて呼んでほしい」という内容のメモを手渡したところ、その翌日、食堂に次のような張り紙が出された。「本日より、以下の紳士は『サー』をつけて呼ばれることを希望する」調子に乗りすぎたこともあった。ある日、集会室でいささか盛り上がりすぎた折に、ある医師が暖炉脇に飾られた石像を落としてしまい、はずみで石像のペニスがとれてしまったことがあった。落し物を赤い薄紙に注意深く包み、リボンをかけた上で婦長の机の上に置いたところ、包みを開いた当の婦長はびっくりしてハーゲドンに訴えた。しかしハーゲドンは事を荒立てることなく、切断部分の接合を指示してことは済んだ。[18]

回診は一日一回、ハーゲドンと医局員が交代で行った。午後には担当医が病棟の看護婦と簡単な打合わせを行い、その日の血糖値およびその他の所見をもとに翌日のインスリン投与量を決定した。こうした打

患者の血糖濃度測定用の採血は1日5回、看護婦たちによって行われた．屋外にて

合わせは日曜も行われた。回診はすぐに終わり、ハーゲドンはとっつきにくい印象のことが多かった。ただ患者の不満には敏感で、質問で食い下がってくる患者に対しては「私が方法を説明したときに理由を聞く必要はない」と言うこともできたもののそうはせず、患者の発するサインを決して見落とさなかった。冬の間、毎日の果物を買うお金がない患者がいたら、自宅の庭で収穫した立派なリンゴを何箱も無料で届けたりした。

患者もスタッフもハーゲドンを非常に尊敬する一方、彼のユーモアのセンスを理解し、怖がることはしなかった。副婦長のミス・ラーソンはそんなハーゲドンを崇拝しており、彼をいたずらで喜ばせようと知恵を絞った。

彼女は古い世代に属し、医師に対し威圧的な物言いをするのが常であった。またハーゲドンの回診日には、病棟じゅうの戸棚を大急ぎで回ってマホガニー製の黒い取っ手をすべて横にしてしまったり、患者をたきつけて医師が午前のティータイムにケーキを食べているところを邪魔させたりした。彼女は若い医師に院内の習慣を教える役目であった。あるとき新人医師が、なぜこういうやり方をするのか合理的に説明してほしいと言ってきたとき、彼女はただ一言、決然と答えた。「それがドクターの普通のやり方ですから」

こうした応酬に対し、のちに有名になるユルゲン・ペダーセン Jørgen Pedersen 医師（別名シュガー・ペーダー、またはラテン語風にペトルス・サッカロスス）は「彼女が死んだら墓に『アンナ・ラーソンここに永眠す、なぜならそれが普通のやり方ですから』と刻んだ石を置いてやろうか」と返したほどであった。

一〇時には回診も終わり、さらに詳しい血糖分析が行われた後、患者は軽食の時間となり、天気がよければ散歩に出かけた。肥満患者は階段の上り下りも治療の一環であるとしてエレベーターの使用を禁止された。動植物の宝庫であったインスリン沼周辺を含め、病院の広大な敷地が通常の散歩コースになっていた。

入院に先立ち、患者はスタッフの指示に従わねばならないと知らされていたが、その指示の中には「健康に良いと医師が判断する程度の作業を行う」というものが含まれていた。通常の一日の作業、特に運動は血糖調節に関係していることから、入院中もできる限りそれらを継続して行うという意図であった。ただし作業といってもそのほとんどはインスリン沼への散歩に限られており、必要であれば庭仕事を行うことができた。散歩に出かける際、患者は低血糖発作の前兆を感じたらすぐに服用できるよう、ブドウ糖錠の入った茶色の封筒を持たされた。とはいえ、インスリン沼周辺にはいくつかのベンチが設けられていたこともあり、実際に服用されることはめったになかった。むしろベンチの需要のほうが高く、とりわけ医師たちは一〇時までには日光浴を済ませ病院に戻るのが日課であった。

昼食後は午睡の時間であった。病室で、庭で、あるいは広々とした屋上で一眠りした後は、面会者を迎えたり学習会を行ったりした。ハーゲドンは患者一人一人に糖尿病の性質や食事内容、治療の背景について十分に理解してもらえるよう心を砕いた。インスリンが導入されて以来、特に食事に関する原則は大きく様変わりしており、炭水化物の摂取量は増やされていた。しかし病状に変化が見られるには時間がかかった。専門家たちは一喜一憂しすぎないよう細心の注意を払っていた——過去の苦い経験を忘れていなかったのである。

ジョスリン・クリニックでは、食事総カロリー量のうち糖質はわずか二五%、脂肪分は六〇%に達していた。[19]これほどの高脂肪食となると、大量の調味料とアルコールなしでは嚥下が困難であった。これに比べるとハーゲドンは糖質の摂取量については緩和していた（食事総カロリー量の三五%）ものの、脂肪分の割合は依然高かった（五〇%）。このため同病院は開院以来、動脈硬化の原因を作ってきたと批判されてきたが、実際には同院入院患者の血中コレステロール濃度は一般と比べて低かった。[20]

食事の構成とカロリー量に加え、食事のタイミングについても細心の注意が払われた。一部の食事はインスリンの効果が最大のときに食べるよう指示された。血糖を正常化させるには、少ない食事回数でたくさん食べるよりも、一回の食事量を減らして食事回数を多くするほうが効果的であった。低血糖昏睡や血糖の急上昇を防ぐため、食事時間は厳格に守られた。患者一人一人に食事に関する注意が異なっており、それは患者と、多くの場合はその家族にも繰り返し伝えられた。毎日の食事について話合いの場が持てることは患者にとってきわめて重要で、マーグ夫人のもとには感謝の手紙や食事の招待が数多く届いた。

希望する患者には、フェーリング液を使って自分で尿糖検査を行う方法が教えられた——尿糖とケトン体を検査する錠剤が市場化されたのは一九六〇年代に入ってからである——ほか、インスリン自己注射の方法についても懇切丁寧な指導が行われた。ごく一部の例外を除き、学齢期以上の子供およびすべての成人は自己注射に慣れ、自分でできるよう促された。恐れられた足の腫れについても予防方法が教えられた。時間はたっぷりあり、こうした指導はじっくりと丁寧に行われた。入院は再生の場であった。ステノメモリアル病院はスタイルの貫かれた場であり、厳粛とも言える雰囲気が感じられるほどであった。クリスマスにはツリーが飾られ、牧師が来て聖書を読み、ノルディスク研究所で包装を手伝う少女らが来て患者のために賛美歌を歌った(21)。

願い出れば退院も許可されたが、多くは平均三〇日間と長期にわたる入院期間を過ごした。当時はどこの病院でも長期入院があったこと、また長期入院をしても患者に費用負担が発生しないこともあり、患者にとって入院はそれほど苦ではなかった。ベッド料は一日四クローネで、一部は保険会社が支払ったものの、残りまたは全額をノルディスクインスリン基金が負担しており、一部または全部の入院費を基金に負担してもらった糖尿病患者は七五％にも及んだ。その一方で、病院生活が合わない患者もおり、病院規則の言葉を借りれば「治療の継続によって病状が大幅に改善すると見なせない患者、または当院での継続的治療が不必要と見なされる患者」については、病院理事会によって患者を退院させる権利が定められていた。さらには、カルテの末尾にハーゲドンの手で「この患者はこれ以上、当病院での受け入れ不可能」と

ステノメモリアル病院．テラスと旗竿が見える

書かれることもあった。

一度退院した患者の半数近くは、その後数年間のうちに再入院を一度以上許可されたが、再入院の決定は患者と医師によって判断された。子供や若者など、ごくまれにだが事前に再入院が決められているケースもあった。

外来もあったが、開院当初の五年間は他の外来診療所との不当競争を避けるため、開院一年目の外来患者はわずか三〇〇人と小規模に抑えられた。外来患者に対する診察料の請求は一切行われなかった[22]。診察料の請求が行われるようになったのは一九六九年、コペンハーゲン市役所との取決めが行われたときが最初であり、このとき外来診察料が一日の入院料の二〇％に決められた。入院費は一九五八年までは一日四クローネで、以後値上げされ六クローネとなった[23]。

入退院時において患者の支払能力を問わないという姿勢はきわめて重要なものだった。というのも、開院後すぐに明らかになったことだが、無症状の血糖調節機能不全の長期化を防ぐには同病院での定期検診が不可欠であるものの、外来での検診が自己負担となった場合、無症状だとなると高血糖で生活することに自分を慣らしてしまい、わざわざ病院に足を運ばない患者が多くなると予想されたからである。だがハーゲドンは、症状の有無で判断してはならないという考えであり、長期にわたり健康を保ち糖尿病による合併症を防ぎたいのであれば、症状のみならず血糖を正常に近づける必要があるとの立場であった。

彼は実に正しかったが、一九三〇年代当時、患者の自覚症状がなくなる程度の治療よりも糖尿病の厳格な管理の方が望ましいとする考え方はまだ知られておらず、一般生理学がこれを示唆するのみであった。自覚症状の有無で治療終了を判断する方が当然ながら簡単であり、患者と医師のいずれにとっても魅力的に響いたからである。むろん、糖尿病の厳重な管理には犠牲が伴うものであり、漫然と享楽的な生活を送ることを止めなければ自己管理は不可能である。制限を受け入れ、規則正しい生活をし、食事管理を守り、過食を慎まなければならない。

時には大胆にも「そういった自己管理は不要であり、インスリンさえ十分に投与し、食事の量と内容にあわせて投与量を変えていけば血糖コントロールは可能だ」とする医師もいたが、ハーゲドンはこうした見方にはまったく与しなかった。患者がインスリン投与量を調節することに反対していたのではない。そうではなく、日々刻々と状況が変わる中、実際にはインスリン投与量を正しく調節できないのが現実だったからである。毎日毎日、何項目にもわたる尿糖チェックを行うのは多大な時間を要したし、インスリン投与について考えられる回数や量にはきわめて大きな幅が存在した。しかも血糖の自己測定法などない時代である。このため、患者が投与量を自分で調節することは実際にはまずありえなかったし、実際に調節を試みた患者も、インスリンの効果を十分な確実性をもって予見することの難しさをすぐに悟ることとなった。望まない低血糖発作で倒れる患者が後を絶たなかったほか、歯止めがきかないほど食べ続けているのに血糖管理はおろそかにしている患者が増えることとなった。治療不在の状況がどれほど多くの患者にとって取り返しのつかない事態につながるか、当時は理解できる人が少なかったのである。

同病院は、患者に対する体系的な教育に加え、医学教育にも大きく貢献した。早くも一九三三年には学生クリニックが開設された[24]。これは医学生が診療を行い、その後医学生同士で病歴や客観的所見について話し合う場である。一般の学生クリニックと大きく異なるのは、ハーゲドンがこの学生クリニックに生理学、生化学、病理学の知識をふんだんに盛り込んだ点であった。学生が準備に専念できるよう、自由に使える研究助手をつけたほか、文献探しを頼める秘書も置いた。さらには医局員と生物学部門のトップであるA・M・ヘミングセン博士もいた。診察時間が終わると、ハーゲドンはその日の診察を担当した五〜六名の学生とともに職員食堂で夕食をとり、食事のカロリーについて話したりした。夕食後はハーゲドンの研究室に場所を移してコーヒーがふるまわれたほか、病院の外に出てから吸うという条件で、ひとりひとりに葉巻が手渡された[25]。

ハーゲドンの治療法は、デンマークとノルウェーでは標準となった。その権威は絶大であり、ある程度の自己管理は日々の生活の一部とされていた。これに対しスウェーデンでは、小児科医のリキテンスタイン Adolf Lichtenstein 博士がかなりの影響力を持っていた。同博士によれば、自己管理や制限は時代遅れで

患者で画家のウスタゴー博士による、ステノ病院の精神を具現化した図. 当直医たちに注目

あり、心理学的にも悪影響を及ぼす[26]、自由に食事ができることが重要であり、日々のインスリン注射で体を痛めつけているだけでも十分に悪だという。こうした発言には確かに人道的な響きがあったが、その結果は発育不全、倦怠感、重篤な合併症の早期発症であった。ハーゲドンの方法が浸透していることは、ステノ病院への入院患者および外来患者の増大を見れば明らかであった。特に戦後に入り、失明、腎不全、壊疽といった形での合併症が増大すると、紹介患者数は増加の一途をたどった。インスリン依存型糖尿病患者が同病院から退院してからも、引き続き外来患者として同病院に通い続けることに、反対する医師はもはやいなくなった。

こうしたことから起きる定員の問題に対処するため、ステノ病院ではインスリン治療の必要な糖尿病患者に限って入院は受け入れることとし、重度の肥満患者やその他の内分泌疾患患者については受け入れが制限された。さらには入院期間も三〇日間から平均八日間へと段階的に縮小されたほか、ベッド数も二四床、そして一九七六年には三六床へと増床された。外来部門については一九五七年には外来専用の建物が設置され、職員数も増員された。

ステノメモリアル病院は研究病院であった。ハーゲドンが個人的に行っていた科学研究は徐々に減少し、ついには全く行われなくなった。以前は代謝測定器を使って酸素吸収量および二酸化炭素排出量を測定し、さまざまな病的状態におけるエネルギー代謝を研究していたが、ブランクが続き、一九三四年以降は完全にストップした。プロタミンインスリンの発見後はその吸収について調べたが、それも途中で中断され、他の人が引き継いだ。ハーゲドンは技術的な問題に多く関わるようになった。しかしその該博な知識と批評精神は、その後も卓越した科学研究のきっかけを数多く作った。

H・C・オルセン博士

H・C・オルセンは副甲状腺に関する博士論文を書き上げ実績もあった[27]。ハーゲドンは副甲状腺に強い関心を寄せていた。副甲状腺ホルモンの分泌過多は骨や腎臓の疾患につながる。副甲状腺ホルモンの効果はpHに依存することをオルセンがつきとめたところ、ハーゲドンはこの発見に深く感銘を受け、ノルディスク研究所生物学部門に彼専用の研究助手をつけた。この措置はきわめて異例で、ハーゲドンは、博士過程の学生はすべての実験を自分で行うべきだとの考えであったのだ。その一方で、ハーゲドンは妥当と判断したものに対しては技術的支援を与えた。あるとき、オルセンがノーマン・イェンセンの勧めを思い出

運動が糖尿病に与える影響を調べるエアボ=クヌドセン博士

し「石英ではなくプラチナのるつぼを使うことができれば、カルシウム分析の精度が向上するのに」といった趣旨のことを述べた。ハーゲドンは値段の高さから首を横に振ったが、数日後にはうれしそうな顔でオルセンのもとを訪れ「結局プラチナ製のるつぼを一〇個注文した」と告げたという。

自分のもとで研究を行う学生には、国外の研究室への訪問をうながし、研究費さらには旅費も病院で負担した。オルセンの場合については、博士論文を英訳するための翻訳料さらには出版にかかる経費まで負担する用意をしていたが、その一方でこれが慣例となることを恐れ、オルセンにまずは一切を自己負担させ、そのうえで病院が自己負担分に相当する金額で大半の部数を買い上げることを提案している。ハーゲドンはこうした方面での配慮を欠かさなかった。オルセンの博士論文が完成すると、多大な努力を払って医学博士号取得に向けた公開審査会を手配し、わずか二週間のうちに適任の審査担当教授二名を探し出すことに成功し、大いに喜んだという。今日ではまる一年は要する。

オルセンの博士論文は一九三四年五月一七日に提出された。相前後してオルセンは病院の看護婦の一人、アウネーテ・ホイラップと婚約した。こうしてオルセンは医局員がスタッフと結婚するケースの先鞭をつけることとなったが、貴重なスタッフの流出につながるにも関わらず、その後もハーゲドンは医師や研究者による科学研究を精力的に支援し、一九七一年に没するまでに病院関係者による医学博士論文は一四件、自然科学博士論文は二件、それぞれ提出されることとなった。

オルセンはのちにロネで医長となり、獣医学者や農業組織と共同でボーンホルム島のウシ結核の根絶に成功したことで世界的に有名となったが[28]、成功の再現を夢見てその後手がけた研究、文明病の一つである「便秘」の根絶については挫折した。彼は研究の失敗を、「下剤不要」と印刷された封書を無料で配達してくれなかったのが原因だとして、郵便局のせいにした[29]。当時は排便のトラブルの多くが下剤の使いすぎによるものであることはよく知られていた。こうした失敗にもかかわらず、ハーゲドンとオルセンは終生、よき友人であった。

研　究

ステノメモリアル病院は北欧唯一の糖尿病専門病院であったが、世界にはほかにも同種の試みがみられた。例えばドイツ北部リューゲン島には一九三〇年、キャッチ Gerhard Katsch 教授により糖尿病患者用のコロニー（居住地）が設けられていた。研究よりも社会生活に重点を置いたこの居住地では、体を使ったさまざまな活動を通じて、若い糖尿病患者に対して「毎日インスリン注射を行わねばならず、時には低血糖昏睡に陥るからといって、それは身体的障害ではない」ということを教えることを目的とした。これに加え、高失業率という当時の時代背景にあって、多少の希望を患者に与えたこともあり、コロニーは大人気となった。[30][31]

キャッチとハーゲドンは互いに敬意を払っており、頻繁に相手のもとを訪ねては情報交換を行った。とはいえ、一九三二年頃にステノメモリアル病院と肩を並べる存在と言えたのは、米ボストンのジョスリン・クリニックをおいてはほかにない。ジョスリン・クリニックも糖尿病患者専用の病棟を持ち、その水準の高さはよく知られていたほか、外来部門と研究施設を有していた。加えてインスリンを必要としない患者も受け入れていたため、ステノメモリアル病院よりもかなり規模は大きかったと言える。またジョスリン・クリニックには、プリシラ・ホワイト Priscilla White 博士のもと、妊娠糖尿病専門のクリニックも開設された。妊娠糖尿病専門のクリニックはその後デンマークでも、ステノメモリアル病院の医局員ユルゲン・ペダーセンによって、コペンハーゲン大学病院に同様のものが開設され、研究がさらに進むこととなった。こうした努力は、糖尿病の母親から生まれた子どもの死亡率が五〇％から二％へと大幅に下落するという輝かしい成果につながった。[32]

一九三八年、ステノメモリアル病院にとってデンマーク国内でのライバルとなる「糖尿病患者サナトリウム」が設立された。ノボ社が設立したこの病院は、クランペンボーのヴィドーレにある美しい宮殿を転用したものであり、このヴィドーレ宮殿は国王クリスチャンⅨ世の二人の娘、のちのイギリス王妃アレクサンドラと、のちのロシア皇后ダグマールがかつて生活したことで知られていた。セント・ジョセフ病院医療部門でもトップを務めるハラル・ハンスボー Harald Hansborg が同病院のトップを兼任した。戦後はモーンス・イャスィル Mogens Jersild 博士、次いでクリスチャン・ビンダー Christian Binder 博士のもと、糖尿病治療に重要な役割を果たしたものの、ステノメモリアル病院にとって真剣なライバルとなったのは、ハーゲドンの死後しばらくたった一九八〇年代に入ってからである。

ステノメモリアル病院は国内外の患者に愛された。すべての患者に対する入念な検査、組織立った治療法、患者に対する継続的なチェック、ノルディスク研究所との緊密な協力体制は確かな結果につながった。この病院に通い続ければ、他の病院に行くよりも長生きでき、障害を伴う合併症も少ないことを、証拠をもって示すことができた[33]。また、患者治療の体制、患者とその家族に対する食事やインスリン治療に関する教育、そして血糖コントロールやインスリン自己注射の方法、足のケアといった自己管理に関する指導は、一つの学派を形成した。

最後に、同病院がよりクリーンかつ混和性の高い持続型インスリンの開発において果たした重要性を見逃してはならない。これも、同病院における治療の標準化、毎日の検査、そして患者が示した自信によって、はじめて可能となったものである。

8　プロタミンインスリン

一九三三年、四五歳のハーゲドンは、デンマーク国内の尊敬を集める著名な医師であり、国際的にも名を知られていた。ノーマン・イェンセンと共同開発した血糖測定法はさらに進歩を重ね、すでに世界中の臨床施設で採用されていた(1)。また、ノルディスク研究所のインスリンも、登場から一〇年で世界的に知られるようになり、他の追随を許さない品質の高さが評価されていた。国際規格製剤の四〇％はノルディスク研究所製であり、またステノメモリアル病院という病院も擁し、北欧全体からインスリン依存型糖尿病患者が訪れていた。それでいてなお、まだキャリアの頂点には到達していなかった。医師として、また先駆者としてのハーゲドンの人生の頂点は一九三五年、プロタミンインスリンと呼ばれる、世界初の臨床使用に耐えうる持続型インスリンを発見した時期といえる。

プロタミンインスリンの発見がいかに画期的なものであったかは、ジョスリンの評価に見て取ることができる。ボストン出身のこの経験豊富な糖尿病医が、自ら「ハーゲドン時代」と記しているのだ。ジョスリンは、世界中の糖尿病専門家によって長らくバイブルとして読み継がれてきた糖尿病治療の教科書の著者であるが、その中で糖尿病の歴史区分を示している。一九一〇〜二〇年はノーナンの時代、次いで飢餓療法を提唱したアレンの時代、バンティング時代を経て、ハーゲドン時代が到来したと記している。[2] 一九三五年以降、世界中どこへいってもハーゲドンの名を知らない糖尿病専門家は皆無となった。海外講演に出かければ、行く先々で偉大な人物として迎えられた。イギリスではO・レイトン O. Leyton が「糖尿病への最大の功労者の一人[3]」と呼んだ。プロタミンインスリンの歴史を以下に紹介しよう。

プロタミンインスリンの開発

インスリンの純度が向上するにつれ、血糖降下作用が強くなり、また作用持続時間が短くなった。発見当初は1mgあたりの生物学的効果は約一〇国際単位であったが、当時は二二〜二四国際単位／mgにまで上昇していた。膵抽出物に含まれる不純物は結晶化しないことから、これを除去する方法としてインスリンの結晶化が次第に取り入れられるようになっていた。

こうしてインスリンの純度が向上したが、それによってアレルギー反応やインスリン抵抗などの副作用は減少するというプラス面はあったものの、その一方で前述の通り、血糖降下作用が強まり、また作用持続時間が短縮化するというマイナス面も存在した。特に若年の糖尿病患者は、インスリン欠乏により起床時にアシドーシスになりかけている症状がしばしば見られ、最悪の場合、朝晩に加えて夜中にもインスリン投与の必要があるほどであった。注射後三時間までには血糖は再上昇を開始するのが法則であったが、これを抑制するためにインスリン投与量を増やすと、重度の低血糖ショックに陥る危険があった。このことはハーゲドンにとって大きな悩みであり、「インスリンは不純物が入っていたほうがうまく働く[4]」とノーマン・イェンセンに語ったという。

ジョスリンは一九二八年、この点について彼らしい明解な説明を行っている。「インスリンが次のような形態で提供されれば、我々はみなどれほど有難く思うことであろう。(1) 持続時間が八時間ではなく、一二時間またはそれ以上であること、および (2) インスリンが急激に吸収されてインスリンの効果を急速に発揮するのでなく、ゆっくり吸収されてその役割を果してくれること[5]」

その六年後、ハーゲドンとその同僚たちは、インスリンにプロタミンを加えることで、これらの問題点を同時に解決してみせたのである。

時はさかのぼって一九二三年、糖尿病患者八名に対し初めてインスリン治療を施し、そのことをデンマーク内科医協会に発表したとき、すでにハーゲドンはインスリンの作用持続時間に関する問題点を指摘していた[6]。その後インスリンの結晶化が可能になると、懸濁結晶を注射することでインスリンの作用を緩慢にし、かつ引き延ばすことができるのではないかと考えられたが、実現に至らなかった。何年も後になって、ノボ社がインスリン結晶に特別の加工を施し、こうした要求に応えたが、それもさまざまな手を尽くした後の話である。

例えばすでに一九二三年には、アラビアゴムの木からとれる天然樹脂を添加することで、インスリンの作用時間を持続させる試みがなされたほか、レシチンやタンニン酸なども添加物として試行された。一九二九年にはロンドンのO・レイトン博士が、イギリスの有名な医学雑誌『ランセット』に、インスリンをさまざまな油脂類と乳化させることで、作用持続時間を延ばすことができるとする論文を発表したが[7]、効果が予測不可能であり、副作用も大きかった。

またボストンのディーコネス病院のジョスリン・クリニックでは、インスリンに少量のアドレナリンを加えて作用時間の持続をはかった。アドレナリンは血管収縮作用を有することから、インスリンの吸収が抑えられる仕組みである。デンマークでは、ヴィルヘルム・クラウセン Vilhelm Clausen 博士が一九三四年この考えを取り入れ、このテーマで博士論文を提出した[8]。しかしながらアドレナリンインスリンの作用の仕組みは完全に実験されておらず、ほどなくして、皮下組織からのインスリン吸収は確かに一・五時間程度引き延ばすことが可能だが、その後の吸収はフルスピードで起きることも判明したほか、インスリン作用のピークを抑えることはまったく不可能であった。

ハーゲドンはこうした一連の実験に大きな関心を示した。それどころか彼自身がこの問題において重要なポジションを占めることとなった。医師として、入院患者を通じてこうした問題に毎日直面しており、また技術者・製造者としてインスリンの生化学的性質とその製造方法をすみずみまで熟知していた。それでもインスリンに化学的調節を加えた結果、その生物学的作用を弱めてはならないという命題が、問題解決を困難にした。

ハーゲドンは、インスリンの純化過程に関与した経験から、持続型のインスリン化合物は膵抽出物の中でも不溶性に近い粒子に含まれることを突き止めていた。そこで、インスリンの可溶性を人工的に抑える方法を検討することにした。

まず試したのは、インスリンに少量の重金属類を加えることで、低可溶性の塩類を作ることであった。レイトンがすでにリンタングステン酸を使ってこの方法を試みていたが、ハーゲドンには人体が鉛化合物を完全に排出できないのではないかとの懸念があった。[9] インスリンは毎日注射が絶対条件だが、有毒な濃度に達しうる量の添加は避けられないものと見られた。また動物実験の結果、期待された作用が見られなかったことから、別の方法を検討することにした。[10]

一九三二年のクリスマス前後、ある考えが降ってわいたハーゲドンは、ノーマン・イェンセンに向かって突然大きな声で訊ねた。

「アルカリ性タンパク質と言ったら何があるか」「ヒストンやプロタミンです」

イェンセンは静かに答えた。[11] ヒストンやプロタミンは一八六八年、ミーシャー F. Miescher が発見し、その後ドイツの生物学者アルブレヒト・コッセル Albrecht Kossel によって図式化された、低分子量のアルカリ性タンパク質である。コッセルは一九一〇年にノーベル賞を受賞しており、一九二八年にはロンドンの出版社からタンパク質に関する本を出版したところであった。[12] ノーマン・イェンセンは一九一九年から二三年にかけて農業研究所に勤務し、当時の部門長であるA・C・アンデルセンからタンパク質化学について徹底的に学んでいたため、同書を読んでいた可能性も高い。ハーゲドンも早速一冊購入し、プロタミンとインスリンの安定した化合物を作るため、共同で作業にとりかかった。

一九三二年、ノーマン・イェンセンはビシュペビャー病院の薬剤師として勤務していた。給料もそれほど高くなく、仕事も単調で面白くなかったため、イェンセンはノルディスク研究所でハーゲドンとともに研究に打ち込むことが多くなった。一般の人でも手軽に使えるよう簡素化された血糖測定法の開発に、特

ノーマン・イェンセン
血糖測定法の開発、インスリンの生産、プロタミンインスリンの発見と、ハーゲドンの物静かな右腕として活躍

に関心を持っていた。病院勤務を終えた後、週数回、通常は午後になると研究室を訪れ、一人黙々と実験を行った。ハーゲドンとノーマン・イェンセンは相性がよかったようで、激昂しやすいハーゲドンの気持ちを鎮めるという絶大な効果を示すことがあった。人はイェンセンを「ドクターの友達」と呼んだ。

そしてついに、若き薬剤師ファニー・ラーセン Fanny Larsen（のちにハルストロム Hallstrøm）の協力のもと、ノーマン・イェンセンは血糖測定法の簡素化に成功した。試薬を錠剤の形にすることで、検査が簡略化されただけでなく安定性も向上し、デンマーク中の数多くの個人診療所にまで浸透した。ノルディスク研究所はこの製品の市場化を進め、小さな試薬工場を研究所内に建設した。この部門の監督者は長年にわたってグレーテ・バークフス Grethe Barkhus が務め、戦後には最大で年間六〇〜七〇万錠が製造された[13]。

ノーマン・イェンセンはノルディスク研究所の正職員になることはついぞなかった。しかしながら、彼とハーゲドンがプロタミンインスリンの生産をめぐる諸問題について数多くの議論を交わしたことは疑いの余地がない。最適な塩基性タンパク質は何かをつきとめるため、莫大な数の実験が手配された。当時は、グロビン、ヒストン、プロタミンのうちどれが最適か、誰も知らなかったのである[14]。

最初の実験は内密のうちに行われた。ハーゲドンもノーマン・イェンセンも競争の激しい分野に足を踏み入れつつあることを十分自覚していた。世界中のインスリンメーカーが議論している分野であった。唯一、薬剤師のイングリッド・ウッドストラップ・ニールセンだけが、当初から実験に関わっていた。

ミス・イングリッド・ウッドストラップ

イングリッド・ウッドストラップ Ingrid Wodstrup は当時三一歳、未婚で美しく、仕事をこなす勢いがあった。ハーゲドン博士に完璧に忠誠を尽くし、彼の望むことを先読みする力があり、何日もの徹夜もいとわなかった。有能さと意志の強さをみなぎらせつつも、ハーゲドンと対立することは決してなかった。研究所には一九二九年、インスリンの封入・梱包部門長として加わったが、すぐに頭角を現し、ハーゲドンから生涯にわたって信頼を寄せられる仲間となった。

プロタミンインスリンの開発というスリリングで多忙を極めた期間中、ハーゲドンはイングリッドと過ごすことが非常に多くなった。あらゆる相談を彼女に持ちかけており、そのことが彼女の心に大きな試練を与えたことは想像に難くない。彼女は恋に落ちたが、その思いが伝わったかどうかは定かではない。二人は終生、敬称である「De」で相手を呼んだし、出張の折も同室になることは決してなく、ハーゲドンが彼女に腕を回しているのを見た者はいなかった。しかしながら、職員の中にはハーゲドン夫人がミス・ウッドストラップのことを感づいているのではないかと思うものも出てきた。何しろ二人はいつも一緒なのだ。朝、郵便受けを開け、紅茶をいれてあげるのも彼女であり、昼は彼女の執務室で二人で昼食をとり、ゆで卵の殻をむくのも彼女の役目であった。[15] 昼食後は二人連れ立ち、帽子とベールに身を包み、インスリン沼に出かけてはハチの世話をした。彼女の自宅でパーティーが開かれると、ハーゲドンは大いに打ち解けて盛り上がるのが常であったが、妻のミッテが同行することはついぞなかった。

一九三一年から三三年にかけては離婚の話も出たが、ハーゲドンの母ですでに未亡人となっていたマリーが強く反対した。[16] そして息子は母の意見を尊重した。ブランデでの苦しい時代、肩を寄せ合い支えあってきた妻、自宅が悪臭漂うインスリン工場へと変わってゆくのに文句ひとつ言わなかった妻、夫が必要としている時にいつでも手助けできるよう歯科医の職を捨てた妻、そんな彼女を置き去りにするなど、母親には絶対に許せなかった。子供こそいなかったが、夫が感染症で寝込めばいつでも看病し、かんしゃくを起こしても耐え、無数のホームパーティーを切り盛りした。確かに妻のミッテもいっときは離婚を望んでいたかもしれない。だが二人の絆は強かった。ミッテは義母から観劇に何度も誘われたり、実家とのつながりを強めてもらったりと、全力の支援を受けた。[17]

そうして二人はようやく嵐をくぐり抜けたものの、何かが以前とは変わってしまっていた。夫妻は互いに敬愛する関係を維持し、友人、親戚、同僚の誰も、二人に口出しをする必要を感じなかった。だがハーゲドンは昔よりも近寄り難く、寡黙になった。腹の底から湧いたような明るさは失われ気難しくなっていた。時には激昂し、仕事机の上の書類が四方に飛び散り、電話も床に落ちるほどであった。彼の行動は予測不可能ではなかったが、何かがうまくいかないと感情を爆発させた。感情の波が引くのも早く、激怒したことを後悔し、相手にお詫びのしるしとして箱いっぱいのリンゴを贈り物として届けさせた。いつしか頑固者となり、駆け出し時代のユーモア好きの性格は失われていた。そんなハーゲドンを、周囲の人々は恐れてこそいなかったが、活気ある雰囲気はなりをひそめ[18]、誰もが彼に相談事を持ちかける前に、熟慮するようになっていた。

話をプロタミンインスリンに戻そう。クルペインプロタミンを大量自己注射し、何の作用も副作用もないことを確認したハーゲドンは、糖尿病患者にプロタミンインスリンを投与する実験に乗り出した。一九三三年春のある日、インスリン依存型糖尿病患者に、クルペインインスリンの透明な酸性溶液の皮下注射を行ったところ、残念なことに血糖への影響は通常のインスリンと変わらなかった[19]。そこでインスリン化合物を沈殿させて灰色の雲状の懸濁液とすることで中性化させた溶液を使い、再度実験したところ、血糖値の急降下が回避されインスリンの作用時間が大幅に持続するという期待した結果が得られた。その時点で一二時間もの作用時間が認められたのである。

モノプロタミンの有望性に一同は大喜びした。だが、モノプロタミンといっても具体的にどれが一番なのか。原料は魚の精子から容易に採取できたし、またインスリン一キロに一〇〇グラムといえば、五〇万から一〇〇万日分の消費量に相当し、非常に少なくてよかった。そこで大西洋、北海、ドナウ川、エルベ川、ヴィスワ川、およびデンマーク近海で捕獲した成魚の精子からプロタミンを抽出したほか、シナ・クリステセン Sinna Kristensen 薬剤師をチュニジアに派遣し、マグロを含む地中海産の魚からも精子を採取した[20]。その結果、魚種によってプロタミンインスリンの可溶性、具体的には水、血清、皮下組織における可溶性に差異が認められた。数多くの実験が、一部は患者を使って行われたのち、ニジマスの精子から抽出したプロタミンの効果が最も高いという結論に達した。一同はこれをサルミリジンと名づけた。

ノルディスク研究所内にはプロタミン工場が設けられ、K・E・ラスムッセン K. E. Rasmussen が工場長に就任、また二六歳で民間の技術者C・H・クライエンブール Charles Henry Krayenbuhl も同プロジェクトに参加した。良い人選だった。クライエンブールはプロタミンインスリンの機序を徹底的に研究し、プロタミンとインスリンの最適な関係、いわゆるイソフェン関係[21]を発見するなど頭角を現し、数年後にはトーマス・ローゼンベルクと共同で、プロタミンインスリンの結晶化方法を生み出した。結晶という形態はプロタミンインスリンの究極的形態であり、現在でもほぼ唯一の持続型インスリンとして世界中で使用されている[22]。

クラルップ博士

プロタミンインスリンの生産体制が整ったので、体系的な臨床試験を行う体制も整った。プロタミンインスリンの化学的性質を記した科学的論文だけでは不十分であり、どの患者に投与しても同じ結果が得られ、副作用がないことを示すことが必要であった。臨床試験は一九三三年九月、ステノメモリアル病院で

ニールス・B・クラルップ
プロタミンインスリンの研究を行っている時分の写真．
のちに教授となった

医局員を勤めていたニールス・ビュゴム・クラルップ Niels Bygom Krarup が担当した。当時無名だったクラルップは、前年夏に医師免許を取得、デンマークの海運企業イースト・アジアチック・カンパニーで船医として勤務後、ブライダム病院伝染病科での半年間の勤務を経て、ステノメモリアル病院に移ってきたところであった。上背があってすらりと高く、頭脳は明晰、人柄は気さくで労を惜しまず働き、清廉潔白で非の打ち所のない人物であり、のちにビシュペビャー病院で臨床教授を務めた。

クラルップは、ステノ病院の四一人の患者にプロタミンインスリンを投与し、徹底的に試験を行った。[23] 一一、〇〇〇以上もの血糖サンプルが分析され二一、〇〇〇以上の尿糖テストが行われた。加えてハーゲドンも独自に四四人の患者に試験を行った[24]。結果がきわめて良好だったことから、一九三五年一月二五日に開催されたデンマーク内科学会、さらには同年に開催された北欧内科医会議で発表を行うことにした。

結果は明らかだった――すべての症例において、プロタミンインスリンは作用持続時間が長くなり、患者間の差も軽微であった。低血糖昏睡の危険も減少し、早朝の異常な血糖上昇も見られず、静かに夜を過ごせるようになった。また注射部位周辺に痛みや炎症などの局所的副作用が一切認められないのも喜ばしいことであった。一九二八年にジョスリンが記していた願いが今、実現したのである。両学会とも新製品への関心は非常に高く、発表中に回覧した二本のアンプルのうち、一本しか手元に戻ってこないほどであった。

一九三五年四月一日頃にはプロタミンインスリンの生産手法は十分に確立したことを受け、ハーゲドンは特許を出願することにした。本当の意味での発明者は彼とノーマン・イェンセンの二人であることは明らかだったが、ハーゲドンはミス・ウッドストラップの名を加えることにこだわった。確かに開発当初から実験にたずさわり、終始忠実な助手であったことは疑いがない。また日夜を問わず働いて実験準備を手伝ったが、共同発明者に名を連ねてよいほどの科学的創造性が彼女に備わっていたかどうかは疑問である。

ノーマン・イェンセンにとっては面白くなかった。もしかしたら、ハーゲドンとミス・ウッドストラップとの間に親密な関係が生じていたことに反感を覚えていたのかもしれない。彼にしてみれば、ハーゲドンとの関係に第三者が割り込んできたようなものであった。そんなこともあって、出願作業は難航した。出願前後の数週間にわたり、ハーゲドンは倒れて寝込むほどであった[25]。

当時もノルディスク研究所理事会会長を務めていたアウグスト・クロー、さらには旧友でのちにデンマーク自由連盟に加わることになるオーレ・チーヴィッツ教授などが特許出願をめぐって話し合った結果、次のようになった——この特許は当初、ミス・ウッドストラップのみによって出願され、その時点ではハーゲドンおよびノーマン・イェンセンは共同署名者に含まれていない。まずとにかく出願を行い、それからじっくりとその科学的メリットと金銭的報酬について話し合えばよい。

一九三五年当時、医薬品は特許を取得できず、調製過程のみが特許取得対象となっていた。そのため一同はプロタミンインスリンそのものに対する特許ではなく、組織溶液中における低可溶性インスリンの化学的生産方法に対し特許を出願した。またミス・ウッドストラップを出願者にすることで、取得できなかった場合にもハーゲドンとノーマン・イェンセンの名前に傷がつかないようにした。

さらに大きな懸念があった。ハーゲドンはノルディスク研究所所長として、特許使用料の全額をノルディスク研究所のものにしたいと考えていた。プロタミンインスリンの研究はすべてノルディスク研究所とステノ病院で行われており、ビシュペビャー病院やノーマン・イェンセンの個人的研究としては一切行われてこなかった。

しかしながらここで問題となったのは、この発明に大きな役割を果たしたノーマン・イェンセンが、ノルディスク研究所と雇用関係を結んでいなかった点であった。もしも特許出願者がハーゲドンとノーマン・イェンセンの二名のみであったら、特許使用料の分配について問題が生じた可能性がある。[26]

どうやらハーゲドンは、ノーマン・イェンセンがこれ以上ノルディスク研究所と深く関わりを持つことを阻もうとしていた節がある。もしそうなったら彼を配下におさめておく自信がなかったのであろう。

ノーマン・イェンセンは一匹狼で、気難しい面もあった[27]。何度も何度も実験を繰り返し、わずかな改善の余地がないか突き詰めるため、仕事を終わらせることができない性格だった[28]。実際、彼はハーゲドンとの共著以外の論文は一本も書いていない。加えて視力の低下により、実験室での作業は年々厳しくなっていた。こうした事情もあり、最終的に特許はミス・ウッドストラップ単独で出願された[29]。

一九三五年四月八日、ホフマン=バング&ブタード特許事務所によって、以下の内容で出願が行われた。「下記の者（ホフマン=バング&ブタード特許事務所）は、同封文書に記した権限に基づき、ゲントフテのブロゴースヴァイ四〇番地に本拠地を置く製造・貿易業者ノルディスクインスリン研究所に代わり、ゲントフテのブロゴースヴァイ四二番地を住所とするハンス・クリスチャン・ハーゲドン博士、およびヘルップ、トゥボーヴァイ六四番地を住所とするビルガー・ノーマン・イェンセンの協力を得て、ゲントフテのブロゴースヴァイ四二番地を住所とするミス・イングリッド・ウッドストラップ・ニールセンにより発見された、インスリン溶液の調製に関して新たに発明された方法に関する特許を、ここに出願する」以下、詳細説明とミス・ウッドストラップの署名が続いている。

同年一二月二三日になってようやく、ハーゲドンおよびノーマン・イェンセンが共同発明者であり、ミス・ウッドストラップに特許出願および特許権を譲渡する旨について署名する正式な宣言が、両名によって追加提出された。

出願作業は順調に進み、一一月一六日に公開されたものの、異議申し立てはなかった。

よって年末までには、デンマーク内外の特に関心を持つ医師を対象に、この製剤を供給する初期準備が

ハーゲドン家の晩餐前のひとこま

整えられた。

　ハーゲドンは体調も回復し、昔のように年末の行事を祝えるようになっていた。一月五日の公現祭（エピファニー）には一家がそろい、ミッテが料理の腕をふるうのがハーゲドン家のならわしであった。一九三六年のこの日も、家に大勢の友人を迎えた。ニールス・スティーセン通り四番地の新居で祝う二度目の公現祭である。二年前の一九三四年、ノルディスク研究所ではイヴァー・ベンツセンに設計を依頼して医師住居を建設していた。ハーゲドンとミッテは同年一一月、「赤い石」の家から、機能主義の様式にのっとった、外壁に黄れんがを使用した広い新居に移った。庭にはクリスマスツリーを配し冬の眺めはことに美しく、広大なダイニングルームはゆうに三〇名は収容でき、中央には長さ二メートルの沈床式フラワー・ボックスが設けられ、いつも季節の花で満たされていた。居間には庭を見渡せるよう高さ三メートルもの窓が設置され、開閉は電動式であった。電動式開閉窓はタバコの煙を嫌うハーゲドンが特に重視した機能であった——部屋に煙が充満してきたと感じたら、スイッチひとつで窓を開閉することができた。

その年の公現祭に顔をそろえたのは、ノーマン・イェンセン夫妻、チーヴィッツ夫妻と子供二名、オスロから赴任した新しい医局員ペール・ハンセン Per Hanssen 博士、ホルスト博士夫妻、英バーマイスター&ワイン社からテオドール・イェンセン夫妻、そしてミス・ロレンツであった。ノーマン・イェンセンは食卓でチーヴィッツ夫人の隣に着席した。グリーンピースのスープに始まり、メインはダックの塩焼きマン島風、デザートにはトライフルが供された。シャトー・ガファリエールの素晴らしいワインに始まり、マデイラ酒やポートワインが美しいグラスに注がれた[30]。チーヴィッツが話の輪の中心になった、和やかな雰囲気の一夜であった。積もる話はたくさんあった。例えばハーゲドンが一カ月半前、スタウヴァビュに新しく購入したカントリーハウスについて。それはカリット・エトラーの小説に登場するヨングホーエズから わずか一五エーカーに位置し、プレスト湾を望む位置にあった。ハーゲドンはここにリンゴ園を作り、ボートを買い、これから建設予定のサマーハウスの脇に停泊させる計画であった。

また、インスリンの売上に関する話題も出たかもしれない。過去四年間でインスリン売上高は再び倍増し、年間総売上は二〇〇万クローネを上回るようになっていた。再び生産を増強する必要があったため、近代的な工場の建設計画が持ち上がっていた。景気停滞と失業に彩られていた時代においては、実に明るいニュースであった。なにしろ労働者の四人に一人が無収入で、手当てもごくわずかであった[31]。ハーゲドンは新工場計画に奔走していた。新工場は「赤い石」に隣接する土地に建設予定であった。「赤い石」そのものは建てられてからわずか一〇年であったが、すでに老朽化していた。また飛行機の話題も楽しんだ。飛行機操縦免許を取得したハーゲドンは一九三四年には自家用機を購入し、気軽に飛ぶことができた。

そしてもちろん、プロタミンインスリンについての話も楽しかった。クラルップによる作業は完了しており、一九三五年一〇月一九日には博士号取得論文「プロタミンインスリンの作用に関する臨床実験」をコペンハーゲン大学医学部に提出し、審査待ちであった。[32] ステノ病院開院よりわずか三年にして、博士論文提出者は二人目であった。公開審査は一月一六日ともうすぐであった。一九三五年一〇月、クラルップはセントエリザベス病院に移ったため、ステノ病院では後任の医局員として、ノルディスクインスリン基金理事であるオラフ・ハンセン教授の息子をオスロ大学から迎え、研修を行おうとしていた。

またクラルップは、ハーゲドンとノーマン・イェンセン、そしてミス・ウッドストラップの助けを得ながら、米国で最も著名な学会誌であるJAMAに、プロタミンインスリンに関する論文を投稿していた。[33] 参照用として第一稿の回覧を入手したジョスリンは、これを直ちにリリー社の研究部長を務めるG・H・クロウズに転送した。彼はそこに記された発明の重要性をすぐに理解し、その後しばらく大西洋をはさんで電報や手紙が行き交うこととなった。

一二月には、クロウズは実験結果をウサギで確認することに成功し、ハーゲドンにこう書いている。「きわめて興味深い論文を祝福いたします。……本件の実施につきましては、貴殿にぜひとも協力させていただきたく存じます……」[34]

当時リリー社は世界最大のインスリンメーカーであったことから、一同はこの申し出を非常に光栄に感じたものと思われる。

論文の最終稿は一九三五年一二月七日に「プロタミンインスリン」の題名で掲載され、発明者一同はこれにより世界的に有名となった。だが、特許が公開された暁には、どのような反応が生じるであろうか。どのような反論がわきおこるであろうか。このように、公現祭の食卓では話すことが実にたくさんあったのである。

ノーマン・イェンセンとの仲違い

この頃のハーゲドンはストレスが多く、ぴりぴりしていることが多かった。一月一七日、特許に対する初の異議申し立てがノボ社から提出された。その翌日には医療製造業協会から長文にわたる異議申し立てが提出された[35]。

いずれも、元同僚からの異議申し立てであった。曰く、この発明には何ら目新しい点はない、また医薬品の特許取得禁止により、さらには本発明の産業利用が不可能であることによって、本発明の特許取得は不可能とのことであった。ハーゲドンとノーマン・イェンセンは異議申し立てが行われると直ちに、一月二〇日頃に話合いを行った。緊張した雰囲気の中行われた話合いは、大喧嘩の末に終わった。理由は明らかでない。ハーゲドンの資料にもアウグスト・クローの資料にもその理由を示すようなことは記されていないし、筆者が面会した元社員も誰一人としてその理由を知らなかった。

唯一ノーマン・イェンセンが、自伝の中で簡単に触れている。「ハーゲドンと私はいわゆるプロタミンインスリン化合物を共同生産し、その臨床試験はハーゲドンとニールス・B・クラルップによって行われた。これは糖尿病治療に関する非常に重要な発明であったが、完成するかしないかのうちに、金銭的報酬ならびに科学的功績の配分について同意に至らず、我々は反目のうちに別れた。本件に由来する苦い対立は決して忘れ去られることはなかった[36]」

しかし、二人を別れに至らしめたのは、金銭的報酬と科学的功績の配分だけが理由ではなく、他の要素も関与していた。ノーマン・イェンセンにとっては前述の通り、ハーゲドンに対するミス・ウッドストラップの貢献は重要なものだったと自らに納得させることは困難だったし、ノルディスク研究所ともっと正式な関係を結びたいとのサインを出しているのに、ハーゲドンがそれらを理解してくれないことへの不満もあったに違いない。そこへ異議申し立てである。時間をかけて製造方法を再度確認しなければならない。また、いずれはコペンハーゲンで薬剤師として独立開業したいとの思いもあり、そのためデンマーク中の製薬工場を敵に回すようなことは望んでおらず、むしろ特許出願を取り下げる用意があった。ハーゲドンの反応は正反対であり、むしろ異議申し立ては彼の闘争心に火をつけた。ハーゲドンにとっては、異議申し立てについては旧友に裏切られたとの思いが強かった。

ノーマン・イェンセンが不当な金銭的要求を示したとは考えにくい。彼は金に無頓着であり、子供も車もなく、トゥボーヴァイの質素なアパートで暮らしていた。だが病院薬剤師としての待遇向上を望んでいたことは理解できる。これに対し、ハーゲドンは金に困っていなかった。ノルディスク研究所の所長であり、多額の報酬を受け取っていた。研究所の定款では研究所内で行われた発明から生じた利益を含む一切の利益は同研究所に帰属し、黒字が出た場合はノルディスク基金に帰属するよう定めていたが、それを確認するのも彼の仕事であった。さらには道義上の問題があった——ハーゲドンとクローはトロント大学グループの決定に従い、インスリン価格はできる限り低く抑え、個人への報酬を価格に転嫁してはならないと取り決めていた。二人はこの決定を忠実に守り、クローも自分の貢献に対する取り分を主張することは決してなかった。

ハーゲドンとノーマン・イェンセンが意見の一致をみたのは一九三六年三月二六日、三人の発明者が特許権をノルディスク研究所に一人一ドルで譲渡し、支払いを受けたときである。この取決めには当然のことながら、ノーマン・イェンセンのノルディスク研究所に対する役務への対価も含まれていた。理事会はこの件について話し合い、四月一六日にはクローからノーマン・イェンセンに対し以下の手紙が送られている。

「ノルディスクインスリン研究所理事会は、貴殿が本研究所のために実施した研究、さらには貴殿が一般に利用可能とした科学的洞察、とりわけ持続型インスリン製剤の開発に対する貴殿の貢献に対し、心から感謝の意を申し伝える所存である。感謝の印として、小切手三万クローネを同封するので、ご確認をいただきたい次第である[37]」

その後何年にもわたり、プロタミンインスリンから発生した特許使用料はおそらく年間三〇万クローネは下らなかったものと思われ、それを考えれば、三万クローネという金額はあまりに少なく感じられる。しかし一九三六年時点では、プロタミンインスリンが大成功を収めるとは誰も予想していなかったのである。

それに、発明がノーマン・イェンセン一人の力によるものではないこと、またプロタミンインスリンの市場への浸透と歩調をあわせて速効型インスリンの売上は下落したため、インスリン市場全体がその後も拡大するにはプロタミンインスリンの発明以外の要素も必要であったことなども、加味する必要があるだろう。ノーマン・イェンセンにとって三万クローネの支払いは非常にありがたいタイミングであった。おそらく当時はかなり満足していたものと思われる。その後、プロタミンインスリンの大成功を見て初めて、彼は金銭的報酬の分配方法に疑問を抱いたのであった。

ノーマン・イェンセンの最後の発言、「本件に由来する苦い対立は決して忘れ去られることはなかった」からは、和解の鍵はハーゲドンの方にあるとノーマン・イェンセンが信じていたともとれる。だがノボ社設立に至ったペダーセン兄弟の場合と同様、ハーゲドンとノーマン・イェンセンとの間にも和解はついぞ成立しなかった。ハーゲドンは自身の感情の爆発を恥じていたか、あるいは人として傷ついていたか、さらには契約違反と感じていたかもしれない。我々には知る由もない。

だがハーゲドンの反応が非常に激しいものになりうることは、誰もが知っていた。長年にわたって同僚であり、医局員からのちに医長となったH・C・オルセン博士は、ハーゲドンが感情のコントロールがきかなくなる様子を次のように記している。

「博士の同僚、また技術者や設計者と話す中で、意に添わないことが起きると博士は怒りを激しく爆発させることについては聞いていた。しかし、長年の彼との交流の中で、そのようなものに直面したことはなかった。だがある日、何も知らずにレントゲン室に入った私は、はからずもこの種の怒りを体験することになった。博士は技師らに囲まれていた。彼は怒りで青ざめた顔をして、激しく行ったり来たりしながら、大声でわめき散らしていた。何が問題だったのかは覚えていないが、覚えているのは私が穏やかな口調で何か意見したことである。すると彼は私の方を見て、顔を真っ赤にさせ、こめかみを震わせながら、金切り声で私を罵倒した。私は大慌てで部屋を飛び出した(38)」

これほどの仕打ちにあっては、その後の関係修復が困難だったことは想像に難くない。いずれにせよ、仲違いの傷が癒えることはなかった。ノーマン・イェンセンは一月二九日にハーゲドン家で行われた夕食会に出席すると返事していたにもかかわらず、当日は姿を見せなかった[39]。ハーゲドンはノーマン・イェンセンの兄弟である技師のテオドール・イェンセンとはその後も長く親交があったが、ノーマン・イェンセンを夕食会に招くことは二度となかった。

絶交はどちらの心にも傷を残した。ノーマン・イェンセンはその後も、当時の話を聞かれると涙を浮かべることがあったほどで、ハーゲドンもその後二カ月近くも母親に連絡しなかった。これは重大な心配事を抱えている証拠であった[40]。しかしながら、血糖測定法に関する論文の英語版の作成にあたり、ファニー・ハルストロム（旧姓ラーセン）に加えてノーマン・イェンセンの名前も共著者に加えようとしていたこと[41]、さらには一九四六年、ノーマン・イェンセンの死後に記した感謝に満ちた追悼文は、和解の手をさしのべようとする気持ちの表れとも見てとれる[42]。ハーゲドンはノーマン・イェンセンの名を直接口にすることはなかったが、敬意を払っていることは言葉のはしばしから感じられ、プロタミンインスリンに関する絶交後初の外国講演でも「これからお話しすることは、一人の人間による成果ではありません。同僚たちの力がきわめて大きいことを、感謝の気持ちとともに、ここに改めてお伝えしたいと思います[43]」また、一九三七年に王立医学会で行った有名な演説でも、自身に加えて自身の同僚を代表する形で招待にあずかったことへの感謝の気持ちを伝えている。

ノーマン・イェンセンは一九三三年から三八年にかけて薬学協会に名を連ね、その間にはスヴェン・オ・スコ教授と協力して精力的に研究を行い、三七年にはデンマーク保健委員会の製薬部長に就任、三九年にはナイトに叙せられた。一九四六年、心臓発作により死去した。

ハーゲドンによる追悼文の末尾には次のようにある。「彼を親しく知る少数の人間は、彼とともに過ごした時期を、自分の人生を非常に豊かにしてくれた時間として大事にするであろう。そして、彼の助言や助力から恩恵を受けた者は、感謝の念をもってそれらを記憶するであろう」[44]

さらには一九五三年、名誉博士号授与の際にオーフス大学に提出した年譜には、このように書いている。「ブランデ時代は、ビルガー・ノーマン・イェンセンとの協力関係の開始によって幕を開けた。この協力関係は、時には長く、時には短い中断をはさみながら、二〇年以上にわたって続き、私の仕事に対するその重要性ははかりしれず、いかなる感謝も十分ではない」[45]

こうして見ても、ノーマン・イェンセンがハーゲドンにとって非常に重要な意味を持っていたことは明白である。絶交をとりやめ和解したいとの念は強かったことは間違いないが、彼の方から第一歩を踏み出すことができないまま、時はすでに遅すぎた。

こうした感謝の表明にもかかわらず、協力者としてのノーマン・イェンセンの名は急速に忘れ去られていった。その理由としては第一に、プロタミンインスリンは主に医学的重要性の点から注目が集まり、それに比べると化学的側面への関心はそれほど集まらなかった点がある。このため発明者チームの中でも、化学者や薬剤師ではなく医師がいわば第一バイオリン奏者となったのであった。また、ノーマン・イェンセンもミス・ウッドストラップも、自ら講演や論文を通してプロタミンインスリンの化学的性質を論じようとは夢にも思わなかった点もある。本人さえその気になればそうした機会は十分にあり、のちに薬学教授となったスコ博士もそうした機会を十分に利用している。だがノーマン・イェンセンやミス・ウッドストラップはそうしたことに対するコンプレックスがあったものと思われ、またミス・ウッドストラップはハーゲドンに近すぎた。さらには、ハーゲドンは何でも自分の支配下に置きたがり、押し出しが強く、人をひきつける力があった。こうしたハーゲドンの性格だけでも、残る二人の共同発明者を躊躇させ、講演など試みまいと思わせるには十分であったものと思われる。

ハーゲドンは二人の共同発明者の名を講演で紹介することはなかった。これは当時としては異例のことである。これをもって共同発明者の存在を隠そうとしていたとするのは誤りだが、だからといって、共同発明者にあえて脚光を浴びさせようとしなかったのも事実である。ただハーゲドンは自分自身についても、売り込みは一切しなかった。講演は招待されたときしか行わず、控えめな印象を与え、自身を揶揄(やゆ)したり批判したりするのが常で、空威張りを軽蔑した。ただし野心と意志は強かった。

特許取得

ノーマン・イェンセンが去った後のハーゲドンは、特許に対する異議申し立てに一人で対処せねばならなかった。彼はこの仕事を精力的かつ正確にこなしていったが、必ずしも楽しいばかりの仕事ではなかった。四月一一日、ベルリンに休暇で滞在中のチーヴィッツと数日間の休みを楽しむため「ニチヨウジュウジハンニゴウリュウス」との電報を送ったが、打電の数時間後には取り消しを迫られた。というのも、ハーゲドンの手元にヴァールブルク教授が届けてくれた手紙には、トーマス・ペダーセンによりこう書かれていたからである。「……同特許案件の要求事項はきわめて多く、科学的原則に抵触するため、利用可能なあらゆる法的手段を用い、現在の形での特許取得を阻むのが妥当であるというのが我々の考えである[46]」この手紙を目にした瞬間、休暇の夢は消えてなくなった。すぐに手を打たねばならない。

特許明細には「インスリン製剤の製造方法について。塩酸塩インスリンにアルカリ性タンパクまたはクルペイン等のタンパク分解物との混合溶液という特徴を有する。これはインスリンの生理学的効果の前には不活性であるため、塩酸塩インスリンに比して血管内および組織液内における可溶性が顕著に低下する均質的な製品が実現する」としていた。

これに対してノボ社は、プロタミンインスリンは新たな薬剤であり、その製造方法、すなわちごく一般的な二つの成分を混合することは特許の対象外だと主張した。[47] さらにノボ社は、ハーゲドンが一九三五年初頭にはプロタミンインスリンについて講演を行っていることをあげて、この発明は新しいものではないとも主張した。だが、ノボ社はある学会の非公開の会合を通じて同発明の詳細を知ったが、その席でこの発明について伝えた人物がこの学会の会員ではなかったため、後者の主張は簡単に却下された。[48]

他の製薬会社は、本特許がインスリンに不活性のアルカリ性タンパク質すべてを対象とすることを重く見ていた。これだと、他のタンパク質を使った類似のアプローチの道を阻み、ひいては糖尿病患者は不利益を被ることとなる、また持続型インスリン製剤の生産がノルディスク研究所の独占状態となると考えた。対してハーゲドンは、これが新しい薬剤でないのは明らかだと主張し、本件に関与する薬剤はインスリンだけであり、新しい側面とはこれを低可溶性の形態に変換するための方法、すなわちプロタミンを混合し、溶液をアルカリ化した点にあるのだと反論した。確かに本特許の適用範囲は広く、利用できる可能性のあるタンパク質に対しかなりの制限を認める内容になっていることは認めた。それで、この点についてはプロタミンだけを含めることに特化した。

こうしたことから、一九三六年九月三〇日に受理された出願書類の記載事項は以下の通りであった。「インスリン製剤の製造方法について。相互定量性による塩酸塩インスリンおよびプロタミン溶液の反応物の生産を特徴とする。反応後に取得できるプロタミンインスリン溶液は、同生成物のpH値を6から8に変化させると直ちに沈殿が生じる。すなわちプロタミンインスリンの沈殿である」この文言によって特許は定義され、独占状態の可能性は回避された。ハーゲドンにとっては困難な仕事であった。特許局に提出された出願書類は七〇ページにもわたった。だが問題が一山を超えたことで、ハーゲドンとミス・ウッドストラップにとっては肩の荷が下りた気分であった。理事会も喜んだ。

ジョスリンによる賞賛

ノルディスク研究所は早速、同発明の利用に乗り出していた。一九三六年二月四日には国家保健委員会よりプロタミンインスリン製剤の販売許可を取得しており、その直後から大量生産を開始していた。この発明は大成功を収めた。

製剤は「インスリン・レオ・レタルド」の名称のもと販売された。一箱は六本入りで、五本はプロタミンインスリンを含む透明な酸性溶液、残り一本は緩衝液としてリン酸塩が入っていた。使用前に、緩衝液1mlをシリンジに取り、アンプルに入ったプロタミンインスリン溶液と混合すると、プロタミンインスリンの沈殿が発生する。正しい量の懸濁液をシリンジで測りながら、患者の皮下組織に注射する。混合後のアンプルは約一週間使用できた。非結晶性プロタミンインスリンの懸濁液については、数週間程度しか安定していなかったため市場化できなかった。[49]

デンマークで作られたプロタミンインスリンは、国内外の購入希望者が後を絶たなかった。例えば、遠くパナマから「ヨーロッパ、デンマーク、コペンハーゲン市、糖尿病患者のためにプロタミンインスリンを発明してくださったハーゲドン博士」という宛先だけでハーゲドンの元に手紙が届いたこともあった。一九三五年秋、JAMAに成果を発表するより早く、ハーゲドンは国外数カ所のクリニックにプロタミンインスリンを納入していた。ジョスリン博士はマイノットから、ノルディスク研究所の成果について聞いていた。[50] そのマイノットはハーゲドンと昼食をとった折に新発明の話を聞き、自身がインスリン依存型糖尿病であったこともあり非常に感銘を受けていた。そこでジョスリンはハーゲドンに対し、同僚のハワード・ルート **Howard Root** を研修員として派遣したいのだが受け入れ可能だろうかとの電報を打った。

これをきっかけに新しいインスリンに関する噂は一挙に広まった。すぐに試験が行われ、ほどなくしてノルディスク研究所の結果は完全に確認された。その結果はきわめて説得力の高いものだったので、ジョスリンはかの有名な糖尿病学の教科書の一九三七年版において、以下のように記したほどであった。

「ハーゲドンの実験結果の確認は、まずボストンのジョージ・F・ベーカー・クリニックのメンバーによって、次にメイヨー・クリニックおよびトロント大学のグループによって、さらには他の人々によって、それぞれ行われた。つつましく控えめな発表においてハーゲドン自身が主張していた内容のすべて、およびそれを上回る内容が事実であると確認された。夜間に投与されたプロタミンインスリンの効果は一四時間後も持続することが示された[51]」

また、ジョスリンと並んで当時の米国を代表する糖尿病医であったフレデリック・アレンもこれに追随して次のように述べている。

「よってハーゲドン博士の鮮やかな成果は、インスリン治療の新時代と約束されるものの先陣を切ったものとして評価される。この新時代は、完成度も成功度も一層増大したものであることは明白である[52]」

教科書に掲載されるほど急速に、一つの療法の革新が受け入れられるのは、きわめて珍しい。プロタミンインスリンの国外での認知度は、急速に高まったと言える。

発明を守るため、ハーゲドンは早くも一九三六年には国際特許局に赴き、国外特許出願への準備を依頼した。国際慣例によると、ある国で特許を取得した人は、取得から一年間、他国でも特許出願を優先的に行う権利を有したからである。

だがそれよりも前、一九三五年の年末から翌年頭にかけて、ハーゲドンはトロント大学インスリン委員会宛てに、カナダ国内におけるプロタミンインスリンの特許権を譲り受けることに興味はないかとの打診の手紙を書き送っている。プロタミンインスリンの話をすでにジョスリンから聞いていたベストは、この寛大な申し出を検討するために臨時会議を開いた。一月一五日午後三時、ハーゲドンのもとに一通の長い電報が届いた。そこには、トロント大学が彼の申し出を感謝の念を持って受け入れるとともに、米国における将来的な使用許諾権保持者の監督も行う旨が書かれていた。電報の長さそのものが、トロント大学の真剣さを伝えていた。

クローとハーゲドンはこれを受け入れ、一九三六年二月五日までに、ノルディスク研究所にインスリン委員会から覚書が届いた。今後の協力関係の概要、さらには将来的な使用許諾権に関する詳細が記されていた。ハーゲドンは喜びでいっぱいだった――ようやく、トロント大学に対する道義上の借りを返すことができたのだ。一九三七年八月二五日、コペンハーゲンの英国大使館にハーゲドン、ウッドストラップ、ノーマン・イェンセンの三人が赴き、確かに発明者であるとの宣言を行ったのち、契約が正式に交わされ、発効された。この契約は非常に重要な意味を持った。というのも、ほどなくして起きた戦争によって、米国内のデンマーク特許はすべて外国所有物として差し押さえられたからである。

プロタミンインスリンの特許は、専業のインスリンメーカーが事業展開する国を中心に多数の国で登録され、一九三六年にはまずノルウェーで、ついでフランス、オランダ、米国、スイス、スウェーデン、スペイン、ドイツで登録された後、他の国々も次々にこれに追随した。一九四四年に特許権の期限が延長されて一九五三年とされたため、それまでの間、ノルディスク研究所には多額の特許使用料が入った。期限延長は、戦争によって同研究所が多額の損失を被ったことが理由であった。英国では、ブリティッシュ・ドラッグ・ハウス、バローズ・ウェルカム社、およびウェルカム財団との間で数多くのやりとりがあったにもかかわらず、なかなか契約交渉が進まなかった。ようやく決着がついたのは一九三八年に入ってからで、それも形式上の不備により特許が認められないというものであった。[53] ハーゲドンは、ブリティッシュ・ドラッグ・ハウスに対し、プロタミンインスリンの宣伝は一切行わないことを条件に、生産開始に向けてできる限りの支援を行った。こうした宣伝の禁止は、オランダのオルガノン社に対しても要求した条件であった。

亜鉛プロタミンインスリン（ZPI）

カナダでは、D・A・スコットD. A. ScottおよびA・M・フィッシャーA. M. Fisherが、プロタミンインスリンの生産に直ちに名乗りを上げ、同じ年のうちに新たな発見を行った。一九三四年、二人はJ・エーベルが発見したインスリンの結晶化プロセスの科学的記述に成功した際に、インスリンの結晶化にあたり亜鉛が重要な役割を果たすことを発見していた。そのうえでプロタミンインスリンの研究を行った結果、二人はプロタミンインスリンに対し、インスリン結晶化に必要な量の一〇倍の亜鉛を加えたところ、ハーゲドンのプロタミンインスリンよりもさらに可溶性が低く、よって吸収が遅くなることを発見した。カナダと米国では医薬品の特許取得が可能であったことから、スコットとフィッシャーは早速特許を出願し、数年後には亜鉛プロタミンインスリン（ZPI）を追加特許として取得した。これにより、ノルディスク研究所の特許は独自のものとして存続した。[54] ZPIはプロタミンインスリンよりも安定性が高く、従って直ちに使用可能な状態で販売できる点が長所であったが、作用持続時間が長すぎる点、また吸収が不安定で予測不可能なため、重篤な低血糖昏睡につながる恐れがあるのが欠点であった。こうした欠点にもかかわらず、ZPIは米国では米国製の製剤として歓迎され、積極的な宣伝活動も手伝って広く浸透した。これに対しヨーロッパでの反応はさっぱりで、ハーゲドンもこれを使用することはほとんどなかった。

9　ハーゲドン時代（一九三六〜四四年）

プロタミンインスリンの販売網は世界全体へと急速に拡大した。一九三七年初めには米国で販売が開始されたが、四社が製造権の取得を競ったうえでの出発であった。そして病院向け販売を開始してから一年足らずのうちに、インスリン治療を受けている患者数は、米国だけで年に七万人もの増加を記録した。[1]

デンマークでは一九三七年二月、ノボ社が特許使用を申請してきたが、ノルディスク研究所は当面これを却下することとした。[2] ノボ社は精力的な営業活動で知られており、ノルディスク研究所としてはこの時点で手持ちのカードをすべて切るのは控えたかったのである。だがこの判断は誤りであった。却下から九カ月後、ノボ社はデンマークではなく、オーストリアにおいて市場化を果たした。その製品はプロタミンインスリンではなくZPIであり、しかもあらゆるZPI製造元と同様に、ノルディスク研究所に特許使用料を払わない状態での市場参入であった。これをきっかけに、ノルディスク研究所とノボ社との間の戦いの火ぶたが切って落とされた。一九八九年になってようやく和解するこの戦いについては、本章の後半で述べる。

英国王立医学会

一九三七年初頭、まだ暗雲は立ち込めていなかった。あらゆる方面から招待状が舞い込み続け、まともなインスリン診療所や糖尿病医であれば、プロタミンインスリン発祥の地であるゲントフテを一度は訪れ、その目でステノメモリアル病院を見て、ハーゲドン博士に会いたいと願うものであった。こうした訪問者の中にはトロント大学のチャールズ・ベスト博士、ボストンのE・P・ジョスリン博士、ロンドンのR・D・ローレンス **R. D. Lawrence** およびH・P・ヒムズワース **H. P. Himsworth** の名もあった。

ハーゲドンをとりわけ喜ばせたのは、当時世界で最も権威ある医学団体である、英国王立医学会からの講演依頼であった。講演は一九三七年一月一二日、ロンドンにある同医学会オーガスト講堂で行われた。ハーゲドンの手による当時の記録が残っている。

「講堂を埋め尽くした聴衆は、私の不十分な英語力に大変寛容であった。演壇の下に控える書記がひっきりなしにパイプをふかしているほかは、何ら問題点はなかった。講演後は夕食会に招かれ、私の隣は一方には司会のウォルポール、もう一方にはあのH・G・ウェルズ **H. G. Wells** が着席することとなった。さあ食事という時になって、ウォルポールが言った。『食前の祈りを唱える牧師はいないのかね？』しかし牧師はいなかったので、ウォルポール自らが唱えることとなった。その最中にH・G・ウェルズが私に小声で言った。『食前の祈りだなんてばかばかしい！　でもウォルポールは大聖堂の隣で生まれたからね』食事が終わりに近づくと、ウォルポールは私にポートワインを勧めてきた。ぜひと言うと大きなグラスになみなみと、極上のポートワインを注いでくれた。後にも先にも、一度にあれほどの量のポートワインを飲んだことはない。だが、起立して感謝の言葉を述べる段になると、ポートワインのおかげで勇気が湧いてきた。そのときの感謝の言葉は、同僚が驚くほど上出来だったらしい[3]」

このときの講演は、翌週の『ランセット』誌に紹介されている[4]。その中で、アイゾッド・ベネット Izod Bennett 博士は「イギリスのインスリンメーカーは行動が遅い」という内容の非難を行った。メーカー代表のカー Carr 博士はこの発言を否定したが、『ランセット』誌での書き方だと、ハーゲドンがノルディスク研究所の商業利益を推進するがために英国内のインスリンメーカーの動きを抑制していると誤解される恐れがあった。このため、ハーゲドンは翌号での訂正を要請し、今度は誰にも誤解されないよう、カー博士の発言は以下のように訂正された。

「インスリンメーカーに対する助力の多さという点では、ハーゲドン博士の右に出るものはないであろう。同博士は我々がプロタミンインスリンを製造するために必要なあらゆる援助を与えてくれた。インスリンの販売が遅れたことはこれが原因ではない。むしろ、英国内のさまざまな企業が、持続的作用の程度がそれぞれ異なるプロタミンインスリンを独自に発売した場合に起こりうる混乱に配慮し、これを避けようとしたことが遅れの原因である。ハーゲドン博士の製品を発売しようとした矢先に、カナダから亜鉛塩を加えてはどうかとの提案を受けた。そのため、亜鉛の添加に関する合意に達するまでは、発売を中止するのが望ましいとの考えに至ったのである[5]」

ハーゲドンは満足した。プロタミンインスリン唯一のメーカーを率いる自分が「イギリス国内のメーカーや患者たちを妨害している」などと、万が一にもイギリスの仲間たちに思われるようなことがあったら、断じて気が済まなかった。

　だが、王立医学会および協会との関係はここで途切れはしなかった。同年六月三〇日、彼のもとに一通の手紙が届いた。

「ここに貴殿が、英国王立医学会の治療および薬学部門の名誉会員に選出されましたことを、謹んでご報告申し上げます」

　この知らせは彼を大いに喜ばせた。

拡張工事

　だがその頃、ハーゲドンは他のことでもいろいろと忙しかった。増え続ける輸出への対応が困難となっており、研究所の増築が必要となっていた。また原料の膵臓の仕入量も拡大する必要に迫られていた。拡張工事には終わりがなかった。生物学部門、機械室、ステノメモリアル病院、医師住居の拡張工事が終わると、次は職員寮の拡張工事が待っていた。

　一九三四年に増築工事が始まっていた職員寮は、ステノメモリアル病院の北側に建つ地下一階地上二階建ての、これといった特徴のない建物で、看護婦、技師、栄養士を対象とする部屋から構成されていた。建築家のマーティン・イェンセン Ib Martin Jensen の設計による増築を経た後、一九七六年には外来病棟と研究所へと改築された。一九九一年にはさらなる増築工事が行われ、現在ではステノ糖尿病センターの臨床研究の拠点となっている。

　ノルディスク研究所では職員寮への設備投資に加え、ブロゴースヴァイ四二番（現在は七〇番）の邸宅

新しいインスリン工場

も購入した。この邸宅は一九三五年からミス・ウッドストラップが住居として使うようになっていた。しかし最も重要な設備投資は新工場であった。一九二六年から使われていた赤い建物に隣接して、イヴァー・ベンツセンの設計により、コンクリートの新工場が建設された。大きくて明るい生産室の数々に加え、経理室、職員食堂、所長室のいずれも広々としていた。ここで三一年間、ハーゲドンは巨大なマホガニーの机の向こう側に座り、あらゆる来客に応対した。

ハーゲドンの後任としてステノメモリアル病院の医長を務めたポールセン博士は、以下のエピソードを語ってくれた――ある日、ハーゲドン博士のもとをドイツ人ビジネスマンが訪問した時のこと。ハーゲドンはこの客に席を勧めると、定位置である巨大なマホガニーの机の向こう側に腰を下ろした。どちらも一言も口を開かなかった。おそらくこのビジネスマンは、ハーゲドンが話を切り出すのを待っていたのであろう。次第に不安が増したビジネスマンは、耐えられずについにドイツ語で叫んだ。

「いったいどのようにして、それほどまでに圧倒的な存在感を身につけるのですか[6]」

この発言を聞いたハーゲドンは大笑いし、そして場の空気は一気に和んだのであった。

新工場の大きな特徴としては、図書室の存在があった。四角い塔の部分に設けられたこの部屋からは、雄大な景色が一望できた。図書室までは専用の鍵でエレベーターを作動させて昇る仕組みになっていた。この図書室には医学、薬学、生化学、生物学に関する最新の雑誌が世界中から集められていた。マホガニー製の安楽椅子に腰を下ろし、誰にも邪魔されることなく、糖尿病学の最新動向についての文献を何時間でも読みふけることが可能であった。欲しい文献が見つからない時は、常駐のマリー・ヴァイツェ博士の助けを借りることができた。ここが手狭になり、ついに移転となったのは、ハーゲドンの死後何年も経ってからのことであった。

リトアニア工場

増え続ける膵臓需要を満たすのは易しいことではなかった。膵腺の入手体制は綿密に組織立てられていたが、ノボ社が参入してからは市場が二分された。ノルディスク社では食肉処理場に監視員を送り、膵腺の分離と保管が適切かどうか確認していた。インスリンの生産量は、この分離と保管という二つの段階に大きく左右されたのである。インスリン供給量は右肩上がりを描いていたものの、時折、供給が乱れることもあった。一例を挙げると、一九三四年の年末から翌三五年の年明けにかけて、アイスクリーム製造を手がけるジョン・M・ラーセン John M. Larsen が、膵腺供給の独占を試みたことがあった。[7] フォエーネド・イスヴェアカー Forenede Isværker A/S との取引を通じて近代的な冷凍設備業者とのパイプがあった彼は、食肉処理業者に対し、冷凍設備を処理場内に設置する代わりにインスリン生産会社に対する膵臓の販売権を譲ってほしいと持ちかけた。すでにユランとフネンの処理業者はラーセンと契約していたため、原材料価格は当然上昇した。

この行き詰まりを打破するべく、ハーゲドンは策を練った。そして一九三六年のある日、少し時間ができたのを機に、自分で車を運転してリトアニアを訪問した。一九一八年にロシアから独立したばかりのリトアニアは農業国で、豚肉の生産量が多く、また産業投資を歓迎していた。当時の首都カウナスに良い物件を見つけすぐに購入すると、ロルフ・アンデルセン Rolf Andersen 技師を派遣、ノルディスク研究所の海外支社の設立に向けた指揮をとらせた。

リトアニアの首都カウナスに設けた工場
1937年に建設後わずか4年で戦争のため手放した

アンデルセンはすぐに、リトアニア国内の食肉処理業者から膵臓を仕入れるための段取りを整えるとともに、工場建設に向けて準備を進めた。工場では、リトアニア国内で仕入れた膵臓から原料となるインスリンを生産し、ゲントフテに輸送のうえ、さらに加工することとした。一九三七年に工場が操業開始すると、操業ならびに生産監視担当としてK・R・ヴェルディケ K. R. Wøldike 技師が派遣された。

ハーゲドンとミッテも、工場の生産状況を視察するため、車でフィンランドを経由してリトアニア入りした。友人のÅ・Th・B・ヤコブセンとその娘で高等学校を卒業したばかりのマーグレーテも同行した。楽しい旅で、東プロイセンからポメラニアを経由するという長い帰路も無事にたどることができた。工場は、一九三九年のソ連軍によるリトアニア侵攻により多少の影響を受けたものの、翌四〇年まで操業を続けた。その後は外貨両替が困難になったのに加え、原料仕入れや製品輸送も難しくなり[8]、四一年にドイツ軍がリトアニアを占領したのを機に、ハーゲドンは操業中止を決断した。

スポーツパイロット

前にも述べたが、ハーゲドンは一九三四年に軽飛行機を購入していた。購入に至ったのは、多忙を極めていたからだけではない。飛ぶことに心から魅せられていたのである。

九歳の頃、スウェーデン人探検家のサロモン・アンドレ August Salomon Andréeが、仲間二人と熱気球オルネン号で北極点を目指したが消息を絶ち、三〇年後の一九三〇年、探検隊のキャンプと三人の遺体、それに日記がノルウェー人猟師によって発見された。この出来事があって以来、ハーゲドンは飛行に関する技術論文の収集を続けていた。一九二八年頃、水上飛行機に乗ってヘルシンキまで飛んだのをきっかけに、出張に飛行機を何度も使うようになった。しかしながら、体が大きすぎて飛行機に乗れないという事態が数回発生し、業を煮やしたハーゲドンは、他人の手を借りずに空を飛ぶことを思いつく。一九三三年にはパイロット講習を受け始めた。軽飛行機は商用航空機と比べて、速度も安全性も劣ることは重々承知していた。デンマークでは一九三六年だけでも、五人もの前途有望な若きパイロットが命を落としていた[9]。が、商用航空機では窮屈だったし、自家用機なら行きたいところに行けるのも魅力だった。

飛行訓練はたやすくなかった[10]。四五歳で距離の把握が多少難しくなっていた。インストラクターのヒム・イェンセン Him Jensen は、経験豊かな熟練パイロットだったが、そそっかしい一面があった。初飛行訓練のとき、ハーゲドンが着陸に成功すると、ヒム・イェンセンが急いで荷物置場に向かい、複操縦装置(デュアルコントロール)

を取り出した。その時ハーゲドンは初めて、ヒムが操縦桿を握っていなかったことに気づいたのであった。そんなこんなで訓練は続いたが、機体をきりもみ状態にしてから立て直す訓練など、大変なこともあった。訓練中、母マリーはコペンハーゲンのカストルップ空港までたびたび同行した。技術の進歩に懐疑的な母親も、空を飛びたいという息子の野望には尊敬の念を抱いていた。

本人はまだまだ練習不足と思っていたが、ヒムは「まず試験に通ってから好きなだけ飛行訓練をする」との意見であり、試験が行われた。一回目は加速が強すぎて機体が前のめりになり、プロペラが損傷するという不運なスタートとなった。格納庫に戻って修理後、再チャレンジとなった。今度は離陸したと思った直後、エンジンが停止した。ハーゲドンは給油経路を遮断し、グライダーを操縦する要領で着陸に成功した。その決断力と、欠陥エンジンで飛行を続けなかったことをヒムは大いに賞賛した。ともあれもう一度格納庫に戻り、エンジンの点検を行うことにした。ヒム・イェンセン、航空輸送に関する国の担当者、そして数名の友人たちが機体を押しとどめ、モーターを全速力で回転させ、問題点を解決した。今度こそハーゲドンは離陸に成功し、試験に合格した。試験合格から日も浅い一九三四年五月、ハーゲドンはデハビラント社のジプシーモスＯＹ‐ＤＩＨの中古機を購入した。

ジプシーモスでの初飛行の行き先はヘアニンであった。ヘアニンでは弟のクヌートが開業医となっていたし、すでに飛行場用地としてヘアニン近郊に二五エーカーの荒野も購入済みであった。クヌートはすぐ下の弟であり、ヘアニンはハーゲドン自身が医師としてのキャリアをスタートさせた土地である。ビールマン医師との交友関係も続いており、ブランデ病院のスコウビャウ Skovbjerg 婦長にはほぼ毎年会っていた。

ハーゲドンの蔵書票．ヨハネス・ラーセン画

そして、風が作り上げた荒涼とした風景と、自然を支配しようとする人間の決然たる努力は、彼を魅了してやまなかった。その思いは、画家ヨハネス・ラーセン Johannes Larsen に依頼して作ってもらった蔵書票にも見て取れる。そんなことから、この地に小飛行場と小さな格納庫を設けるのは自然の成り行きだった。

飛行場はすぐに地元の注目を集めた。一九三九年、ヘアニンの地元紙に航空レースの記事が見える。

「トロプのハーゲドン博士所有の飛行場で昨日、三機もの飛行機が一堂に会し、航空ショーが開催された。一機は飛行クラブ所有、二機はエスビャオの航空学校から到着したモスである。パーチ F. Perch 中尉が指揮したショーには、地元の全人口に匹敵する二、五〇〇人の観衆が詰めかけた。飛行機が到着すると直ちに試乗会が行われ、多数が参加した。試乗会の航行ルートは主にヘアニン上空一周で、夏の晴天のもと、合計一〇〇名近くが空の旅を満喫した。ショーではパーチ中尉が一回の飛行で五〇回転ものループを描くなどのスタント飛行を行い大喝采を浴びた。

ショーは大成功のうちに終了し、この好適な飛行場で今後も同種のショーを開催することが期待される」

ハーゲドンの初飛行にはヒムも同乗していたが、途中で眠り込んでしまった。国外への単独飛行もできるに違いないとの自信が、彼の中で湧き上がった。

二度目の飛行先はドレスデン、自動包装機の視察が目的であった。この時のことはハーゲドン自身が記録に残している。

一九三四年六月三〇日午後一時、晴れた夏空の下、カストルップ空港を離陸。エンジンが停止しても滑空して着陸できるよう、十分な高度に達しなければならない。バルト海上空まで航行、下界が海ばかりになると、機体の水平維持が困難になり、機首が下になったり上になったりした。背後を振り返ったが、ファルスター島が太陽に照らされている光景が目に入り、このまま飛行を続けようと決意。下翼に映る脚柱の影が、原始的だが方向を知る助けになる。ドイツに入り、リューベック近郊のトラベミュンデにある飛行場には、眼下に広大なバラ園を眺めつつ南側からアプローチし、無事に着陸。直ちに、政治的動乱が発生しているとの理由から、飛行場内から出てはならないと伝えられる。ナチス突撃隊のレーム(11)が銃殺されたとのこと。しばらく待ったがその日は飛行を断念。翌朝になってようやくベルリンへの飛行許可が下り、好天の中離陸。「あの風車の上を越えて行くといい」と整備士がドイツ語で教えてくれる。そうして正しい航路に乗ったが、低い雲にさえぎられて位置を見失う。コンパスの助けで操縦を続けたが、陸は見えず。鉄道駅が見えたので高度を下げ、駅名を読み取ろうとしたが不可能。

さらに行くと、ナウエン付近で高圧線の鉄塔が見える。おかげで位置を把握する。テンペルホフ飛行場到着の頃には高度が高すぎ、エンジンを停めて降下するが、機体を立て直した頃にはエンジンが完全に停止。滑空で降下し、旗を持った案内人のごく近くに停止すると、案内人は旗を投げ出して駆け寄り握手をしてくれる。緊急着陸に成功したというわけだ。だが困難は終わりではなかった。以後の飛行続行は不可能だったのだ。そこで陸路ベルリン入りし、ドイツ国内のノルディスク研究所の代理人であり友人のフランケル Walter Fraenkel 博士と面会。彼は何度となくドイツ語で「町は大変なことになっている」[12]と言い、私たちもすぐそれを肌で感じる。町には軍服姿の人が多数。だがその理由は、帰国するまで不明であった。飛行場の係官との交渉は難航。飛行用の毛皮を着用した我々にとって、温室のような暑さの部屋では息苦しかったことも一因。加えて飛行場にはナチス親衛隊の男たちが多数。この黒い集団にとっては無銭飲食が当然らしいと、飛行場のウェイターは不満げ。ついにドレスデンへの出発許可。気流が乱れ、森の所々から上がる小さな山火事の煙が見える。ドレスデンはすぐに見つかり、遠くからでも飛行場を確認可能。飛行機の競技会を開催中とのこと、黒い服の集団で場内は大混雑、街灯に登って腰かけている人までいる始末。飛行場はかなり先だが、背中に風を受けながら着陸態勢に入る。ところが非常に高い煙突が二本、突如として目の前に出現。一瞬上昇を考えたが、すでに滑走路が目前に迫っており断念。飛行場の外周に数メートルおきに点々と配された植栽との接触に注意しつつ、植栽への接近を試みたところ着陸に成功、オーバーランはわずか数メートル。同乗者はすぐ脱出して翼端を押し、私は飛行機のエンジンをかけ、進入方向について考えつつ機体を方向転換させた。考えながら格納庫に向かうと、そこも人で大賑わいだったが、驚いたことに同

第二次世界大戦直前．大好きな自家用機の前で

乗者がすでに待っていた。思考に熱中して彼女のことを忘れていたらしい。航空警備隊が彼女を見つけ、オートバイで移送したとのこと。

飛行機を引き渡すや否や我々は路面電車に乗車し、分厚い飛行用の衣服のまま、真夏のドレスデン市街に到着。ホテルで風呂に入り、さっぱりして夜を過ごす。翌日は自動包装機の視察。生産されるのは不良品ばかりでデモは失敗。翌日も同じ調子、諦めて帰路につく。強風で、エンジンスタートの時点で問題発生。監督者が「エンジンスタートの前に、パイロットは着席のこと」と要求。同乗者に仮免許証を与え、自分は外に出てプロペラを回す。離陸のゴーサインを示す緑のトーチが点灯し、無事に離陸。強い向かい風の中、エルベ川に沿ってマグデブルクまで達した時点で仕方なく着陸。

休憩を兼ねて周辺を散策するも、突風で道路脇の木が根こそぎ倒れる姿を目の当たりにし、また予想最大風速二五メートルとの情報が入ったため、本日の飛行は中止し、マグデブルクに宿泊。再出発は二日後、まぶしいほどの好天。フェーメルン上空から北方を眺めると、スウェーデンのクッレン岬が明確に確認可能。カストルップ空港に無事着陸。出張の成果はなかったが、充実した旅。とは言え、運命に逆らわないよう、位置を見失った時のための機器類の購入を決意。

ハーゲドンは空に憧れていた。点在する島々やフィヨルドを上空から眺めたり、レセ島とステヴンの白い崖を両側に臨んだりするのは最高の気分であった。当時の会員数が三五〇名ほどであった王立デンマーク航空協会に入会した。活動にも熱心で、副会長となり、戦時中には「飛行動物の知覚および方向感覚の力」について講演を行っている。かねてより個人的に高い関心を寄せていたテーマであり、生物学会にも同じ演題での発表を提案していた。パイロットとしてのキャリアの頂点は一九三九年、特許に関する話合いのため妻とストックホルムにいた時である。ブロマ飛行場を出発する際、職員から「機長はどちらですか」と問われ、「私です」と答えたハーゲドンは、昇進したかのような喜びを感じた。

時が経つにつれ、着陸時のエンジン停止が頻発したため、一九三八年には飛行機の買い替えを決意し、古い飛行機はヒム・イェンセンに譲ることにした。イェンセンもエンジン停止に見舞われ、コペンハーゲンの南にある小さなサッカー場に緊急停止を余儀なくされた。ハーゲドンには到底真似できない芸当であった。ドイツと英国の軽飛行機のマーケットを調べた結果、英マイルズ社のモナークに決めた。登録番号はOY-DIO。乗員二名、横一列に並んで乗れる構造で、乗り心地も快適だった。キャビンの前窓、尾根、側面は継ぎ目なしの成形プラスチック、座席もゆったりしていた。ハーゲドンはマイルズ社長とロ

母マリーの80歳の誕生日を祝う子供たち
（左から）ブッラ、スヴェン、エリック、(着席)クヌート、母マリー、ハーゲドン

ンドン上空を一回りしたり、大きめの飛行場で五、六回着陸を試した後、自ら操縦桿を握り空路帰国した。

今や彼の悩みは機体に付着するハトの落し物だけとなった。格納庫に保管中に付着し、離陸には問題ないのだが、飛行中プロペラによって粉末状になり、前面ガラスを覆うのである。二機目の飛行機で旅する機会はほとんどなかった。一九四〇年四月九日、デンマークはドイツに占領され、ガソリンの供給難に陥った。一九四一年一〇月八日からは民間航空機の飛行は一切禁止され、飛行機は格納されたままとなった。

五〇歳の誕生日

一九三六年と三七年は変化の多い楽しい年であった。仕事は多かったが、生活は安定していた。数多くの問題と何年にも渡る努力を経て、あらゆる物事が落ち着くべきところに落ち着き、そのことが解放感を生んでいた。すべてがうまく回っており、研究所や病院への来客の多さも苦ではなかった。インスリン需要は増加の一途をたどっており、プロタミンインスリンは爆発的な売上を誇っていた。立派な新工場も完成に近づいており、ステノメモリアル病院には新しい患者がひっきりなしに訪れていた。肩の荷が下りたハーゲドンは三七年一一月一〇日、母親の八〇歳の誕生日を、平穏のうちに迎えることができた。

その日はハーゲドン邸に家族全員が集まり再会を喜ぶとともに、母の健康を皆で祝った。母は一家が集まる中心的存在であり、現在は子供たちの家を順にめぐりながら、その日に起きた楽しいことや心配なことについて話を聞いたり、孫に読み聞かせをしたりして過ごしていた。どの家でも、母はいつも大歓迎であった。[13]

一九三八年三月六日、ハーゲドンは五〇歳の誕生日を迎えた。インスリン専門の病院と研究所を率いる先駆者であり、またプロタミンインスリンの大成功という実績もあっては、世間がこの記念日を放っておくはずがないことを彼自身も認識していた。だが形ばかりの賛辞やマスコミのことは何より嫌いであり、できる限り避けたかったため、その日は家を留守にすると発表した。これにより研究所でも、誕生日を記念した正式な集まりの場は設けられないことが決まった。

だが、波のように押し寄せる祝福の言葉は避けられなかった。新聞には賛美の言葉が並び、国内外の友人や同僚、そして患者から、電報や手紙が続々と届いた。ノルディスク基金理事長、トゥンベア教授の手紙は次のようなものであった。

「あなたはインスリン基金の創設者の一人です。あなたなしでは、本基金が誕生することもなかったでしょうし、基金が現在の発展を遂げることも、また重要な地位を占めることも、到底なかったことでしょう。基金の理事全員があなたに対し尊敬と感謝の念を抱き、あなたのために尽くしたいと願っています。基金理事会の一員に任ぜられ、あなたと初めて並んで座ったときに心に湧き上がってきた責任感は、誰しも記憶にあることでしょう。私たちは、基金の目的を果たすため、全力を尽くすつもりです。そしてやや個人的な内容となりますが、友人として申し上げたいこと、それはあなたの仕事ぶりや奮闘の様子を、あなたの傍らで見ることができたのは、私の人生の中でも最も貴重な経験の一つとなるだろうということです。あなたを心から尊敬しています。自らに高い目標を課し、困難な状況にもかかわらずそれを成し遂げたことを、心から祝福します[14]」

オラフ・ハンセン教授とアウグスト・クローは、記念論文集『ハンス・クリスチャン・ハーゲドンに捧げる生理学論文』の刊行を企画した[15]。同書は『アクタ・メディカ・スカンディナヴィカ』誌の増刊として英語で刊行された。五〇歳で記念論文集が発刊されるのは異例であったが、ことハーゲドンに関しては異議を唱える者は皆無であった。クロー、ジョスリン、ローレンス、ヒムズワース、ラベ、ワルデンストレーム、さらにデンマーク国内からの一〇名ほどを加えた、総勢約四〇名の著名な科学者や臨床家が寄稿した。

名誉職のオファーも次々と舞い込んだ。ノルウェー科学アカデミーからは名誉会員、オスロ大学からは名誉博士号の申し出があった。スウェーデンからは北極星勲章を与えられ爵位を授かり、イェーテボリの王立科学文学協会からは名誉会員に選出されたとの知らせが届いた。何より嬉しかったのは、米国の患者から、プロタミンインスリンに感謝する手紙や絵葉書が百通余りも届いたことである。どうやらジョスリンが患者たちに誕生日のことを知らせたようであった。患者からの手紙はハーゲドンを大いに喜ばせ、公式の場での賛辞は好まなかったのに対し、こうした賛辞の手紙は終生大事に保管した。

誕生日当日は、コペンハーゲン市内のホテル・ダングレテールで、チーヴィッツおよびクロー夫妻を招いて内輪の夕食会が開かれた。家族では妻ミッテと母マリーだけが出席した。終了後、夫妻はオスロに移動し、市内のグランドホテルに滞在して友人を訪問した。帰宅後、妹のブッラが家族での誕生日パーティーを開いてくれた。この日のためにブッラが特別に作った替え歌も楽しくおかしかった。次いでハーゲドンは妻と母とともに、ベスルンテ、ヘアニン、ブランデなど、これまでの人生で大きな意味を持つ場所を訪れた。

ステノメモリアル病院の職員たちも祝福の輪に加わった。一九三八年八月二八日、ノルディスクインスリン基金の会合終了後、これまで彼と一緒に仕事をした人々が一堂に会し、大祝賀会が催された。研究所の食堂を飾り付けた会場には、米国からジョスリンも駆けつけ、ミッテはこの優雅な紳士の隣席となり会話を楽しんだ。宴は大いに盛り上がった。グレープフルーツに始まり、ロブスター、サーモン、エビ、鳩胸肉のローストにストラスブール・レバーパテにマッシュルーム添え、食後にはメロンの氷添えにチーズが供された。前菜ではダイデスハイマー・ホーフシュッツク、メインコースではシャトー・デュクリュ＝ボカイユ一九二六年物、デザートには白のポートワインが供せられ、祝賀の席を華やかに盛り上げた。ミッテは当日のことを嬉しそうな口調でマリーに書き送った。

しかし、あらゆる良いことには終わりが来る。一二月には、それまでたて続けだった祝賀行事が中断された。死の影が迫っていた。妹ブッラの再婚相手であったユルゲン・ルドルフ・スタウンスベアが重い病で入院し、一九三七年一二月二日に腹膜炎で息を引き取ったのである。再婚からわずか一〇年足らずであった。[16] 葬式後、ハーゲドン邸に家族が集まった。ブッラはまたも夫に先立たれることとなった。ただ今回は一人娘のボーディルがいた。ブッラは特別な存在だったこともあり、家族の皆がうち沈んでいた。兄弟の中でも、ハーゲドンに正面から意見し、その行いを正すことができるのは妹のブッラだけであった。不幸の多い半生であったが、彼女は悲しみにくれることも一切なく、強い自立心があり、また語学の才能があった。二度目の未亡人となってからはマッサージ師の職を捨て、ロシア語通訳になる勉強を始めた。戦後はソ連代表団の通訳を務めたほか、一九六四年にフルシチョフがデンマークを訪問した際には、夫人の通訳を務めた。

ノボ社との対立

もう一つの暗雲はノボ社の方からやってきた。この一〇年のうちにノボ社は着実に成長し、インスリン生産量もノルディスク研究所に迫りつつあった。デンマーク国内市場の八割近くはノルディスク研究所が手中に収めていたことから、ノボ社は主に輸出向け製品を生産しており、輸出先は世界四〇カ国、社員数も五〇人を数えるほどになっていた。[17] 一九三五年には、アルネ・ヤコブセン Arne Jacobsen の設計による新工場がファサンスヴァイとフールバッケヴァイの交差点に完成し、美しさと機能性を併せ持った建物は国際的な注目を集めた。また同じヤコブセンによるビドーレ病院の改築工事も完成間近であった。かつて古城だったこの建物を、ノボ社では糖尿病専門のサナトリウムにしようとしていた。一九三七年、ノルディスク研究所にプロタミンインスリンの製造権供与を断られたことを受け、カナダで発明された亜鉛プロタミンインスリンの製造に参入した。

ハーゲドンがこのことを知ったのは一九三七年一一月、薬局に持ち込まれた処方箋を見たオーストリアの代理店スタッフから、報告を受けたのがきっかけであった。二カ月後にはノボ製ZPIを含むアンプルを入手した。[18] 特許侵害だと感じたハーゲドンは、この件についてH・O・フィッシャー＝ミュラー H. O. Fischer-Møller 高裁弁護士に相談を持ちかけた。

ZPIを生産するためには、まずプロタミンインスリンを生産する必要がある。そこでノボ社に加え、同じ製品を生産しているメディシナルコ社の二社を相手取って、裁判を起こすことにした。

一九三八年六月一八日の公布を経て、二カ月後には東高等裁判所で第一回の裁判が行われた。裁判は長引き、一九四一年三月一八日の最高裁判決をもってようやく決着した。ノルディスク研究所には少額の賠償金が支払われることになり、勝訴であった。裁判が長引いたのは、デンマークでは医薬品は特許対象外のため、議論の内容が化学および技術の専門的な内容に限られたことによる。

一九三九年一月、弁護士は「化学的・技術的詳細が科学的に正しく評価されるよう、自分とは別に判事補佐を指名すべきだ」と請求した。裁判所はこれを認め、クリスチャン・ウィンター Christian Winther 教授およびノーマン・イェンセンのかつての上司であったA・C・アンデルセンの二名に打診したが、両者ともこれを断り、代わりにカールスベア研究所の新所長に就任したリナストロム＝ラング Kaj Linderstrøm-Lang 教授を推薦してきた。同教授は生化学者で、のちにノルディスク研究所の理事となる人物だが、当時はまだ就任していなかった。だがこの人選にはノボ社が強く反対し、また同教授が米国に研究旅行に出発予定であったことを受けて、裁判所は生化学者のリカード・エイ Richard Ege 教授、ならびにビールマン博士の弟のエイナル・ビールマン教授に要請し、両名ともこれを受けた。

しかしノルディスク研究所はリナストロム＝ラング教授の意見も独自に聞くことにし、一九三九年九月二八日にこれを受理すると、裁判所の決めた二名の判事補佐が意見書を提出するより一カ月も早く裁判所に提出した。リナストロム＝ラング教授の意見は次の通りであった――ノボ社の製造方法はノルディスク研究所が特許取得済みの内容と本質的な相違はなく、亜鉛の添加は独創的と見なされないこと、およびノボ社の方法は独立した積極的な貢献を示すものではない。ZPIはスコットとフィッシャーの発明であり、ノボ社の発明ではない。

これに対し、裁判所の指名を受けた二名の判事補佐の意見は、ノボ社の製造方法はノルディスク研究所が特許取得済の製造方法とは大きく異なり、よって独立したものと見なす必要があるというものであった。

高等裁判所の判決は一九四〇年四月一八日に下された。三人の裁判官は、本件はノルディスク研究所の特許を侵害しているとはいえない、亜鉛の添加によりノボ社の生産方法はノルディスク研究所の特許の範囲外と見なされるとの判決を下した。逆上したハーゲドンは直ちに上訴した。米国のZPIメーカーはすべて、ノルディスク研究所に特許料を支払っている。すなわち、プロタミンインスリンが基本発明であり、亜鉛は単なる添加物に過ぎないとの見解で一致していた。ハーゲドンにしてみれば自分の信念が否定された気持ちであり、戦い抜くつもりであった。

最高裁では代理人を立てずに自ら手続きを進め、フィッシャー＝ミュラー弁護士が作成した文書をもとに激しい弁論を行った。また元最高裁判事で、かつて患者でもあったトールップ Niels Thorup 氏のアドバイスもあった。フィッシャー＝ミュラーは、自分よりもハーゲドンの方が技術的内容の説明を上手にできるはずだと感じていた。二〇〇件以上もの参考資料が提出される大型裁判となっていた。

ハーゲドンは入念に作戦を練った。最高裁で代理人を立てずに裁判を進めるのは、身の破滅に向かうに等しいことを、数々の例から知っていた。そこで各国の特許法を勉強するとともに、民間技術者Ｈ・Ａ・ハッサガー **H. A. Hassager** をベルリンのドイツ帝国特許庁に派遣し、ドイツ特許法について勉強してきてもらった。[19] また最高裁の判例やデンマーク国内での特許料に関する判決についても調べた。さらに、デンマーク医学協会がコペンハーゲンで開催した医薬品の特許保護に関する講習会では、デンマークにおける法改正の必要性を改めて主張した。[20]

米国やスイスと同様、医薬品さらには遺伝子操作などの交雑実験によって作り出された植物も特許の対象とすべきというのが彼の主張であった。曰く、最近の判決を見ると、特許庁は「特定の手続きの特許可能性を決定する際に、治療的効果を考慮に入れることを阻むものは何もない」と言っているが、これは一九三六年制定の特許法に矛盾するのではないか。また、特許を振りかざして金儲けに走るケースはごくまれである。なぜなら特許使用を許諾すれば、すぐに新しい発明が生み出され、先の特許は無力化するのが常だからである。実際、デンマークで一九一三年から三五年の間に認められた特許のうち、三年以上を経てもなお無力化していないものは半分に過ぎず、一五年以上となるとわずか二％に過ぎないと主張した。特許法はその後改正された。

一九四一年三月一〇日、最高裁での手続きが開始された。手続き期間は一週間。ノボ社の代理人は最高

1941年、最高裁の判決後
右にミッテ、後ろにミス・ウッドストラップ

裁弁護士のポール・ヤコブセンPoul Jacobsenであった。ハーゲドンはよく戦い、三月一八日には九人の裁判官による判決が下された。

「裁判所は、ノボ製薬研究所がインスリン製剤製造の際に行った手続きについて、これが原告ノルディスクインスリン研究所の名称の独立組織に対し、デンマーク特許第五二三二〇号として与えられた権利を侵害するものと判定を下す。両当事者の費用については、被告が原告に対し、本判決より一五日以内に一二、〇〇〇クローネを支払うものとする」

だが、九人中四人は高等裁判所の判決を支持しており、僅差(きんさ)での勝利であった。[21]

判決は多くの注目を集め、翌日の新

聞も大きく報じた。ベアリンスケ新聞は一面トップで次のように伝えた。

「インスリン問題は、医薬品をめぐる特許の問題が極めて曖昧であることを改めて明らかにした。同問題は、この分野における不確実な状況に終止符を打ち、可能な限り明確な指針を定める必要があることを示している」

費用の問題も未解決のままだったが、この点に関する裁判所の介入をハーゲドンは望まなかった。金銭の問題ではなく、特許法のあり方こそが彼の関心であり、その点については判決が下されたのだ。金銭問題は、ノボ社とメディシナルコ社の関係者と直接交渉したかった。判決日当日に、早くもノボ社代理人弁護士から会合の申し出を受けていた。ZPIは多くの国で販売されており、また販売量も増加中であった。そのため、ノルディスク研究所がノボ社に対し特許使用権を許諾し、ZPIの生産続行への道を開くのかどうか、早急に結論を出す必要があった。

ハーゲドンにも話合いに応じる用意があった。そうしてハラル・ペダーセンも同席した会合が何度か開かれ、次のような特許使用許諾契約が締結された。すなわち、特許が切れる一九五一年まで、ノボ社は輸出売上の一〇%および三五、〇〇〇クローネを、ノルディスク研究所に対し毎年支払うものとする。これに加え、すでに販売された分のZPIに対する特許使用料として一〇万クローネの一括払いも定められた。ノボ社にとっては必要以上の負担だった可能性もあるが、ともあれ契約は締結された。ハーゲドンのもとにはノルディスク研究所の理事会とノルディスク基金は言うまでもなく、国内外からも祝福の言葉が相次いだ。

だが、ノボ社に対する苦い思いは消えなかった。医薬品の特許に関する問題はハーゲドンを大きく悩ませた。医学協会でこの件について講演を行ったほか、『医師週報』にも寄稿した。最高裁判決の後も、この問題は彼の頭から離れなかったようで、産業権保護協会が一九四五年設立した委員会でも、彼は自分の考えを述べている。[22] こうして発表されたハーゲドンの考え方は、法改正に貢献した。

しかし、こうしたノボ社との争いは、一九三八年八月二八日にノルディスク研究所内で開かれた祝賀晩餐会に影を落とすことはなかった。当時は裁判が始まったばかりであったし、誰もが勝利を確信していた。加えて、ノルディスク研究所は過去二年間、順風満帆の成長ぶりであった。祝賀会を開くだけの理由がそろっていたのである。

実際、その祝賀会は社内の研究者や役員のために開いたパーティーとしては、過去最大のものとなった。来賓として招かれたジョスリンに加え、アウグスト・クロー、コングステッド、ハーゲドンの三名、ノルディスク研究所理事一同、スウェーデンからはノルディスク基金のトルステン・トゥンベア理事長など錚々たる顔ぶれが参加した。スピーチや踊りがあり、誰もが素晴らしいひと時だと感じていた。心が晴れないのはクローとハーゲドンだけであり、二人の間にある冷たい雰囲気に誰も気づいていなかった。それについて知らされていたのはトゥンベアと、レオ製薬会社貿易部門を経てノルディスク研究所営業部門長に就任したばかりのカール・ニールセンだけであった。

クローとの対立

この時のクローとハーゲドンの対立は、次のことが原因であった。六五歳になろうとしていたクローは、動物生理学担当教授の座からの退任を検討していた。[23] そこでノルディスク研究所の敷地内に自宅兼研究室を建て、ノルディスク研究所との関係を深めたいと考えていた。こうした計画にハーゲドンは反対ではなかったが、研究所内に用地が確保できないと考え、研究所内の沼地に隣接し、ゲントフテ池に面した斜面の土地を購入した。また同時に、クローが今後も科学研究を続けられるよう、ノルディスク基金から資金援助を行うとの約束も交わしていた。しかしそれ以上は、クローとノルディスク研究所やステノ病院との関係を深めることは望ましくないと、ハーゲドンは考えていた。

一九三八年八月八日、彼はクローに宛てて次のように書いている。

「三日付け書簡に返信いたします。あなたが例の計画実現に向けて希望なさる形態に関し、以前申し上げました疑問点を、再度強調したく存じます。すなわち、ノルディスク研究所との関係の緊密化に関する事項です。私の地位を考慮していただけましたら、私の意見に必ずやご賛同いただけるものと思っておりました。その後もこの件について熟考しましたが、やはり私の中の躊躇は払拭されませんでした。私個人としての考えではなく、いかなる研究所の所長であってもこのような考えに至るものと思いますが、ここで理事会全体として、ノルディスク研究所がご提案の研究所に対し協力を行うべきか否か、また行う場合はどの程度のものにすべきか、正式な決定を下すのが適切と考えます。つきましては、理事会をご招集いただきたく……[24]」

この手紙はクローを怒らせた。八月一一日の返事には次のようにある。

「行き過ぎでありませんか。昼間の光の中に亡霊を見るなど、どうかしています。妻と二人で過ごすための小さな仕事場を『研究所』などと称すとは何事か。ましてや、この『研究所』について、インスリン研究所理事会が協力関係の可能性について話し合う必要性がどこにあると言うのか。すでに何カ月も前に、協力関係は一切なしとはっきり決めたではありませんか。どうぞご心配なく。あなたとその部下からの情報や助言も、電話回線の使用も必要最低限としますので。すでにお聞き及びでしょうが、トゥンベアには手紙で連絡済みです。インスリン研究所の化学実験や取組みに関する話合いについては、あなたからの特別の許可を事前に得ない限りは、今後一切控えさせていただくと。

あなたが本件について今後再考し、理事長に諮(はか)ったうえで『謹んで許可いたします』などと慇懃無礼な返答を送ってくるとは考えたくありません。しかしながら、もし長年の同僚として、真心から『どうぞ』と言ってくれるなら計画を直ちに再開する所存です。そうでない場合、我々は新たな状況に突入することとなり、そうなれば私にも考えがあります。時間もないゆえ、可能な限り早急のご返信をお待ち申し上げます。

心をこめて　　アウグスト・クロー」

八月一三日のハーゲドンの書簡は、自分の言葉選びが不適切だったゆえにクローを怒らせてしまったことについて、率直に謝罪する言葉から始まっている。「それは当然のことながら、私の意図するものではありません」だが、彼は態度を変えることなく、こう続ける。

「現在の合意は、あなたの計画に必要な資金の調達に関するものです。それが、ノルディスクインスリン研究所との関係によって実現するとお考えになられている、その方法について私は以前から躊躇しているのです。これらについて強調するのは私自身にとっても心地良いことではありませんが、あなたとの会話の中で私は再三、この点について強調してまいりました。こうした躊躇を根拠なきものとして拒絶なさることは、すでに合意している内容とは異なるものです。すでに行った意見交換からも、あなたの希望の実現を私が望んでいることを、あなたが認識なさらないはずがありません。こうしたことからも私は、あなたが計画を実現するための資金調達を、最適とお考えになる方法で実行するよう尽力してまいりました。増額が必要である旨も自ら提案しております。そのうえ、時間が差し迫っているにもかかわらず、建設候補地およびその他の情報入手についても支援してまいりました。

あなたが正しくおっしゃる通り、私はあなたに大きな借りがあります。そのことは兼ねてより重々承知しております。ですから、あなたにとって可能な限りの作業環境を提供するために、私に出来ることは何でも行う所存です。その一方で、あなたが目下計画を進めようとなさる方法につきましては、ノルディスクインスリン研究所とあなた自身の双方にとって、不幸な結果になりかねないと考えております。ご希望を実現することは、研究所長としての私の権限外なのです。また必要に迫られたなら、理事としては反対票を投じざるを得ないことでしょう。従って、私の返事は、真心からの「否」です。

心をこめて　　H・C・ハーゲドン」

ハーゲドンはトゥンベアにすぐに連絡した。ほどなくして彼のもとに、クローから以下のような手紙が届いた。

「予測すべきでしたが予測できなかった事態により、私は計画を完全に放棄せざるを得なくなりました。

従って、［ノルディスク基金の会合において―筆者注］提案を行わないよう、また本件について会合中および会合前後のいずれにおいても言及しないようお願い申し上げます。ご面倒をおかけしたことについてお詫び申し上げます」

八月二八日のノルディスク基金での祝賀会は、こうした状況のもとで行われた。ハーゲドンが躊躇していたのは、何事も一人で決めるのに慣れているクローが、このまま行くとノルディスク研究所の組織編制を乱すのではとの思いが背後にあった。ハーゲドンはこれまであらゆる決定を自分で下しており、職員がクローと自分を同列に見ることを恐れていたのである。何しろクローは会長であり、ノーベル賞受賞者なのだ。

代案としてハーゲドンが提示したのは、クローに独自予算を与え、それによって必要なサポートを購入してもらうことであった。こうした提示も仕方ないと思わせるのは、ここ数年、クローは自分が言ったことを忘れてしまい、問題を引き起こすことが何度かあり、そういった姿をハーゲドンは理事会の席で見ており失望していたという点がある。[25] ハーゲドンの対応は常軌を逸していると思われる向きもあったかもしれない。しかし、会長要求事項といえども理事会の承認が必要であること、またそうした事項はハーゲドン退任後、ノルディスク研究所の新所長も承認できる内容でなければならないのは事実である。

クローにとって、ハーゲドンの対応は信頼関係への裏切りに映ったが、激昂の理由はそれだけではない。当時クローは前立腺肥大による不調から不眠に悩まされており、傍から見てもいつになく精神的に不安定なのが分かるほどであった。[26] また、妻のマリー・クローが引っ越しに反対していたことも、彼の精神不安と失望に加担した。マリーはコペンハーゲンに、できれば当時住んでいたロックフェラー研究所内にとどまりたいとの意見であった。

祝賀会の席上、クローはトゥンベアとも話をしたが、支援をとりつけることができなかった。そのことをクローは、ノルウェーで休暇中の妻に落胆した口調で書き送っている。「トゥンベアは、私を満足させるために力を貸してくれると言ってくれ、事態を打開できることを祈っていると言いました」

しかし、このような状況は長くは続けられなかった。ハーゲドンはクローに対し、クリスマス前までに理事会を招集してほしいと伝えた。議題は以下を挙げた。

1 本年度の現時点までにおける、研究所の経営報告について
2 大学病院におけるヘルヴェグ教授の実験に対する資金援助の継続について
3 年金基金について

クローは次のように返信した。「……貴方との関係がはっきりするまで、研究所の理事会を招集することは困難と考えます、従って近々ここで話合いの場を持つことを提案します。私の要望により、クロー夫人も話合いに同席します……」[27]

早速その晩、ハーゲドンはクローの家を訪ねた。マリーは本当に同席した。彼女はステノ病院に入院していたこともあり、依然としてハーゲドンの患者であった。しかし雰囲気はよそよそしく、会話は礼儀正しかったものの、両者とも表面的な内容しか口にしなかった。ハーゲドンの主張は変わらず、頑固な二人

ノルディスクインスリン基金の会長 (1931 − 45) を務めた
トルステン・トゥンベアのレリーフを配したメダル

の間に和解の余地はなかった。

クローはついに結果を受け入れ、次回の理事会をもって会長を辞任すると告げた。そして自嘲気味に、次期会長は製薬業者のコングステッドでいいかと訊ねた。これに対しハーゲドンは、クローの決定は残念だ、しかし現在の状況からするとコングステッドが次期会長に選出されるのが当然の成行きだと思うと述べた。会話はそこで終わった。

理事会は一二月一四日、クローの自宅で行われた。通常なら理事会は研究所内で行われるが、クローは研究所に出向きたくないと言ったのである。ハーゲドンはすでにコングステッドに話をしており、選出はスムーズに進んだ。ハーゲドンはトゥンベアに対し、この日の様子を手紙で伝えている。

「クローは、ノルディスクインスリン研究所の仕事に対する情熱を失い、そのため会長職の留任が不可能だと述べた。米国旅行を検討しているが、旅の前後とも非常に忙しく、そのため理事会には一切出席不可能とのこと。コングステッドが次期会長に選出されるとの合意に対しては、理解を示した。そこで、彼の決定について話し合う必要はおそらくないだろうと私が述べると、当然だろうと言われた。そこでコングステッドに会長職就任を要請すると、コングステッドは選出に対し感謝を述べた。するとクローが、自分に関する限り議題はすべて終了したと述べた。私はコングステッドに対し、理事会の決定を待つ事項の討議に進んではどうかと述べると、コングステッドは『クロー教授は大変お忙しいので、それについては日を改めたほうがよいであろう』と言った……」

所長にとっては大変な状況であった。ハーゲドンは必死だった。加えてドイツの政情不安があった。一二月三一日、彼は妻とマーブル教会で行われた礼拝に出席した。この一年は、輝かしい幕開けであったが、年末はひどかった。課題が山積みであった。だが、時間はすべてを癒す。翌一九三九年の初夏、クロー夫妻が米国旅行から戻ってくる頃には、世界は誰の目にも異なって映っており、より大きな問題が影を落としつつあった――欧州に戦争の気配が忍び寄っていた。しかも、会長就任からわずか四カ月後にして、コングステッドが七〇歳で急逝したのである。

ハーゲドンはリナストロム=ラング教授をノルディスク研究所および同基金理事に推薦していた。クローも基金理事会もこれに賛成し、三九年六月三〇日付けで同教授を選出した。リナストロム=ラング教授とハーゲドンはクローに対し、会長に再び就任してほしいと要請するとともに、科学研究費として最初の三年間は毎年二五、〇〇〇クローネ、以後は毎年一五、〇〇〇クローネを基金から拠出することを決定した。

クローはハーゲドンに対する私信の中で、このことに対する感謝を述べている。

「手紙に感謝し、またインスリン研究所理事会の会長就任依頼の背後にあるご親切に感謝すると同時に、残念ながら私の考える会長職の地位および職務内容が、あなたの手紙に記されていたものとかなり異なること〔ハーゲドンは手紙の中で、会長に伴う仕事を出来る限り免除すると述べていた——筆者注〕を申し上げなければなりません。従って、職務を全うしかねると考えています。またこの場を借りて、インスリン基金から与えられた多額の研究費に心から感謝申し上げます。来年九月の私の退職後、妻と二人で科学研究を続けるために、この研究費はきわめて重要となるでしょう。

心をこめて　アウグスト・クロー」[28]

こうして暗雲は去った。インスリン沼の隣接地では、クローのための建物が着工された。しかしながら、かつて盟友同士の間に流れていた親密な雰囲気が回復することはなかった。一九四三年、マリー・クローが乳ガンの転移でこの世を去った時も、二人はゲントフテの新居に移り住んでいなかった。戦争と病により、クローはスウェーデンに渡ることを余儀なくされ戦後まで戻らなかった。

戦後、クローは戦争中に完成していた自宅兼研究室の充実に勤しんだ。研究室内には風のトンネルが作られ、トーケル・ヴァイス＝フォー Torkel Weiss-Fogh と共同で飛行昆虫、特に当時は熱帯地方の害虫として知られていたイナゴの呼吸と代謝に関する研究を行った。この共同研究は実り多く、ヴァイス＝フォーの博士論文につながった。[29] ノルディスク研究所および同基金は、この研究室に対し年間一五、〇〇〇クローネの研究費を、クローの死後にも継続した。

こうした資金援助は、ノルディスク研究所が当時すでに営業利益を上げていなかったにもかかわらず行われた。当時、同基金設立以来の拠出総額は合計五四万クローネに達していたが、そのうち一三三九、〇〇〇クローネはクローに対して行われた。[30] 困難な時代であったが、クローは同基金からかなり良い待遇を受けていたと言える。

一九四七年、七三歳のクローはノルディスク研究所および同基金理事を退任した。後任には最高裁弁護士となっていたフィッシャー＝ミュラーが就任した。当時、ノルディスク研究所の海外資産をデンマークに移転させる必要が生じていたため、同氏の就任は時宜を得たものであった。一九四九年、クローは体の不調を感じるようになった、体重が減少し、自ら願い出てステノ病院に入院した。その頃ハーゲドンは米国におり、クローを直接診断することができなかった。おそらく膵臓ガンだったと推定される。

一九四九年九月一三日、研究が続行できるよう綿密な計画を残し、子供たち全員に囲まれながら、クローは自宅で息を引き取った。死の二週間前、ハーゲドンはクローと直接話す機会を得た。その時も彼は、イナゴを使った実験について情熱的に話していた。自分の人生にとってあまりに多くの意味を持つこの人物について、ハーゲドンは一七ページにわたる回想録を寄せた。[31]

クローの死後、研究室はフリッツ・ブヒタル Fritz Buchtal 博士が引き継ぎ、さまざまな実験の監督を行った。だが遺言に従い、ノルディスク研究所は建物をコペンハーゲン大学に遺贈したため、研究室の新体制は数年で終了となった。

10 戦争（一九三九〜四五年）

一九三七年から三九年にかけて、ドイツの政治は悲劇に向かって一直線に突き進んでいた。三六年一〇月にハーゲドンがベルリンを訪れた際、ヒトラー Adolf Hitler が政権の座に就いてから最初の数年が経過していたが、町はオリンピックを終えて落ち着いた雰囲気であった。ベルリン・オリンピックでは大会最大のメダル数を獲得したドイツは、第一次大戦と屈辱的な和平条件、一九二三年の超インフレ（ハイパー）、二九年の世界大恐慌とそれに続く政情不安や失業といった悪夢からようやく解放され、再び自信を取り戻していた。三六年末には主権回復を宣言し、フランスと比べごく小さいものであったが軍事力をもっていた。[1] 生活基盤は改善され、失業も半減、電車は定刻で運行され、街頭での諍い（いさか）も過去のものとなっていた。

しかしドイツはヒトラーの独裁政権下にあった。一九三三年三月に全権委任法が確立した時点では、独裁政権には一九三七年までの期限が定められていたが、その期限が本当に守られるかどうかは誰に確信できただろうか？　そもそもなぜドイツは、四年を期限とする全権委任法を圧倒的賛成多数によって可決したのだろうか。世界恐慌という混乱ののち、デンマークでは政府と野党が歩み寄ることで混乱を脱し、英国では連合政権が樹立し、米国ではニューディール政策が導入されたのに対し、第一次世界大戦後のドイツの状況は特殊と言える。他の国と比べて諦めと絶望感が強く漂っており、一九三二年から三三年にかけての帝国議会では共産党との連合によりナチスは与党となり、社会民主党は後退した。だが他の方法はなかったのだろうか？　今やドイツでは市民が逮捕され、古代ローマで三年の独裁に突如終止符を打った皇帝スッラとは異なり、ヒトラーには独裁制に終止符を打つ気配がなかった。(2)

ヒトラーは政治的・文化的多様性を厳しく弾圧した。共産党などの左翼、大きな勢力であった社会民主党はいずれも禁止され、右翼政党は三三年に自ら解散した。問題があるとされた分野については書物が焼かれ、演劇の上演が禁じられた。ユダヤ人は職に就くことを禁止こそされないものの市民権を剥奪され、著名な作家、科学者、芸術家は国外に逃れ、国家的損失であった。そして国内に留まった者は自由な発言を厳しく禁じられた。国民の団結がはかられ、狂乱的な勝利の祝福が続き、ナチスの声は次第に強さを増していった。

一九三七年の棕櫚（しゅろ）の聖日に公布されたローマ教皇の回勅「深き憂慮に満たされて」の中で、ヴァティカンはナチズムの非人道的な様子を批判した。ハーゲドンも、ドイツが崖っぷちに追い込まれているとの思いを持たずにいられなかった。

ハーゲドンはしばしばドイツを訪れていた。機械類の視察や特許申請の手配に加え、大きな目的の一つであったのがヴァルター・フランケル博士との面会である。化学者にして第一次大戦では前線に送り込まれた経験を持つユダヤ系の彼は、ベルリンで小さな化学会社を経営しており、ドイツ国内におけるレオインスリンの独占販売権を持っていた。一九二六年よりノルディスク研究所と取引を開始して以来、売上はきわめて好調であった。

フランケル博士は、ノルディスク研究所の職員がドイツを訪れた際には、誰彼となく世話を焼いたほか、ノルディスク研究所が入手できない薬剤を調達したり、時には自ら生産するなど支援に積極的であった。コペンハーゲンを最後に訪れたのは一九三八年一月、ハーゲドンの招きに応じてのことであった。だが同年三月にはナチスによるオーストリア併合、九月にはチェコスロヴァキアの危機が続いた。人々の不安は高まり、戦争は避けられないかに見えた。ハーゲドンのもとにはボルンホルム島のレンネで医長となっていたH・C・オルセンから、半年から一年弱分のインスリンを島内に貯蔵できるようにしたいとの相談が寄せられるほどであった[3]。ユダヤ人迫害は日に日に激しさを増したため、ついにフランケル博士は国外移住を決意した。彼はハーゲドンに次のように書いている。

「これまでドイツで一四年間、あなたが作ったレオインスリンの営業を担当してきましたが、おそらく今年中には営業を譲渡することになるでしょう。この機会に、あなたが私に与えてくださったあらゆる援助に心から感謝の意を表すとともに、あなたと奥様がコペンハーゲンで私を温かく迎えてくださったことにお礼を申し上げます[4]」

しかし、ハーゲドンの助けによって英国の入国許可と居住許可が下りたにもかかわらず、ドイツの出国許可を得ることができなかった。

そんな中、一九三八年一一月九日夜から一〇日未明にかけて事件は起きた。パリのドイツ公使館でポーランド国籍のユダヤ人により書記官が射殺されたのをきっかけに、ヨーゼフ・ゲッペルス Joseph Goebbels 宣伝相の煽動によるユダヤ人虐殺、「水晶の夜」が発生したのである。シナゴーグは次々に放火され、ゲッペルスによれば「ドイツ人の突発的な怒りからユダヤ人を守るため」、二万六千人ものユダヤ人が、「保護監督」の名のもとに捕らえられた。その中にフランケルもいたのである。

「夫がハンブルク近郊のフールスビュッテル刑務所に連行された」との報を夫人から受けたハーゲドンは、デンマーク大使のヘルルーフ・ザーレ Herluf Zahle に相談するため、その日の晩にベルリンに向け出発した。大使との面会は一七日に許可された。「ノルディスクインスリン研究所とデンマークの国益が損なわれた」ことを理由に助けを求めたところ、在ハンブルクのM・L・イデ M. L. Yde 総領事を紹介されたため、直ちにハンブルクに向かった。[5] だが総領事の返事は「自分にできることは何もない」とのことであった。必死のフランケル夫人はハーゲドンに手紙を書いたが、三〇日にフランケルは釈放された。

そこでハーゲドンはベルリンのザーレ大使に対し、フランケル夫妻に対するビザ発給を願い出た。デンマークに渡り、そこで事業譲渡を行うことが目的である。フランケルはデンマークをすでに何度か訪れたことがあるため、デンマークへの出国許可なら出やすいのではないかと考えてのことだった。フランケルは英国の入国許可証と居住許可証を持っていたため、デンマークにとってはなんら危険はなかった。

しかし、大使館側の返事は次のようなものであった。「一二月二日付けのフランケル博士およびその家族に対する査証発給に関する書簡に関し、残念ながら当方はかかる査証を発給する権限を有さないことを申し上げる次第です。かかる査証発給には経験上、デンマーク法務省の許可が必要であり、そのため貴殿におかれましては法務省に申請されることをお勧めしております。法務省の許可を経て、当方で査証発給の運びとなります。なお当該人物の査証発給につきましては、デンマーク在住の関連団体、すなわち貴殿が直接、法務省に申請した場合のみ受理されますのでご注意ください」

ハーゲドンはすぐにデンマーク法務省に出向き、これまでの経緯をすべて話したうえで言った。「上記を考慮していただき、また英国の入国許可証と居住許可証がすでに手元にあることをご考慮いただき、法務省におかれましては何卒、本申請を許可してくださり、ベルリンの関連当局に必要な許可を与えてくださるようお願い申し上げます。入手可能な事実に基づき本申請が却下された場合には、可能でしたら簡単な弁論を行わせていただきたく、お願い申し上げます」

ベルリンのザーレ大使には同様の内容を述べた書類を届けたが、返事はなかった。三週間を過ぎた頃、ようやく警察庁長官の名で返事が届いた。

「ドイツ国民ヴァルター・フランケル博士およびその妻、ならびに息子と母に関するデンマーク居住許可証申請の件につき、申請を受理した法務局では検討の結果、当該許可は与えられないとの結論に至ったことを、ここに通知します」

ハーゲドンは落ち込んだ。デンマークの無慈悲と官僚主義により、フランケル一家は殺されてしまうのか。だがそれには至らなかった。クリスマスから年明けにかけて、一家はドイツを脱出し、無事にイギリス入国を果たしたのである。ハーゲドンはフランケルに多額の送金を行った。この援助はイギリス政府からの援助金とあわせ、カーディフに小さな会社を設立する際の資本となった。(6) その後一九四一年、フランケル一家は南米のブエノスアイレスに渡った。ハーゲドンとの交流は一九五二年まで続いたが、再び取引関係に至ることはなかった。フランケルがドイツを離れて以後、ノルディスク研究所のドイツ向け輸出は中断し、戦後になるまで再開しなかった。

ノルディスク研究所の営業部長であったチャールズ・ニールセンは、ドイツの別の会社と提携し、同社の株式を一、五〇〇株購入したと報告してきたが、その会社がフランケルの会社の「アーリア人化」すなわちナチスへの協力に加担したことを突き止め、直ちに契約を破棄した。ドイツへの輸出は戦後数年を経て再開となった。このときは、ハンブルク近郊のピンネブルク在住で薬剤師のシェーネマン **Albert Schoenemann** なる人物が経営するアキラ社がノルディスク研究所の代理店となった。シェーネマンの妻はデンマーク語を話した。

ハーゲドンが助けたユダヤ人はフランケルだけではない。一一月二五日には、ユダヤ人の国外脱出を積極的に助けていることで知られた最高裁判事のC・B・ヘンリクス **C.B. Henriques** に、支援金として五〇〇クローネを送っている。同封の手紙にはこう書かれていた。「国外脱出者を一時的に自宅に泊めるという形での個人的援助が可能であれば、是非ご一報ください[7]」

また、ポーランド出身のローレ・クレーマー・ロヴァ **Lore Kræmer Rowa** 夫人や、ドイツ市民でフランケルのユダヤ人仲間である若い女性、スズィ・ワイガルト **Susi Weigert** に援助を行った。スズィ・ワイガルトはドイツによるデンマーク占領により突然帰国できなくなり、一九四三年秋にユダヤ人迫害が始まったのを受け、ハーゲドンの助けを受けスウェーデンに逃れ、そこで結婚した。

ノルディスク研究所に関連するユダヤ人としては、他にトーマス・ローゼンブルク **Thomas Rosenberg** がいる。クライエンブールの助手として一九三九年一月に研究所の一員となった彼は当時二八歳、天文学の教授である父の勤務先キールの出身であった[8]。一九三三年一一月、妻と生まれたばかりの娘を連れ、ドイ

トーマス・ローゼンベルク
ノルディスクインスリン研究所で最も才能豊かな生化学者であった

ツから難を逃れてデンマークに渡って来た頃は、まだ論文執筆中の身であった。ユダヤ人であることに加えて共産党員でもあったことから、ナチスに狙われていた。父親の友人であるコペンハーゲン大学のストレームグレン Elis Strømgren 教授やニールス・ボーアの助けにより、彼はコペンハーゲン大学で化学を研究するかたわら、「移住研究者委員会」から月額一五〇クローネの奨学金も得ることができ、一九三八年には化学の学位を取得、その後ノルディスク研究所に入所した。翌三九年にはドイツ市民権を剥奪されていたため、ドイツによるデンマーク占領の際にも問題は生じなかった。

その後ホロコーストが始まると、ローゼンブルクはデンマークをも逃れる必要に迫られたが、しかし彼は無国籍であった。一九四一年にはコペンハーゲン大学の物理化学学部のポストに就任したため、当時すでにノルディスク研究所の職員ではなくなっていたにもかかわらず、ハーゲドンは一九四三年、一家がスウェーデンに逃れるための飛行機代、さらには空家となったデンマークの家の家賃も負担した。

ドイツ国内では、ユダヤ人の権利は法律で剥奪されていた。ハーゲドンはこのことを深く憂い、自分が実際に役に立てることがあれば、あらゆる努力を惜しまなかった。ドイツの政策を憎み、開戦前夜の一九三九年夏には、シュトゥットガルトでの医学会議にジョスリンと共同講演の依頼を受けた際、行くべきかどうか非常に迷った。結局二人は話合いの末、行くことに決めた。ジョスリンによれば「良き同僚たちを落胆させないため」(9)とのことであった。

だが、戦争の足音はスカンジナヴィアにも忍び寄っていた。一九三九年九月一日にはドイツ軍がポーランドに、一一月三〇日にはソヴィエト軍がフィンランドに侵攻する。ソ連は武力でカレリア半島の割譲、さらにヘルシンキ南のハンコ岬の租借を要求したが、フィンランドはこれを拒否し交渉は決裂した。

スカンジナヴィア半島全体がこの事件に憤った。ハーゲドンの良き友人であるチーヴィッツに至っては、軍外科医としての訓練実績とフィンセン病院での医長の経験を生かし、即座にデンマーク赤十字に連絡し野戦病院の医長を志願した。(10)一九一八年、フィンランドがロシアからの独立を経て内戦に突入した際、フィンランドで救急医療に携わった経験があることも志願を後押しした。当時、フィンランド軍のマンネルヘイム C. G. Mannerheim 最高司令官に覚えられ、野戦病院の周辺で弾丸が頭上をかすめる中で手術を敢行した勇気を称え、勲章が贈られている。

チーヴィッツは圧倒的な勢いの奥に自信と優しさを秘めた人物であった。ハーゲドンが彼と知り合ったのは一九二五年、Å・Th・B・ヤコブセンから義弟として紹介を受けたのがきっかけである。一九三二年にステノメモリアル病院が開院した際には、外科アドバイザーに就任してもらったところ、手術の際は必ず、しかも無報酬で立会ってくれた。ハーゲドンとチーヴィッツは政治的信条、さらには性格も似ていることから急速に親しくなった。二人とも熱くなりやすく、争いを受けて立ち、情熱的でエネルギーに満ち、論争を男同士の戦いと見なしているところがあった。しかし、一見無愛想な外見の奥には心優しい一面も持っていた。

チーヴィッツには粗野な面が強く出すぎる場合があった。臨床ゼミで普通は優秀な学生がたまたま直腸の診察を忘れた時など、かっとなって指示棒を床に投げつけ、折ってしまったこともある。

「レントゲン検査、縫合離開、赤血球や白血球、酸性ホスファターゼについてどれだけ知っていようが、一番基本的で大事な診察を自分の手や自分の目で行わないなら、一体そんな知識は何になるというのか。ほとんど犯罪だよ。それで試験を受けたら当たり前だが一五級だろうね。なぜ一五級かって？　それより下の級がないからさ！」(11)

これほど厳しい発言を浴びせても生徒からは慕われ、彼の講義はいつも大盛況であった。

フィンランドとソ連の戦争、冬戦争の勃発からわずか三カ月後には、チーヴィッツは救急車を自ら運転して戦場に赴き、ハーゲドンはノルディスク研究所からの一万クローネに、ポケットマネー千クローネを合わせた資金をもとにフィンランドを支援した。この活動は匿名で行われたにもかかわらず、すぐに知られるところとなり、マンネルヘイム最高司令官はハーゲドンに対し、冬戦争への貢献を称えてフィンランド自由の十字四等勲章を授与した。チーヴィッツは一九四〇年三月一三日に講和条約が発効されてからも、しばらくフィンランドにとどまった。ヴィープリの町や国内南部の補給拠点を含むカレリア半島の割譲という講和条件に涙を流した。一万五千人ものフィンランド人が戦死、さらに多くが負傷した。

ダヴィデとゴリアテの戦いのごとく、小国のフィンランドへ大国のソ連が侵攻したことに諸外国からも非難が相次いだが、支援は皆無に等しかった。停戦後、フィンランドの総人口の一割にあたる四〇万人が故郷を離れ、移住するか難民となった。多くは死んだ家族の遺体も運んできていた。

そこに入ってきた、ドイツ軍によるデンマーク占領のニュースである。チーヴィッツはフィンランド南部の野戦病院で執刀中であった。後年、婦人科医として有名となるハフダン・ルフェーブル Halfdan Lefevre が居合わせていたが、その時のことをこう言っている。

「人の顔が、悲しみと悔しさからこうも蒼白になるのを、私は後にも先にも見たことがない。その日の午前中の数時間で、彼は何歳も年を取ってしまったかのようだった。数日後、ようやくコペンハーゲンと電話がつながった時、彼は開口一番こう聞いた『奴らは撃ってきたのか――教えてくれ、奴らは撃ってきたのか』受話器を置くと、彼は部屋の中を激しく行ったり来たりしながら『数発だなんて、数発だなんて――ならば一月一九日の宣言は無意味だったと言うのか』彼は救急車をノルウェーに運ぶことを拒んだ。「デンマーク市民として、ここは何としてでもデンマークに戻ってみせなければ。それが我々の使命だ。デンマークにこそ、我々の持てる力を注がなければならないのだ(12)」

占領中、ハーゲドンはこのチーヴィッツとの関係を通じて活発に活動した。二人はよく会い、一九四二年一二月、当時チーヴィッツがいたスコッツボルグの秘密基地がドイツ軍に暴かれた時には、基地から逃げてきた人たちを家にかくまった。また、何日にもわたりスネーウム Thomas Sneum 空軍中尉を自宅に泊め

オーレ・チーヴィッツ博士が1943年4月9日、有罪判決を受けた後にフィンセン研究所に到着したところ

たこともある。[13] 中尉はイギリスに向け、軍の施設に関する機密情報を小型機で輸送する途中であったが、ドイツ軍に撃墜され、パラシュートでデンマーク内に戻ってきていた。ドイツ軍は彼の足跡を追ったがハーゲドンにかくまわれ、スンド海峡の凍結を待ってスウェーデンに逃れた。そして後に残らざるを得なかった妻と幼い娘に対しては月々三〇〇クローネの援助を行った。この援助は一九四五年の夏まで続いた。[14]

一九四三年初頭、ハーゲドンはチーヴィッツをコペンハーゲンのヴェスター・フェングセル刑務所に訪ねた。友人たちの忠告を無視する形で、彼はドイツ軍に投降し、身柄を拘束されていた。「自由のデンマーク」なる組織のトップであった彼は、法廷の場で勇気ある行動をとることで、デンマーク人を目覚めさせることができると考えていた。確かにその逮捕は大きな注目を集めた。ドイツの留置場で一週間、デンマークの留置場に三カ月、それぞれ収監された後の反対弁論は、簡潔にして的を射たものであった。

「何かを立証することを目的としたものでも、この場を利用して抗議を行おうとすることでもなく、ただ純粋に、この裁判が現実には何なのかという、その背景に光を当てるため、私がヴェスター・フェングセルのドイツ部門による私の逮捕ならびに取調べが、いかなる方法で行われたかについて述べることをお許し願いたい。裁判所は、それらの方法が、デンマークおよびスカンジナヴィアにおける、法と正義の概念として我々が理解しているものと激しく対立するという点で、私のさして詳しい説明を待つまでもなく、私に同意されると思われます。さらには、これから自らの考えを述べるにあたり一点指摘しておきたいのは、スカヴェニウス Scavenius 首相が議会において、個人が勝手に外交政策を定めることは許されないと語ったのは、それほど昔のことではない点であります。この発言の一部は、『自由のデンマーク』との関係があった我々に向けられたものと見受けられます。しかしながら、この点における首相の見方は大いに誤ったものであります。実際のところそれは、独自の外交政策を定めるなどということではなく、デンマークとスカンジナヴィアには、政府の活動を批判すること、および国家と国民の利益に、より一致すると考えられる政策を国民が勝ち取ろうとすること、これらを民主的な権利とする伝統が長きに渡って存在してきたことがあります。我々はこの権利を一層強く感じてまいりました。と言うのもこれは、ドイツ政府が、デンマーク占領がデンマークのいかなる内政干渉にもあたらないとの趣旨で一九四〇年四月九日に交わした約束を、ドイツ政府は守るべきであると要求することを意味したからです。こうした、デンマークとスカンジナヴィアにおける法と民主的権利に関する二つの事例は、我々を本裁判の理由の核心へといざないます。

現在この国では、これらの二点がデンマークおよびスカンジナヴィアの社会観にとっての主な論拠であると書き、語っており、その動きは一日たりとも途切れることはありません。しかし私の述べようとしている例は、単純に事実に基づくもので、こうした権利がデンマークにおいて実際いかなる状況にあるのかを示し、同時に、我々自身の国の長期に渡る譲り渡すことのできない価値観であると我々が理解しているものが、徐々に侵食されていくのはいかに恐れるべきものであるかを示すものであります。こうした失われつつある権利こそ、我々が擁護したいと希望するものであります。こうした、ますます加速しつつあることが一層明白なこの展開の恐れこそ、我々が抗議に立ち上がりたいと願うものであります。我々はそうすることにより、デンマーク法を侵しているとは考えません。デンマーク国民の圧倒的多数においては、人々の民主的権利ならびに法の規則に課されつつある制限について、深い憂慮の念が存在することは疑問の余地がありません。

従って裁判長様、あなた自身もデンマーク国内の他の裁判官の方々にも、現在の状況における任務の遂行には困難があることを無視するものではありませんが、それでもなお、あなた方にはデンマーク国民に対し、数世紀に渡る民主主義の理念と法の規則を回復するという、羨望すべき特権をお持ちであるように私には思われます。従いまして私は、本日あなたが言い渡す予定の判決を通じて、デンマーク国民に信念と自信を取り戻すようにしていただきたいと、切に願う次第であります(15)」

一九四三年四月九日、評決が下された。禁固八カ月。その場にいた者は、有罪判決の下されたチーヴィッツが法廷で口を開き、ノルウェーの詩人ノルダール・グリーグの愛国詩「一九四〇年五月一七日」の一節を引用するのを聞いた。

今日 旗棒は寂しい姿で
アイツヴォルの新緑の中に立っている
しかし今まさにこの時に
我々は知るのだ、自由とは何か

一つの歌が国中で聞こえる
その勝利の詩は
閉じられた唇の間をささやき声で
外国の圧制の下を伝わってゆく

チーヴィッツの禁固は四カ月に及んだとされており、その後はドイツ全権大使ウェルナー・ベスト Werner Best 博士の願い出により出所となった。(16) 帰宅後、ハーゲドンを含めた親友が集まったとき、彼は一同の前で話をしたが、「まったく価値がない」と断りつつ聖書から引用をした——「獄に在りしときに来たりなればなり」その場にいた者にとっては忘れられない思い出になった。その後チーヴィッツは地下活動に入り、一九四四年二月にはデンマーク自由連盟と抵抗活動共同連盟に加わった。戦後、デンマーク人負傷者を治療するという医師の任務を無視したとして、ドイツ人医師やそのデンマーク人協力者に対し、ヒステリックな非難が沸き起こった時はそれに反論したが、失意から立ち直ることができず、一九四六年のクリスマスの翌日に腹膜炎により、わずか六三歳で世を去った。葬式は大晦日に聖マリア教会で行われ、国中がその死を悼んだ。司式はニールス・ボーアが行った。ハーゲドンはノルディスク研究所とともに、夫人に一万クローネを送った——彼の言葉を借りればこれは「名誉の贈り物」であった[17]。そのうえ、ポーランドのヤギェウウォ大学医学部にチーヴィッツの名を冠した研究室の設立費用として千クローネの寄付を匿名で行った[18]。

ハーゲドンがチーヴィッツと親交があったことは、当然のことながらナチスドイツにも知られており、そのため彼自身が、ツェラン島で地方参事を務める弟エリックの家に身を潜める必要があった。またある時は、自前の印刷機を持つことを理由に、ノルディスク研究所が捜索を受けたこともあった。だがハーゲドンは捜索隊の入室を押え、その間に職員に違法文書をすべて処分させることに成功した。一部はトイレに流したところ、配管を詰まらせた[19]。

その後、ヴァルター博士率いるナチス当局が病院内を屋根裏から倉庫まで調べ上げ、戦時には平時の二四人ではなく百名を収容可能との結論を下したが、それだけの人数を収容することはついぞなかった。四月二四日、ゲントフテのステノメモリアル病院の一般医、ステファン・ユルゲンセン Stefan Jørgensen が診察室の入り口で何者かに銃で撃たれて殺された。報復殺人であった。ユルゲンセンは一九二三年、市立病院でともに医局員であった時代からの友人であった。ユルゲンセンは第二医局、ハーゲドンは第三医局であった。ステノメモリアル病院では、ガド・アンデルセンが作成したインスリンである「ダイアスリン」の試験を行っていた。暗殺の報を受け取ったハーゲドンは大きなショックを受け、犯人探しに協力したが無駄に終わった。末弟のクヌートはヘアニンで一般医をしていたが、抵抗運動にも積極的に関わっており[20]、町の抵抗運動のリーダーになっていた。

自家用機の没収

一九四一年一〇月八日、民間航空輸送が禁止された。当時すでにハーゲドンは合計一〇〇時間の飛行経験があり、スウェーデン、ドイツ、オランダ、イギリスの領空内を何度も飛行していた。そんなわけで、自宅横に建設した小さな格納庫に、残念な思いとともに愛機を格納することとなった。

しかし一九四三年八月二九日、政府が総辞職した数カ月後、航空機に対する規制が厳しくなった。四三年一〇月、F・パーチ中尉が自家用機で英国に飛行した結果、ナチスの軍人二名と作業服に身を包んだデンマーク語通訳一名を乗せたトラックがステノ病院にやってきて、ハーゲドンの飛行機のプロペラを供出するよう命令した[21]。没収にあたっては警察の許可を得ていると主張したが、許可書を所持していなかったため職員が供出を拒んだところ、いったんは引き下がったが、翌日再びやってきて、自分たちの手でプロペラを外してしまった。ハーゲドンはそのとき不在であったため、ミス・ウッドストラップは受領証を出すよう求めた。

受領証だけでは不満のハーゲドンは、警察はヴァンローゼにあるナチスドイツの空軍司令部発行の正式な受領証を持ってくるべきだと要求した。それは届いたのだが、一一月二一日に事態はさらに悪化する。

第二次世界大戦中、ハーゲドンの自家用機を収めていた格納庫

今度は自宅にナチス国防軍の武装兵士たちが訪れ、機体の供出を要求した。このときもハーゲドンは不在であったため、再びミス・ウッドストラップが応対し警察を呼んだ。その間、兵士たちは、安全な場所に航空機を移送するよう命令を受けて来たと称し機体を分解し始めた。

格納庫の鍵が見つからなかったため、ドイツ兵たちは扉を壊して中に入り、数本の木や灌木を傷つけながら庭を経由して飛行機を回収した。その後、リーダー格と見られる兵士が回収物の受領証を渡しにやってきて、翼の回収は明日行うと告げた。翼は私邸のガレージに格納してあったのである。以上の報告を受けたハーゲドンは直ちにスタウァビュから戻り、翌日は自らナチス軍と対面した。一行が到着するや否や、ハーゲドンは「泥棒が来たぞ」と聞こえよがしに言い、翼の供出を拒否したうえで、警察に連絡した。すぐにやってきた警察はドイツ軍と交渉し、その結果、供出は中止となった。だが翌日再びやってきて結局は翼を持っていった。

ハーゲドンの怒りはおさまらなかった。ドイツ軍は自分の飛行機のほとんどを勝手に盗んだだけでなく、警察に取り入って他の部品の供出まで要求しようとしている。どう考えても行き過ぎだ。

ハーゲドンは警察署長に、特別事件検事総長を通じてドイツ当局に抗議してほしいと頼みこんだ。これは実現し、後日ドイツ側から謝罪があった。またデンマーク航空管制部に対しても、デンマーク駐留ドイツ空軍のトップに抗議するよう申し入れると同時に、機体の機器類、機体に搭載されていた高価なスイス製時計、モーター用の燃料一五リットル、および樹木や灌木への損害について補償するよう申し入れた。これに対しドイツ側は、国防軍がドイツ銀行に保持する預金残高を示しながら、スイス時計以外の弁償には応じられないとしたが、ハーゲドンには到底納得しかねる返答であった。交渉は延々と続き、結局は一九四六年、個人の財産に対する戦時補償の一環として、四〇、五六〇クローネの損失の申し立てに対し、総額二九、四〇〇クローネの補償金が支払われることとなった。戦後ハーゲドンは機体の捜索を依頼したが、デンマーク航空管制部は、機体は行方不明になったと宣言した。[22]

ドイツ軍はまた、ヘアニンに彼が所有していた飛行場も使おうとした。ここでもまたドイツ空軍への抗議に始まり、デンマーク当局との幾多の書簡の往復を経て、最終的にはドイツ当局が年間約三五〇クローネ程度の使用料を支払うとの、いわば賃貸契約が交わされた。しかしドイツ軍が契約を守らず、一九四五年四月一日付けの使用料が未払いであること、さらにはドイツ軍に貸した物品のいくつかがドイツ降伏後も戻ってこなかったのを確認すると、これらに対する補償を請求し機体同様成功した。[23]

戦後、ハーゲドンは再び航空機を操縦したい気持ちでいっぱいであった。記憶を取り戻すために何度か講習を受けたが、年を取った事実を実感することとなった。そのため操縦は諦め、一九四八年にはヘアニンの飛行場を地元当局に売却した。その後ヘアニンの飛行場は大幅拡張され、スキンダーホルムの名で現在も使用されている。

リトアニア工場の放棄

もう一つ、戦時体制でなければ巻き込まれなかった出来事の一つに、リトアニアに置いたノルディスク研究所の工場をめぐる問題があった。一九四〇年秋には、リトアニア工場の指揮にあたっていたヴェルディケ技師の身柄の安全について、デンマーク外務省はこれを保証できないとする事態になった。外国人が次々とリトアニアを去るのを目にするにつれ、ヴェルディケの不安は募る一方であったが、デンマークに残した妻に会うための休暇申請がソヴィエト政府に却下されるに及び、ヴェルディケは国外脱出の決意を固めた。[24] 公使館の臨時大使からも出国を強く要請されていた。ハーゲドンも同意したが、それは工場を放棄し、ソヴィエト当局の手に渡すことを意味した。

この結果、ノルディスク研究所への原料供給量は大幅に落ち込んだ。それでも研究所はインスリンの生産を続けたものの、他の理由によりデンマーク国内での原料調達が難しくなった。ドイツ軍が生きた豚を買っては本国に送っており、入手可能な膵臓の量が急減したのである。加えて、軍事輸送、サボタージュ、さらには列車やフェリーの減便により、デンマークの輸送施設は規模縮小を余儀なくされたため、膵腺から抽出されるインスリンの量は大幅にダウンした。

ノボ社は戦前、膵臓の供給拠点を海外に求めることで、供給量を増やすことに成功していた。つまり、増加の一途をたどるインスリン需要に対応できていたわけだが、デンマークが占領されてからは原料供給が途絶えてしまった。そこで、ドイツへの輸出量が維持できない危険が出てくると、東プロシアおよびドイツ占領下のポーランド領内から原料を供給するための許可取得に動いた。[25] だがそれだけでは同社のインスリン需要を満たせないことが判明した。そこでノボ社はドイツ側からの提案を受け、一九四一年、バイエル社とシェーリング社を含めドイツ企業四社と共同で、膵臓利用協会（Pankreas Verwertungs Gesellschaft PVG）なる団体を結成した。

ノボ社が同協会に加わったのは、欧州におけるインスリン不足の解消に貢献したいとの思いと、加盟することで十分な量の膵臓を確保できるとの思惑が背後にあった。デンマーク当局の承認も受け、ノボ社は同協会の代表となった。このとき、膵臓の調達先はポーランドとプロシアだけではなく、ウクライナ、エストニア、ラトビアであり、さらにはついこの間までノルディスク研究所の調達先であったリトアニアも含まれていた。

一九四三年夏、ドイツ当局はある決定を下した。ノルディスク研究所がかつてリトアニアで操業していた工場を膵臓利用協会の傘下に置き、バルト海諸国から調達した膵臓をそこで処理するというものである。この決定をノボ社はしぶしぶ承諾したが、操業を担当することについては断固として拒否した。そして代案として、調達した膵臓をドイツかデンマークの工場に運ぶことを提案した。そのほうが、より多くのインスリンを抽出可能だというのも一因であった。デンマーク当局はこうした流れを随時把握していたが、しかし「ノボ社がノルディスク研究所の工場を乗っ取ろうとしている」との噂が立ち始め、国家保健委員会が調査を開始すると、ノボ社は膵臓利用協会の東欧での活動から手を引くようになった。(26) ハーゲドンは同委員会のフランドセン Frandsen 委員長から一連の話について聞かされていたが、当時も、また戦後になっても、その件について詳しく追及することはなかった。(27)

ノルディスク研究所にとって戦争は、売上が二八〇万クローネから一五〇万クローネへと減少したことを意味した。その理由はリトアニアの工場を失ったこと、原料調達が質と量の両面で困難になったこともあったが、何より輸出向け市場を失ったことが響いた。スペイン内戦の折にはスペインに大量のインスリンを輸出したが、すでにその市場は縮小していた。またイギリスへの輸出はストップしていた。ハーゲドンはインスリン不足の事態を防ぐため、開戦直前の時期にロンドンでインスリンの大量在庫を確保していたが、それも「敵国の財産」として差し押さえられ、ようやく販売できたのは戦後に入って、しかも二束三文の値段しかつけることができなかった[28]。加えて人件費の高騰や価格統制もあり、当面インスリンは生産コストを下回る価格で販売せざるを得なかった。しかも海外企業とのライセンス契約も無効となってしまった。そのような状況だったが、ノルディスク研究所では職員数の削減はなかった。

ドイツ側は何度か、インスリン生産量を増やすよう研究所に圧力をかけてきた。たとえば一九四四年の合同ストライキのさなか、ハーゲドンはドイツの医療顧問の訪問を受けたりもした。しかし、一方でナチス国防軍と親衛隊たちが、食料を買う列に並ぶ女性や子供たちに銃を向けているような中で、デンマークの従業員たちに、「人道的理由」と言って、ドイツのために働いてもらうことはできない、と答えた。代わりに国際赤十字からの要請なら応えるつもりだったが、そういった依頼は結局なかった[29]。

ヘミングセン

いま一つ、会社が受けた影響としては、長年にわたる同僚であり、また顧問でもあったアクセル・M・ヘミングセン博士が東欧出張に出たきり、デンマークに再入国できなくなったことであった。ヘミングセンの実験の手腕を最初に見抜いたのはクローであった。一九二四年に提出された動物学専攻の修士論文のテーマが「両生類および魚類の血糖」だったのである。修士修了をみはからってハーゲドンはすぐ彼を自宅兼研究室に招き、インスリンの標準化のための実験助手になってもらった。当時二四歳のヘミングセンは内分泌学に加え統計学にも明るく、ハーゲドンにとってはこれ以上の人材は探してもまず見つからないと思われるほどの適任者であった。ヘミングセンはクローと作業を調整しながら、共同でインスリンの標準化の方法を編み出した。この方法は世界保健機関（WHO）にも承認された[30]。

一九二八年ごろ、ノルディスク研究所に新たに設置された生物学部門がうまく回っていたころ、ヘミングセンはラットの発情期を引き起こす要因として卵巣等に着目していた。ノルディスク研究所内で行われたこの研究をもとに彼は博士論文を執筆し、一九三三年には哲学部門で審査会が行われた。ハーゲドンは外部からの聴衆として出席し、個人的に質問をしたのち、審査会終了後はノルディスク研究所内の包装機の置かれた部屋で夕食会を開き、労をねぎらった。その後もヘミングセンは発情期に関心を持ち続け、日差変動が発情期に与える影響などの特性を発見したほか、のちにガガンボの産卵本能の研究を行い、コペンハーゲン大学からは当時の「最優秀動物学者」と賞された[31]。

ハーゲドンはヘミングセンに助手をつけたほか、動物相や生物学のフィールドワークとの関連で行った数多くの出費のかさむ旅行についても、一切の旅費を肩代わりした。ヘミングセンはハーゲドンに長い手紙を書き送り、旅先で見聞きしたものごとを、さほど重要でないものも含めて報告した。たとえば、一九二九年末にアメリカから送った手紙の末尾には以下のようにある。

「興味を持っていただけるかもしれませんが、米国人女性における美人の割合は、ヨーロッパにおける平

アクセル・ヘミングセン
この後、中国東北部に足止めされる

均よりもかなり高く、とりわけ非常に低いロンドンの平均を大幅に上回っています。しかしながら、この事実は早く戻りたい、しかもロンドン経由で、という思いを妨げるものではありません。というのも、インスリン工場における場合と同様、もちろん理由は別ですが、私はいきなり本題に入るからです[32]」

ヘミングセンはずっと独身で、五〇代に入って母親が世を去るまで一緒に暮らしていた。病気になることをいつも恐れており、風にあたって首が冷えないよう、チョッキのボタンホールに端切れを縫い付けていた[33]。そんなに用心深いにもかかわらず、フィールドワークという厳しい旅を好んで続け、一九三九年にはタヒチに旅立った。

ハーゲドンは精神を休めるために自分も同行したいと考え、かなりの額にのぼる旅費を捻出していた。しかしヘミングセンの目には、ハーゲドンは精神を休める必要があるようには見えなかった。とはいえ、確かに言い合いはあった。マウス飼育ラックにサーモスタットを導入すべきかについて、ヘミングセンはインスリンの標準化方法改善のためにも必要と主張したが、ハーゲドンはプロジェクトに反対しており高すぎると反論したのである。そんな中、ヘミングセンが「タヒチへの美女調査に連れて行かないぞ」と脅すと、ハーゲドンは「どうぞお好きに研究目的を決めればいいでしょう」と冷たく言い放ち、それで決着がついてしまった(34)。

旅は当初予定より長引くこととなった。ヘミングセンが戦争につかまってしまったからである。デンマークへの帰途、パナマ、タイ、ベトナムを経て立ち寄った中国東北部で、四年半も足止めされてしまったのだ。ハーゲドンはデンマーク赤十字の戦争被害者事務局を通じ文通と送金を試みたが、ごくまれにしか届かなかった。一九四一年の手紙の中で、ハーゲドンは次のように書いている。

「四一年六月二六日付け上海からの絵葉書拝受。こちらの工場は減産しているとはいえ操業中です。国外資産の大半は没収され、米国からのライセンス費用の入金も停止しました。一時的なものだとよいのですが。旧姓ミス・ルー Karen Lou（ハーゲドンの秘書）で現ミセス・ペル・ハンセンに男の子が生まれ、ペル・オラフと名付けられ、ミス・ヴァイツェに博士論文が生まれ博士になりました。今年に入ってすぐノルウェーで薬事当局と交渉、最近もストックホルムで開催の北欧インスリン基金の会合に出席。北欧四カ国の全代表が顔をそろえました。特許申請手続きも終了しました。弁護士はキリスト教徒もユダヤ教徒も全員クビにして、自分自身で申請手続きを行いました。裁判には勝ちました……」

ヘミングセンが中国にいる間、ハーゲドン夫妻はヘミングセンの母親に手紙を書いたり、訪問したり、コーヒーや花でもてなしたりと、その沈みがちな心を慰めた。一九四六年、ついに帰国したヘミングセンは、昔とあまり変わっていないと感じた。しかし、駅の駐輪場に停めておいた自転車がなくなっていると文句を言った――一九三九年に旅立った際に残した自転車がないと言うのである。

心ならず国外に足止めされている間も、ヘミングセンは忙しくしていた。帰国後、ハーゲドン家に夕食に招かれた折には三時間も話し続けた。ハーゲドンは話をさえぎらなかったものの、すべてを聞き終えるとこう言った。

「まるでおとぎ話のようだが、君の話が真実かを確かめる方法を用意した。ここに夕食を用意してある」なんと、他の人々の夕食は通常のものだったが、彼にだけは米と箸が用意されていたのである。彼はこのテストを難なくパスした。[35]

中国では、海洋動物や昆虫、鳥を捕獲しており、これらはみなノルディスク研究所を通じて動物博物館に寄贈された。また中国での観察をもとに数本の科学論文を執筆し、その中には全四七四ページにも渡る「中国東北部における渡り鳥の行動」や、「熱帯性ダニの保育行動」などがある。[36] こうした幅広い業績が認められてベルゲン大学動物学教授に推挙されたが、ベルゲンの気候条件を考えた彼はこの勧めを断った。[37]代わりに、ヒレルド近郊のストロダムにある研究所に誘われ、そこで昆虫や鳥の研究を続け一九七八年に死去した。

スタウァビュの家

妻のミッテはというと、戦争中のほとんどをスタウァビュで過ごした。美しい自宅が軍に差し押さえられるのを防ぐためである。床面積は一四八平方メートル、一九三七年から三八年にかけて建設された家屋は、一九三五年にハーゲドンが購入した計一二エーカーの海に面した斜面に建てられた、れんが造りの二階建ての家屋であった。敷地内にはさまざまな品種のリンゴをはじめ、洋ナシやサクランボ、プラムなど、約二、五〇〇本もの果樹が植えられていた。ハーゲドンは特にリンゴが大好きで、一つ一つをまるで宝石のように慈しむ一方、果樹園全体の運営を合理的に行った。

収穫量が増えてくると、四三、〇二七クローネもの巨費を投じ、三七〇平方メートルもの近代的貯蔵施設を建設した。貯蔵施設には冷蔵室、選別機、さらには貯蔵中にリンゴが傷まないように電気空調設備を設置した。またトラクター、モーター付きスプレー、電気式ほこり除去機、さらには木々の根元に茂ったアブラナを菜種油（なたねあぶら）の原料とするために刈る、電気刈取機も備えられていた。ハーゲドンはこうした細かい作業から全体の運営にまで関心を持ち、すべてを取り仕切った。ある手紙にはこう書いている。

「スプレーは一度使ったきりです。後部アクセルのベアリングが過熱したので取り外す必要がありました。伝動装置（トランスミッション）を留めるスクリューが明らかに弱くなっていました。しかし大きな穴をドリルで開けて容易に修復できました……」

さらにハーゲドンは、ブラダンや粉末硫黄などの農薬や肥料、果物を入れる箱や袋、包装紙やラベルも自分で購入した。また、雹（ひょう）の被害に備えて保険に入ったり、土壌のサンプルを取ったり、さらにはデンマーク国鉄と輸送費の割引交渉までも自分で行った。土地を耕し、接木や剪定（せんてい）も自らの手で行った。人々に自

スタウァビュの果樹園

分から指示を出し、それらを厳格に守ることを求めた。そして手伝ってくれた人には高い賃金を支払い、クリスマスには気前のよい贈り物をした。(38)

ユングスホード教会のノーダリュ Georg J. Norderø 牧師は、日曜の朝という教会の時間にハーゲドンがトラクターで物音を立てるのを好まなかったが、ほどなくして二人は良い友人となり、ハーゲドンは牧師の息子で医学生のエリック Erik Norderø の相談相手となった。戦争中、スタウァビュに行くときは必ず牧師館に顔を出し、ドイツ軍が自分のことを探していないか訊ねるのが習慣であった。そして牧師は毎週土曜日になるとハーゲドンの家を訪ね、トランプのオンバーを楽しんだ。一九五一年には教会に、一二枝に分かれた美しいルネサンス期の真鍮(しんちゅう)製燭台のレプリカを二台も寄付した。(39) この燭台を所蔵していることで教会の名が知られているほどの品であったが、ハーゲドンは寄贈者の名を匿名にすることを条件にした。

牧師の二人の息子にとって、ハーゲドンの来訪は楽しみの一つであった。どんな天気の時でも、ぼさぼさ髪を風になびかせながら、木々の間を大きな体躯がこちらに向かってくるのを見ることができた。教会を訪れるときはクリームをふんだんに使った大きなケーキを必ずお土産に持ってきた。沖の小さな無人島にモーターボートで行く時には時折、同行を許してもらえることもあった。ハーゲドンはこの無人島を一九三五年に購入しており、島は野鳥の宝庫として有名であった。卵泥棒や密猟者がいることがあったため、彼は必ず銃を携えて行った。

ミッテは、庭にニワトリ小屋と七面鳥小屋を作ってもらった。オスの七面鳥の中に気性の荒い鳥がおり、ミッテはよくこの一羽におどかされては木に登って逃げた。ハーゲドンは、来客を果樹園の中に案内するような時は、七面鳥小屋の横をわざと通ることもあった。司教となった弟のエリックはよくこの方法でからかわれたが、神学の道に進む前は農学を専攻していた彼は、七面鳥が襲いかかるとかぶっていた帽子を投げつけてかわした[40]。戦争中、ミッテはヤギやヒツジを飼うようになった。また以前は庭師に頼んで花やハーブを植えたり温室を作ったりした家屋の近くにはミツバチの巣箱を置いた。夫妻はハチの世話を、果樹園を手放すときまで二人で続けた。

一九三九年九月一日に戦争が勃発してから一週間後、ハーゲドンはフェリッツレヴのリカキャード社なる風車メーカーに電話をかけ、風力発電機二台を注文した。一台はゲントフテ、もう一台は果樹園用であり、停電に備えて購入したものだった。実際、停電は起きた。果樹園に設置した発電機は母屋、井戸、果物選別機、さらには貯蔵施設内の空調と冷蔵に必要な電力すべてを何年もまかなった。しかしこれによりミッテは、料理をする前に風の具合を確認しなければならなくなった。ハーゲドンは自ら発電機の開発にたずさわり、風車メーカーに出資も行った。

このように、やるべきことはたくさんあったが、彼はこの果樹園にまつわる個人的な取組みを大いに気に入っていた。しかし木々が大きくなると仕事の負担が重くなり、片手間ではできなくなったため、四二年には管理人が雇われた。ほどなくして、年間一〇〇～一五〇トンものリンゴが毎年収穫されるようになり、国内外の市場に出荷するほどになった。一九四八年、HOKI貿易会社の社長は「博士が作る果物は大変質が高く、果実自体の品質の点でも、また包装等の点でも、これほど手のかけられた果物を見つけるのはほぼ不可能である」[41]と述べている。

ここの果物はまた、ステノメモリアル病院の患者にも届けられた。食事管理を行っている患者に対しては一個一〇〇グラム前後のものと定められていた。収穫期になると、一番できのよいリンゴは友人や親戚のもとに届けられたほか、ノルディスク研究所の一部職員や、さらには経済的に苦しい一部の患者にも届けられることがあった。旧工場である赤い石の建物には、落下したリンゴを原料にリンゴジュースを作る設備が置かれ、シナ・クリステンセンなる女性が運営にあたった。シナはしっかりした女性で、ハーゲドンに反論することもでき、ミス・ウッドストラップとハーゲドンの関心をめぐって競い合う間柄となった[42]。もともと会社内の他の管理職に対してぶしつけな物言いが見られたため、ハーゲドンは彼女を一人で働ける部門に回したのであった。リンゴジュースは一般には販売されず、ノルディスク研究所の食堂と病院内で消費された。低血糖発作を起こした患者に対しては、ブドウ糖五グラムをリンゴジュース一〇〇ccに溶かしたものが与えられた。これは低い血糖値を上昇させるには薬物のように最も効果的であった。また戦争中は、果樹園で作られた質の高いリンゴが国内のワイン工場にも納入され、非常に喜ばれた。

戦争が終わって数年後、隣接する農地が一般向けに販売されるとハーゲドンはこの土地を購入した。そこにも果樹が植えられ、果樹園は合計で三〇エーカー、三、五〇〇本を擁するようになった。果物貯蔵施設の拡張が必要であったにもかかわらず、利益は減少した。そこでハーゲドンは専門家に依頼し、果物生産に関するアメリカの最新方法を視察してきてもらった。新しい管理人が住込みで雇われ、その結果として二年後には果樹園は再び利益をあげるようになった。以後、果樹園の利益は一九六〇年代まで順調に拡大した。

前述の通り、ミッテは戦争中のほとんどの時期をスタウァビュで過ごした。ハーゲドンは毎週末この地を訪れた。雨だろうが晴れていようが、また風が吹いていようが、彼は客を伴っては自転車でやってきた。客は友人や親戚、さらにはノルディスク研究所の職員のこともあった。特に、ポールセン博士、ミス・ウッドストラップ、シナ・クリステンセン、ミス・ラスムッセン、ヴァイツェ博士はよく果樹園を訪れた。

ヤコブ・E・ポールセン博士は一九三八年、三一歳でステノ病院の医師に就任した。就任後すぐに糖尿病性ケトアシドーシスの研究に着手し、四一年には「糖尿病におけるケトーシスの研究」で博士号を取得した。ポールセンは温和で知性あふれる物静かな人物で、ハーゲドンの信頼をすぐに得た。一九四〇年には同病院を退職していたが、ハーゲドンは自分の留守中に患者に問題が起きるとポールセンを紹介した。ロバート・イェンセンも、ノルディスク研究所と雇用関係になかったが、技師としてハーゲドンの信頼を得て、よく語り合う関係になった。イェンセンはスタウァビュ港にボートを停泊させており、周辺に住む子供たちや若者をよく乗せて喜ばれていた。

ノルディスク研究所生物学部門のトップはヘミングセンからマリー・ヴァイツェに移った。彼女はマウスのインスリン感受性を左右する要因に関する研究を進め、マウスの生物学的要素のほかにも気圧や温度、日照時間といった気象条件もインスリン感受性を左右することを突き止めた。さらにインスリン感受性は一日の中の時間や、マウスを置いた部屋の音量に左右されることも観察した。このことは、マウスのインスリン感受性が月曜の朝に最も低くなると気付いたのがきっかけであった。環境要因のうち唯一、影響を与える可能性があったのが音量だった。なぜなら日曜は、マウス室は完全な静寂に包まれるからである。そこでスピーカーを導入し、大きな音を流すようにしたら問題は解決した。

しかしながら、彼女の最大の関心は肥満であった。間断なく食物摂取を続ける肥満の黄色マウスと通常のマウスの生体の一部を縫合するパラビオーシスとよばれる実験で、通常のマウスが肥満のマウスの食欲を抑制する因子を産生するかどうかを観察した。(43) 実験の結果、仮説が正しいことが確認され、血液を通じて脊髄およびその周辺の食欲調節中枢に影響を与えるホルモンの存在を発見した最初の一人となった。これは一九九〇年代になってようやく生化学的に記録された発見であり、彼女は同研究で一九四〇年に博士号を授与された。

ハーゲドンの家族の中でスタウァビュを満喫できたのは、主に夫妻の甥や姪たちであった。ハーゲドンの弟スヴェンの娘たちビアテ Birthe Hagedorn、グレーテ Grethe Hagedorn、マリー Marie Hagedorn、弟クヌートの息子フィン Finn Hagedorn や娘ウラ Ulla Hagedorn がやってきては、子供のいないハーゲドン夫妻と楽しい時間を過ごした。加えてエリックの息子ペル・ヘンリック Per Henrik Hagedorn やミッテの親戚にあたるウィッタ家のポールと Poul Whitta アスガー Asger Whitta もよく訪れた。ポールとアスガーはゲントフテで同居していたこともあり、ハーゲドンは二人を大いに甘やかした。ミッテはもう少し厳しく、ビアテやフィンをたしなめることもあったが、ハンス・クリスチャンおじさんが味方についているとなると、小言など耳に入らない様子だった。

特に一家にとって初めての孫であったビアテは、ハーゲドンの気前のよさの恩恵に大いに預かり琥珀(こはく)のネックレスを贈られた。それは彼女にとって生まれて初めての自分の宝石であった。堅信礼で話をしたのもハーゲドンであった。奇しくもその日はデンマーク中のすべての教会で、ユダヤ人迫害に対する聖職者の抗議文が読み上げられたため、ビアテにとって忘れられない日となった。彼女は当然田舎育ちであったため、コペンハーゲン観光と称して円塔に昇ったり、国立博物館に行ったり、チボリ公園や動物園に行ったりするのも、ハーゲドンには楽しかった。さらには国立劇場やストックホルムにまで連れて行った。ヒレロズにある有名なマリー・メルク学校に行くよう、よく念を押した。

一度、ビアテが帽子をかぶらずに教会に行ったと学校で注意されたのを受け、ハーゲドンが彼女の家を訪ねたことがあった。

「帽子を持っていないんだって?」ビアテは一瞬、伯父がそういった取るに足りない事柄にこだわる種類の人間なのかとがっかりしたが、そうではなく、ハーゲドンは町で一番の帽子屋に彼女を連れて行き、両手を広げて言った。「好きなものを選んでいいんだよ!」

そこでビアテは大きな赤い帽子を選び、ハーゲドンを大いに喜ばせた。教会にかぶっていけば、それなりに騒動を巻き起こすことは目に見えていた。(44) ハーゲドンは甥や姪だけでなく、ミッテや自分自身の兄弟

インスリン沼から臨むステノメモリアル病院．風車も見える

イングリット・ウッドストラップ
ハーゲドンのかけがえのない友にして、ノルディスクインスリン研究所所長として継承者となる

姉妹にも気前がよかった。スヴェンの妻エルナ Elna Hagedorn が、五人の子供たちのために足踏式ミシンで服を縫っていると聞くと、電動ミシンを買ってあげようと申し出た。だがこの申し出は断られた。エルナにしてみれば新しいものは必要でなかったし、電気関係のものは難しそうに思えたのだ。

母マリーは一九四二年に八五歳を迎えたが、ひんぱんにスタウァビュを訪れた。ハーゲドンは母にも何かと尽くし、ゲントフテに移り住んだ際には、部屋の窓から湖とノルディスク研究所の図書室の塔が見えるよう気を配った。ドアがきしむと言えば油をさし、暗ければカーテンを上げ、灯火管制の際には手伝いをした。[45] 戦争中は週に二度は母のもとを訪れており、ハーゲドン夫妻がスタウァビュで銀婚式を祝ったときには、母は数少ない客の一人となった。誕生日が来ると、ハーゲドンは母に大きな贈り物をし、クリスマスには秘書に白いクリスマス・ローズを探してもらい母に贈った。彼女は次第に体が弱り一九四三年に入って時折、介護が必要となるとステノ病院に入院した。病院では皆に歓迎され丁重に扱われた。

ステノ病院と工場は平常通り動いていた。風力発電装置も導入されたので、電力供給が制限されても埋め合わせることができた。果樹園の電力供給を十分に確保するため、これに加えて屋外に褐炭の貯蔵も行っていたが、しばしば着火し、そのたびに消防車が来ては大量の水をまいて消火にあたったので、しまいには燃料にならなくなってしまった。だがタールを塗布した防水シートを石炭の山の上からかぶせ、着火した部分には窒素を吹き付ける方法を思いついてからは、褐炭の質も大きく向上した。[46] 風力発電装置は一九五〇年、石油発電が一般的になるまで使用された。

一九四三年、のちに非常に著名となるクヌート・ルンドベック Knud Lundbæk 教授が、博士論文「高糖質食および低糖質食の血糖および呼吸代謝におけるインスリンの効果に関する調査」を提出した。ハーゲドンは自他ともに認める審査官となった。マリー・ヴァイツェに計算のチェックをしてもらったところ、重大な計算上の間違いが発見され、論文の結論が弱められてしまった。だが肩を落とすルンドベック博士候補に対してハーゲドンは、この論文には貴重な発見が非常に数多く含まれているのだから、大学には難なく認められるだろうと慰めた。ハントヴァーケルフォーニングでの祝賀会は、出席者が各自バター三五グラムおよびパン一〇〇グラム分の配給券を持参すること、さらには自分で吸う分のタバコを持参することが求められた。[47]

ステファン・ユルゲンセン射殺される

戦争は次第に人々の不安をかきたてたが、希望も見え始めた。一九四一年一二月に米国が参戦し、英国軍が北アフリカのエル・アラメインの戦いに勝ち、一九四三年一月にはソ連軍がスターリングラード攻防戦で勝利を収めると、ドイツ軍も無敵ではないことが明らかとなってきた。同年三月に行われたデンマーク国会選挙では、デンマーク国家社会党が国民の支持を幅広く得る可能性はないことが明らかとなった。消極的な不支持とサボタージュの動きが次第に高まっており、四三年夏に時のエリック・スカヴェニウス Erik Scavenius 首相が「抵抗運動およびストライキに対する厳格な措置を要求する」という最後通牒をドイツ軍から突きつけられると、占領軍の命令に従わないという動きに出た。

八月二九日、政府と議会は機能を停止し、占領軍が権力を掌握して軍事政権が樹立したが、翌九月にはデンマーク独立会議が結成された。同年一〇月一日から二日にかけて、デンマーク在住ユダヤ人の一斉検挙が計画されたが、未遂に終わった。ドイツ大使館勤務の船舶担当係官であったゲオルグ・E・デュッケヴィッツ Georg E. Duckwitz が、この計画のことをデンマークの社会民主党員に伝えたのである。占領軍のトップの中にもユダヤ人迫害に反対するものがおり、また多くのデンマーク人がユダヤ人の逃亡に協力した。

一九四四年、ドイツのゲシュタポは、鉄道や工場でのサボタージュに対する報復と称し、デンマークの愛国主義者や著名な市民の暗殺を開始した。[48] 同年一月四日には著名な詩人カイ・ムンク Kaj Munk が射殺され、四月二四日には前述のハーゲドンの友人で同僚のステファン・ユルゲンセン博士も射殺された。

ドイツ軍は夜間外出禁止令を敷いたところ、同年六月六日から七月四日に及ぶ大ストライキへとつながった。最終的にドイツ軍は外出禁止令を撤回せざるを得なくなり、以後守りに入った。六月六日に開始したノルマンディー大作戦は成功し、アルデンヌ地方の攻防戦でドイツが敗れたことにより、戦争は近く終結することは明らかであった。

ドイツ軍は再度、デンマーク国内の抵抗運動によるサボタージュを終わらせるための試みを行った。同年九月一九日、ドイツ軍が信頼に足りないと判断した警察官二千人が退去させられ、抵抗グループに対する戦いは激しさを増した。だが、デンマークは英国軍の援軍を受ける。一九四五年三月二一日、英国軍はゲシュタポ本部の置かれたコペンハーゲンの建物に奇襲空爆をしかけた。この建物には、後にコペンハーゲン大学副学長となるモーンス・フォグ Mogens Fog をはじめ、デンマークの抵抗運動を代表する人物が監禁されていた。これにより大量の貴重な文書が失われ、ドイツ軍関係者百名近くが死亡し、ドイツ軍は大きな打撃を受けた。一方で抵抗運動のメンバーの死亡はわずか六名で、一八名は脱走に成功した。悲しいことに、空爆の低空飛行の際に、英国軍の飛行機がフレデリクスボーのフランス人学校に墜落、それに伴う煙を勘違いした後続の爆撃機が学校を空爆したため、生徒八八名を含む一一二名が亡くなった。

「新たな日を喜びもて」

五月四日、ドイツ軍はついに降伏した。その翌日、ハーゲドンはステノメモリアル病院の屋上に立てられた旗棒の前に職員を集め、簡単なスピーチを行った。最後は次のようにしめくくった。

私たちはとりわけ、命を落としたもの、傷を負ったものを心にとどめます。彼らの払った犠牲、そしてこれから私たちに課せられたさらなる責任を、私たちは決して忘れてはなりません。私たちは決して忘れません。グルントヴィの言葉をここで思い出しましょう。

神の平和が 兄弟たちに、
バラが咲きほこるデンマークの庭々に降り注ぎますように！
神の平和が 心の深くに負った傷から
血を流す者たちに与えられますように！
イステッドのライオンと共に栄え滅ぶ
すべての偉大な者に、小さき者に
我らの愛が 与えられますように。

数年ぶりに国旗を掲げる自由を手にした、この喜びの日を共に祝福しましょう。大昔からデンマークの人々のものであった、古い朝の賛美歌をもって、この朝を迎えたいと思います。一番は誰でも知っていると思います。

「新たな日を喜びもて 海より昇るを見む……夜の去りしを 光の子なる我らに見せ給う」(49)

11 再建

戦争の影響

ドイツ軍から解放されたデンマークは喜びに湧き返っていたが、すぐに国全体を巻き込む追放策（パージ）が重い課題となってのしかかってきた。レジスタンス運動中に逮捕された者は三万四千人にも上っており、半分以上はすぐに釈放されたものの、私刑（リンチ）を受ける危険に人々は怯えていた。デンマーク議会は、旧占領軍への協力者を罰する反逆罪の法案を通過させ、死刑制度を復活させた[1]。これに伴い四六名に死刑が執行された。その中には例のステファン・ユルゲンセンを暗殺した犯人も含まれていた[2]。デンマーク政府が戦時中にとったナチス協力政策に善意から協力した人たちが、今やこうして非難の矢面に立たされているのを、ハーゲドンをはじめとする多くのデンマーク人は、暗然たる思いで見守るしかなかった。

さらに、占領期にはあくまで沈黙を守り通した結果、解放後はレジスタンスの闘士としての自覚がいよいよ高まり、これまで内に秘めていた情熱が一挙に燃えさかる者も少なくなかった。そんな人々について、ハーゲドンは一九四五年一〇月一七日付けの高裁弁護士宛ての手紙にこう書いている。「昨日の昼食はありがとう。昨今の砂漠におけるオアシスのようでした。自由の闘士やら悪党やらには自分もうんざりです」

高揚の中、ハーゲドンは医学協会から紛争仲裁に引っ張り出された。一例が、当時論議を呼んだフィリップ・ロンネベルグ Philip Ronnenberg 博士とヘアニン病院上級外科医のアイナー・トーベル Einer Tøbøll 氏(3)との間の裁判であった。一九四九年九月まで続いたこの裁判では、トーベルのもとで病院医として勤務していたロンネベルグが、一九四四年一二月、ゲシュタポに追われ潜伏を余儀なくされた折、地下活動に入ることを理由に解雇されたとしてロンネベルグが起こした裁判で、ハーゲドンはロンネベルグの証人として出廷した。さらにロンネベルグはトーベルが自分に批判的かつ敵意を抱いており、その点に対しても賠償を請求したいと訴えた。裁判は高等医療仲裁裁判所で行われた。トーベルは自分の非を率直に認め、ロンネベルグは賠償金を満額で受け取ることができた。ロンネベルグ自身はこの結果に大満足で、ハーゲドンの助力に心からの感謝を述べた。なかでも最高裁弁護士のフィッシャー＝ミュラーをアドバイザーとすることができたのは、ハーゲドンの人脈のなせる力であった。

しかし中には、この程度ではトーベルの罪は償われない、もっと糾弾されてしかるべきだと考えるものもいた。そんな人たちが次に持ち出したのは、ヘアニン病院医長のエリック・モゲンソン Erik Mogensen という人物で、彼らはモゲンソンを原告としてトーベルを訴える裁判を起こした。モゲンソンはハーゲドンを味方につけようとしたが、ハーゲドンはこれを断り、冷静になるよう諭した。自ら非を認めさせることこそが正しいやり方だと信じていた。「なぜなら、非を認めた人は、すでに自らに刑を課したのだから」

ハーゲドンはモゲンソンに対し、結局は法廷の場でそのように諭すこととなったが、モゲンソンの気持ちはおさまらなかった。裁判は続き、医学協会、知事、医療当局、さらには世間の注目を何年も集めた。裁判によってヘアニン病院の平穏な日常は乱され、しかも原告と被告の死去によって裁判が終了するという、後味の悪い結果に終わった(4)。

ボンホルムでは、当局も市民も、新たな占領者となったソヴィエト軍を前に、その気分を害さないようにと気を遣っていた。なかでも国家保健委員会は、ソ連人の医療従事者との間に会合の場を設け、その際に血糖測定法に関する映画を貸してもらうことは可能かと、ノルディスク研究所に打診を行ってきた。ハーゲドンは、オルセン博士を同席させて質疑応答に対応することを条件に貸し出しを快諾した(5)。映画は流され、その後ほどなくしてソ連軍は島を去ったが、「あの映画が理由でソ連軍が島を去ったわけではあるまい」と、後日ハーゲドンはよく話していた。

戦争と占領に伴う混乱がほぼ終息するまでには数年を要した。一部品目の配給制は一九四八年まで続き、燃料が手に入りにくい状態はさらに続いた。四七年一一月にはステノ病院で燃料が底をつき、暖房がストップしたため新規入院患者を断ったこともあった。四六年夏、クライエンブールは妻に次のように書いている。

「ノルディスク研究所の崩壊は少しずつ進んでいるようです。経理係と事務担当の若い女性二名が退職願を出し、膵臓の管理を行う作業員たちはストライキを起こすと迫っています。昇給を求めているのです」

しかし、国外旅行が許可されてからは、国民のムードもずいぶんと明るくなった。その頃のハーゲドンの主な仕事は、組織をなるべく早い時期に建て直し、戦前の好調ぶりを取り戻すことであった。それは大変な仕事であった。一九三九年のインスリンの売上は四億六千万国際単位であったのが、一九四四年には二億二千万国際単位にまで半減していたのである。[6] 原因はとにかく輸出制限であった。

そこでハーゲドンは、外国の取引先との関係再構築に積極的に乗り出した。きっかけとなったのは、当時ロンドン・ホスピタル・メディカルスクールの学長となっていたH・P・ヒムズワース教授から届いた友好的な手紙である。「貴殿の自家用機もインスリンも、ドイツ人の手に渡らずに済んだものと拝察いたします[7]」

ハーゲドンはここぞとばかりに、ドイツ軍にされたことを書き綴った。会合の再開、インスリン工場の改修、輸出の再加速、米国に保有する資産の現金化など、課題は山積していた。

戦後初の国外出張はスウェーデンであった。ストックホルムで行った交渉の結果、スウェーデンへのインスリン再輸出の許可が下された。大海の一滴ではあるものの、ともあれ再開である。スウェーデン現地法人の再開は難しくなかった。ノルディスクインスリン基金のスウェーデン在住会員に連絡を取り、戦後初となる会合を開いた。四三年と四四年は戦争のため定期総会を開催できず、発生している数多くの課題について、この専門家集団であり友人でもある会員たちと話し合いたかった。それゆえ、一九四五年九月一六日、ノルディスク研究所に基金の全会員を招いて会合を開催できたことは大きな喜びであった。研究費として一六六、四八一クローネが計上された。当時の状況を考えればかなりの額である。

スウェーデンからクローも戻ったことで、クローにハーゲドン、そしてリナストロム=ラングの三名による研究所の理事会も、戦前の状態を回復した。しかし、クローは老いを感じていた。四半世紀にわたり、インスリンをめぐる物語に直接または間接的にかかわった彼は、一九四七年にリタイアした。後任には最高裁弁護士のフィッシャー＝ミュラーが就任した。当時、研究所が抱えていた組織的および財務的な問題の数々を考えると適役であった。

新手法の導入

もう一つの大仕事であるインスリン工場の改修のほうが、はるかに大変であった。器具は老朽化し、機械は時代遅れになっていた。ハーゲドンは改修関連作業に情熱を注いだが、作業は難航した。ヨーロッパは混乱のさなかにあり、新しい機械の調達ルートは非常に限られていたのである。新技術への対応は中断せざるを得ない状態であった。そうこうしているうちに、探していた機械の在庫は米国以外にはほぼ皆無で、スウェーデンにわずかに在庫があることが明らかとなった。実際に在庫の所在を突き止めると、今度は輸入許可証や外貨をめぐって当局との激しい応酬という、ハーゲドンにとっては苦手な仕事が続き、しばしば壁に突き当たった。

インスリン生産技術は戦時中にも進歩を続けていたため、単なる部品の交換ではなく、新設備の導入が必要であった。スコットとフィッシャーからインスリンの結晶化の方法を詳しく教えてもらい、一九四〇年にはノルディスク研究所ではインスリン塩酸塩から結晶化インスリンへと、原料の切り替えに着手していた。結晶化インスリンは母液の除去が容易であること、またインスリン塩酸塩とは異なり保存中に水分と結びつかないといった利点があった。加えて、結晶化の際にインスリンの純度が大幅に上昇するという利点もあった。インスリン塩酸塩の粉末一ミリグラムの生物学的活性が平均で一九国際単位に対し、結晶

C. クライエンブール
ノルディスクインスリン研究所で活躍した誠実なインスリン化学者
T. ローゼンベルクと共同でNPH インスリン(イソフェンインスリン)を開発

化インスリンは二五国際単位に達した。

結晶化インスリンは、牛インスリンからの製造が容易であったが、豚の場合は膵臓に多くの脂肪が含まれることから、結晶化は牛と比べてはるかに困難であった。この状況が解決に向けて動き出したのは、珪藻土(けいそうど)の製剤であるヒフロスパーセルを米国から輸入できるようになってからである。ヒフロスパーセルを使い、インスリンのアルコール抽出液から脂肪分を分離することができないかと考え、クライエンブールに研究を依頼した。クライエンブールは実験に大成功し、以後はインスリンからアルコールのみならずアセトン沈殿物を完全に除去することが可能となった。

クライエンブールはこうした生産方式の簡略化に加え、効果的な新しい浄化方法をいくつも開発し、それによってインスリン結晶の安定化、さらには結晶に含まれているとして問題となっていた不純物について、そのいくつかを除去する方法への道を開いた。たとえば、インスリンの作用を低減させ血糖値の上昇につながるとして、医師やインスリン研究者を大いに悩ませ、当時は「高血糖要素」と呼ばれていた物質（グルカゴン）も、クライエンブールの発見によって除去が可能になった。また、プロタミンインスリンの作用時間を短縮化し、作用時間を不安定にする酵素が少量ながら存在したが、こうした酵素も除去が可能となった。新しい浄化方法は特許を取得した。一九四五年以降、インスリンの原料としてインスリン塩酸塩は使われなくなり、結晶化インスリンに完全に取って代わられた。

だがこうしたインスリン浄化方法の進歩は、インスリンの商業生産へとつながる技術進歩のうちほんの一部に過ぎない。もう一つ重要な技術進歩として、原料である膵臓から抽出するインスリンの割合、すなわち歩留まりの向上がある。そのためには、膵腺の質の向上と抽出条件の改善の両方が必要であった。膵臓を摘出する動物が処分されると、死後すぐにインスリンの分解が徐々に起こり、膵腺に含まれるインスリン含有量が減少する。これを防ぐには、膵臓の摘出をできるだけ慎重に行ったうえで、摘出後はすぐに冷蔵することが必要であった。

ハーゲドンは一九四五年、自らボンホルムの処分場を視察し、こうした手順が正しく行われていることを確認した。体温の残る膵腺を通常の冷蔵庫に入れるのは商業的に見ても非効率であり、冷凍庫が必要であった。そこでデンマーク国内の食肉処理場に、合計八〇台の冷凍庫が導入されたほか、高断熱処置を施した冷凍トラックや冷凍倉庫も導入された。また、従来よりも慎重に膵腺の粉砕を行う新たな断裁機も導入された。さらには、膵臓からインスリンを抽出後のアルコール分の蒸留除去をより効果的に行うべく、洗浄の容易なステンレス製コンテナが戦争中から検討されていたが、このとき米国製の高性能遠心分離機を購入、蒸留除去作業の迅速化がはかられた。これらは一九三九年には見本を請求していたのだが、見本を運んでいた船が魚雷に撃沈されたのだった。(8)

こうした設備改善は、インスリンの純度と歩留まりの向上に直結し、戦後五年間で膵臓一キロ当たりの歩留まりは六〇%まで、五〇ミリグラムから八〇ミリグラムに上昇した。一九五〇年以降、カルボキシメチルセルロースを充填したカラムによるクロマトグラフィーの導入によって歩留まりはさらに向上し、ハーゲドン在職の最後の数年には同一五〇ミリグラムにまで上昇していた。(9)

技術向上はインスリン生産に直接関わる部分だけでなく、経理部門にも及んだ。一九二四年からノルディスク研究所の経理を担当してきたマリア・ラスムッセンは、すべての帳簿をインクと万年筆で記していたため合理化の余地は大いにあった。これを断行したのは三四歳の経験豊富な会計士、イェンス・ブルスゴー Jens Brusgaard であった。冷静で温厚な彼は一九八一年、ハーゲドンの死から一〇年後まで、ノルディスク研究所の経理を担当した。

組織面の刷新と生産面の改善が着々と進む中、ノルディスク研究所の貿易部長モーンス・イェンセン Mogens Jensen は輸出に専念することができた。急死したカール・ニールセンの後任としてコペンハーゲン商業会議所から転職してきた人物であった。当事、海外におけるインスリン売上高は増加傾向にあったものの、増加率は非常に鈍く、輸出量が戦前レベルの年間約五百万国際単位まで回復したのは一九五〇年であった。以後、ノルディスク研究所のインスリン輸出量は順調に増え続け、ハーゲドンが退任する一九六三年にはインスリンの売上高は年間一三億単位に達した。

退任後も、ミス・ウッドストラップ新所長とヘニング・クローHenning Krogh貿易部長のもと輸出はさらに増加した。クローは温和でユーモアがあり、旧習にとらわれないといった持ち前の性格で、海外に多くの人脈を築いたが、ヘンリー・ブレナム所長とそりがあわず七四年に退職した。糖尿病患者の寿命が延びたことに伴い、デンマークおよび北欧諸国でのインスリン売上は漸増したが、一九五〇年以降はそれぞれ二百万単位と四百万単位前後で推移した。

海外資産の解除

新しい取組みは当然のことながらコストも要した。米国からの特許料の入金が滞っていたことから、ノルディスク研究所は百万クローネの借入れを行う必要に迫られた[10]。一部は営業損失の補填に使われたものの、大半は投資に回された。ハーゲドンは借入金返済をはかるべく、米国におけるプロタミンインスリンの特許およびそれに由来する特許料収入の凍結解除のために力を注いだ。

ことの起こりはデンマークのナチス占領時にさかのぼる。占領当時、米国内のデンマーク特許はすべて差押えとなったため、ノルディスク研究所が米国に保有していたプロタミンインスリンの特許も差し押さえられた。その一方で一九四〇年六月一日以降、米国でプロタミンインスリンを製造していた三社が、ニューヨーク銀行のトロント大学名義の口座に振り込んだ金額が累積し、すでに一二〇万ドルを超えていた。この金を引き出すための条件が、プロタミンインスリン特許の凍結解除だったのである。

この件について、ハーゲドンは早くも一九四五年秋にはデンマーク外務省に相談している。[11] 何往復ものやりとりの末、ついに「デンマークが保有する米国における特許の凍結を解除する」との決定が大筋で下された。だがその後も米国ではさまざまな問題が発生したため、翌四六年九月にはハーゲドン自ら米国とカナダに赴き、事態の前進をはかった。ニューヨークとワシントンで交渉の結果、この問題を当時扱っていた米国法務省国外財産局への圧力をコンスタントに強めるのが得策だと判断し、ノルディスク研究所の代表として、差押え特許の解除に必要な手続きをトロント大学インスリン委員会に許可する内容の許可書を発行した。

すでに独自に手続きを進めていたインスリン委員会は、この許可書を受けて動きが加速した。ノルディスク研究所とノルディスク基金が純粋に科学的・人道的目的のみのために運営される組織であると認めてもらったことで、最初の関門を突破すると同時に、米国での法人税を免除された。

一九四七年一一月六日、ノルディスク研究所で開かれた会議の席上、インスリン委員会のA・M・フィッシャー博士より「当該特許および関連する金銭については、一九四八年一月に解除が見込まれる」と発表があった。この発表にハーゲドンは大いに安堵した。金銭的な心配から解放される兆しが見えたと思ったのである。同年に開催された基金の会合では、ノルディスク研究所の活動報告を行った彼に対し、拍手がわきおこった。とは言うものの、実際にその金額がデンマーク側に引き渡されるまでには、さらに一年半もの月日を要した。だがその話は後に譲ることとしよう。とりあえず当時、ノルディスク研究所の財務状況の先行きは明るいと一同は確信していた。

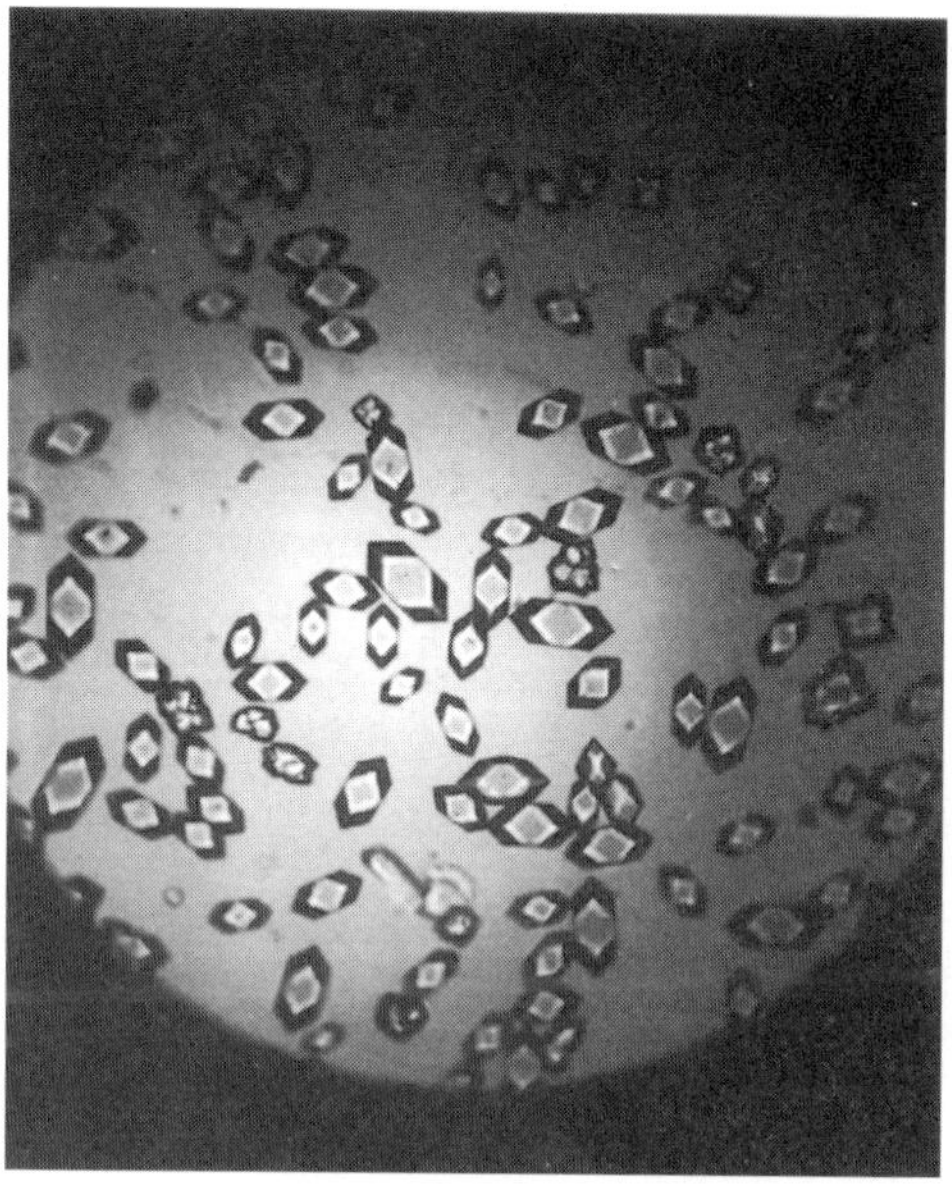

プロタミンインスリン結晶の顕微鏡拡大図

プロタミンインスリンの結晶化

こうした明るさは、将来性のある新発見によって一層加速した。新発見とは、主にプロタミンインスリンの結晶化に関連するものである。

プロタミンインスリンの結晶化は一九四〇年、クライエンブールとローゼンベルクが偶然に発見した。インスリン結晶をプロタミンインスリン懸濁液に溶解させた混合液での実験中[12]、顕微鏡で観察したところ、インスリン結晶の形状が通常とはまったく異なり細長いこと、そして溶解性がより緩慢であることに気がついた。この時点では二人とも、この観察結果をさほど重要視していなかったが[13]、それでも有能な科学者ならではの探究心で、完全な結晶化へのより厳密な条件を明らかにする実験に着手した。この共同研究は実り多いもので、独身のクライエンブールの部屋にローゼンベルクが行き、夜遅くまで実験方法について話し合う日々が続いた。

クライエンブールが古典的な化学に精通する一方、ローゼンベルクは創意工夫に富み、熱力学処理の分野で知識と独創性を発揮した。二人のチームワークは抜群で、一九四一年にローゼンベルクがノルディスク研究所を退職する時には結晶化の最適条件が記述済みであり、ステノ病院で臨床実験を開始できる状態にまでなっていた。

プロタミンインスリン結晶は、従来の非結晶性インスリンより中性pHでの耐久性に優れており、すぐに注入可能な懸濁液として、キャップ付きガラスびんに封入して商品化することが可能であった。この製剤は患者の評判も非常に高く、二個のアンプルを混合させて使う方式は過去のものとなった。患者は、注射直前に緩衝液を酸性のプロタミンインスリンと混合するという手間から解放されたのである。

そのうえ、結晶懸濁液では速効型インスリンと持続型インスリンの混合が可能となった[14]。つまり一回の注射で、基本的なインスリンの欠乏を補う持続型インスリンと、朝食後の血糖上昇を抑えるための速効型インスリンの両方の注入が可能になったのである[15]。

ステノ病院で続けられた臨床実験の結果も良好であり、ノルディスク研究所は一九四四年四月四日、新製造法に関する特許を申請した。この特許は一九四六年にデンマークで発効されたが、同製剤に関して英語で書かれた初めての論文の刊行と、ちょうど時を同じくすることになった。論文はその少し前に創刊された『ステノメモリアル病院・ノルディスクインスリン研究所報告』"Reports of the Steno Memorial Hospital and Nordisk Insulinlaboratorium"という定期刊行物に掲載された[16]。

同誌を刊行するために資金投入したことは誤りであった。確かに、ウィルヒョウやカールスバーグ基金のように、個人や財団が発行する世界的に有名な学術誌というものは存在したが、同誌はそこまでのステータスを獲得することはなかった。学術誌の刊行により権威を得る時代はすでに過去のものとなっていた。また同誌は「イギリスやドイツ、米国の権威あるジャーナルに掲載を拒否された論文を迅速に発表し、関心のある読者に届ける」ことを売りにしていたが、本当にそれが可能かは疑わしかった。実際、クライエンブールとローゼンベルクによる新製剤がデンマーク以外でも広く知られるようになったのは、論文刊行から何年も先のことであった。しかも一九四六年には、英米の医師や科学者に対し、実験を依頼するために製剤を送っていたり、さらには翌四七年にはトロント大学インスリン委員会に対し同製剤のカナダ国内の特許を許諾していたにもかかわらず、この製剤はなかなか知られなかったのである。[17]米国で広く知られるようになったのは一九四九年であった。一九六四年には特許が切れたものの、現在でも持続性インスリン製剤の世界市場をほぼ独占している。

この「遅効型」製剤は、デンマークとノルウェーでは急速に普及した。一九四六年四月二六日、国家保健委員会は同製剤の商品化を許可、その一年後には混注式の旧プロタミンインスリンは製造が中止され、結晶性プロタミンインスリンに取って代わられた。結果、一九四七年末には約一万二千人の患者が新製剤を使用していた。新旧製剤の効果は変わらなかったため、商品名の「レタード Retard」はそのまま残された。新製品の利点は前述の通り、患者にとっての簡便性である。ハーゲドンは一九四六年の米国長期出張で当然ながら、ことあるごとに結晶性プロタミンインスリンの話をした。インディアナポリスにあるイーライリリー社訪問の際には、同社研究所長のジョージ・B・ウォルデン博士やF・B・ペック F. B. Peck と突っ込んだ話合いを行った。同年すでに、ペックのもとには結晶性プロタミンインスリンの製造方法に関する説明とサンプルが数本送られていたが、手付かずのままであった。というのも、高血糖因子に関する心配な知らせが耳に届いていたからである。

ペックはハーゲドンに、「ノボ社のインスリンに高血糖因子が含まれていないことが確認された」との記事を送った。[18] そこでハーゲドンはすぐに一連の実験を行い、「レオインスリンやノボインスリンなどの市場化された商品には高血糖因子の存在は確認されなかったが、リリー社のインスリンには確認された」と直ちに発表することができた。数回にわたり等電沈殿を繰り返しても、結果は同じであった。ハーゲドンはリリー社のインスリンがこうした結果になったことについて、膵腺の処理中ではなく原料そのものに高血糖因子が含まれていると考えた。ちょうどクライエンブールが特許申請中の精製方法を使えば、除去が可能であった。そこで、この高血糖因子の析出が試みられた。

ハーゲドンは若いカイ・ブリュンフェルト Kay Brunfeldt にこの仕事を任せた。ブリュンフェルトは当時二八歳、一九四五年に比較生理学の学位を取得した後、ノルディスク研究所生物学部門に就職したばかりであった。また淡水魚中のサナダムシに関する論文を書き上げ、学長賞に応募したところであった。才能と独創性にあふれた科学者であったが、自主的に仕事をすることが苦手であった。非常に社交的であったし、人に頼みごとをされるとノーと言えない性格であった。このため研究分野の幅は広かったものの遅々として進まず、完成されて論文の形になることはなかった。のちにド・デューヴ Christian de Duve がノーベル賞を受賞したとき、ブリュンフェルトは大いに不満であった。[19] というのも、自分こそが受賞に値すると考えていたからである。[20]

米国への長期出張

九月一一日から一〇月二二日にわたるハーゲドンの米国出張は、実り多い楽しい旅であった。新大陸に初めて赴いた夫妻に米国は、大戦で疲弊したヨーロッパとの違いもあいまって強烈な印象を与えた。また行く先々で大いに歓待され、米国の技術的な潜在能力、さらには米国社会の持つダイナミズムと勢いに圧倒された。どこへ行っても称賛されたし、インディアナ大学メディカルセンターで一、二〇〇名を前に行ったインスリン発見二五周年記念講演では、わずか十分間のスピーチに対し、イーライリリー社から千ドルもの謝礼が送られた。

ボストンではジョスリン糖尿病センターでジョスリン本人と会い、思い出深いひとときを過ごした。ジョスリン糖尿病センターはニューイングランドディーコネス病院から独立したもので、ステノメモリアル病院よりもはるかに規模が大きかったものの、患者は診療費を支払わねばならなかった。ジョスリン糖尿病センターでは、ハーゲドンとノーマン・イェンセンが開発した血糖測定法を、イェンセンとファニー・ハルストロムがその後開発した高速修正法の形で導入したいと考えていた。そこで血糖測定法について活発な意見交換が行われ[21]、のちに同センターでは修正法が自動分析器に導入された。同センターは高い専門能力と規律が大きな特徴であり、患者数も非常に多かったので、そこの客員研究員になることはあらゆる糖尿病医にとって憧れであった。当時ジョスリンは七七歳、チャーミングな老紳士にして、カルヴァン派の敬虔なクリスチャンであった。

夕食会ではジョスリン自ら肉を切り分けた。ワインとタバコはご法度で、水がふるまわれた。食後、婦人たちはジョスリン夫人の居間に移動し、男性陣は科学や臨床の話題で盛り上がった[22]。ハーゲドン夫妻はジョスリンにすっかり魅せられ、「ノルディスク基金は研究所の資産の凍結が解除された暁には、ジョスリン監修の糖尿病財団をすぐに設立したい、同基金の利益は、優れた糖尿病研究に対してジョスリンの名を冠した賞を与える形で還元したい」との構想を伝え、ジョスリンと米国糖尿病学会（ADA）を喜ばせた。[23]しかし、この計画を実行に移せたのは一九四九年に入ってからであった。ジョスリン財団に五万一千ドル、第一回ジョスリン賞に賞金六千ドルが充当された。当時のデンマークの状況を思えば大金である。

また、トロントではインスリン発見二五周年記念行事が開催され、思い出に残るひとときになった。席上、ハーゲドンはADA最高の栄誉であるバンティング賞を受賞したほか、ADA名誉会員に選出された。同時に、イギリスのローレンスとデール、トロント大学のベスト、ブエノスアイレス大学のベルナルド・アルベルト・ウッセイ Alberto Houssay 教授があわせて名誉会員に選出された。ウッセイは、脳下垂体がACTHおよび成長ホルモンといった糖尿病を増悪するホルモンを分泌することを発見し、一九四七年にノーベル賞を受賞した。

ハーゲドン夫妻はジョスリンへの訪問に加え、トロントとニューヨークではトロント大学インスリン委員会と交渉を行ったり、イーライリリー社をインディアナポリスに訪ねたり、さらにはロチェスターのメイヨー・クリニックに旧友を訪ね、最新機器を見学したりもした。各地でもらったパンフレットや論文のコピーは帰国後検討するため、専用のカバンに入れていたが、ハーゲドンはうっかりこのカバンをインディアナポリスに置き忘れてしまい、非常に面倒な書類上の手続きを経て、ようやく取り戻すことができた。

ハーゲドンはこの旅行に満足であった。どこへいっても彼の名声は不動のものであった。だがしかし、常に人々の口にのぼっている別の名があった。むろん話のついでに出てくるだけなのだが、ハーゲドンは

ウッセイ、ベスト、ジョスリンとともに

その名を聞き逃さなかった。クヌート・ハラス＝ミュラー Knud Hallas-Møller、ノボ社に所属する若きデンマーク人薬学博士。彼もちょうど米国を研究旅行中であった。

ステノメモリアル病院には新たな風が吹いていた。一九四五年春、モーンス・イヴァーセン Mogens Iversen が医局員に就任した。弱冠三一歳の彼は才気煥発（かんぱつ）、研究への意欲に燃えていた。就任後すぐに彼は、副腎、脳下垂体、および膵臓による血糖調節機序の解明に乗り出した。

研究に没頭するあまり、一時は長男クラウスと病院に寝泊りしていたこともあった。クラウスは六歳で、イヴァーセンとクラウスが朝食をとりに食堂に向かっている途中、廊下で作業中の清掃係の女性とすれちがった。彼女は四つんばいの姿勢で黙々と床を拭いていた。その巨大な臀部を高く突き出した様子を目にしたクラウスはどうしても気持ちを抑えられず、蹴りを入れたところしたたかに命中してしまった。次の瞬間、自分のしたことにびっくりした彼は食堂へと逃げ、清掃係からの抗議に詫びるのは父親に任された。彼女はハーゲドン先生に伝えますと言って聞かなかった。果たして数日後、ハーゲドンから呼出しがあった。院長室に入ると、ハーゲドンは例の長大な会議机の向こうで、威厳たっぷりの様子で立ち上がった。そして表情をまったく変えずに言った。「ご子息のサッカーへの関心については重々認識しております。そしてご子息の正確な脚さばきについても評価しております。しかしながら、彼が選択した目標物が考えうる最も的確なものであったとは言い難かったのも事実です。申し上げたいのは以上です」

謁見は終了し、イヴァーセンは釈放された。研究はきわめて順調であった。ヤコブ・E・ポールセンは多くの場合近くにいたし、ブルンフェルトやヴァイツェ博士の助言も仰ぐことができた。研究成果は博士論文として提出され、一九四七年一二月には医学博士号を取得した。[24]

こうしたこともあって、同年秋は忙しかった。ノルディスクインスリン基金の招きで九月四日にコペンハーゲン大学で記念講演を行うため、トロント大学のチャールズ・ベストがデンマークを訪れた際には、ハーゲドンには伝えたいことがたくさんあった。イヴァーセンの博士論文、結晶性プロタミンインスリン、そしてグルカゴンを除去する新しい浄化方法である。

このときベストはノボ社も訪れている。ペダーセン兄弟は一九三七年、薬剤師の資格を得たばかりのクヌート・ハラス=ミュラーを同社に迎え入れていた。ミュラーは特筆すべき人物であった。ハラル・ペダーセンの娘と恋に落ちたこともそうだが、インスリン研究を大きく進展させ、新しい方法に打って出る準備を整えた。

ミュラーはインスリンの遊離アミノグループをイソシアン酸フェニルと反応させることで、インスリンの効果を通常のものとプロタミンインスリンの中間程度まで持続させることに成功した。一九四一年には特許申請の準備が整うとともに、[25]博士論文の執筆に着手した。その成果は透明で安定性の高い、明確に定義されたインスリン派生物の水溶液へと結実し、四四年にノボ社からイソインスリンと通常のインスリンを一対一で含んだ製品が「イソインスリン」の名称で販売された。だがイソインスリンの売上は芳しくなく、それもあってベストのノボ社訪問の際にその話題は出なかった。

だが最大の理由は、同社の別のインスリン化学者であるカール・ペターセン Karl Petersen が、リン酸塩ではなくクエン酸塩を使ったインスリン結晶化法で特許を取得したことにある。こちらの方法は、インスリンの生産量と純度の両方を向上させることからシンプルかつ興味深いものであり、また高血糖因子の除去につながるものでもあった。[26]いまや、インスリンの世界地図においてノボ社の名の存在感は着実に増しつつあった。

母の死

こうした慌しい時期に、ハーゲドンの母、マリー・ハーゲドンは八九歳でこの世を去った。最期の一年間は体調を崩し、ステノ病院に入院していた。一九四七年三月一七日に息を引き取った後、マリエブベルグ教会での告別式を経て、ベスルンテの墓地に埋葬された。こうして人生の環が閉じ、マリーは夫のイェッ

齢を重ねたマリー・ハーゲドン

べ、さらには船上で幼くして亡くした二人の子供たちの横に眠ることとなった。

年老いてなお数多くの友人や親戚のもとを訪ねては、何かと手を貸したり、悩みを抱える人の話を黙って聞いたりといった生活を送っていたため、告別式には数多くの人が訪れた。生涯を通じて、周囲の人が「船から落ちて」混乱の海に飲み込まれないよう気を配っており、それが生きがいであった。この性格は生まれ持っての気質と、成長するに従って心に刻まれた態度、さらには教会と賛美歌、そして祈りに根ざす篤い信仰によるものであった。[27] 物事を穏やかに収め、手助けをし、あるいはただ黙って座り、ゆったりとした雰囲気を醸し出すことで、周囲にとっては空気のように欠かせない元気の源となった。一緒にいるだけで心地良いため、数多くの人が電話や手紙を送り、または遠くから会いにやってきた。何一つ要求はしなかったが、包容力に富んだ偉大な女性であった。

母が世を去ると、人生は以前よりもむなしく、寂しいものとなった。ハーゲドンにとって母の死は移行を意味した。今や彼が家族の長であり、死に一番近い者であった。来年は六〇歳になることはあまり考えたくなかったが、五〇歳の誕生日の時と同様、人々の注目を集めたり、通り一遍のことばで祝福されるのをどうにかして避ける方法を考え始めた。

南極海への調査航海

その話が出たのは一九四七年八月、ノルディスク研究所とノルウェーのトール・ダール社との会合の席であった。ノルディスク研究所員二名の調査航海への参加依頼、しかも鯨インスリンの商業生産の検討が目的だと言うのである。(28)

実はリトアニアからの撤退以降、増え続ける原料需要に常に対応することを目指し、ハーゲドンはすでにノルウェーの捕鯨会社と接触していた。豚の膵臓がわずか八五グラムであるのに対し、この大型哺乳類の膵臓は五〇キロを超えることもある。当時の条約下では毎年一六、〇〇〇トンのシロナガスクジラの水揚げが可能であった。鯨の膵臓一キロから抽出できる膵腺は少なく見積もっても一、〇〇〇国際単位、すなわち八〇〇〇万国際単位のインスリンが可能である。これはノルディスク研究所の一九五〇年時点での生産量を上回ることからも、魅力的なアイデアであった。

問題は、鯨の膵臓の回収からインスリン抽出までの作業にかかるコスト、および、鯨インスリンにおける豚インスリンと同等の血糖降下作用と副作用の有無であった。トール・ダール社は一九四七年一二月から翌四八年三月、実験工場船の処女航海として南極海行きを計画しており、ノルディスク研究所の参加を呼びかけてきた。

この話はハーゲドン持ち前の冒険心、未知の土地への憧れを大いにかきたてた。鯨インスリンの可能性を適切な方法で検討し、生物学的および技術的情報を収集する旅である。ノルディスク研究所も再び軌道に乗った今、所長職を辞し、船医として乗船したいとの思いが湧き上がってきた。もう一度、刻々と変わる海、空の色、海鳥たちの飛ぶ姿、帆柱の間を吹き抜ける風の音、波に揺れる船などを体で感じたい。そんな思いが日増しに強まった。同時に、航海に出れば六〇歳の誕生祝いから逃れられるとの思いもあった。理事会にこの議題を提出した結果、ハーゲドン自身とヤコブセン Jacobsen という乳牛世話係の二人の乗船が決定した。

ハーゲドンは直ちに鯨および捕鯨の研究に着手した。航海で直面する困難をいろいろと予想検討した。まず鯨の捕獲時に関する問題がありそうだった。捕鯨では射手が榴散弾を命中させて殺す。その後、鯨は榴散弾中の圧縮空気と金属ロープ、および目印となる旗やビーコンを装着した状態で海上に留まり、解体船への引き揚げは死亡から八時間後になる。にもかかわらず、鯨はその厚い脂肪層ゆえに、死亡後の体温の低下がまったくない。しかも、氷海に浮いていたにもかかわらず、死亡後の体温は上昇しさえする。このため腐敗が進み、鯨油および膵臓の劣化が起きる可能性があった。そうなるとインスリン生産量も減少してしまう。

すでにドライアイス入りの弾などの方法がとられていたが、効果はないに等しかった。そこでハーゲドンは、腹腔内にチューブを挿入し、そこからブイを装着した電動ポンプを使って氷水を腹腔内に注入して体温を低下させるという方法を考案、一九四七年八月に「死亡後の鯨の冷却方法」として特許を申請した。[29] しかし航海に出る前に特許庁から、その方法はすでにノルウェーで特許取得済との返答が届いた。よって、この問題はそこまでとなった。

さまざまな準備が整い、船内に設けられた実験工場に機材も積み込まれ、いよいよ出発となった。ヤコブセンは実験工場船に食料や燃料を補給する船の一つに乗船し、ハーゲドンは一九四七年一二月二一日、コペンハーゲンから空路出発した。アムステルダム、レオポルトビル（現コンゴのキンシャサ）を経由して南アフリカのヨハネスバーグに飛び、そこからケープタウン入りし、一月一三日にヤコブセンと合流した。遠征隊一同は皆一致団結しており、ハーゲドンを歓迎した。

一週間後、ハーゲドンたちは実験工場船に到着した。輸送船と実験工場船との間の行き来は快晴時または氷の風下に限られ、しかも船間の防舷材には三、四頭のシロナガスクジラを使うほかなかった。こうした船間往復作業は船長たちにとって、非常に大きな精神的負担となった。船員の移動は、両方の船の帆柱間に渡した二本のロープが頼りだった。ロープの間にかごを通し、船員はそのかごに乗って船から船へ移動するのである。体重一〇〇キロ超のハーゲドンは、身を縮めてかごに乗り込み、ようやく実験工場船に到着した。[30]

実験工場船は二三、〇〇〇トンのいわば洋上工場で、鯨油の生産がフル稼働に入っており、すでに九五〇頭の鯨を処理済みであった。当時は食用肉となる部位から油を抽出しており、利用部分は全体の三パーセントに過ぎなかった。とはいえ、ビタミン剤の製造を目指して肝臓の回収が試みられていた。一方、かつてコルセットやドレスのペチコートに使用されていた鯨の骨は廃棄されていた。

ハーゲドンはヘイエルダール技師に指示して、実験工場船の甲板に簡単なインスリン製造工場を設置してもらっていた。大風が近づいており、そうすると捕鯨はしばらくできなくなるため、時間はたっぷりあった。ハーゲドンは人々の求めに応じ、管理職と船員たちそれぞれにインスリンに関する講義を前もって行っていた。一同の関心は非常に高く、講義の後にはポルノ映画が上映されたにもかかわらず、船員たちの様子からは、荒解剖甲板での膵臓除去作業に向けて講義の内容が役立っていることが見て取れた。

鯨は銛（もり）で仕留めた後、スクーナー船に使う錨鎖（びょうさ）の太さほどもあるチェーンを使って動かした。チェーンは捕鯨船の舷側板に設けられた錨鎖孔を通り、鯨に巻いた鉄製のロープに取り付ける。これが完了すると、鯨を引き寄せ綱で牽引（けんいん）して船尾へと運んだ後、強力な巻き上げ機を用いて下面デッキ上に吊るし、金具で固定する。こうして工場船では同時に最大八頭の鯨を解体可能であった。鯨は荒解剖甲板上に高く吊して解体処理を行う。それに先立ち、一、六〇〇キロほどもある特製の袋を装着する。さらに鎖錨管をいくつか取り付けて、ようやく鯨を牽引して吊し上げ、解体作業が可能な状態になる。これらの複雑な作業の一部始終は、甲板室からの指示に従って行われた。

非常に危険な作業であり、船員は可能な限りこの業務から外された。甲板は肉片が散乱する血の海で、滑液ですべりやすくなっており、腹腔の内容物で汚れていた。ハーゲドン達が到着する前には、船員一名が解体作業中に命を落としていた。まず皮を剥いでから、脂肪層と背部の筋の一部を除去し、次いで数人がかりで胴体を半分ほど裂く。この時点で腹腔内の内臓が損傷し、腹腔内容物が流出した（何キロものエビが出てくることも少なくなかった）。胴体を上下に切り離すと、下半分はさらに細かく分け、上半分と腹

吊り下げた鯨から膵臓を取り出す

腔内容物が残る。こちらはナイフと蒸気のこぎりで解体後、電動巻き上げ機でボイラーへと運ばれ、油をとる。

一連の作業時間は三〇分ほどであったが、圧倒的な光景であった。晴れた日には、甲板の上に何トンもの肉塊、川のように流れる血、そして巨大な胴体が切り分けられていく姿を目にすることができた。地平線では真っ青な海水も、船周辺は流れた血で薄緑色に染まっていた。辺りの海には輝く雪冠と深緑色の影をたたえる流氷があちこちに浮かび、南極の海に砕けていく。そして鳥、何百羽もの鳥たちがいた。夜の南極は漆黒の闇におおわれ、あたりの風景は一層不気味さを増した。暗闇を切り裂く明かりが血でおおわれた甲板を照らす中、時折大きな雪片が舞うのが見えた。

甲板に流れ出た臓物の中に膵臓があった。甲板に落ちたところを、他の臓物とともに処分されないよう回収し、洗浄する。臓物はクレーンで持ち上げられ、海に捨てられた。

ハーゲドンは数日間、荒解剖甲板に立ち作業を指示した。作業員はそれぞれ、膵腺の除去方法について独自の考え方を持っていたため、作業はスムーズにはいかなかった。皆、専用の銛だけでこれまで作業しており、他の道具を使うことを拒んだ。銛一本で山のような内臓に分け入り、実に器用に膵臓の一部を摘出した。しかしそれでは不十分であり、噴門を押さえるために銛ではなくフックを使うよう教えたところ、膵臓がきれいに現れて腸や腸間膜から容易に分離することができた。この作業には一分とかからなかった。

インスリンの抽出は原始的な方法で行われた。ボイラー室がすぐ隣にあったことから、作業場の温度は三五度近くにまで上った。一方、空調機からは氷点下の空気が送り込まれるため、一帯は非常に乾燥しており、また巻上げ機等の音で非常にうるさかった。船の揺れ、さらには悪臭もあった。持ち込んだ冷凍庫は壊れた。しかしながら、冷凍庫のコンデンサーとモーターに冷風を送り込む木製の箱と通風口の間に、帆布で空気の通り道を作ることができて事態は改善し、フロンを補充したところ、氷点下二〇度でも冷凍庫の機能は復活した。

アルコール分の抽出と蒸発は計画通り、脂肪層については、脂肪が液体を保ち四塩化炭素で容易に除去できたため、作業は順調であった。一方、より精密さを要する滴定、すなわち酸性度の調整とpHの決定はしっかりと固定された作業台の上で行われ、等電沈殿の後、原料となるインスリンを甲板に移動し、別の容器に移して密封保管した。一日あたりの鯨の捕獲量は最大で四〇頭と非常に多く、またナガスクジラかシロナガスクジラかで差があったが膵臓の重量は三五キロから六〇キロもあった。小さな事故もいくつかあったが、その後は作業も計画通りに進み、一日の作業時間は一二時間以内に抑えられるようになった。

ある日、ハーゲドンは船長に呼ばれた。船員の一人が尿閉を起こし、排尿ができない状態であった。診断後、いくつかの処置を講じたがうまくいかず、カテーテルで導尿する必要があった。だがカテーテルがなかったため、ハーゲドンは鍛冶工にカテーテルの形状を説明したうえで、横で指示を出しながら一本作ってもらった。滅菌して使用すると、導尿は無事成功し船員は楽になった[31]。

船上での作業を開始して四週間後、粉砕機の刃が貝の破片にあたり、粉砕機が壊れたため、インスリンの生産は中止を迫られた。それでもなお、臨床試験に必要なだけのインスリンを持ち帰ることができた。加えて、鯨の寄生虫や胎児の保存にも成功し、コペンハーゲンの動物学博物館に収蔵された。クジラインスリンは帰港後、加工された。生産量はまずまずだったが、一回の航海における生産コストを計算してみると、当時の生産量では採算が合わなかった。とはいえ、深刻な原料不足の際にはクジラに頼れることは明らかであった。

作業完了の頃には工場船はかなり西進しており、ケープタウンに寄港できなかったため、ハーゲドンは別の捕鯨船を経てタンカーのジャスミン号に乗って北を目指すこととなった。ヤコブセンは引き続き工場船に乗船し、冷凍庫および収集した原料のチェックを担当した。ハーゲドンがまたも小さなかごに体を押し込んで別の船に移動すると、何人かの人が集まって旅の無事を祈りながら手を振った。

ハーゲドンの手紙を紹介しよう。

ついに準備が整った。捕鯨船の帆柱に一回、ついで舷縁に一回ずつかごが当たると、捕鯨船の甲板上に移動し、降り立つことができた。甲板は滑りやすく、工場船より揺れが強かった。郵便袋も一緒に移され、準備が整った。いつもながらの正確さで、横付けされていた捕鯨船は離れた。工場船の船長は捕鯨船の射手に向かい、ジャスミン号に出会えなかったら大声で知らせてくれと叫んだ。捕鯨船の甲板の電気は消され、我々は闇の中に浮かぶ光り輝く都市のような工場船から離れていった。

暗闇の中、大小の氷の塊が横を通り過ぎていく。別の工場船の明かりや、数隻の捕鯨船も目にした。その中にジャスミン号もあるに違いなかった。捕鯨船の船体には緩衝器がわりに、圧縮空気で胴体を膨らませた小型のナガスクジラが取り付けられていた。

タンカーの横にスムーズに付けたが、氷海を脱しつつあった今、波も次第に大きくなっていた。射手は私に対し、道板の上からかごに乗り込んだ方がいいと考えていたが、船長はかごを甲板に下ろしそこで乗るべきだと大声で叫び、その通りになった。さようなら、捕鯨船よありがとう。氷の状態について最終報告を受けた後、かごに乗り込む。数秒後、ジャスミン号に移った私は、船長の挨拶を受けていた。これから四週間を過ごすことになる船だ。前甲板には給仕もおり、甲板上の鯨油で滑って転ばないかと私に目配りしていた。船室には白いシーツの敷かれた寝台、読書灯、本物の木材を使った壁、居心地のよい安楽椅子、風呂と手洗いがあり、すべてがシミひとつなく清潔で、温かく快適であった。外の夜闇とは雲泥の差である。朝起きると太陽が昇っており白い雲がいくつか見えた。船は氷海の北限近くを航行中で、透明な海水を切るように進んでいた。南西には大きな氷山が切れ目なく続き、海に向かって押し出される氷河も見えた。光は刻々と変わり、氷山はいっときは輝くような白さを見せたかと思うと、次の瞬間には灰色、ついで緑に青い影とその色を変える。南極海特有のカモメが時折、船についてきた。

夕方になると、氷原のほうから酷寒の風が吹いてきた。海は荒れ、氷の中に留まる必要が生じた。翌朝四時、空が白み始めると同時に、船は再び移動を開始した。天気のよいうちに移動しなければならない。船は北を目指していたが、氷や氷山が次々と現れて行く手を阻んだ。それでもデンマークに向かっているのだ！　午前中、工場船から航海の無事を祈る電報が届いたので、感謝を伝える返事に加え、デンマークに電報を打った。夕方が近づくにつれて氷山が増え始め、夜には視界確保のため、マスト先端を含めたすべての照明を消灯または暗くしなければならなかった。しばらくの間ブリッジに立ち、前方に氷山がないか見守った。氷山は船の横を通り過ぎていく。「何かにぶつかれば、いやでも分かりますよ」と船員の一人が言っていたが、六時少し前までぐっすり眠った。船長が私を呼び、見たこともないものがあるから来るようにと言っている。それは水平線を埋め尽くすほどの氷河であった。どうやら一晩中、氷山に閉じ込められていたらしい。強風が加わっていたら脱出は不可能であり、幸運というほかなかった。南緯四九度、西経二一度で見かけた氷山が最後となった。

気温は次第に高くなり、一五日（月）にはブリッジから金星が、まるで地球のものであるかのように大きく明るく見えた。土星と火星も見えた。また南の空に、これまで見ることのできなかったエリダヌス座の一等星、アケルナルも見えた。天頂にはシリウスやオリオン座、牡牛座の赤い一等星タウルス、乙女座のスピカも見える。牛飼座のアルクトゥルスは地平線の影に隠れて見えなかったが、数日後には見ることができるだろう。アホウドリが船の周りを飛んでいる。波や船から発生する風に乗り、羽を動かさずに滑空するのが特徴だ。ごくたまに羽を数回動かし、船の周りを旋回したり、航跡の上を八の字に旋回しながら、プロペラによって海面に浮かんできたタコを探す。波打つ海を背景にこちらに向かってくるときは胴体しか見えないが、旋回を始めると、黒い縁取りのされた輝くように白い翼に心を打たれる。三次元の空間に描くカーブはいくら見ても飽きない。波頭や船から生じるごくわずかな上昇気流も逃さずに舞い上がっては急降下し、方向を転換したかと思うと、次の気流を待ち受ける。時には翼の先を、驚くほどの自信で水面に触れたか触れないかという程度に接触させる。海面を見ていないと翼が海に接触していることも分からない。あの大きくて純白の鳥が、自分の頭上わずか数メートルのところを飛んでいる様子は、言葉では言い尽くせない美しさである。頭と大きな両眼が動くだけで、静かに広げたその翼は空中で微動だにしない。

貿易風が吹いている。深い青色の海、白い波頭。日が差しており、雲は流れ、望遠鏡の十字線のようにまっすぐに伸びる水平線が見える。夜には時折、全長一五～二〇センチほどのトビウオが甲板に飛び上ってくる。海面から一～二メートルもの高さまで飛び上るのだ。ブリッジからは、魚群が海の底から上ってきては船の下へと潜っていく姿を観察できる。一匹一匹の様子は船首からのほうがよく見える。何しろ舳先からわずか一メートルほどのところを泳いでいくのだ。数時間もそうして見ていたが、水面から飛び上る瞬間を観察することはできなかった。気づいた瞬間にはもう甲板の上にいて、海面はかすかに揺れるばかりなのだ。実際に飛ぶ様子、空中でスピードと向きを変える様子は簡単に目で追うことができる。胸びれも見える。あるときは透明、あるときは黒く、胴体に近い部分に白い縞が細く入っている。魚体の金属的な輝き、目いっぱい広げたひれの光り方の変化、優雅な動き、すべてが感動のドラマを生んでいる。そうして最後には水面へとダイブし、スピードを落とさないまま滑るように海に吸い込まれては消えていく。

カナリア諸島まで到達した。そこから先は早く、四月七日にロッテルダムに到着した。花と緑のあふれるオランダを、アムステルダム空港まで移動し、そしてほどなくしてふるさとコペンハーゲンに戻ってきた。[32]

ハーゲドンは帰国を心待ちにしていた。プロタミンインスリンの特許解除後、どのような進捗があっただろうか？

12 敬意

帰国すると、誕生祝いがテーブルに積まれていた。電報が二三通、手紙はもっとたくさん積まれていた。またステノ病院、研究所、基金に関係のある人たち、総勢二一六名がお金を出し合って、ハーゲドンの肖像画を手配していた。目録は深紅のビロード製の美しいケースに納められて、画家のマーグレーテ・スヴェン＝ポールセンはさっそく制作に着手した。またスウェーデン王立科学アカデミーからは会員に選出されたとの知らせが届いていたほか、患者団体であるデンマーク糖尿病協会から祝電が届いていた。同協会は一九四〇年に設立されたが、ハーゲドンはその設立に関わることもなければ、以後なんとなく距離を置いた付合いが続いていた。しかし一九四七年一〇月、糖尿病児向けの休暇キャンプの設立用として五千クローネを個人的に寄付しており、それが認められた形となった。(1)

ステノ病院の医局員であるE・O・エアボ＝クヌドセン E. O. Errebo-Knudsen は「糖尿病と運動——糖尿

病患者の筋肉運動に関する生理病理学的研究」[2]で博士号を取得し、一同を喜ばせた。だが万事がハーゲドンの望み通りというわけではなかった。彼の航海中、ノルディスク研究所のトップに立った製造技術者のロルフ・アンデルセンは、物事の進め方を変えすぎており、そのこともあって数年後に昇給を要求した折に解雇された。もう一人この時期に解雇されたのが、K・E・ラスムッセンである。プロタミン製造工程の監督役を務める有能な人物にもかかわらず、南洋で撮影した写真を現像しようとした際に、不運にも現像が強すぎて写真をすべて台無しにし、この一件がもとで解雇された。[3]

だが一番こたえたのは、米国での特許が解除されず、一二〇万ドル以上もの資産がいまだ凍結していることであった。

米国での特許解除

米国法務局は、特許解除が米国独占禁止法に抵触しないか確認するために調査を要するとの姿勢を見せたため、結論は先延ばしとなった。トロント大学インスリン委員会のフィッシャー博士は「いくつかの質問を受けたが、その一部に回答できた」と言って来たが、それに加えてノルディスク研究所の作成による、特許の将来的な用途を完全に明記した文書が必要とのことであった。ハーゲドンは、デンマーク貿易省および外務省に助けを求めるとともに、在ワシントンのH・L・H・カウフマン **H. L. H. Kauffmann** 駐米デンマーク大使にも連絡をとった。[4] 米国法務局に要求された文書はしぶしぶ作ったが、署名は拒否した。その前にデンマーク国立銀行との間で、資産の少なくとも一部をドルで保有してもよいとの約束を取り付けたかったのである。当時のクローネは弱く、また国内にはインフレの嵐が吹き荒れていた。しかし、それまで好感触だったにもかかわらず、デンマーク国立銀行の返事は否であった。

事態を打開すべく、カウフマン大使はハーゲドンにある提案をした。それはノルディスク研究所の手に渡る予定のドルの一部を、当時ニューヨークに建設が計画されていた、デンマーク・コンソーシアムの建設費用として貸し付けてはどうかというものである。この建物ではデンマーク製品の展示も予定されていた。ハーゲドンはこの案に同意し、国立銀行もようやく納得した。結局ノルディスク研究所は、この「デンマーク・ハウス」の株式五、〇〇〇ドル分、さらには第一抵当権三一五、〇〇〇ドルを引き受けた。利息および返済金はノルディスク研究所の裁量に任せられ、デンマークへの移転も義務とはならなかった。

こうしてこの問題は解決した。米国法務局は特許および資産凍結の解除を公示し、異議申し立ても行われなかったことから、一九四九年四月にはインスリン委員会から在ニューヨークのカナダ商工銀行口座に一、二六三、七七六・六〇ドルの振込が完了したとの電報を受け取ることができた。ようやく肩の荷が下りた。同年六月二六日にはオラフ・ハンセン会長より、米国のライセンス料解除を勝ち取るための多大な努力について、ハーゲドンに感謝の言葉が述べられた。そしてハンセンは『船主ヴォルシェ』から引用すると、さしずめ『領事、小生遅れますが順調です』」と付け加えた。(5)

ヘデゴーの新工場

こうして得た資金は、ニューヨークでのデンマーク関連プロジェクトに加え、ジョスリン基金やステノ病院の投資準備金、コペンハーゲン大学、さらには戦時中にノルディスク研究所が行った借金の返済、そして職員の大幅昇給にあてられた。残りはフェリー会社の株式とフレデリクスボーの不動産の購入資金と

ヘデゴーの古い酪農場は近代的なインスリン工場へと改築され、約10名が勤務した

なった。

さらに七五万クローネがノルディスク研究所の子会社を西ユランに設立するための資金となった。当時、アイルランドとユランの食肉処理業者から膵臓を購入していたが、輸送費が高くなるうえ、歩留まり率低下のリスクを考えると効率性の点でもいまひとつであった。このため、アイストロップホルム近郊のヘデゴーの古い酪農場を購入することにした。ブランデに程近い場所である。当初は同じくアイストロップホルムに近い製粉所を購入し、そこでのニジマスの養殖を検討したが、価格面で折合いがつかず断念した。

酪農場の改築工事は一九四九年より開始された。ハーゲドンは足しげく現場に通った。ボイラーマンの作業服に身を包み、ほおひげをのばし、ぼさぼさの白髪頭を振り乱して歩き回る様子は、ノルウェーの大詩人ビョルンスチャーネ・ビョルンソンを彷彿(ほうふつ)とさせた。改築工事の目的は、膵臓からインスリンを抽出し原料インスリンに加工するまでの工程を行う工場の建設であった。純化と調製は引き続きゲントフテで行うこととした。質の高い人員の確保のため、酪農場で働く作業員のために広々とした庭付きのテラスハウスが六軒建設された。ここゲントフテには常勤の作業員を何人か雇うことにした。当時、酪農場はどこも規模が小さく、売上が低迷していたため、閉鎖とともに作業員が解雇されることが少なくなく、経理や機械操作を含め十分な訓練を受け、衛生知識も十分に備えた人たちが職につけずにいた。このため、二交代制勤務であっても応募者は十分にあった。給料もよく、工場長のS・オルセンS. Olsenには敷地内に住居まで用意された[6]。この工場は一九七五年頃、収益悪化を理由に閉鎖されるまで順調に操業を続けた。

NPH（Neutral Protamine Hagedorn）

新工場建設と同じ年、ハーゲドンは再び米国へ旅立った。結晶性プロタミンインスリンの特許の件が遅れていたのが理由であったが、今回は仕事一色の旅行にはしない予定であった——米国を見て回りたかったのである。一九四九年一〇月三日から一一月二八日までの旅行にはミッテも同行した。またいつものことながら、旅行に関わる費用はすべてハーゲドン自身が支払った。ニューヨークではクライエンブールと落ち合い、一緒に特許事務所を訪れた。

銀行に行った後、ハーゲドンは車を買った。車体はライトブルーで屋根は白の大きなリンカーンである[7]。オートマチックのギアボックスと電動窓、可動式座席など、当時としては考えもつかないような最新の設備を備えた車であった。新しいおもちゃを買ってもらった子供のようにはしゃいだハーゲドンであったが、燃費はというと一リットルで四キロしかなかった。

さっそく運転免許を取得した二人は、新車を駆って一路ボストンに向かった。ボストンではポールセン博士夫妻を拾ってから、ジョスリンを訪ねた。ジョスリン本人のほか、同僚のプリシラ・ホワイト、ルート Root、マーブル Alexander Marble、ベイリー Bayley、そしてジョスリン・ジュニアが出迎えてくれた。ジョスリンは結晶性プロタミンインスリンを気に入り、彼の病院の標準製剤として採用する決定をしたばかりであった。当時の米国で最もよく使われていたのは、通常のインスリンと、PZI（「NP50」の名で知られていた亜鉛を含まないZPI）およびグロビンインスリンを、二対一の割合で混合した溶液であった[8]。いずれもノルディスク研究所の開発したプロタミンインスリンに多くの点で類似した効果を有したが、効果が感じられるのが早くかつ持続的であり、このため翌日の注射時にも効果が残ってしまうことが避けられなかった。

当時の大きな問題は低血糖症であったが、さまざまな種類の遅効型インスリンが市場化され、患者も医師も混乱していた。このため、最適な製剤を定めるための研究が進められ、ちょうど完成したところであった。三年以上にわたって行われたこの研究では、イッソ J. Izzo とクンツ W. Kunz により新開発の結晶性プロタミンインスリンと、当時市場化されていた遅効型インスリン製剤数種類の効果が比較された[9]。結晶性プロタミンインスリンは、ニュートラル・プロタミン・ハーゲドン（Neutral Protamine Hagedorn）の頭文字をとってNPHというコードネームがつけられた。調査の結果NPHの採用が決定し、米国糖尿病学会でこの件について話し合われた際には、メイヨー・クリニックのラッセル・ウィルダーはNPHを「選ばれるべき製剤」と推薦した[10]。

ハーゲドンはジョスリンからこの朗報を聞いて喜び、その後のナイアガラの滝への観光旅行はとりわけ楽しいものとなった。先般の比較研究は、トロント大学インスリン委員会やリリー社との交渉にとって、当然追い風となった。リリー社ではペックがＮＰＨの検証を終えていたが、彼によるとＮＰＨの結晶は互いに癒着する性質を持つことから、振ることで均質的な懸濁液にすることが困難とのことであった。これができないと製剤の正確な計量は不可能である。こうした障害はノルディスク研究所では見られなかった。[11]原因として、リリー社とノルディスク研究所のインスリンでは純度に差があったことが考えられる。ハーゲドンは、ノルディスク研究所のインスリンが完全に無色であるのに対し、リリー社のインスリンがかすかに黄色味を帯びていることに以前から気付いていた。結晶の大きさの差も関与しているらしかった。懸濁液に含まれるプロタミンに余剰があるほど結晶は小さくなる。またプロタミンの品質も関与している可能性があった。これもあり、ハーゲドンはノルディスク研究所からプロタミンを取り寄せてもらうことになった。

こうした点を除くと、ペックとの再会は楽しいひとときであった。彼とは六月にブリュッセルで会って以来であり、そのときはオラフ・ハンセンも一緒にブリュッセルからパリまで旅行し、パスツールの墓参りをするなど楽しい数日を過ごした。

インディアナポリス訪問後、ハーゲドンはワシントンに行った。特許に関する最終的な手続きが行われている最中であった。ようやく一段落である。何年も後になって、このときハーゲドンが「ドラッグストアから両手いっぱいにアイスクリームを抱えて出てきた」様子を、オハイオ州クリーブランド・クリニックのマックロー E. Perry McCullagh が回想している。[12]一行はアリゾナ州やグランド・キャニオンを抜けてカリフォルニアまで車を走らせ、走行距離は一日六〇〇～一、〇〇〇キロにも達した。

クライエンブールの目には、ハーゲドンはいささかケチに映った。夜はモーテルに泊まり、食事は戸外か安い食堂で済ませたからである。エネルギッシュな側面、冒険的な側面、さらには寡黙な側面をあわせもつハーゲドンは、旅の友にするには辛い相手であった。ハーゲドンはほとんど一人で運転した。それでもハーゲドン夫婦と一緒にいるのは楽しかった。ハーゲドンの気分が悪くなったときを除いては、場の雰囲気は和やかなものだった。気分が悪くなったときは、妻のミッテが手伝ってブーツを脱がせることになり、彼女はこの仕事を非常にいやがっていた。(13)

ポールセンについて

ポールセン夫妻は、ステノメモリアル病院で待つ患者を診るため帰国の途につく前に、他の同行者たちともう少し米国を見ておくため、すでにトロントで別れていた。このヤコブ・E・ポールセン Jacob E. Poulsen なる人物は何かとハーゲドンの相手をし、親子のような絆を感じていた。何かを要求することは決してなく、それでいて物事の円滑な進行を任せたら右に出るものはいなかった。交渉にも妥協にも長け、親切で善意あふれる振舞い、さらには知識と高潔さによって、反対意見を持つものを説得した。声は落ち着いて低く、個人的な欲望はほとんどなく、あったとしてもそれを表に出さない術を心得ていた。こうした才能と人格が買われ、デンマーク医学会の理事会、代表委員会、年金基金、寡婦基金では一九三九年から七七年まで、実に四〇年近くも委員を務めた。声を荒げたり、ましてや怒ったりすることはめったにない彼は患者にも好かれており、彼の回診はまるで天使がそこを通ったかのようだった。臨床医としても優れていた彼の動きは均整がとれており、その声音はチェロの音色のようであった。話の引き出しも豊富で、面白い話をたくさん知っていると同時に、それを楽しそうに話すのがまた上手であった。

ポールセンは一九四七年に内科学、臨床化学、ならびに実験技術の専門家としての訓練を終えたばかりであり、ステノメモリアル病院の常勤になったのは一九五〇年であったが、それ以前から、ハーゲドンは臨床さらには基金や研究所の仕事にもどんどん彼を引きずりこんだ。一九五〇年にはステノ病院の敷地内に広々とした専用住居を建設、一九五七年にはノルディスク基金理事、一九七五年には同会長に選出された。一九六四年にはノルディスク研究所理事、その五年後にハーゲドンが引退してからは同会長となった。

そんな彼だったが、医長に就任したのはハーゲドンが七〇歳となった一九五八年と遅かった。五一歳になっていたポールセンは、すでに最初の冠動脈血栓症を発症していたが、友人たちと結成した「未来の医長の会」では長いこと医長の座にあった。ハーゲドンがこうした忠実な部下たちをもっと目に見える形で評価しなかったのは、彼の良くない一面であったと言える。その理由は権力欲なのか、不安感か、あるいは単に考えが及ばなかったのかは定かではない。

ともあれポールセン本人はこうした事態を恨む様子はなく、「ザ・ドクター」とあがめられたハーゲドンと仕事ができることを特権だと考えていた。実際、ハーゲドンに対する彼の態度は献身的なほどであった。これに対し、ポールセンの妻の方がハーゲドンに対する態度は厳しかった。ハーゲドンはこうした攻撃をかわすため、彼女を「マダム」と呼んだ。彼がミッテと意見が一致しないとき、ポールセンの妻は必ずミッテの側につくのだった。

ポールセン博士はステノメモリアル病院にとって傑出したリーダーであり、その能力は臨床と研究の両方に生かされた。就任中、入院患者の受入れ数は年間三〇〇人から七〇〇人、外来患者数は一、五〇〇人か

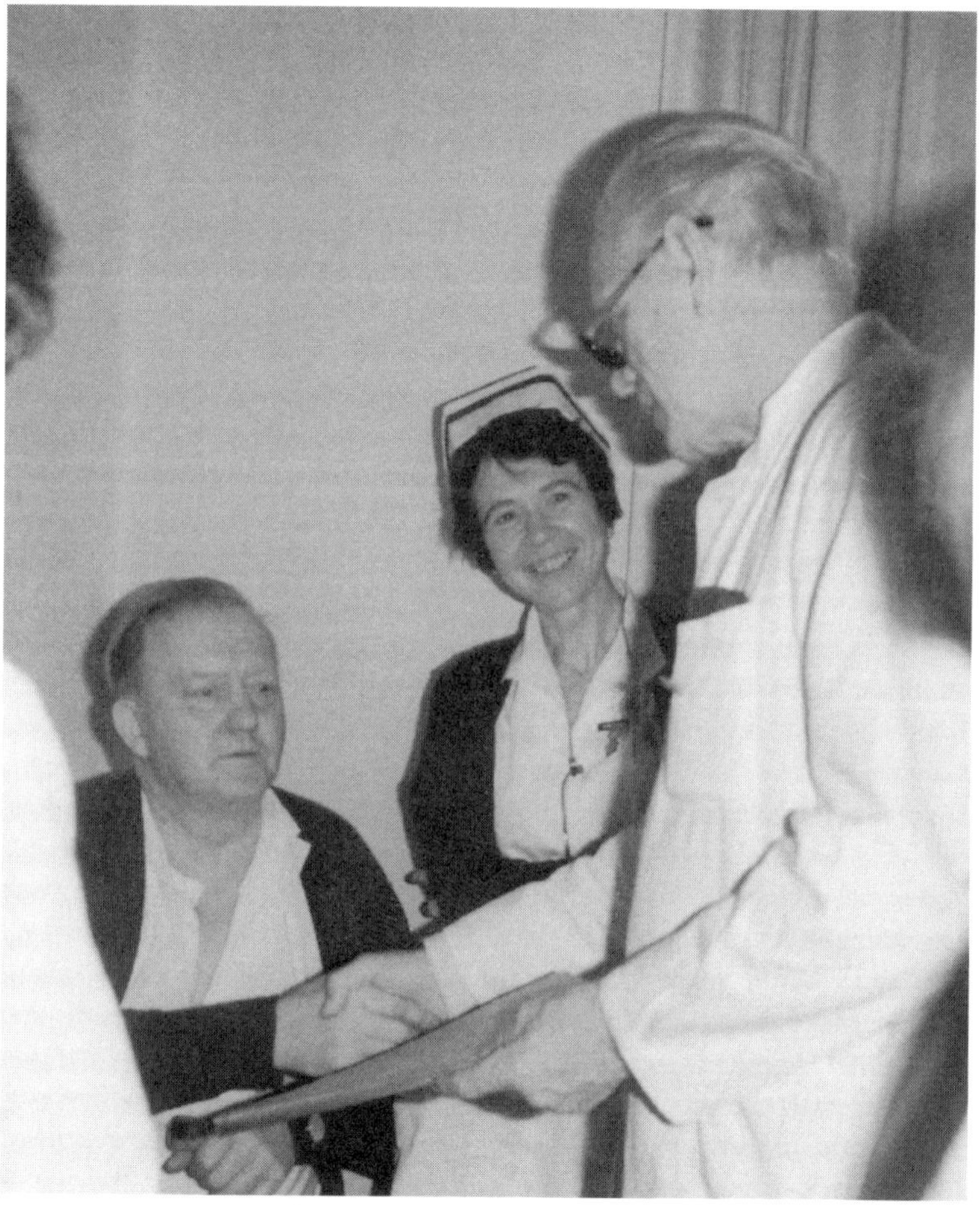

ヤコブ・E・ポールセン博士のステノメモリアル病院での回診.
後ろはアウネーテ・ラーセン婦長

ら一一、〇〇〇人にまで跳ね上がった。患者の九割はインスリン依存型糖尿病患者であった。糖尿病の治療や管理についてはハーゲドンの原則を堅持し、その後、同病院を世界的に広めることとなる貴重な疫学研究のための基金を設立した。「インスリンの売上をもとに研究を行い、その成果を治療に生かす」というのがハーゲドンの考え方であった。こうした三要素の組み合わせは、インスリン依存型糖尿病の治療においてとりわけ有効であった。患者グループの定義は厳密であり、治療方法は少なく、研究プロジェクトは無数にあった。売上・研究・臨床の三要素をひとまとめにし、相互にメリットがあるようにするのはハーゲドンの大きな成果であった。こうした構造は世界中を探しても、トロントに多少に類似したアプローチが見られたほかは、どこにもないものであった。

それでも治療にかかる経費増大は次第に負担となってきており、患者負担分を値上げするか公的補助を受けるか、いずれかの必要に迫られた。ハーゲドンは当然のことながら後者を望まなかったが、しかし研究所は後者を選び、ポールセンが交渉担当となった。ポールセンはコペンハーゲン市やデンマーク政府当局と上手に交渉を進め、ステノメモリアル病院に公立病院制度の適用を取りつけることに成功した。同制度のもと融資契約を結んだ結果、同病院の診療に関わる経費をカバーするようになった。

同病院では研究も盛んであった。ポールセン本人は研究には深く関与しなかったが、該博な学識、抜群の記憶力、気さくな性格、そして親身になって仕事上の相談に乗り、確かなアドバイスを与える力などにより、ステノメモリアル病院は多くの若い医師にとって実り多い研究環境となった。ポールセンの在任中、ステノメモリアル病院在籍者の医学博士論文提出数は一一件にも上った。[14] 雄弁家と言うには程遠かった。声は小さく、講堂で話すときなど後ろの方に座った同僚から「ヤコブ、聞こえないぞ!」と励まされる始末であった。このため講演や講義はあまり行わず、それもあって海外ではほとんど無名であった。

海外に印象を与えたのはただ一回、脳下垂体疾患により成長ホルモンの分泌がストップした結果、重度の糖尿病性網膜症が治癒することを発見したときである[15]。この観察結果もあってその後数年間、学会全体が糖尿病合併症の発病における成長ホルモンの役割に関する研究一色となった。多くの患者が、糖尿病の進行に伴う失明を防げるのではないかとして脳下垂体を摘出するに至った。

ハーゲドンにとって、ポールセンは忠誠心あふれる貴重な右腕であった。一九七〇年、ハーゲドンが死の床にあり、七〇歳のミス・ウッドストラップがノルディスク研究所長を退任した時には、翌七一年にヘンリー・ブレナム **Henry Brennum** が就任するまで二人の役をすべて引き受けた。

ブレナム就任後、研究所は新たな息吹を吹き込まれることになる。七四年にステノメモリアル病院の拡張工事が行われ、職員住居部分が外来病棟に改築されたのと時を同じくして、ポールセンは次第に役職から身を引くようになり、七七年には医師を完全にリタイアした。一九八八年一月二一日、二度目の心筋梗塞で死去、享年七〇であった。

プロタミンインスリンでの混注方式の採用を中止した後も、しばらくは5 **ml**のアンプルが使われ、充填や包装用の機器も5 **ml**アンプル用に調節されたものが使われていた。だが国際標準は10 **ml**であり、流れに置いていかれないためにも、10 **ml**アンプルに対応できる器械の導入が求められていた。そこで一九五一年、ハーゲドンは新しく購入したハドソンに乗り込み、一路シュトゥットガルトへと向かった[16]。弟エリックの息子で通称ボッレ青年ことペール・ヘンリック、そしてミス・ウッドストラップが一緒であった。楽しく面白い旅で、ハーゲドンは橋の欄干の上をそろそろと歩いて見せたり、ミス・ウッドストラップのためにヤドリギの枝を取るために木登りをしたりと、はしゃぐ姿を見せた。その一方でドイツでは、爆撃で破壊された都市や橋を目にしてショックを受けた。

シュトゥットガルトでは機械がまだ用意できていなかったため、業務上の成果はなかった。一行はそのままスイスへ向かい、サンド社にロスリン Rothlin 教授を訪ねたり、ジュネーヴの赤十字本部を尋ねたりした。アルプスの美しい風景は忘れがたい印象を一行に残した。帰途、ハーゲドンはアントワープの波止場を訪ね、子供のころを懐かしんだ。道で出会った主教とお茶を飲み、パン屋で買ってきた焼きたてのパンと卵に舌鼓を打った。最後にアムステルダムでオルガノン社と契約締結を終え、ボッレは父親の元に返された。そうこうするうちにやっと、米国マーシャル・エイド社に頼んでいた充填機と包装機が到着した。ハーゲドンは設置を手伝ったうえ、あちこちを調節する羽目になったが、ついに稼動に成功した。[17] こうして一九五三年には10 mlアンプルへの変更が可能になった。

このころハーゲドンの研究上の主な関心は、皮下組織からのプロタミンインスリンの吸収にあった。プロタミンインスリン分子はそのままの形でリンパ腺や血管内に取りこまれるのか、それとも皮下組織で分解後、インスリン成分が血管内に入って各器官へと運ばれ、そこで「細胞のロックを外す」ことで、ブドウ糖代謝が行われるに至るのだろうか。

この件についてはすでに一九三八年、血液および血清の持つプロタミン分解能力について論文を執筆し、その中で細胞に影響を及ぼすのはプロタミンインスリンではなく、インスリンのみであると示唆していた。[18]

水質検査をするハーゲドン

またビーチャー H. K. Beecher とクローはウサギを使った高度な実験の結果、顕微鏡下でのプロタミンインスリンの吸収過程の観察に成功していた。実験では少量のインスリンを封入した小さな透明な箱をウサギの耳に移植した。[19] その結果、通常のインスリンは四五分で消滅したが、プロタミンインスリンの溶解は緩やかで、リンパ腺に完全に吸収されるまでに五時間を要した。

そこでハーゲドンは、ステノ病院で医局員を務めるH・O・バング[20] H. O. Bang と共同でこの問題に取り組み、後年にはブルンフェルトやポールセンも加わった。その結果、組織液に含まれる酵素がプロタミンインスリンの分割を生じさせると考えられること、分割に要する時間がプロタミンインスリンの遅効性という効果をもたらしていることを明らかにした。[21]

もう一つ興味を持っていた問題として、インスリンの機序の解明があった。細胞のブドウ糖輸送に対するインスリンの作用をなんらかの方法で再現できれば、インスリンを錠剤化し、毎日の注射から解放されることも考えられた。新しい方法に向け前進するためには、とにかく研究が一番重要であることをハーゲドンは認識していた。このため一九四九年九月、トーマス・ローゼンベルクをノルディスク研究所に呼び戻したのは当然の流れであった。糖尿病研究に邁進できる環境に身を置くことで、彼がこうした問題の一部を解決するためのヒントを得られるのではないかとハーゲドンは考えたのである。

ローゼンベルクについて

ローゼンベルクは細胞膜における分子の能動輸送に関心を持っており、当時H・H・ウッシング H. H. Ussing が開発したばかりのアイソトープ測定法を使うことで、この点を明らかにできるのではないかと考えていた。独立研究員として給料もよく、同時に一、二名の研究員と実験助手を独自裁量で採用する権限も与えられるなど、きわめて好待遇で迎えられた。研究室、実験器具、化学薬品を自由に使えたほか、旅費と書籍代が別途支給された。肩書きこそノルディスク研究所の医長であったが、ノルディスク研究所のために実験をする義務はなかった[22]。

すでに各国に人脈を持ち、権威ある専門誌に論文発表の実績があったローゼンベルクは、ノルディスク研究所に在籍した中でも最も才能あふれる研究者と言えよう。実験の手際は良いとは言えず、アイソトープに恐怖心を抱いていたが、発想が独創的で、きわめて努力家でありながら、気さくで謙虚であった。お金に関しては、彼の妻に言わせればまったくの子供であった。ルネッサンスとバロックの教会音楽をこよなく愛し、戦後には自らヴィオラ・ダ・ガンバのコンサートを何度も開催した。ノルディスク研究所での

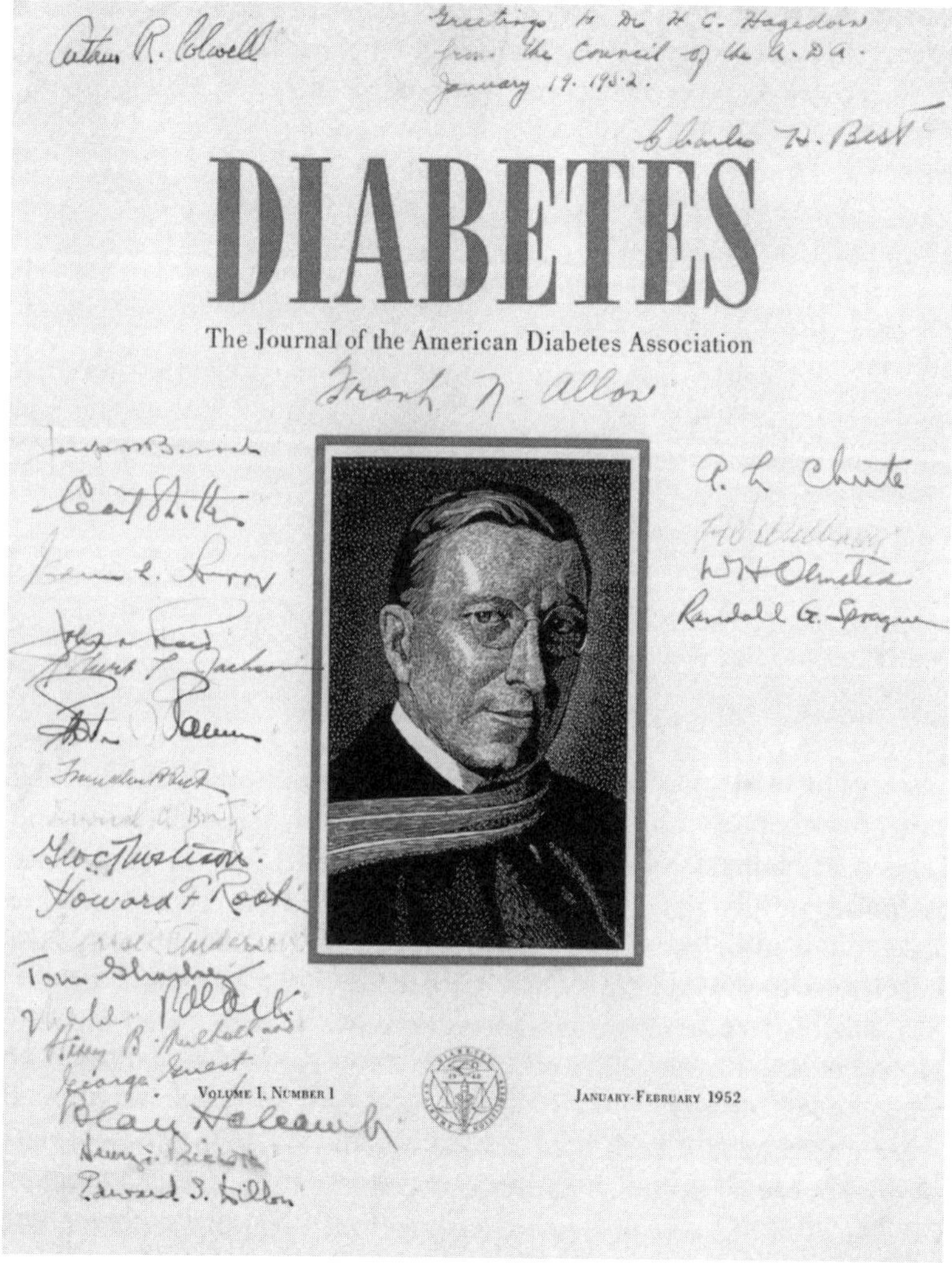

Diabetes『糖尿病』誌 (1952 年) の表紙

ライデンにて．議長のＦ・ゲリツェン教授と歓談中のハーゲドン

彼の勤務は残念なことに就任から七年後、突然の終わりを迎えた。

ステノメモリアル病院は、次第に国際的な認知度を高めていた。米国糖尿病協会の機関誌『糖尿病』Diabetesが一九五二年二月に創刊された折には、ベストは協会を代表してハーゲドンに創刊号を一部贈呈した。表紙には米国の著名な糖尿病医一三名の署名が記され、ハーゲドンは同誌の海外編集顧問への就任を依頼された[23]。また、ステノメモリアル病院の調剤は米国の患者や医師に大いに歓迎された。三月六日の誕生日には米国の患者から、ステノメモリアル病院への賛辞を綴ったバースデーカードが一八〇〇通近くも届いた。

同年四月、ハーゲドンはミス・ウッドストラップを同伴してボストン、トロント、インディアナポリスを回り、行く先々で大歓迎を受けた。旅の成功はその年、彼が行った他の旅にも共通することであり、ロンドンには四回訪れたほか、スイス、イタリア、ドイツの会議に出席したり、さらにはオランダのライデンで七月に開催された第一回国際糖尿病学会に出席した。ライデンでは例にもれず、ハーゲドンは「偉人」の一人として迎えられた。学会の商業部門に関連づけられることはかねてから拒否しており、ノルディスク研究所が展示会に出展することにも難色を示していたが、本人によるインスリン吸収に関する講演は大きな関心を集めた。学会には妻ミッテ、ポールセン、クラルップをはじめ数名の研究員が随行し、チームの一員として彼を支えた。

このころのハーゲドンは立て続けに栄誉に浴した。一九五三年にはオーフス大学名誉博士およびドイツ代謝性疾患学会の名誉会員に、翌五四年にはイェーテボリ大学名誉博士およびノルウェー医師会とノルウェー内科医学会の名誉会員に、相次いで選出された。

インドの生んだ偉大な糖尿病医であるS・S・アジュガオンカー S. S. Ajgaonkar はハーゲドンに手紙を書き送ってきた。

「戦争、疑い、憎しみによって引き裂かれたこの原子力時代において、正しい道を照らすことができるのは、人類全体の利益のために汗を流す科学者が掲げる松明の光にほかなりません。この光がどうか輝きますように、世界を幸福にすべく、今後もさらに明るく輝きますように。あなたのような方、そしてE・P・ジョスリン博士をはじめ黙々と仕事を進める方々は、あたかも寺院の片隅で燃えるロウソクのごとく自身を燃やしながら光を放ち、それによって生命を許容できるものにしているのです。どうかこの光り輝くロウソクが他のロウソクにも火をつけ、そうして闇を葬り、世界を希望と光で満たしますように……」(24)

デンマークもまたハーゲドンを称え、当時、国内で最も権威ある医学賞であったバルデマークライン賞と賞金七五、〇〇〇クローネを授与した。ハーゲドンが表彰の対象になるのは正当であった。ノルディスク研究所において彼は、プロタミンインスリンの開発、インスリンからの高血糖因子の分離、そして速効性インスリンとの安定的な混合を可能にした初のインスリン製剤である結晶性NPHの開発という、三つの画期的成果をあげた。これに対し、世界最大のインスリンメーカーであるリリー社は、一つとして重要な発見を成すことができなかった。デンマークにおけるインスリン開発は、始まりこそ意外なものであったが、今や実りの時を迎えていた。デンマークのインスリンは世界のトップであり、ステノメモリアル病院は、まったく独自のカテゴリーに属する研究病院としてその名をとどろかせていた。こうした道を切り開いたのはノルディスク研究所、そのものであった。

ノボ社は当時まだ画期的な研究成果を出していなかった。ただその状況は一九五二年、ライデンにおいて打ち破られる。

ノボ社の急成長

ノボ社はライデンで亜鉛インスリンの独自開発を進めていた。一九四〇年に株式会社となっていたノボ社は、すでに大手製薬メーカーへと成長を遂げていた[25]。社員数も四〇〇名近くと、ノルディスク研究所の倍以上を擁していた。戦時中にインスリンの減産を迫られた際に、他の製品の製造販売に乗り出したことが急拡大のきっかけであった。

一九五一年には、インスリンのほかに縫合糸や酵素トリプシンの製造販売や、さらにはカミソリの刃を使わない電動ひげそり機も扱っていた。戦争直後にはペニシリン、一九五一年には血液凝固阻害剤であるヘパリンも扱うようになり、一九四五年からの五年間で売上は五倍以上に達した。同年には売上の一部を社会活動、人道支援、科学研究に使用するための「ノボ基金」を設立した。

ノボ社はまたインスリン生産社として知られるようになっていた。一九四四年、イソインスリンの販売にあたって、ノボ社が多少道を誤ったことは事実である。イソインスリンを二種類のわずかに異なる処方で市場化したが、その際に国家保健委員会への報告を怠ったのであった。たまたまそのことにハーゲドンが気付き、皮肉まじりに非難したこともあった。[26] だがインスリンの純度にかけてはノボ社の製品も高血糖因子を含まないなど業界トップクラスであった。一九四九年、ペダーセン兄弟とハラス・ミュラー、カール・ペターセン、ユルゲン・シュリヒトクルル Jørgen Schlichtkrull らインスリン化学者が集まって発足させた研究チームが世界トップクラスであったことは、疑いの余地がなかった。

この研究チームが研究課題として取り上げたのが、NPHインスリンであった。そして研究を進めて二年後には、遅効型インスリンの調製にあたりプロタミンは必要ないことを立証するに至る。遅効性の性質は亜鉛だけで生じる。この事実はアセテートバッファーを用いたインスリン結晶の懸濁液に、大量の亜鉛を加えた場合に見ることができた。

この新たな製剤は「ウルトラレンテ」と名づけられ、インスリン化学の歴史における一大成果となった。ウシ由来の結晶性インスリンが原料のウルトラレンテと、ブタ由来の非晶性インスリンであり、通常のインスリンよりも多少遅効性の高い「セミレンテ」を混合させ、誕生したのが「レンテ」インスリンである。レンテはNPHにきわめて類似した効果を有した。欠点は、通常の速効型インスリンと混合しても安定性の高い混合液にならない点であった。このため、亜鉛インスリンは最終的には販売中止となるのであるが、当時は順調な滑り出しであった。

エジプト訪問中の疲れた顔のハーゲドン

亜鉛インスリンは前述のライデンでの第一回国際糖尿病学会の席で発表され、慎重な臨床試験を経た後、一九五三年二月にデンマークでの発売が開始された。デンマークでのシェア拡大には至らなかったが、海外では巧みなマーケティングと簡便な取り扱い方法によって急速に浸透した。営業戦略として「ワン・ステップ・セラピー」というキャッチコピーを掲げたことは大きく奏功した。セミレンテ、レンテ、ウルトラレンテの混合液を用いることで、多くの糖尿病患者が一日一回のインスリン注射で済むとの主張である。ハーゲドンは「自分の患者には亜鉛は打ちたくない」と不満顔であったが、そうした抵抗も空しかった。ノルディスク研究所の星、NPHは次第にすでに劣勢になりつつあったのである。

レンテの処方は一九五九年に特許を取得した。五一年に特許申請後、いくつもの障害を越えての取得であった。[27] 売上は絶好調であり、数年のうちにデンマークの薬剤輸出量のトップブランドに躍り出た。

ノボ社はまた、イーライリリー社との間に「今後NP

Hインスリンの宣伝を行わない」との契約を結んだが、米国市場ではNPHがトップシェアの座を占め続けた。しかしながら、企業の売上としてはノボ社はノルディスク研究所を抜き、イーライリリー社に続き世界第二位となり、コペンハーゲン近郊のバウスヴェアに新たに工場兼研究所を建設した。こうして一九五二年、デンマーク製インスリンの素晴らしい物語はまだ終わりこそ迎えていなかったが、主役は確実にノボ社に移っていた。

これに対してノルディスク研究所は、新市場開拓によって巻き返しを図った。すでに一九五〇年、ハーゲドンは得意先であるスペインを訪問していたが、新たな輸出市場として南米が視野に入ってきた。だが克服すべき課題が多すぎ、計画までされたアルゼンチンへの旅も中止せざるを得なかった。

次にハーゲドンが目を向けたのは中近東である。すでにモーンス・イェンセンがトルコとエジプトで多くの下準備を済ませており、彼の築いてくれた人脈をさらに育てるべく、ハーゲドンはイェンセンと共に一九五三年三月、アテネ経由でカイロとイスタンブールを回る旅に出た。翌年と翌々年には妻ミッテも同行、このときハーゲドンとポールセンはカイロ大学で数回の講演を行った[28]。

旅の成果は、ノルディスク研究所がエジプト唯一のインスリン供給元となり、ポールセン博士が同国ナセル Abdel Garmel Nasser 大統領の主治医に加わるという形で表れた。トルコでも売上を伸ばしたが、ノボ社には追いつけなかった。ノルディスク研究所はもはや、デンマーク最大手のインスリンメーカーではなく、ハーゲドンは二番手の地位に甘んじなければならなかった。しかし、彼がそれに慣れることは終生なかった。

新たな市場へ

ハーゲドンとしては、大規模な医薬関連事業を育てたいと思ったことは一度もなかった。むしろ彼の目標は、ノルディスク研究所を質的側面で卓越した事業、北欧諸国に高品質の製品を提供できる事業に育てることにあった。[29] そもそもクローやコペンハーゲン大学周辺のアカデミズムの世界とのつながりの中から出発しただけに、専門上の課題や対立を伴った実践的世界こそがホームグラウンドで、ビジネスの世界にはほとんど関心がなかった。

とはいえ、取扱い製品が一種類しかないことが脆弱であることは認識していた。このため、一九二三年にノルディスク研究所を設立してからは、インスリン以外の臓器抽出液も手がけられないかと模索を続けてきた。甲状腺抽出物の製造や、悪性貧血の治療薬として肝臓抽出物の製造を試みたこともあったが、いずれも失敗に終わった。副腎抽出物を「コルスナル」の名称で数年間製造したことはある。当時ステノメモリアル病院の医師であったニールセン A. Levin Neilsen 博士が研究を進めていたもので、慢性副腎皮質機能低下症（アジソン病）に効果があることも同博士によって証明されていた。[30] だが日々の治療への使用には不向きであったこともあり、海外を含め関心を示した患者はいたものの、市場化されることはなかった。ただハーゲドンは自分の気持ちに逆らえず、ユラン在住のアジソン病患者のためにコルスナルを空輸したことがある。一九四九年には、関節炎治療薬として副腎ホルモンの製造を持ちかけられたこともあったが、計画は立ち消えに終わった。

戦争中、ノボ社がトリプシンで成功を収めたことで、ノルディスク研究所内には酵素の製造に向けた実験を行うべきとの機運が高まった。トリプシンと共にペプシンの製造も検討され、研究員の引き抜きまで行ったが、結局実現には至らなかった。一九四五年にペニシリンが登場すると、レーベンス化学会社のクヌド・アビルゴー Knud Abildgaard なる人物が、デンマークにペニシリンの製造を手がける株式会社を設立しようと思い立ち、[31]ノルディスク研究所に資本と経営での参加を持ちかけた。当時ノボ社もペニシリン製剤の開発に乗り出していたため、これは微妙な問題となった。当時米国旅行中であったリナストロム＝ラングも交えて検討したが、結局この分野でも乗り遅れた。

血漿タンパク質でも同様であった。[32]戦後ハーゲドンが米国旅行の折に、尿糖を患者自身が測定できる簡単な試験方法の開発に着手していたエイムズ・カンパニーから協力を依頼されたが、ハーゲドンは二の足を踏み、これまでも使われてきた実績あるベネディクト法のほうが手軽だしコストも低いとの考えを支持した。一九五二年、ノルウェーのレオ代理店から、「クリニテスト」という尿糖測定法について打診を受けた時、さらには五五年、インスリン非依存性糖尿病の治療薬となる錠剤が登場した時も、ハーゲドンは大して興味を示さなかった。ノルディスク研究所がインスリン以外にデンマーク国内で市場化したのは、尿崩症治療に効果のある脳下垂体製剤、[33]血液型を調べるためのテストチャート、および成長ホルモンに限られた。なかでも血液型を調べるための「エルドンチャート」は、一部外国軍が関心を持ったことから国外での販売が好調であった。[34]

成長ホルモンは当時、ヒトの脳下垂体から抽出する方法が取られており、作業は病院の解剖室で行われた。小人症の治療ではヒト由来の成長ホルモン剤以外の投与は認められていなかった。成長ホルモン剤が世界中で幅広く使用されるようになったのは一九八〇年代、ノルディスク研究所で遺伝子組み換えによる生合成に成功してからであった。

トーマス・ローゼンベルクの退職をめぐって

インスリン以外にも研究対象を広げるべく、ハーゲドンが雇い入れたのがトーマス・ローゼンベルクであった。彼のことはリナストロム＝ラングさらにはセシル・F・ヤコブセン Cecil F. Jacobsen 博士も高く評価していた。ヤコブセンは一九五〇年にノルディスク研究所に加わった化学者で、鋭さと実務的な側面を持つことから、ハーゲドンは彼を自分の後継者と目していた。この二人に加え、成長ホルモンについて博士論文を提出したばかりで、カリフォルニアで研究を進めていたペーター・フュンス＝ベック Peter Fønss-Bech 博士も一九五四年に研究所に加わった。[35] 入所後すぐに、カルボキシメチルセルロースを用いたクロマトグラフィーによるインスリン純化過程、さらにはヒト成長ホルモンの開発に着手した。こうしてカールスバーグ研究所は、リナストロム＝ラング所長のもと、セシル・ヤコブセン、トーマス・ローゼンベルク、フュンス＝ベックが結集し、ノルディスク研究所の未来を拓きうる体制が整った。

しかし、一同は大きな成果をあげることはなかった。ハーゲドンは、研究チームを後押しするどころか崩壊に導いたのである。ことが間違った方向に動き出したのは一九五六年、コペンハーゲン大学タペストリー・ホールでノルディスク基金が主催した夕食会の後であった。その日はノルディスク研究所関係者とその友人、同大学医学部の教授陣が招かれていた。従業員の発明に関する法が国会を通過したのである。[36] 通過したばかりの同法では、収益性の高い特許を発明した従業員に対し、会社は対価を支払うよう定められた。

クライエンブールが計算したところ、自分とローゼンベルクの発明に支払うべき対価が巨額にのぼることが判明したため、ハーゲドンに対し支払いを要求したが、無視された。そこでクライエンブールが弁護士を雇ったところ、ハーゲドンは譲歩し、クライエンブールの給与を大幅に引き上げた。するとクライエンブールは訴訟を取り下げたのである。[37] ローゼンベルク本人は具体的な要求をしていなかったのだが、リナストロム＝ラングが主張していた――ローゼンベルクはノルディスク研究所在籍時代にＮＰＨインスリン化学的基盤の確立に参加したのだから、ＮＰＨライセンス料の一部が与えられるべきだと言ったのである。[38] ハーゲドンはこの主張をはねのけ、ローゼンベルクとは独立研究員の契約だったのだから、当時の報酬こそが彼の貢献への対価と見なされるべきだと主張した。最高裁弁護士も同意見であった。こうしてローゼンベルクは事前通知なしに解雇され、リナストロム＝ラングも理事を辞任した。

ローゼンベルクは突然の解雇について長い間思い悩み、心の傷は決して消えなかった。ノルディスク研究所勤務時代は彼にとって人生最良のひと時であった。研究所にあまり顔を出さなかったのがいけなかったのか。スウェーデンの病院に籍を置いたことで心象を害してしまったのか。あるいはベルン大学薬学部教授の義弟と共同研究を行ったことがよくなかったのか。ここ二年間だけでも六本も論文を発表しており、そうした近年の成果にハーゲドンが不満のはずがなかった。

才能あふれる科学者と技術者のチームが結成され、自分の支配が及ばなくなりつつあることに、ハーゲドンは危機感を抱いていたのかもしれない。いずれにしても、ローゼンベルク率いるチームは解散に追い込まれ、セシル・ヤコブセンも翌年、結晶性ＺＰＩの特許をめぐる対立が原因でノルディスク研究所を去った。[39] 二人はデンマークで当時、原子研究を行っていたリソ研究所に転職した。ローゼンベルクは不当解雇の訴訟を起こし、一五万クローネの慰謝料を得た。[40] だが解雇のショックが完全に癒えることはなく、一九五九年、五〇歳の若さで冠動脈閉塞を発症、六三年には二度の心筋梗塞を起こして死去した。

ノルディスク研究所は、ローゼンベルクをめぐる一件から立ち直ることがなかった。何しろ、当時の科学界最大の難問の一つに取り組めたはずの有能なチームが解体に至ったのである。フュンス=ベックもまた、ノルディスク研究所を一九七〇年に去るまで、成長ホルモン研究については口を閉ざし続けた。ノルディスク研究所の停滞は、才能ある人と手を結ぶ能力がハーゲドンに欠落していることに、明らかに起因していた。ハーゲドンは創始者であり、その管理手法は独裁的であった。そうした手法は確固たるリーダーシップ、明確な指揮系統と責任範囲をもたらしたが、若い世代にそれは受け入れられなかった。いくら変化や刷新の提言を行っても、それに見合った励ましを得られないという事実に直面し、彼らの間には不満がたまっていった。

ノルディスク研究所はハーゲドン個人の力に非常に大きく依存していた[41]。研究所内のことは細大漏らさず耳に入れ、すべての決定を下したがり、チームワークとは無縁であった。内規や労働組合、研修の必要性といったことにはまるで関心がなかった。

五〇年代には、ミス・ミュラー Bodil Møller がピクニックの一日を企画しても、ハーゲドン、ミス・ウッドストラップ、ポールセン、クライエンブールが参加することはなかった。本来ハーゲドンはそういった楽しい計画が大好きで、昔はランプをともして湖でスケートを楽しむ夕べなどを企画したこともあった。ユーモアのセンスに欠ける人では決してなく、空きポストへの応募者の一人が事務の女性たちを口説こうとしたとの報告を受けたときには、その人こそ採用しよう、元気がある証拠だからと言ったこともあった[42]。

職員への要求は厳しかったにもかかわらず、給与は労働組合法で定められた最低基準であった。志のために働くという気概がなければ続かないことが、暗黙の了解になっていた。緊急時に特別に何かをしたとしても、それが金銭の形で報われることはなく、通常はリンゴ一箱か、非常に大きな貢献の場合は無料の海外旅行という形の報酬しかなかった[43]。研究に身を捧げた数名に対して財産を残す気がないのなら、自分の配下のものたちにせめて権利を与える必要がある――そのことを、ハーゲドンは理解することができなかった。

しかし同情心がまったくないわけではなく、病を抱える職員に対しては面倒見がよかった。糖尿病患者も研究所に数名勤務していたし、通風や心身症を抱える職員は、無理のない範囲で働けばよいことになっていた。代理権を与えられ毎朝のミーティングに参加していたミセス・クヌドセンが一九五六年に病に倒れた時、ハーゲドンは妻とともに週二回のお見舞いを欠かさなかった[44]。しかしながら、当時の欧州で一般的になりつつあった福祉国家の概念には賛同しなかった。福祉というものは制度ではなく、人によって作られるものだというのが持論であった。

戦後起きたもう一つの大きな再生である欧州の統合について、彼がどう思っていたかは分からない。これ以上血を流しての対立を避け、台頭しつつあるグローバルな競争に対抗すべくヨーロッパの資源を守ろうとするための、可能性に満ちた試みという、その真意を彼が理解しなかったことは想像に難くない。「米ソ独を押さえ込む」という戦後欧州の政治目的には賛同していた。死ぬまで北欧人としての愛国主義を貫き、一九世紀末に培われた保守主義者であった。気高いが、過去となりつつある世代であった。

セシル・ヤコブセンがノルディスク研究所を去った後、後任人事が課題となっていたが、ハーゲドンは

リル号でスモーランドに出航

急いで結論を出す気はないように見えた。将来のことはもはや彼の心配の種ではないかのようであり、スタウァビュに係留していたヨットのリル号でクルーズをしばしば楽しんだ。

毎年六月から九月にかけて、彼は妻ミッテ、そして家族の友人たちと一週間から二週間、クルージングに出かけた。ノルウェー中部からグリーンランド北東部まで、フュン島東部ニューボー岬を過ぎてスウェーデン南部のスモーランド地方沿岸部へ、さらにはデンマークの北部海岸線に沿って回った後、さらにリレ海峡を通りオーフスへ抜けるなど、縦横無尽に旅をした。健康がすぐれずヨットを操ることが困難になると、ディーゼルエンジン付きのモーターボートを購入したが、一九六〇年を過ぎ

最後に建造させたモーターボート．ファイウにて

ると航海もさすがにきつくなり、ついには卒業せざるを得なくなった[45]。

ハーゲドンは、ノボ社との戦いに敗れたことをさほど気にしていない風ではあったが、心の中ではいらだちの元になっていたことは確実であろう。彼はノボ社に対してフェアではなかった。ペダーセン兄弟が一九二四年に去っていったのは、ハーゲドンのせいではなかったかもしれない。だが最初に試作したインスリン粉末を持参し、ノルディスク研究所に以後の開発を持ちかけてきたときに、買い取りを拒んだのはハーゲドンのほうであった。一九三七年、ノルディスク研究所が保有するプロタミンインスリンの特許に対し、ノボ社が利用を申請してきたとき、国外メーカーに対しては許諾していたにもかかわらず、ハーゲドンはこれをつっぱねた。さらに一九四四年、イソインスリンという化学的発明を誇らしげに示した若き日のハラス＝ミュラーを詐欺師呼ばわりしたのもハーゲドンであった。

ニールス・ステンセンが1986年に列福した際にデンマークで発行された記念切手

ハーゲドンにしてみれば、ペダーセン兄弟のビジネスのやり方と自分のやり方は全く相容れないものであった。当時のノボ社は健全な経営感覚を持った企業であったが、ハーゲドンにとって最も大事なものはアカデミズム的価値観であった。ノボ社における研究目的は、消費者の生活を楽にするためのものを創造すること、他社と競争できるもの、配当や投資を生むような利益を会社にもたらすようなものを創造することであったが、ハーゲドンにとって研究とは何より、宇宙の美しい秩序を垣間見せるもの、病に苦しむ者に必要な手段を提供することにあった。関係者に対し実りをもたらさないのであれば、事業は中止すべきというのが彼の考えであった。ニールス・ステンセン Niels Steensen の一節に、彼はとりわけ共感を覚えていた。

我々が目にするものは美しく、
我々が理解するものはさらに美しい。
しかし、もっとも美しいものは我々の理解を超えるものである。[46]

実践的目的とともに理想主義的目的も掲げていたスカルム・ヴィ号と同じ姿勢を、彼はノルディスク研究所、ノルディスク基金、そしてステノ病院にも求めた。そして実際それで物事がかなりうまく回ったこともあった。それほどまでにノボ社との争いは根幹に関わる、悲劇的なものであった。

新研究所の建設

研究開発の停滞を打破すべく、ハーゲドンは研究所の建設を決意した。この計画には退職したリナストロム＝ラング、セシル・ヤコブセン、ローゼンベルクも加わっていた。研究所と病院の二カ所で行われていた研究を集約し、最新設備と近代的な講堂を備えた建物に移すべきというのがコンセプトであった。設計はブテル・ニュロップ Burtel Nyrup が担当し、完成はステノ病院設立二五周年の節目にあわせ、一九五七年一一月五日に間に合うよう予定された。

これまでの例にもれず、ハーゲドンは建設のあらゆる工程に首を突っ込もうとし、研究室に来るときは、長靴は泥だらけ、髪にはモルタルが付着している状態であった。[47] 建物の正式名称は「ニールス・スティーセン病院研究所[48]」、所長は院長のハーゲドンが兼任することとした。日常業務の監督は行わないものの、この組織編成により、「研究員は患者に起こっている問題点を取り上げるべきであり、糖尿病患者にとって重要な問題にたずさわるべき」との姿勢を明確化するのがねらいであった。研究員たちが基礎研究に重きを置きすぎるのは望ましくないというのが、彼の意見であった。

一九五七年一一月五日午後二時、建物が落成した。こうした思想から、患者数名も列席するのは自然な流れであった。式典は新講堂で行われた。なお、ハーゲドンはこの講堂を大変誇りに思い、見学者を必ず

ニールス・スティーセン
デンマーク科学史における先駆者

案内した。最高品質の素材と最新鋭の機器を備えており、また二〇〇人の定員のうち一五〇人分はスライド投影中もメモを取れるよう手元を照らすランプが用意されていた。スピーカー、録音設備、シンポジウム用の半円形のテーブルといった設備に加え、照明や電気機器はすべて演壇と映写室の両方で操作可能であった。映写室にはスライドと映画のそれぞれに対応したプロジェクターが設置された。

完成式典への出席には招待券が必要であった。ノルディスク基金のオラフ・ハンセン会長が歓迎の挨拶を述べたとき、会場に入りきれない人が外にあふれるほどであった。患者数名に加え、ノルディスク基金の代表やさらには教育省、コペンハーゲン大学、オーフス大学、国家保健委員会、取引先、デンマーク医師会から関係者が集まっていた。ステノメモリアル病院に勤務したことのある医師たち、さらにはデンマーク血清研究所、王立薬科大学、カールスバーグ研究所など、デンマーク国内の主な病院からも関係者がかけつけた。

リナストロム＝ラングも招待されたが、出席を辞退していた。式典の様子はノルディスク研究所の食堂でも放映され、職員が映像を通じて見守った。

学生合唱団がポール・シーアベック編曲によるオー・ベンツセン Aage Berntsen の詩、一番の歌詞は「あなたの仕事は深く、神聖にも公平」で始まる「医師」を歌い上げた後、教授からニールス・スティーセンに関する講演があった。これには深いわけがあり、ステノメモリアル病院の二五周年を記念して、ハーゲドンは国立図書館にニールス・スティーセンが一六六六年に書いた筋肉に関する直筆論文の原稿を寄贈したことが発端となっている。ニールス・スティーセンの肉筆原稿のうち、デンマーク国内に存在する唯一のものである。(49) 講演終了後、学生合唱団が再び壇上にのぼり、場内を歌声で満たした。

聖なる炎よ、その光をもって強さを与え給え
学問の女神の花冠を目指して競い合う者たちに。
願わくば知識の枝の先には常に花が咲かんことを
移ろう時の波が過ぎ行こうとも。

（J・L・ハイベルグ詞、C・ヴァイセ曲）

次いでハーゲドンが壇上に立った。まず始めに「永遠の炎」に触れてから、建物の構造について説明を行った。大きな研究施設に加え、一階には外来棟があり、広々とした待合室、秘書の勤務スペースを設けたオフィス、採血用の小部屋、研究室、視力検査室、診察室二室、検査室二室が設けられている。しかも拡張も可能である。

デンマークでは最新鋭の外来病棟であり、その後何年にもわたり患者からも非常に好評をもって迎えられた。八時に病院を訪れた患者は、三〇分後に血液と尿の検査結果が渡され、一時間後には視力検査を含めた診察が完了する仕組みであった。地下には冷蔵室を供えた研究室、クロマトグラフィー用の実験室、アイソトープ研究室、暗室などがあった。二階には各種目的に対応可能な研究室が多数設けられたほか、三階には生物学研究室と動物のケージが設置された。いずれも世界最新鋭の設備と十分な換気機能を備えていた。バーを備えた部屋もあったが、ハーゲドンの言葉を借りれば「これは一時的措置に過ぎない」ものであった。

以上の説明を終えた後、ハーゲドンは患者に感謝の意を表した。

ニールス・スティーセン病院研究所

「一世代以上にわたりインスリンを使い続け、その病を素晴らしく克服し、それによって我々全員にとって勇気を与える手本となりました」

さらに建築家、ノルディスク基金理事会、ノルディスク基金に感謝を述べると、この新しい建物が皆にとって協力しあって働ける職場になることを願っていると述べ、次のように締めくくった。

「ここで働く人たちが折に触れ、これまでにない方法で創造の神を自らのうちに感じるよう、ここがまるで聖堂であり、聖なる研究を行う神聖な平和に満たされていることを感じるよう、願ってやみません(50)」

ハーゲドンの挨拶が終わり、学生合唱団がデンマークをたたえる歌を歌うと、いよいよ建物の見学会となり、あわせて軽食がふるまわれた。夜にはクランベンボーの有名レストラン「ソリスト」に場所を移し、一五五名を招待して夕食会が開催された。メニューは、コンソメ・マレシャル、カレイのフィレアンバサダー風、小鹿の鞍下肉のロースト、ジュレとサラダ、デザートは小菓子とコーヒーであった。いつものようにワインの質は最高で、とりわけスープとともに供されたツェルティンガー・ヒンメルライヒは、絶品であった。

新研究所の誕生により、誰の目にも、ノルディスク研究所の理念である「患者治療のためになるような研究と製造の協力」が具現化され、実を結んだように見受けられた。それは力強く、真摯な取り組みであった。しかしながら、そこを取り巻く雰囲気がいささか時代遅れになりつつあると感じた人が少なくなかったのも、また事実である。研究所からも病院からも、かつてのダイナミズムは失われていた。士気高揚につながるリーダーシップが欠けていたのである。

またノルディスク研究所は「眠れる森の美女」の館になりつつあった。現実問題として、建物はその後何年もの間、半分は空室が目立つ状態だったのである。フュンス＝ベックによる成長ホルモンの研究以外では、計画通りに実行された研究は皆無に近かった。時折、思い出したように博士論文が提出されるだけで、研究成果としてはぎりぎりの内容しか発表していなかった。

しかしながら、一九五八年に再任されたブルンフェルトが研究所の日常活動を指揮し始めてからは、建物は徐々に人や機器で満たされるようになった。ただ真に研究環境が実を結ぶようになるには、ブルンフェルトが引退し、民間の技術者ブルーノ・ハンセン Bruno Hansen とアケ・レアンマーク Åke Lernmark 博士の就任を待たねばならなかった。

13　病気と死

一九五三年の秋学期、ハーゲドンはコペンハーゲン大学で、糖尿病とその治療法に関する集中講義を行った[1]。講堂は医師や学生、そして患者たちで満席となり、彼の堂々たる体躯と威圧感さえ漂わせる雰囲気に、いつものことながら心を打たれていた。だがしかし、彼の表情はいつになく硬直しており、歩く様子にも硬さが見られた。スライドをポインターで指すと、先がかすかに震えているのも見て取れた。こうした症状を見抜いた人にとっては疑いの余地がなかった——パーキンソン病である。それ以外については至って健康であり、再発性カタル性感染症以外の大きな病気といえば一九四四年に急性膵炎にかかったくらいであった。この時は大変で、数週間も寝たきりで過ごすことになった。

その四年後には再び膵炎になった。症状は前回よりも軽かったが、軽度の糖尿病の症状が明らかに見受けられた。この診断がその後の人生にどのような結果をもたらす可能性があるか、ポールセン博士と話し合った際、ハーゲドンは平然とこう答えた。「そう、人生の甘美な部分はだんだんと去っていくものなのだ。

まずは素敵な女性たちが人生から去り、次に甘い食べ物が去り、そうして残るのは禁欲と、信仰による慰めだけとなる[2]」

ハーゲドンは自らの糖尿病をさほど深刻に受け止めず、日常生活にも支障を及ぼさなかった。テーブルの上にクリームがたっぷりの甘いケーキがあるとき、我慢することはできなかった。

パーキンソン病

しかしパーキンソン病は彼の体を次第にむしばんでいった。ハーゲドン自身、この病気の非情な進行ぶりを知っていたが、自分の病気について不満を口にすることは決してなかった。次第に力が弱り、体の自由がきかなくなるにつれ、彼は小さな発明を次々と行うことで埋め合わせをした。一九五五年には、唾液分泌とともに顔のこわばりが見られるようになり、同時に顔の皮脂分泌が増えたことから、顔はてかてかと光っていた。また足に震えが現れた。当時はパーキンソン病の治療法はほとんど存在せず、治療用の錠剤とされるものには多くの副作用があった。しかし病の進行から来る不便さが増すにつれ、ハーゲドンはプライドを捨て、「Congentin 錠剤による治療を試みた[3]。服用の結果、こわばりと皮脂分泌には効果が見られたが、震えには効果がなく、また前立腺の問題を悪化させたため、服用を中止した。だが目前に七〇歳の誕生祝いが迫っており、そのときには人前に出られるようでありたいと考えていた。

その日は静かに祝われたが、気づかれずに過ぎることはなかった。花束が五五束、電報が五七通、その他の贈り物やカードが何十と自宅に届いた。ニールス・ボーア、コペンハーゲン大学学長、王立デンマーク薬科大学学長、リナストロム＝ラングなどからお祝いの言葉が届いた。新聞は、ハーゲドンが七〇歳になっても近寄りがたく、インタビューには口を閉ざし、これまでの人生を振り返って語ることもなく、自分について何か書かれることをかたくなに拒んでいると、彼を批判した。どれも真実であった――仕事と家庭に他人の邪魔が入らないことを、彼は望んでいたのである。

ハーゲドンの誕生日を記念して、ノルディスク基金は彫刻家ハラル・サロモン Harald Salomon 制作の金メダルを用意した。片面にはステノ病院、もう片面にはハーゲドンの横顔を配したデザインであった。長年の友人であるオラフ・ハンセンはこのメダルを贈呈しつつ、こう言った。

「あなたは homo sui generis（自身の類に属する男）です。たやすいことではありません。しかし、刈り入れの時が来れば百倍もの実を結ぶ、そんな種を蒔く人が先生なのです。あらゆる取組みに対する専門家としての洞察力、そして人間への理解によって、先生の助言はいつも有意義なものでした。そしてそれは、自他ともに対する強い正義心と倫理観に裏打ちされたものでした。その厳格な風貌の下にひそむ内なる強靭さと生まれながらの冷静さは言うまでもなく、その心にある温かい泉をも、私たちは常にひしひしと感じてまいりました。私たちには皆それぞれ、先生とともに過ごした時間の大切な思い出があります。この思い出は年を経るごとに、時が私たちを孤独にするごとに、その価値を増しています……」

ハーゲドンはメダルを見てとても喜び、すぐに銅で複製を作らせ、ステノ病院の忠実な部下たち、さらにはかつて同病院に勤務したことのある医師たちに送った。

同年、結晶性ＺＰＩが特許を取得し、市場化にこぎつけたことも彼を喜ばせた。(4) ノルディスク研究所から発売されることとなったプロタミンインスリンとしては三番目にあたる。ＺＰＩ結晶の市場化はクライエンブール、ポールセン、セシル・ヤコブセンとの協力のもと実現にこぎつけた。とはいえ、この化学的業績は、実用性にかけてはさほど高くなかった。

運転を諦める

七〇歳を越えたハーゲドンにとっては、スタウァビュの古い家と農地がますます恋しくなってきており、できる限りの時間をそこで過ごすようになっていた。だが自分で車を運転して行くのも困難になっていた。カーブをきつく曲がりすぎたり、曲がりきれなかったりすることが増えてきた。運転を他人に任せるのは非常に寂しいことであった。車と運転が大好きだったのである。[5] 生涯に所有した車は一〇台にものぼった。大半はフォード、クライスラー、シボレー、リンカーン、ハドソンなどの米国車であった。欧州車は大型のフィアットと英国製のハンバーの二台だけで、いずれもあまり気に入らなかった。だがいよいよ、運転手を頼まねばならない時がやってきた。

運転手役は運送部門に勤務する三名が交代であたったほか、スタウァビュのタクシー運転手がよくコペンハーゲンまで送迎を行った。ハーゲドンは必ず助手席に座り、スピードを出しすぎないよう指示するのが常であった。景色を見たかったからである。車中の会話には興味がなく、ましてゴシップ話は嫌いであった。[6] 静かにただ座り、窓の外を眺めるのが常であった。話したい気分の時は、父親との航海の話、ブランデでの駆け出し時代、飛行機を操縦した時の話、そして南極海への遠征の話をした。運転手が話す気分の時は、ハーゲドンはもぐもぐと返事をし、スタウァビュに着くと妻のミッテから、主人は車に乗っている時に話しかけられるのが好きではないので、と注意を受けたりした。客人が同乗した場合は、クーの

スタウァビュ港のリル号の上で．技術者のロバート・イェンセンとともに

細い道を通って、お気に入りの店で運転手も交え全員で昼食をとった。

　彼らはいつもプレストの港に沿ってドライブし、ハーゲドンは海や船を見ていた。一度、車がキジを轢いてしまったことがあった。運転手はブレーキを踏み、Uターンすると、キジを拾い上げて首をねじ折り、ハーゲドンに手渡した。キジはハーゲドンの大好物であった。ハーゲドンはありがとうと言った後、近くの村に立ち寄るよう頼み、そこの肉屋でゆでた鶏を二羽分買い、さらにミッテお手製のジャムとともに、キジのお礼にと言って運転手に手渡した。(7)

　スタウァビュでは畑の様子を確認し、温室のトマトやブドウを眺め、それから花壇と果樹園の見回りをするのが定番であった。腰を下ろしては、何時間も川の対岸にある教会の方を眺めていた。

事業は順調で、重大な問題は一切なかった。経営陣はノボ社の動向に常に注意していた。事務局で昼食を済ませた後、ハーゲドンはミス・ウッドストラップの運転でドライブに出かけること、そして三時には近所のパン屋のケーキを食べることが日課であった。自宅は閑静な場所にあったが、親戚の子供たちがやってきて何日も泊まっていくことも珍しくなかった。夕食はきっかり六時、メニューはいつも二種類で、有名レストラン「オスカー・デビッドセン」から運ばれてくる高級食材を使った食事と、牛ヒレの挽肉を詰めて揚げたたリソーレであった。食事中はラジオのニュースを聞いたが、テレビを見ることはほとんどなかった。食前酒はなく、食事と一緒に水を飲み、たばこを吸う人はいなかった。夕食後は王立劇場によく足を運んだ。一階最前列が定位置で、腰を下ろすには介添えが必要であった。バンゲデまで映画を観に行くこともあった。「ヴァキューム・ギャング」という映画が特にお気に入りであった。[8]

しかし、夜はカードゲームをすることが多かった。小さなマホガニーのテーブルがセッティングされ、銀の燭台に灯りがともされ、ポートワインが注がれると、カードとチップの入った小箱が卓上に置かれる。ハーゲドン、ミッテ、ミス・ウッドストラップの三人に加えて、ハーゲドンの甥か姪が加わった。一同はオンバーというカードゲームをすることが多く、客人がいないときはミッテがカードを並べてあげ、ハーゲドンはソリテアに興じた。

夏の夕方は皆でドライブに出かけたり、また夏の日曜にはさらに遠出して海岸線をドライブしたり、動物園に出かけたりした。ごくまれに、わずか百メートル先のミス・ウッドストラップの家を突然訪ねることもあった。ミス・ウッドストラップの家はいつでも野生の花で美しく飾られていた。ハーゲドンは頼んで、彼女の家に続く小道を作ってもらった。ポールセン博士はこの小道を「過ちの道」と呼んだ。

亡母の誕生日である一一月一〇日には客人が絶えなかった。前日からワインを開けてデキャンタに移し、当日はカラフェで賞味した。また牡蠣、七面鳥、トナカイの肉を堪能した。マイケル・アンカー、ピーター・ハンセン、ニールス・ラーセン、ヨハネス・ラーセンなどの素晴らしい絵があちこちに飾られた美しいハーゲドン邸でのもてなしは、訪れる多くの者を和ませた。

最後の旅行

ハーゲドンはパーキンソン病の進行によって次第に体が弱り、ついには旅行への招待や講演の依頼をすべて断るようになった。最後の旅は一九五七年、ドイツのバルト海に面した大学町グライフスヴァルトへの訪問であった。グライフスヴァルト大学はコペンハーゲン大学の一年前に創立されている。同大学にはリューゲン島の糖尿病センター開設の推進役となったゲルハルト・カッチュ教授が在籍していた(9)。同大学を自分が訪れることで、戦後、国が分割され、不運にも東ドイツのほうに属することとなってしまった旧友さらにはドイツ人の仲間たちに、援助の手を差し伸べられればと思ったのである。

一九六〇年には前立腺の手術を受け、成功したことから、パーキンソン病の薬物治療を再開した。しかし病は、ゆっくりとだが着実に進行した。声に力がなくなり、手足の震えはひどくなった。食べ物をこぼし、言いたいことを伝えることが次第に困難になった。招待を受けると、食卓に行儀良く座っていられないからと辞退するようになった。仕事や役職から完全に身を引くまでには何年もかかった。一九五八年に前述のステノ病院研究所の病院医兼所長の職を辞していた。後任にはいずれもＪ・Ｅ・ポールセン博士が就任した。一九六三年にはノルディスク研究所長の職を辞した。すでに、手紙や文書への署名もおぼつかなかったのである。所長にはミス・ウッドストラップが就任、ハーゲドンは会長となった。彼の署名を模したゴム印が作られ、これをもって正式な署名に替えることとした。

七五歳の誕生祝いはハーゲドン邸で行われた。ノルディスク基金会長のオラフ・ハンセン教授がいつもながらスピーチを行った。

「先生の人生における豊富な実績に対し、私たちは深く敬服し頭を下げる次第です。先生の研究を特徴づける先見の明と視野の広さに対し、改めて感謝の意を捧げます。さらには、先生という存在の一部であるところの、正義への希求に対しても改めて感謝いたします。あくまでも正義を求めるその姿勢は、今もってノルディスク基金に多くの恩恵を与えています。先生の人格、言い換えれば男性としての価値ある手本を顕彰するものとして、この寄付金をもとに先生の胸像を制作することを、ここに喜んでお知らせします」

また七五歳の誕生日を記念し、ノルウェーの医学研究に対する貢献、ならびに戦時中のインスリン供給に対する感謝として、ノルウェー国王功労賞が授与された。胸像はグンナー・ハマリック Gunnar Hammerich が制作し、数カ月後にはかつての執務室で除幕式が行われた。ハーゲドンも列席したが、職員の目にはほとんど可哀相なほどに映った——式の間中、ハーゲドンの全身の震えはひどく、一瞬も止まることがなかったのである。

最後の旅行前のハーゲドン

第１回ハーゲドン賞授賞式
クラルップ教授が初の受賞者選出について説明している

ハーゲドン賞――車椅子生活へ

翌年、オーフス大学神経外科にて、激しい震えを止めるための脳手術が行われた。手術は部分的に成功し、右半身の震えは収まった。だが両足と両手の筋力はずっと落ち続けたほか、時折けいれんや意識消失が見られ、術後の状態はむしろ悪化した。このためハーゲドンは一層、引きこもるようになった。最後に人前に姿を現したのは一九六六年、コペンハーゲン大学病院においてである。デンマーク内科医学会の依頼を受けて同年二月にハーゲドン賞が設立され、その第一回授賞式が行われたのである。

ハーゲドン賞は前年の一一月一三日、同学会の設立五〇年という節目に、ハーゲドン博士の医学界への貢献を記念して設立された。ハーゲドンは第一回授賞式に出席し、デアコニーセス スティフテルセン（看護婦病院）の

ハーゲドン賞で贈られるステノメモリアル病院のレリーフを施したメダル

ターゲ・ヒルデン Tage Hilden 博士に授与された。ハーゲドンは両脇をミッテとミス・ウッドストラップで固め、最前列に腰かけた。話に集中するために目を閉じ、両手両足を固く閉じていた。老巨人がこの式典に出席するのがどんなに大変なことか、誰の目にも明らかであった。

ハーゲドンは車椅子に頼るようになった。あれほど多くの人を助けてきた彼が、今や他人の助けを借りずにはいられない状態になった。月曜以外は毎朝、看護婦がやってきて洗顔と着替えの介助を行った。大変でも週に一回はよそ行きの服を着たいというのがハーゲドンの希望であった。家政婦のミス・コックにコーヒーをいれてもらい、上階の階段ホールで、ハーゲドン夫妻と看護婦とで朝食をとった。(10)

朝食後は、外に出て少し散歩するのに備え、ひと休みする。スタウァビュの別荘は増築され、夏の三週間の滞在期間中、介護をお願いしている人に住込みで来てもらえる体制を整えた。大男のハーゲドンを扱うのは次第に大変になっていた。両脚が完全に硬直し、離すのに一苦労のこともあった。ミッテと看護婦が自分の両脚を引き離そうと奮闘する姿をハーゲドンはおかしがり、笑うこともあった。ハーゲドン自身は決して不平をもらさなかった。それはスタウァビュ最後の夏も同じであった。穏やかな夕べに、皆で戸外に出て腰を下ろした。風はなく、教会が水面にくっきりと映っていた。誰も何も言わずに景色を眺めた。

一九六六年、自宅で激しいけいれんの発作に見舞われたため、ハーゲドンはステノ病院に入院した。彼はそこでの長期入院患者となり、入院期間は死亡するまでの五年にわたった。当初数年間は毎日、短い散歩に出かけたが、車椅子姿を患者に見られることをいやがった——その多くは、黄金時代の姿を知っていたのである。誰にも見られないよう注意しながらエレベータを使い、外をぐるりと一周し、工場を通ってから、二階の所長室で執務するミス・ウッドストラップのところに行くのが常であった[11]。だがすぐに所長室を出たがり、地下室に連れて行くよう命じた。読書はほとんどせず、病院のテラスに建てられた旗ざおに動索がぶつかる音に、何時間でも耳を傾けていた。

色とりどりの魚の動きで退屈をまぎらわせてはどうかと、病室に水槽が置かれた。この頃には長時間目まいが増えていた。おそらく心の中でここ三日間の区別がつかなかったものと思われる。もはやノルディスク研究所の会長でいるのが無理なことは明白であった。一九六九年九月一〇日には、病室で最後のミーティングが開かれた。全役員が出席し、ポールセン、ファベル、キュルビュ Niels Kjølbye に加えてミ

車椅子姿のハーゲドン．スタウァビュにて

ス・ウッドストラップの姿もあった。ハーゲドンの意見ははっきりしていた。[12] 彼の希望は、ノルディスク研究所の理事を退きたいというものであった。会長職も辞任し、ポールセンが後任に決まった。ミス・ウッドストラップとポールセンはこれが最後ということで、ノルディスク研究所理事会議事録にハーゲドンが署名がわりのスタンプを押すのを介助した。

ハーゲドンは、沈みつつある船から逃げ出したわけではなかった。むしろ事業は順調であった。一九六七年には純粋なブタインスリンの市場化に踏み切ったほか、ポールセン博士とステノメモリアル病院の関係も良好であった。だがミス・

ウッドストラップの後任を見つけなければならず、この作業は難航した。候補者の一人であったヘルマン氏は、ステノ病院の経営に口をはさんだことから、ポールセン博士との折り合いが良くなかった。それ以外の点では期待を集めていた人材であったために、候補から消された時には、職員たちは一様に落胆した。またベント・ノア Bent Nor も打診されたが辞退した(13)。

ハーゲドンは静かに横になっていることが多くなった。ミッテは毎日見舞いにやってきては、縫い物をしたり著名人の自伝や新聞記事を読んで聞かせたりして、夫の傍らで数時間を過ごした。ミス・ウッドストラップが報告書について相談するため病室を訪問中の時には、廊下で辛抱強く待っていた。ミッテの兄もよく見舞いに来たし、ミッテの義弟であるビューギル David B. Bøgild 博士もコペンハーゲン滞在の折には必ず立ち寄った。ハーゲドンの弟妹たちは言うに及ばず、ポールセン博士に至っては毎日の回診時に顔を出した。

ハーゲドンはラジオを聴くこともほとんどなく、音楽はあまり好まなかった。感情表現が難しくなっていたが、周囲の人々は感謝の意を感じとることができた。しかしそれでも、彼の忍耐力が試されることは少なくなかった。例えば、疥癬（かいせん）に感染したことがあった(14)。数日間、自分では掻くことができないまま、耐えがたいかゆみに苦しんだ。数人の皮膚科医の診断を経て、ようやく正しい診断が下され、しかるべき治療が始まった。また亡母同様、右脚の循環障害のため壊疽を発症し、一九七〇年五月には切断手術を行った。

それでも、生への意欲は失われなかった。長い意識消失から回復したとき、ミス・ウッドストラップにこう打ち明けたこともある。「ひょっとして、僕もあともう数年は生きるかもしれないね」

だが彼の世界は狭くなる一方であった。夫妻が交流を保っていた六三名に送るクリスマスカードは代筆となったし、極上のリンゴ一〇キロ分を親戚や友人に送るのも、最後となった一九七〇年には果樹園の管理人にお願いした。ハーゲドン自身、死期が近いことを悟っていた。子供の頃によく遊びで歌った歌の一節が、頭の中をめぐっていた。

毛糸の玉を巻きましょう
細い、細い毛糸を
そちらの方にはひざまずき
あちらの方にはおじぎを一つ
でも、この人からは逃げないと！

多くの人が自分の前から逃げざるを得なかった。そして去ってもらわざるを得なかった人も数知れない。そして今や、自分が舞台を去る番であった。(15)

代理人の選定

あの強靭な性格と知性が、身体の病によって跡形もなく消え去るのを見るのは、このうえなく寂しいことであった。しかし世界は回り続け会社は自力で存続した。ハーゲドンはノルディスク研究所との契約で毎月インスリンの売上の四パーセントを受け取ることになっており、一九六五年には合計で二九七、五三三クローネに達した。[16]大半は所得税の支払い、看護婦や家政婦への支払い、そして果樹園の損失補填に使われた。それでもなお多額の剰余金が残り、晩年には四五〇、〇〇〇クローネに達していた。ミッテは週二日、昔から使っていた黒い自転車に乗ってゲントフテに買い物に出たが、そこで使う額はたかが知れていた。こうして資産は雪だるま式にふくらみ、ハーゲドン家の財産管理を担当していた会計士イェンス・ブルスゴーにとって頭痛の種となった。

一九六九年一二月以来、彼は財務や投資に関する問題についてハーゲドンと話し合うことはできなかった[17]し、ミッテには次第に累積するに至った夫の巨額の財産に対する権利はなかった。このため、一九六九年に公証人の前でハーゲドン夫妻の遺言執行人に任命されたキュルビュにミッテが相談したところ、所得と資産の管理をミッテが恒久的に行う権利を取得するよう、そうすることでハーゲドンの個人所得税も減ると同時に、多額の投資が可能になるとのアドバイスを受けた。グリストロプ弁護士による反税金キャンペーンが当時世間の注目を集めていたことも、こうしたアドバイスの背景にあった。

だがこうした点についてハーゲドンに話をすることが不可能と判明すると、ポールセン博士とキュルビュは、ミッテが夫の代理人になってはどうかと言った。そうすることはハーゲドン夫妻だけでなく、ノルディスク研究所のためにもなるはずであった。特許が切れた後も研究所が存続するためには、ハーゲドンとの間の契約内容にも変更が必要だったからである。

こうした話は一九七一年一月、ノボ社からのアプローチを受けたことを機に、一気に現実味を帯びる。[18]六九年から七一年にかけてノボ社は巨額の損失を被った。洗剤に使用していた酵素に関して、米国マスコミからのバッシングを受けたことで、同社売上は約五〇〇〇万クローネから二五〇〇万クローネ近くまで落ち込み、コスト削減策を模索することとなった。

一九七一年一月二八日、最高裁法廷弁護士の事務所での会合の席上、六一年にノボ社社長に就任していたハラス＝ミュラーによるものとして、ノルディクス研究所側に計画書が提示された。ノルディスク研究所は話合いに前向きな姿勢を示したことから交渉へと進み、七一年末まで続いた。交渉は結局、成果なく終わった。というのも、ノボ社の業績が回復したからであり、またノルディスク研究所のほうも、ヘンリー・ブレナムという聡明かつ野心にあふれる人物を所長に迎えることで、再び前進を始めたからである。

こうした交渉は水面下で行う必要があるのは明らかであった。ノルディスク研究所とノボ社との関係は非常にデリケートであり、しかも反ノボ派の中心人物のひとりであるハーゲドンはまだ存命中であった。トーヴァル・ペダーセンは一九六一年九月、ハラル・ペダーセンは一九六六年四月に他界していた。両社の統合は一九八九年、ノボ社側はマッズ・オブリセン Mads Øvlisen 社長、ノルディスク側はヘンリー・ブレナム所長のもと、ようやく実現した。ここにデンマーク製インスリンの物語はクライマックスを迎える。現在、ノボ ノルディスク社は世界最大のインスリンメーカーで、非常に充実した糖尿病研究プログラムを擁するに至った。

ミッテは、自分がハーゲドンの代理人になると決意したが、おそらくそのためにはハーゲドン自身が禁治産宣告を受ける必要があり、またそのことが地元紙に掲載されることには思いが至らなかったと考えられる。いずれにせよ、その決意を自分の家族にもハーゲドンの兄弟にも相談しないまま、宣告は下された。(19)

宣告のための手続きは一九七一年六月に開始された。法律に則り、地方自治体の医療事務官がステノメモリアル病院を数回訪れた後、ハーゲドンの意思疎通が不可能であったと宣告を下した。この宣告をもとに、ゲントフテの検認裁判所にて判決が下され、八月にはミッテに代理人の権限が付与された。この頃、ハーゲドンの容態の悪化は近い将来死に至るのか、それとも病から回復するのか、分からない状況であった。結局、その後一カ月のうちに容態が急速に悪化し、判決が文書化されたのはハーゲドンの死後一週間を過ぎてからとなった。

当然のことながら、判決文を目にしたハーゲドンの弟妹たちは怒り悲しんだ。彼らはノルディスク会長のポールセン博士に対し、微々たる額の税金を節約するために、ノルディスク研究所とステノ病院の創立者である兄からその財産権を奪うなんてあんまりだと、激しい非難の言葉を浴びせた。またミッテが第三者に相談しなかったことにも怒りをぶつけたほか、節税対策なるものはハーゲドンの意志に沿わないとも言った。こうした激しい意見の応酬[20]は意外にも、ポールセン博士の側からの和解の申し出の手紙によって幕を閉じた。同年のクリスマスを目の前にした時期であり、またハーゲドンの妹ブッラと弟クヌートが、相次いで心筋梗塞で世を去る少し前のことであった。

死

一九七一年一〇月に入り、ハーゲドンの容態は急速に悪化した。同年三月にはギリシアに滞在中のポールセン博士から絵葉書を受け取っていた。絵葉書にはヒポクラテスがその下で医学を教えたというプラタナスの木が写っていた。医学の技法、科学としての医学、そして医学上の倫理、いずれもハーゲドンが生涯をかけて全身全霊で取り組んできたものであったが、ポールセンの絵葉書を見たハーゲドンがそうした連想を働かせたかどうかは定かではない。今や状況は予断を許さなかった。呼吸に困難を覚え、胸がしめつけられるようだと訴えた。ペニシリンを服用するかどうかとポールセン博士が訊ねたところ、長い沈黙の後、ハーゲドンは言った。「お願いします」[21]

だが効果はなかった。

ハンス・クリスチャン・ハーゲドンは一九七一年一〇月六日水曜日に死去した。死因は冠動脈血栓と両側肺炎であった。一つの時代が終わりを告げた。医師であり先駆者であった、非凡にしてきわめて重要な人物が、その生涯を閉じた。一つの世界にとっての恩人が世を去ったのである。

三日後の一〇月九日午後二時より、ゲントフテ教会で告別式が営まれた。司式はハーゲドンの弟で牧師でもあるエリックが務めた。[22]賛美歌はすでにハーゲドン自身が選んでいた。賛美歌集のすべての歌を完全に暗記していたのである。最初に選んだのはグルントヴィ作詞のものであった。

会衆にとってなじみの薄い賛美歌でもスムーズに歌えるよう、聖歌隊が控えていた。同じくグルントヴィによる、第九〇番をもとにした賛美歌が歌われた後、オルガンの伴奏によるチェロの奏楽が、古い教会を荘厳な雰囲気で満たした。[23]人々はそれぞれに、ハーゲドンの人生、そして自分の人生について思いをめぐらせた。ミッテは真剣な面持ちで静かに座っていた。ハンス・クリスチャンという夫と過ごした人生は、決して楽なものではなかった。

教会の中は静寂に包まれ、唯一の音と言えば、ミス・ウッドストラップの席からのすすり泣く声だけであった。[24]インゲマン作詞による賛美歌「あおげや、輝く雲のうち乗り」を一同で歌った後、柩が退出し、ラテン語で祈りが捧げられた。「主よ、彼らに永遠の休息を与えたまえ。そして、絶えざる光が彼らを照ら

未亡人となったマリア・ハーゲドン

さんことを[25]」

ミッテは供花について、ステファン・ユルゲンセンの墓とミス・ウッドストラップの両親の墓にそれぞれ半分ずつ供えるよう指示したうえで、ポールセン博士の妻のみに付き添われて教会を後にし、長い道中を経て車で自宅へ戻った。大きな家に、主はついに無言の帰宅を果たした。

ハーゲドンの死は日刊紙で大きく取り上げられ、『医師週報』にはクラルップとポールセンによる美しく率直な略伝が掲載された。ミッテのもとには哀悼の手紙が数多く届けられた。インスリン発見五〇ベストからも手紙が届いた。トロント大学の周年を記念し、ハーゲドンは一九七一年一〇月にトロント大学名誉博士号を授与される予定であった[26]。いまやその予定もむなしく、同時に名誉博士号を授与されたハラス＝ミュラーは授与式に一人で出席した。ステノ病院に理学療法士として勤務していたラスミン・ハンセン Rasmine Hansen は次のように書いている。

「私の目には、ハーゲドン博士による自身の病の受容の仕方は、博士がそれまでに成し遂げた何にもまして見る者の胸を打つものでした。それは決して易しいことではなかったと思われます……[27]」

またアンデルセン研究で知られるH・トプス=イェンセン Helge Topsøe-Jensen は書いている。

「博士を知る人は誰でも、その偉大さをずっと記憶に留めることだろう。博士はあらゆる点で突出した個性の持ち主であった。博士にめぐり会えたことは、忘れがたい経験だ……」

ハーゲドンの遺灰は、ベスルンテの教会の墓地に埋葬された。両親の横の土地が、彼のために確保してあった。

亡母マリー・ハーゲドンの周りには、家族が集まっていた。養父母のハンス・クリスチャン・インゲスレフとソフィー・インゲスレフ、夫のイェッペ・ハーゲドン、幼くして亡くなった二人の子供イェンス・ラウリッツとソフィー・エリザベス、そして新たにハンス・クリスチャン。墓石は長方形の赤い砂岩で、装飾もシンボルもなく、以下の文字だけが記された。

医学博士ハンス・クリスチャン・ハーゲドン

一八八八年三月六日～一九七一年一〇月六日

遺　言

ミッテは夫の五年後に息を引き取った。夫妻は遺言を残していた。すでにブランデでの新婚時代、第一次世界大戦中に作成されており、その後数回の改定を経て、最終版が一九六五年に作成されていた。

それによると、土地は夫婦のうち先立たれた方の死亡時をもって分割されるよう定められており、その通りに実行された。一九七六年九月六日にミッテが亡くなった後、家具をはじめとする動産が、遺族の作成したリストに従って分配された。

スタウァビュの土地、家畜、機器類はノルディスク研究所に寄贈された。その他の財産、主に株式と債券およそ二〇〇〇万クローネ相当は、彼の人生の結晶であったステノメモリアル病院を唯一の受取人とし、ステノメモリアル病院投資基金の設立に使われた。(28)

あとがき

二〇〇五年九月、第41回ヨーロッパ糖尿病学会がギリシアのアテネで開催された。年次学術集会の前に、デルフィで「糖尿病の二〇〇〇年」と題するサテライトシンポジウムが行われた。「世界のへそ」として古代から知られ、荘厳なアポロン神殿のあった地として有名なデルフィは一度訪れてみたい所であった。

またアレテウスから今日まで、二〇〇〇年に及ぶ糖尿病の歴史を知るのも意義あることだと思い、特にプログラムの中の三時間にわたる討論（Debate）「誰がインスリンを発見したか」は是非聞いてみたい演目だったので、デルフィに出かけた。

顔見知りの方々とたくさんお目にかかったが、日本人には一人も会わなかったので、ちょっと淋しいなと感じた時、「プロフェサー・オオモリ」と声をかけられた。咄嗟にどなたか分からなかったので「すみません、あのー……」と言いかけたら、「トルステンだよ」とおっしゃられた。

本書の著者であるトルステン・デッカートは、私が東京女子医科大学・糖尿病センター長として勤務中、医局員を先生のもとに留学させていただき大変お世話になった方である。最近、奥様を亡くされてとても憔悴しておられると聞いてはいたが、想像以上に老けておられたので、すぐ確認できなくて失礼してしまった。

彼はまた畳み掛けるように私に「僕の本、ハーゲドン（Hagedorn）の伝記を読んでくれた？」と聞いてこられた。またしても私は「すみません、あのー……」を繰り返えさざるを得なかった。読んでいないばかりか知らなかったのである。学問的な幅のなさを恥じる一瞬であった。彼はすぐ話題を変えたが、このまま引き下がってはご指導いただいたかつての師友に対して申しわけない、との思いが残った。

ハーゲドンもこの糖尿病二〇〇〇年史を形作った臨床的研究の大家ではないか。パルナッソス連峰がアポロン神殿を取り囲んでそそり立つ神聖な大自然の夜のしじまの中で、私は忽然と日本語に翻訳することを決心した。そして、ステノ糖尿病センターに留学を受け入れていただいた、私の教授時代の医局員であった佐藤麻子、横山宏樹、中神朋子、そして柳澤慶香さんたちに協力してもらえば短期間で仕上がるし、日本語なら皆に読んでもらうことができ、少なくとも糖尿病の歴史に彩りを添える活動の一つになるのではないか、そうすればデッカート先生のご指導に対する感謝の表明にもなるであろう。

私のこの即決は、デルフィという環境とギリシア神話のアスクレピオスやフュギエイヤの医療、さらにはヒポクラテスの教え等に導かれたように思う。ギリシア以外の国での出来事であったなら、こんな決心はしなかったかも知れない。

帰国してノボ ノルディスク ファーマ社のモーア会長から届けられた原著 "H. C. Hagedorn and Danish Insulin" に目を通すと、膨大だがダイナミックで非常に面白く、興味をそそられる伝記であった。そのうえ、日本糖尿病学会にも「ハーゲドン賞」という、その名を冠した賞がある、この偉人のプロフィールを、ほとんど知っていないことに今さらながら気づかされた。日本語ならみんな読むであろう。少なくとも糖尿病と関連を持つ人々には特に何らかの役に立つに違いない。早速、担当分担を決め、すぐ翻訳に取りかかった。

原作者トルステン・デッカート先生は、糖尿病を専門とする医師なら誰でも知っているステノ糖尿病センターの高名な主任医師で、糖尿病性腎症のエクスパートであった。先生は糖尿病性腎症の患者さんがどうして早く亡くなるのか、糖尿病性腎症は患者ケアの失敗による結果（fault）か、糖尿病の宿命的な結果（destiny）かという題目の論文で、一九七八年頃から華々しくデビューされた。一九八九年、Diabetologia誌に掲載された「蛋白尿は広範な血管障害を示している――ステノ仮説 **Albuminuria reflects widespread vascular damage; The Steno hypothesis**」は最も有名な論文である。

本書訳者の一人である横山宏樹氏は「トルステンは今まで会ったことのない学者でした。哲学を持っており、臨床から出た大きな疑問を、最終的にはステノ仮説として、遺伝子→組織学→生化学→臨床所見と体系づけ、学説とはなんぞや、学問とはなんぞやを、私は叩き込まれたと感じています。私にとっての父だと思っています」と私に語っている。

デッカート先生は一九二七年生まれでハーゲドンには一九四八年頃初めてお目にかかったと伺ったように思うので、それは医学生の時であったかもしれない。

デッカート先生の書かれた本書は、アカデミックな資質を各方面から評価され教授の招へいを受けてもみむきもせず、目前の致命的な糖尿病患者を救うため、インスリンの開発・実用化に魅せられた偉大な一人の医師の伝記として、物語性があって実に面白い。ハーゲドンの父上も本人も弟さん二人も糖尿病であったことや、また本書に登場する多くの医師や科学者の名前がコペンハーゲンにある国際会議場ベラ・センターの部屋名になっているなど、糖尿病の関係者にはとても親近感を持って読める。

また、翻訳の原本は原作者がデンマーク語で書いたものを、英国ノリッジ大学グリン・ジョーンズ教授が訳された英語なので、たいへん読みやすい。

私は医学生の時も、医師になってからも長い間、血糖測定に「ハーゲドン-イェンセン法」を用いていた。本書の中で、二人が出会った折、イェンセンがハーゲドンはただ者でないことを直感したと述べている点は興味深い。

「はじめに」でデッカート先生は、なぜ本書を執筆したか記述している。ハーゲドンは血糖測定法を開発し、インスリン治療法を確立、プロタミンインスリンの開発、ヨーロッパにおけるモデル病院や研究所の設立など糖尿病分野に多大の功績を残した。

その身長一八七センチ、体重一一〇キログラムの巨体が一心不乱に働く様子は印象的であったと書かれているが、どの章にも、医師であり化学者であり、製造業者であり実業家、技術者でもあった多面的な天才の生命感がみなぎっている。

とはいえ、高齢になってパーキンソン病に苦しむくだりや、献身的な夫人の話には涙を誘われる。

本書は単なるノンフィクションの伝記ではなく、真面目で几帳面なデッカート先生が克明に調査し尽し、文献を詳細に挙げてあるので、信憑性の面でも価値ある記録として、実に頭の下がる業績と言えよう。何より、ハーゲドンにとって研究とは宇宙の美しい秩序を垣間見せるものであり、病に苦しむ者に必要な手段を提供することにあると主張するくだりは感動的である。

糖尿病の専門医、今から医師になろうとする方々、すでに医師になっている方たち、コメディカルの方々、インスリンを注射されている患者さんをはじめ、あらゆる分野の方々に読んでいただきたい本である。

最後に、日本語版の翻訳出版をご快諾いただき、貴重な写真すべてを快く提供してくださった著者、デッカート先生に心からお礼申し上げます。

また、デンマークの人名、地名、施設などに関しての問合わせに、労をいとわず対応してくださいましたノボ ノルディスク ファーマ社の会長秘書、辻本節子さんと、煩雑な質疑について調べご回答いただきました皆様方に深く感謝いたします。

東京女子医科大学名誉教授　**大森安惠**

原注・文献

1 背景

(1) 一八六五年の朝鮮半島沿岸での遭難に関するラウリッツ・バーフレド船長の手紙。家族所有。
(2) Poulsen, J. E.: Hans Cristian Hagedorn. Dansk medicinhistorisk Årbog, 1978.「デンマーク医学史年報」
(3) Hagedorn, E.: Slægtsbog for familien Barfred-Hagedorn. 家族所有。
(4) 同右
(5) 同右
(6) 同右
(7) 同右
(8) Min fars Slægt, reminiscences by H. C. Hagedorn.
(9) イェッペ・ハーゲドンによって書かれた「わが幼年から青年時代」家族所有。
(10) 同右
(11) 同右
(12) 同右
(13) 同右
(14) 同右
(15) 同右
(16) 同右
(17) 同注(3)
(18) Om mit liv og min slægt, reminiscences by H. C. Hagedorn.「我が人生と一族――H・C・ハーゲドン回想録」資料。
(19) Hagedorn, E.: "En sømands hjem. Skibsfører Jep Hagedorn og Marie Barfred." In Holger Begrup: *Grundtvigske Hjem in det 19. Aarhundrede.* Vol. III, pp. 59-88. Gads Forlag. Copenhagen 1931.『一九世紀のグルントヴィの家庭』「ある船乗りの家庭――イェッペ・ハーゲドンとマリー・バーフレド」
(20) 同右
(21) 同右
(22) 同右
(23) マリーおよびイェッペ・ハーゲドンからソフィー・インゲスレフに宛てた書簡より。家族所有。
(24) 同右

2 幼児から青年時代

(1) Om mit liv og min slægt, reminiscences by H. C. Hagedorn.「我が人生と一族――H・C・ハーゲドン回想録」資料。
(2) ハンス・クリスチャンが教会省宛てに出した一九五二年一二月一六日付け書簡による。
(3) 同注(1)
(4) 同右
(5) 同右
(6) Hagedorn, E.: "En sømands hjem. Skibsfører Jep Hagedorn og Marie Barfred." In Holger Begrup: *Grundtvigske Hjem in det 19. Aarhundrede.* Vol. III, pp. 59-88. Gads Forlag. Copenhagen 1931.

『一九世紀のグルントヴィの家庭』「ある船乗りの家庭——イェッペ・ハーゲドンとマリー・バーフレド」
（7）同右
（8）同注（1）
（9）Nykjøbing Dagblad ニューケビング日報一八九二年六月二八日号。
（10）同注（1）
（11）同右
（12）同注（6）
（13）マリーおよびイェッペ・ハーゲドンからソフィー・インゲスレフに宛てた書簡より。家族所有。
（14）同注（1）
（15）同注（13）
（16）同注（1）
（17）同注（6）
（18）一九四三年、ビアテ・ハーゲドンの堅信礼でのハンス・クリスチャン・ハーゲドンのスピーチ。資料。
（19）同右
（20）同注（1）
（21）同注（6）
（22）マリー・ハーゲドンからイェッペ・ハーゲドンに宛てた書簡より。家族所有。
（23）マリー・ハーゲドンの日記と手紙より。家族所有。
（24）同注（6）
（25）同注（22）
（26）Dansk Søfartstidende デンマーク海運時報一八九六年四月九日号。
（27）同注（22）
（28）同右
（29）同右
（30）ボーディル・スタウンベアの情報による。
（31）Poulsen, J. E.: H. C. Hagedorn. Dansk Medicinhistorisk Årbog 1978.
（32）同注（22）
（33）同右
（34）同右
（35）同注（31）
（36）一九〇二年、スカルム・ヴィが所属する船会社は、アイダー川に面したテュニンの造船所でアスゲル・リグ号を建造した。スカルム・ヴィ号の二倍の大きさと最新設備を備えた同船の船長にはイェッペ・ハーゲドンが就任。スカルム・ヴィ号は別の人物が船長を引き継いだ。だが一九〇六年、スカルム・ヴィ号はヴルポア沖で座礁、沈没したため、一八九八年建造の蒸気船アブサロン号（三、五〇〇トン）に継承された。アスゲル・リグ号同様、この船は安定した利益をあげた。Dansk Søfartstidende デンマーク海運時報一九一六年五月一一日号。
（37）倒産にあたって船が売却されてからほどなくして、アスゲル・リグ号は大西洋上で機雷か魚雷の攻撃を受けて沈没し、乗組員は全員死亡した。出典—— Et usædvanlight rederi. Glimt fra Danmarks Søfartshistorie. Vikingen. Havets, havnens, handelens og hjemmets illusterede magasin. Vol.27, no.4, p.10.1950.「ある変わった船会社——デンマーク海運史概観」「海・港・貿易・そして故郷の画報」
（38）同注（6）
（39）Hagedorn, F.: “Mindegades Skræk” Herning-bogen 1996.「恐い思い出」
（40）Dansk Søfartstidende デンマーク海運時報一九〇三年五月七日号。
（41）同注（6）
（42）同右
（43）同注（31）
（44）ハンス・クリスチャンの旅行日記より。資料。
（45）Træ af Hesselager Sogns Historie. Hesselager Kirkes Forlag, 1983.『ヘッセラガー教区小史』
（46）Bæk, H.: Meddelelser om Hessalager Latin- og Realskole. Julius Gellerup, 1904.『ヘッセラガー・ラテン・オフ・レアルスコーレのメッセージ』
（47）同注（45）
（48）同注（1）
（49）同注（46）
（50）ボーディル・スタウンスベアによる。
（51）Gotfredsen, E.: *Medicinens Historie* Nyt Nordisk Forlag. Copenhagen 1964.
（52）Madsen, Th.: Carl Julius Salomonsen. Oversigt over Det Kgl. Danske Videnskabers Selskabs Forhandlinger. 1925.
（53）一九五三年、オーフス大学名誉博士号授与の際にハンス・クリスチャン・ハーゲドンが提出した経歴書による。
（54）Schmidt-Nielsen, B.: August og Marie Krogh. Gyldendal. Copenhagen 1997.
（55）同注（53）
（56）Bendixen, Mogens: Det skete altsammen på Fattiggådens Mark. 75 års sygehushistorie i Herning, 1985.
（57）マリー・ハーゲドンの日記より。家族所有。
（58）同注（56）
（59）ボーディル・スタウンスベアの情報による。
（60）同注（56）
（61）同右
（62）ハンス・クリスチャンの兵役記録による。資料。

3　ブランデ村

（1）Lassen, T. Bundgaard: *Brande Sogns Historie*. Published by Brande Town Council 1975. ブランデ地方議会発行。
（2）ブランデ・ポステン紙の記事による。
（3）同右
（4）同右
（5）Lassen, T. Bundgaard: Da Brande fik lægebolig og sygehus. Vejle Amts Folkeblad, 12. 2. 1963.
（6）同右
（7）Danske Tandlæger, 3rd ed. Dansk Videnskabs Forlag. Copenhagen, 1953.
（8）同注（2）
（9）同右
（10）マリー・ハーゲドンの日記より。家族所有。

（11）Poulsen, J. E. : H. C. Hagedorn. Dansk medicinhistorisk Årbog, 1978.
（12）ギヴの医事官、K・バガーの書簡による。ヴィボー地域資料。
（13）同注（1）
（14）同注（10）
（15）Beretning om Brande Sogns Sygekasse.「ブランデ教区医療収支報告」ブランデ・ポステン紙一九一五年九月。
（16）同注（2）
（17）医事官の書簡による。ヴィボー地域資料。
（18）同右
（19）*Den Danske Lægestand* 1915-1925. Jacob Lunds Forlag. Copenhagen 1925.
（20）フィン・ハーゲドンの情報による。
（21）一九五三年、ハーゲドンがオーフス大学に提出した経歴書による。
（22）Poulsen, J. E.: Features of the History of Diabetology. Munksgaard. Copenhagen 1982.
（23）同右
（24）Jacobsen, Åa. Th. B. : Undersøgelser over blodsukkerindholdet hos normale og ved diabetes mellitus. Doctoral dissertation 1917. 一九一七年博士論文。
（25）Bang, I. : Der Blutzucker. Wiesbaden, 1913.
（26）血中ブドウ糖は一部は食物由来、そして一部は肝臓由来であることは知られていた。すでに一八五五年、クロード・ベルナールは、肝臓でグリコーゲンからブドウ糖が産生され貯蔵されることを示している。しかし当時は、一般人が高炭水化物食を摂取後にも血糖値が上昇するかどうかは、明らかとなっていなかった。（注（24）による）
（27）同注（22）
（28）Gotfredsen, E.: Medicinens Historie. Nyt Nordisk Forlag. Copenhagen, 1964.
（29）膵臓の小片を、腸から遊離させ、腹部の皮下組織に固定して血管内に残した。この小片をも除去したとき初めて、件の犬は深刻な糖尿病を発症したという。（Mering J. von, O. Minkowsky: Archiv f. experimentelle Path. und Pharmazie 26: 37, 1890.）
（30）ランゲルハンスは、ベルリン大学のウィルヒョウの指示を受け、顕微鏡で膵臓を検査した結果、腸につながる腺房組織のほかにも、膵臓には、一見して腸と無関係の小島状の組織群が存在することを発見した。この研究結果を彼は一八六九年、「博士号学位取得申請論文」として発刊した。この時わずか二二歳。これら小島状の組織の機能については不明で、こう結論付けている――「筆者はいかなる説明の可能性をも欠いていることを、ここに正式に認める」
（31）主膵管（ウィルズング管）は、若き解剖学者ヨーハン・ゲオルク・ウィルズング（一六〇〇～四三）に由来する。ウィルズングは伊パドゥア大学で研究を行っていたが、決闘で死亡した。注（22）参照。
（32）Szobolev, I.: Virchows Archiv 48: 168, 1902. ソボレフはさらに、米国人ユージン・オピー（一八七三～一九七一）と同様、糖尿病になるとランゲルハンス島に変化が見られることを発見した。この点はデンマークのK・A・ヘイバーグ（一八八〇～一九六一）がさらに研究を進めている。（Die Krankheiten des

Pancreas. Bergmann. Wiesbaden 1914.）

（33） Scott, E. L.: Am. J. Physiol. 29: 306, 1912.

（34） Zuelzer, G.: Deutsche Med. Wschr. 34: 1380, 1908.

（35） 同注（22）

（36） Lauritzen, M.: Sukkersyge. Behandlet med Bade- og Kurrejser. Dansk Sundhedstidendes Forlag 1902.

（37） 同注（22）

（38） 同右

（39） 当時最も細かかったのはフランス人ラベの提唱する方法であった。マルセル・ラベは一九〇七年に研究を発表し（Bull. et mem. Soc. med. Hôp. Paris 24: 221, 1907）、炭水化物の消化力は食品によって異なるとし、尿糖を最も上昇させるのは砂糖、次いでパン、牛乳、エンドウ豆、インゲン豆、米、マカロニ、オートミール、ジャガイモの順に低くなると述べた。この観察結果を活用することで食事の幅が大いに広がることが期待されたが、一般に受け入れられたのはずっと後になってからである。

（40） Bliss, M.: The Discovery of Insulin. The University of Chicago Press, 1982.

（41） Joslin E. P. The Treatment of Diabetus Mellitus. Lea & Febiger. New York, 1917.

（42） ブランデ時代のハーゲドンの書簡。資料。

（43） Bang, I.: Methoden zur Mikrobestimmung einiger Blutbestandteile. Bergmann. Wiesbaden, 1916.

（44） 同注（42）

（45） まず、血中のアルブミンを分離する必要があったが、わずか0.2 mlの血液では困難であった。バングは酢酸ウラニル入りの食塩水で行っていたが、扱いに苦労が多かった。しかもタンパク質を含まない溶液の糖質量を計測する必要があったが、このためには熱した酸化銅溶液を還元させる必要があった。しかしこれは反復が難しく、酸化銅溶液の最終的な滴定（糖質量計測の根拠となる）を二酸化炭素の存在する環境で行わなければならず、実用性にきわめて乏しかった。（Hagedorn, H. C., B. Norman Jensen: Ugeskrift for Læger 80: 1217, 1918.）「医師週報」

（46） 同注（28）

（47） ノーマン・イェンセン自伝より。The Chancellery of the Royal Danish Orders of Chivalry. Amalienborg, 1939.

（48） 同右

（49） Hagedorn, H. C.: Blodsukkerregulationen hos mennesket. Doctoral dissertation 1921. 博士論文。

（50） 同注（45）

（51） 同注（42）

（52） 同注（1）

（53） ブランデ病院医療報告書。国家保健委員会。

（54） マリー・ハーゲドンの日記より。家族所有。

（55） イェッペ・ハーゲドンがカリフォルニアの友人に宛てた書簡より。資料。

（56） 同注（42）

（57） A・C・アンデルセンは、化学者S・P・L・ソレンセンに学び、タンパク化学の分野で頭角を現していた。ノーマン・イェンセンは彼に理解してもらえたと感じ、個人助手になりたいと即座に申し出た。イェンセンは個人助手の傍ら、科学研究に没頭した。（ノーマン・イェンセン自伝より。The Chancellery of the Royal Danish Orders of Chivalry. Amalienborg. 1939.）

（58） 同注（21）

（59） 同注（54）

（60） 同注（55）

（61） イェッペ・ハーゲドンは続けて述べる。「投票日前日は、フネンから帰還した南ユラン人を出迎えに、ハデルスレウにいました。彼らにも投票権がありました。大歓迎をもって迎えられ、投票日まで国旗は表に出さないことになっていましたが、待ちきれずにバルコニーに国旗を掲げる人もいました。歓声、歌声、手を振る人など、明日を待ち遠しく思う人たちの喜びであふれていました。北シュレスヴィヒ中で会合が開かれ、士気高揚をねらった喜ばしい張り紙があちこちに見られました。中にはこのようなものもありました。

『彼らが我々に与えた奴隷生活
戦時中の飢えといくつもの創傷の
一八六四年から一九一八年。
誇りの心を持って我らは消す
困難な年月の苦闘と教訓を』

あるいは

『彼らは信じていたのだ、我らが心を結ぶ絆はいつかほどけ我々が自らの権利をいつか忘れることを』など。

三月一四日、我々は再び国旗を掲げ、第二地区でも良い結果になることを期待しています」（イェッペ・ハーゲドンがカリフォルニア州の友人に宛てた手紙より。資料）

（62） Olsen, H. Ch.: Til minde om dr. H. C. Hagedorn, 1974. 未刊行資料。

（63） ハーゲドンがCounty Sheriffのカマへア・バーデンフレトに宛てた書簡より。一九二〇年一二月二七日。資料。

（64） Politiken, Dagens Nyheder, Berlingske Tidende, København 各紙の記者発表より。

（65） ある博士審査において、産科医のレオポルト・メイヤー（1852-1918）が論文の表紙に小さく印刷された月桂冠を指し「月桂樹には別の用途があることを教えてあげましょう…ビーフシチューとか」と告げてからきわめて厳しい反論を行った。挙句の果てに博士論文の翻訳を望むのであれば、自分の病棟で執筆を行ったと記述するなと告げたという（Å・Th・B・ヤコブセン回想録。家族所有）こうした応酬の後に学位授与を祝うのは、あまり気持のいいものではなかった。

（66） 同注（25）

（67） マリー・ハーゲドンの日記より。家族所有。

（68） 同注（49）

（69） Dansk Selskab for Intern Medicin 1916-1966: Bibliotek for Læger, 1966.

（70） Holten, C.: Fra volontør til emeritus. Nyt nordisk Forlag. Copenhagen, 1968.

（71） 同注（42）

（72） コペンハーゲン医師会の会合にて。Hospitalstidende 65: 1922.

（73） Hagedorn, H. C.: Biochem J. 18: 1301, 1924.

（74） Holten, C.: The Respiratory Metabolism in Diabetics. Doctoral dissertation 1925. 博士論文。

4　インスリン

(1)　Hédon, E.: Société de Biologie, Comptes Rendus 66: 621, 1909.
(2)　Macleod, J. J. R.: *Diabetes and its Pathological Physiology.* London & New York, 1913.
(3)　Kleiner, J.: J. Biol. Chem. 40: 153, 1919.
(4)　Paulesco, N. C.: Comptes rendus de séances de la Société de Biologie LXXXV, 27 : 555, 1921.
(5)　Bliss, M.: The Discovery of Insulin. The University of Chicago Press, 1982.
(6)　Barron, M.: Surgery, Gynaecology and Obstetrics XXXI, 5: 437, 1920.
(7)　同注（5）　p. 50
(8)　Roberts, F.: Br.Med. J.II: 1193, 1922.
(9)　同注（5）　p. 47
(10)　同注（5）
(11)　同注（5）　pp. 56-73
(12)　マクラウドが研究室でどのような測定方法を用いたのか、完全には明らかになっていないが、おそらくフォリン・ウー法だと思われ、一九一九年には発表されていた。フォリン・ウー法はデンマークで用いられた測定方法と似ているが、厳密さでは劣る。（Wu & Folin: J. Biol. Chem. 41: 367, 1920.）
(13)　同注（5）　p. 79
(14)　Banting, F. G. & Best, C. H.: J. Lab., Clin. Med. 7: 251, 1922.
(15)　同注（5）　pp. 95-109
(16)　同注（5）
(17)　同注（5）　pp. 95-109
(18)　Banting, F. G., Best, C. H., Collip, J. B., Campbell, W. R., Fletcher, A. A.: The Canad. Med. Ass. Journal 2: 141, 1922.
(19)　同注（5）　p. 131
(20)　同注（5）　pp. 126-128
(21)　同注（5）　p. 127
(22)　同注（5）　pp. 182-186
(23)　同注（5）　p. 219

5　アウグスト・クロー

(1)　Schmidt-Nielsen, B.: August and Marie Krogh. Oxford University Press, 1995.
(2)　クローの娘エレン・クローによる。
(3)　Hagedorn, H. C.: Meddelelser fra Akademiet for de Tekniske Videnskaber 1: 33, 1949.
(4)　クローの娘ボーディル・シュミット＝ニールセンの情報による。
(5)　同注（1）
(6)　ハーゲドンとアウグスト・クローの往復書簡。資料。
(7)　同注（1）
(8)　エーベルは一九二六年に初めてインスリンの結晶化に成功した薬理学者。Abel, J.: Proc. Nat. Acad., Sci. 12: 132, 1926.
(9)　同注（1）
(10)　ステノメモリアル病院のマリー・クローの記録。

(11) スターリングはただ者ではなかった。生理学者としてベイリスとともにセクレチンを発見し、セクレチン同様に血流を通じて効果を発揮する物質に対して「ホルモン」という用語を提唱した。(Gotfredsen. E.: Medicinens Historie. Nyt Nordisk Forlag, Copenhagen, 1964.)

(12) 一九二二年一〇月六日付けのマリー・クローからハーゲドン宛ての手紙。資料。

(13) アウグスト・クローからマクラウドに宛てた書簡。一九二二年一〇月二三日付け。The Royal Library, Collection of Letters and Manuscripts.

(14) Grote, L. R.: Die Medizin der Gegenwart in Selbstdarstellungen. Leipzig, 1924.

(15) Bliss, M.: The Discovery of Insulin. The University of Chicago Press. 1982.

(16) 同右

(17) 同右

(18) クローとトロント大学学長の間で結ばれた契約は、のちにノルディスクインスリン研究所に譲渡された。ノルディスクインスリン研究所は、トロント大学の研究グループがインスリン生産に関する特許を取得した後も、トロント大学にライセンス料として売上の約三%を支払っていた(一九四一年、高等裁判所で行われた特許ヒアリングの参考書類。資料)。

(19) 同注(15)

(20) Krogh, A.: Insulin, en opdagelse og dens betydning. Gads Forlag. Copenhagen, 1924.

(21) 同注(1)

(22) Olsen, H. C.: Til minde om dr. H. C. Hagedorn. 1974. 未公開資料。

(23) 同注(20)

(24) 同注(12) 一九二二年一〇月二八日付けの手紙。

(25) 同注(20)

(26) 同右

(27) Dagens Nyheder, 31 October 1934.

(28) 同注(22)

(29) アドルフ・クスマウルはドイツの医師で、重度のアシドーシスを伴う糖尿病患者の呼吸が深く速いという特徴を持つことを説明した(注(11)文献に同じ)。

(30) 『医師図書』誌に掲載されたハーゲドンへのインタビュー。Bibliotek for Læger, 1966.

(31) 患者エルゼ・イェッペセンとの対話より。一九七七年六月一五日、資料。

(32) Holten, C.: Fra voluntør til emeritus. Nyt Nordisk Førlag. Copenhagen, 1968.

(33) Å・Th・B・ヤコブセンのメモ。家族所有。クリステン・ルンズゴー教授は後に「ネオ・グルコース」論争で有名になった。ルンズゴー教授は、インスリンがグルコース分子の物理的状態を変えることが可能であることを実証できると考えていた。ハーゲドンはこの実験を検証し、ルンズゴーの観察が間違っていることを発見した。その後の学者たちはハーゲドンの見解に同意している。

(34) Hagedorn, H. C.: Ugeskrift for Læger 85: 407, 1923.

(35) 同注(13) 一九二三年四月一三日付けの手紙。

(36) 同注(20)
(37) Lauritzen, M.: Insulin og Diabetes, Nord. Bibliotek for Terapi. Copenhagen, 1823.
(38) 同右
(39) 同注(15)
(40) 同注(20)
(41) 同注(1)
(42) 同注(15)

6 ノルディスクインスリン研究所

(1) Krogh, A.: Insulin, en opdagelse og dens betydning. Gads Forlag. Copenhagen, 1924.
(2) マリー・ハーゲドンの日記より。家族所有。
(3) 同注(1)
(4) Richter-Friis, H.: Livet på Novo. Gyldendal. Copenhagen, 1991.
(5) Olsen, H. C.: Til minde om dr. H. C. Hagedorn. Unpublished, 1974. 資料。
(6) 『医師図書』誌に掲載されたハーゲドンへのインタビュー。Bibliotek for Læger. 1966.
(7) 同注(4)
(8) 同右
(9) エンドルップのインスリン工場の給与伝票。資料。
(10) イエッペ・ハーゲドンからカリフォルニアの友人への手紙。資料。
(11) 同注(2)
(12) ノルディスクインスリン研究所の理事三名は一九四七年まで無報酬で働いた。三者の性格の相違に由来する軋轢はときに大きなものとなったが、それでもなおこの三者体制は思いのほか安定したものであった。規模拡大に歩調を合わせるべく、理事会の増員が初めてはかられたのは一九六四年、ハーゲドンの死よりわずか七年前のことであった。当時すでに税金減免措置が撤廃されていたことから、生産部門に関する規則はより緩やかになった。一九七一年以前の理事を以下に示す。

Professor A. Krogh	1924-1947
A. Kongsted, phamaceutical chemist	1924-1939
H. C. Hagedorn, DMSc.	1924-1969
Professor K. Linderstrøm-Lang	1939-1956
H. O. Fischer-Møller, barrister	1947-1968
Professor K. O. Møller, DMSc.	1956-1966
Professor Mogens Faber, DMSc.	1968-1982
Jacob E. Poulsen, Consultant DMSc.	1964-1977
N. Kjølbye, barrister	1968-1984

会長は以下の通り。

A. Krogh	1924-1948
A. Kongsted	1938-1939
K. Linderstørm-Lang	1940-1957
H. C. Hagedorn	1957-1969
Jac. E. Poulsen	1969-1977
N. Kjøbye	1977-1984

コングステッドの在任期間が短いのは、一九三九年四月二四

日に急死したことによる。所長は、ハーゲドンが一九六三年まで務めた後、イングリッド・ウッドストラップ（一九七〇年、高齢を理由に退任）、J・E・ポールセン（在任期間数カ月）、そして一九七一年二月一日ヘンリー・ブレナムが就任し大きく発展させた。

(13) 同基金での科学研究を目的とした拠出は、累計で数百万クローネに及ぶ。理事会としてはインスリン価格の値下げを優先すべきとの声もあった中、一九三〇年までには二〇万クローネが科学研究向けに配分済み（支出済みを含む）であった。糖尿病患者へのサポートは、北欧在住の生活が困窮している患者に対し、インスリンの代金を肩代わりする方式が採用されたが、一九二九年に廃止された（フィンランドでは一九三三年に廃止）。その後フィンランド、ノルウェー、スウェーデン、アイスランド在住で、ステノメモリアル病院での治療を要する患者を対象とする旅費の補助が行われるようになった。その理由は、こうした患者に料金を請求したところで病院の運営費をまかなうことは到底不可能であったことによる。ステノメモリアル病院が公的援助を受けられるようになったのは一九五七年で、その頃には病院経営にかかる費用が巨額になり、公立病院と契約を結ぶ必要が生じていた。公的援助は主にコペンハーゲン地方政府の理解ある仲介による。

(14) ハーゲドン存命中にノルディスクインスリン基金（Nordisk Insulinfond）の理事となった研究者は以下の通り。

Dr. G. Bøe, Norway	1926-1949
Professor Olav Hanssen, Norway	1926-1965
Dr Å. Th. B. Jacobsen, Denmark	1926-1963
Professor H. C. Jacobæus, Sweden	1926-1938
Professor K. Petrén, Sweden	1926-1927
Dr J. Tillgren, Sweden	1926-1969
Professor T. Thunberg, Sweden	1926-1945
Dr H. C. Hagedorn, Denmark	1926-1971
Professor August Krogh, Denmark	1926-1947
Professor R. Ehrström, Finland	1927-1956
Professor G. Bergmark, Sweden	1928-1952
Professor P. F. Holst, Norway	1928-1933
Professor G. Becker, Finland	1931-1950
Dr O. Scheel, Norway	1933-1945
Professor M. Odin,	1939-1959
Professor K. Linderstrøm-Lang, Denmark	1939-1957
Dr R. Hatlehol, Norway	1945-1961
Dr O. Rømcke, Norway	1949-1968
Professor J. Waldenstrøm, Sweden	1952-1976
Professor G. Blix, Sweden	1953-1973
Professor B. Von Bonsdorf, Finland	1956-1972
Professor K. O. Møller, Denmark	1957-1966
Dr J. E. Poulsen, Denmark	1957-1977
Professor R. Luft, Sweden	1960-1984
Professor O. Walaas, Norway	1961-1983
Professor P. A. Owern, Norway	1965-1972
Professor M. Faber, Denmark	1966-1982
Professor O. J. Broch, Norway	1968-1980
Professor Lars A. Carson, Sweden	1969-1983

基金設立時に、ハーゲドンは著名なクヌート・ファベル教授に理事就任を要請したが、役に立てないとして断られている。ファベル教授の息子は一九六八年に理事となった（Å・Th・B・ヤコブセン回顧録より。家族所有）

大半は終身理事であったが、なかには病気で退任するものもいた。一九六六年に七〇歳定年制が導入された。理事の忠誠心は固く、死後その名を冠した小基金が設立されることも珍しくないほどで、一九二八年にはカール・ペトレン教授記念奨学金、一九三〇年にはイヴァー・バング記念基金が相次いで設立された。バングは理事ではなかったが、理事会では血糖の微小測定法を最初に開発し糖尿病学の発展に大きく寄与した彼の功績を称え、基金を設立したのである。また前理事のレリーフを施したメダルを作成し、その功績を称えたりもした。

基金設立当初は、科学研究に対し当該者所属国の組織からの基金が与えられるよう、これを支援することが目的であった。ペトレン記念奨学金はスウェーデンで管理され、バング基金はバングがノルウェー人であったことから、ノルウェーで管理された。一九三一年になってようやく、組織・資金とも規模が十分となり、同基金自身で基金の配分先を決定し、基金自身の予算を拠出することができるようになった。申請者は年々増加し、一九七一年の約四〇件から、二〇年間で約一八〇件にまで増大した。研究所への補助は、実験装置が年々高額化し、専門家による技術支援が必要になってきたことを受けて、一九五五年から実施された。当初は少なかったが、一九七〇年ごろには総資金六、五三二、一四九クローネのうち、五〇〇、〇〇〇クローネ近くが実験装置への補助を占めるようになった。（NIF. Annual Report of the Board. 資料）

（15） NIL, Annual Report of the Board. 資料。

（16） 同基金が後年設立し、独自に管理した基金としては、ステノメモリアル病院入院患者を対象としたクロー患者基金（四五、〇〇〇クローネ）、ヤコベーウス講義基金（七五、〇〇〇クローネ）、Martin Odin 基金（一〇万クローネ）のほか、ステノメモリアル病院安全基金（一九三八年には二〇〇万クローネ、その後一〇〇万クローネが追加されるなど、一九五四年には総計七〇〇万クローネ）、Å・Th・B・ヤコブセン基金（一〇万クローネ）、J・E・ポールセン奨学金、デンマークの生理学者を対象としたクロー・ハーゲドン記念留学制度がある。また、一九六五年にデンマーク内科学会によりハーゲドン賞が設けられた際には、同基金は五五万クローネを拠出し、一九六六年一月七日の同学会設立五〇周年記念式典の席上で引渡しを行っている。ハーゲドン賞はその後も、式典の場で授与されるのがならわしとなった。ハーゲドン賞はもう一件、こちらはマドリッドのレオ研究所が一九六六年に設立したもので、スペイン赤十字の糖尿病に対する取り組みを称え、糖尿病学に優れた業績を残したスペイン人医師に対し隔年で賞金一〇万ペセタを授与するものである。（Poulsen, J. E.: Medicinsk Forum 41:17, 1988.）

上記のほかにも同基金が援助を行った取組みは多く、北欧生理学協会（Nordisk Forening for Fysiologi）の設立原資、ニールス・ボーアの原子物理学研究、一九三五年一〇月七日のニールス・ボーアの五〇歳の誕生日を記念した「ラジウム賞」、オーフス大学に同年設立された生理学科の装置購入費のほか、一九五一年にはベルゲン大学医学部設立に向けた援助や、ボストンのエリオット・ジョスリン博士の糖尿病治療への貢献を称えて賞金を授けている。ジョスリンはこの賞金を米国糖尿病協会が新設した研究基金にそのまま寄付したことから、ノルディスクインスリン基金は米国糖尿病協会研究基金への寄付者第一号となった。さらにはクローの死後、同基金は基金が所有していたクローの自宅兼研究所に現金一二万クローネを加え、コペンハーゲン大学数学科に寄贈している。

(17) 基金の歴代会長は以下の通り。クロー(1926-1931)、トゥンベア(1931-1945)、オラフ・ハンセン(1945-1965)、ルムケ(1965-1968)、ヤン・ワルデンストロム(1968-1976)、ロルフ・ルフト博士(1976-)。ハーゲドン死去のときにはワルデンストロムが会長であった。Å・Th・B・ヤコブセンは一九二六年より、同基金を去るまで監査役を務めた(後任はポールセン博士)。一九八九年にノルディスクインスリン研究所とノボ社が合併してからは、同基金はノボノルディスク基金内のNordisk Forsknings Komiteとして存続を続け、一九九六年には六七〇万クローネの科学研究助成を行った。ノルディスクインスリン基金は内分泌学および生理学の研究に対する助成を通じ、先進的で知られる北欧内分泌学・生理学の発展に寄与した。

(18) 同注(2)

(19) 同注(5)

(20) Scott, D. A., Fisher, A. M.: Biochem. J. 29: 1048, 1937.

(21) Holten, C.: Fra voluntør til emeritus. Nyt Nordisk Forlag. Copenhagen, 1968.

(22) Poulsen, J. E.: H. C. Hagedorn. Dansk medicinhistorisk. Årbog, 1978.

(23) 同注(5)

(24) Nordisk Insulinlaboratorium, Copenhagen, Denmark. 一九三一年のパンフレット。資料。

(25) 同右

(26) Krogh, A., Hemmingsen, A. M.: The destructive action of heat on insulin solutions. Biochem. J. 22: 1231, 1928.

(27) Dansk insulin i England. ハーゲドンの日記メモより。資料。

(28) フィルムはノボノルディスク社の歴史資料として保管されている。

(29) ハーゲドンとオラフ・ハンセン教授の往復書簡。資料。

(30) ニールス・シュヴァルツ・ソレンセン教授の情報による。

(31) ハーゲドンとキェルト・トーニング教授の往復書簡。資料。

(32) 一九二六年から七〇年まで職員を務めたヴィオラ・マレン・K・イーヴァスの情報による。

(33) 同注(2)

(34) Folketing Bill no. 89, 1928-1929を参照。一九二九年二月一四日付けのボルセン紙の報告。

(35) Hagedorn, H. C.: Ugeskrift for Læger 91: 155, 183 and 208, 1929.

(36) Denmarks Historie, vol. 13. Politikens Forlag 1965.

(37) 同注(2)

(38) フィン・ハーゲドンとJ・E・ポールセンの情報による。

(39) Hagedorn, H. C.: Hospitalstidende 73: 945, 1930.

(40) Hagedorn, H. C.: Tilskueren 417, 1930.

(41) Hagedorn, H. C.: Hospitalstidende 74: 1038, 1931.

(42) 同注(27)

(43) 同注（22）
(44) 同注（5）

7 ニールススティーセン病院——ステノメモリアル病院

(1) 理事会議事録より。資料。
(2) 同右
(3) Olsen, H. C.: Til minde om dr. H. C. Hagedorn. Unpublished 1974. 未発表。
(4) 同右
(5) Poulsen, J. E.: H. C. Hagedorn. Dansk medicinhistorisk. Årbog, 1978.
(6) 同注（3）
(7) 「技師たちが使っていた部屋は全地下にあり、冷蔵庫、温水設備、空調設備、呼び出し装置、配電盤などが備えられています。同じ階には室内貯蔵室があり、また、一階には浴室、更衣室、トイレ、職員食堂、台所があります。台所は、引き窓のついたガラスの仕切りによって、野菜や魚などを洗う部分、蒸し器、電気オーブン、コンロ、乾燥用戸棚などが置かれた熱処理を行う部分、冷蔵庫、ミキサー、バターの分離機などが置かれた冷たいものを扱う部分に区分けされています。料理は、分量を量ってから給仕用台所に移され、そこからワゴンやエレベーターで病棟階に運ばれます。この給仕用台所のとなりには、食器を洗うための特別な設備があり、そこにはさらに実験および訓練用の台所もあります。二階と三階部分は基本的に同じ造りで、一方の階が男性用、もう一方が女性用です。中央廊下はスチールの扉で遮断されており、その扉は二重ガラスつきで、床から天井まであります。廊下の突き当たりの壁はバルコニーに通じており、気象条件が許せば開かれることもあります。北東側で中央廊下はエレベーターの昇降路に突き当たり、昇降路もスチールの枠にはめられた鏡で囲まれています。一階の南東側には庭に通じた娯楽室があります。エレベーターも庭に通じているので、ベッドを直接戸外に押していくこともできます」
（Hagedorn, H. C.: Nord. Med. Tidskr. 5: 193, 1933）
(8) 同右
(9) Bentsen, I.: Niels Steensens Hospital. Arkitekten. Copenhagen 1933.
(10) 同注（3）
(11) Berlingske Tidende, Politiken, Dagens Nyheder, Socialdemokraten の各紙の記事。一九三二年一一月六日。
(12) 同注（3）
(13) Hagedorn, H. C.: Beretning om virksomheden på Niels Steensens Hospital fra 5.november 1932-31. december 1937. NILs bogtrykkeri, Gentofte 1938.
(14) Hagedorn, H. C., Hallstrøm, F., Norman Jensen, B.: Hospital-stidende 78: 1193, 1935.
(15) 守衛長モーンス・ハンセンの情報による。
(16) Rules for admission and treatment of patients in the Niels Steensen Hospital, Gentofte, October 1932. 入院時診療記録の裏に印刷されていたもの。資料。
(17) ヴィベケ・マーグの情報による。
(18) J・E・ポールセン博士の情報による。

(19) Joslin, E. P.: The Treatment of Diabetes Mellitus. Philadelphia 1935.
(20) Haaber, A. B., Kofoed-Enevoldsen, A., Jensen, T.: Diab. Med. 9: 557, 1992.
(21) 同注(3)
(22) 一九三二年から九二年までのステノメモリアル病院における臨床活動 (Poulsen, J. E.: Sygehusvæsen 1972, p. 9)

＊一九九〇年にビドーレ病院との統合が、また、一九八七年にはベッド数の削減が行われた。

年	入院患者数	外来患者来診数	医師(医長)の人数	学位論文の数(一〇年毎)
一九三三	一五八	三〇〇	二(一)	〇
一九四二	二〇〇	八〇〇	三(一)	四
一九五二	三〇〇	一、七〇〇	四(二)	三
一九六二	四五〇	四、九〇〇	四(一)	六
一九七二	六七〇	一〇、〇〇〇	六(二)	三
一九八二	九〇〇	一四、五〇〇	七(三)	四
一九九二＊	五〇〇	二二、〇〇〇	一一(五)＊	一三＊＊

＊＊一九七九年に医師を二〜三年の研究職に任命することが可能になった。

(23) 一九五八年七月一日、ノルディスクインスリン研究所経営会議の発表。資料。
(24) 学生クリニック参加大学一覧。資料。
(25) 同注(5)
(26) Skouby, A. P.: Vascular Lesion in Diabetics. Munksgaard, Copenhagen 1956.
(27) Olsen, H. C.: Investigations on the Metabolism of the Calcium in Hyperparathyreoidism. Doctorial dissertation, 1934.
(28) Olsen, H. C.: The Fight Against Tuberculosis in Bornholm. Acta Tuberc. Scand. Suppl. 11: 81, 1943.
(29) J・E・ポールセン博士の情報による。
(30) Lublin, A., Kroner, R.: Produktive Diabetesfürsorge, Georg Thieme. Leipzig 1932.
(31) 戦後、独グライフスヴァルト近郊のカールスバーグにて、モーニケによりキャッチの理念を継承すべく試みが行われた(モーニケの死後はビーバーゲルがこれを行った)。研究は進んでいたが、コロニーは車での往来が不便な人里離れたところに立地していたため、入院患者に対象を絞らざるを得ず、長期的にはコストが膨らみ、一九九〇年のドイツ統合以後は重要性を失った。
(32) Pedersen, J.: The pregnant Diabetic and her Newborn. Munksgaard. Copenhagen 1977.
(33) Deckert, T., Poulsen, J.-E., Larsen, M.: Acta Med. Scand. Supple. 624, 1979.

8 プロタミンインスリン

(1) 一九六〇年代に登場した完全自動分析機においても、のちに修正された形で使われた。一九七〇年頃に、酵素を使うという、より厳密だが高コストでもある方法が登場するまで、約半世紀にわたって最も一般的な方法であった。

（２） Joslin, E. P.: The Treatment of Diabetes. Philadelphia 1952.
（３） Leyton, O.: Diagnosis and Treatment of Diabetes Mellitus. London 1938.
（４） Poulsen, J. E.: H. C. Hagedorn. Danske medicinhistorisk Årbog, 1978.
（５） Felig Ph.: JAMA 251: 393, 1948.
（６） Hagedorn, H. C.: Ugeskrift for Læger 85: 407, 1923.
（７） Leyton, O.: The Lancet 216: 756, 1929.
（８） Clausen, Vilh.: Kliniske undersøgelser over insulinresporption. Dissertation 1934.
（９） Krarup, N. B.: Clinical Investigation into the Action of Protamine Insulinate. Dissertation 1935.
（10） ハーゲドンが考えたのは、インスリンの等電点を動かすことで、その可溶性を変えることであった。インスリンの可溶性は他のタンパク質同様、周囲の液体の酸性度に依存する。pH 5.2ではインスリンの電荷が中和されるため、可溶性はゼロに近い。このため、酸性度5.2がインスリンの等電点であり、pHがこれより高くても低くても、可溶性は大幅に上昇する。組織液のpHは7.4のため、組織液に注入されたインスリンは可溶性が高まる。そこで、インスリンの等電点を何らかの方法で移動させ、pH 7.4における可溶性を抑え、ひいては吸収を遅くすることが考えられた。またハーゲドンは別の折に、インスリンの等電点は核酸などを使って変化させることが可能であることを観察していたが、残念ながら望ましい方向への変化ではなかった。（一九四九年九月二七日付けのハーゲドンからルートに宛てた書簡より。資料）
（11） Olsen, H. C.: Til minde om dr. H. C. Hagedorn. Unpublished 1974. 資料。
（12） Kossel, A: The Protamines and Histones. New York & London, 1928.
（13） グレーテ・バークフスの情報による。
（14） しかし、ほどなくしてプロタミンが最適であることが判明した。ところがここへ来て新たな問題が発生した。異なる塩基性タンパク質に基づく、モノプロタミン、ジプロタミン、トリプロタミンが存在し、これらは相異なることが分かったのである。さらに、ニシンの精巣から抽出したクルペイン、サバ精巣から抽出したコンブリン、サケ精巣から抽出したサルミンなど、モノプロタミンにはさまざまな種類があり、インスリンに添加して皮下組織に注射すると、それぞれ異なる可溶性を示すことが明らかになった。
（15） 一九二六年から七〇年まで職員を務めたヴィオラ・マレン・K・イーヴァスの情報による。
（16） ハーゲドンの義理の妹エルナ・ハーゲドンの情報による。
（17） マリー・ハーゲドンの日記メモから。資料。
（18） 同注（15）
（19） Hagedorn, H. C., Norman Jensen, B., Krarup, N. B., Wodstrup, I.: JAMA 106: 177, 1936.
（20） ハーゲドンとシナ・クリステンセンの往復書簡。資料。
（21） イソフェン点（isophane point）は、インスリンプロタミン飽和化合物（析出後溶液には遊離したインスリンないしプロタミンが存在しない状態）におけるインスリンおよびプロタミンの量を示す。

（22） Krayenbühl, C., Rosenberg, Th.: Reports of the Steno Mem. Hosp. and the Nordisk Insulinlaboratorium I: 60, 1946.
（23） 同注（9）
（24） 同注（19）
（25） 同注（17）
（26） ノーマン・イェンセンはこうした問題を避けるため、ビシュペビャー病院を退職し、ノルディスク研究所の部門長への転職を考えていた可能性もある（グレーテ・バークフスの情報による）。ビシュペビャー病院での薬剤師の職は単調かつ低給であったのに対し、血糖測定法の試薬の大量生産、インスリンの純化、さらには持続型インスリン製剤の開発というエキサイティングな仕事は、いずれも彼にとって魅力的であった。おそらくノーマン・イェンセンは転職の可能性についてハーゲドンと話合いの場を持ったものと考えられる。ノーマン・イェンセンとノルディスク研究所との関係を深めるべきとの考えは出るべくして出たものであるし、二人は同僚としてのみならず友人としての関係も良好で、互いの家に招きあって夕食を共にした間柄であることを考えればなおさらである。
（27） Schou, Sv. Å.: Erindringer. Published by Denmarks Apotekerforening. Copenhagen, 1978.
（28） Hagedorn, H. C.: Rep. Steno Mem. Hosp. and the Nordisk Insulinlaboratorium I: 9, 1946.
（29） 特許52.310。デンマーク特許庁。
（30） 一九三五年から三六年の間の、マリア・ハーゲドンによる来客記録。資料。
（31） Hammerich, P.: Fred og nye farer. Gyldendal 1976.
（32） 同注（9）
（33） 同注（19）
（34） リリー社との往復書簡。資料。
（35） 同注（29）
（36） Jensen, B. Norman: Autobiography. The Chancellery of the Royal Danish Orders of Chivalry. Amialienborg 1939.
（37） A・クローとノーマン・イェンセンとの往復書簡、およびクローとハーゲドンの往復書簡。The Royal Library Manuscript Collection.
（38） 同注（11）
（39） 同注（30）
（40） 同注（17）
（41） Hagedorn, H. C., Hallstrøm, F., Norman Jensen, B.: Hospitalstidende 78: 1193, 1935.
（42） 同注（28）
（43） スウェーデン医学協会での講演原稿。Stockholm 1936. 資料。
（44） 同注（28）
（45） 一九三五年、オーフス大学名誉博士号授与の際に提出したハーゲドンの年譜による。
プロタミンインスリンの発明におけるノーマン・イェンセンの貢献度については数年前、フリチョフ・ライマス教授（Theriace 29: 45, 1994）ならびにヴィゴー・マクワート（Farmaci 102, vol. 12: 11, 1995）が論じているほか、ベルセン紙にも記事（一九九六年七月一八日～八月二二日）がある。その中でマクワートはハーゲドンを冷笑的で底意地の悪い、徹底した悪者だと結論付け、ハーゲドンはノーマン・イェンセンに黙ってプロタミンインスリンの特許取得出願を行い、同発明に由来する栄誉を独り占めするとともに、ノーマン・イェンセンが金銭的報酬を要求する道を完全に閉ざしたとしている。一般に閲覧可能な資料を示されると、同氏はさらにFarmaci 193, vol. 7: 10, 1996およびベルセン紙で、資料はないとしながらも同じ主張を続けた。このため、研究省の科学的誠実性に関する委員会はマクワートを告訴し、一九九六年一〇月八日には話合いも行われたが、すでに五年が経過していることから打ち切りを決定した。ただし「もし他の団体により、本案件を歴史的検証の対象とする要望が出された場合、すでに確立した時効であると述べることで合意した」

（46） ハーゲドンとオーレ・チーヴィッツの往復書簡中にあるTh・ペダーセンからヴァールブルグ宛ての手紙の写し。資料。

（47） 同注（29）

（48） 一九四〇年、最高裁判所、訴訟番号一〇五号の付属文書。資料。

（49） 多くの国の保健省は、インスリンのpHが中性の状態で長期保管すると、ごく微量含まれる膵酵素により破壊される危険があるとして、酸性pHの状態で出荷することを義務付けていた。中性pHの溶液または懸濁液の状態でインスリンを販売できるようになるには、インスリンの純度のさらなる向上を待たなければならなかった。

（50） ハーゲドンとのインタビュー。Bibliotek for Læger 157: parts 2-4, 42, 1965.

（51） Joslin, E. P.: The Treatment of Diabetes Mellitus. Philadelphia 1937.

（52） Joslin, E. P., Root, H. F., Marble A. et. al.: New Engl. J. Med. 214: 1079, 1936.

（53） 同注（29）

（54） 当時、「亜鉛プロタミンインスリン（ＺＰＩ）」（Scott, D. A., Fisher, A. M.: O. Pharm. & Exper. Ther. 58: 78, 1936）と呼ばれた製剤は、多量に含まれる亜鉛によってインスリンに含まれる可能性のある酵素の働きが抑制され、ひいては中性pHでも品質が安定するという長所があると考えられていた。このため、プロタミンインスリンのように、患者自身の手で二つの成分を混合する必要がなく、すぐに注射できる状態で販売することができた。ＺＰＩは一回の注射で三六時間以上にわたり血糖抑制効果を有した。だが、こうした持続的効果も、毎日注射を続けることで予測不可能な方法で効果が増幅したこと、特に朝食後と昼食後に重度のインスリン欠乏がみられたことから、適切とは言えなかった。そこでＺＰＩに速効型インスリンを加える方法が考え出されたが、余剰プロタミンが遊離インスリンの多くと結合するため、速効型インスリンの大半はＺＰＩと混合することでその効果を失い、この組合せは奏功しなかった。

9　ハーゲドン時代

（1） Felig, Ph.: JAMA 251: 393, 1984.

（2） 一九四〇年、最高裁判所、訴訟番号一〇五号の付属文書。資料。ノルディスクインスリン研究所とノボテラピューティスク研究所との間の訴訟。資料。

（3）Dansk insulin i England. ハーゲドンのメモによる。資料。
（4）Hagedorn, H. C.: Proc. of the Royal Soc. of Med. 30: 11, 1937.
（5）The Lancet, I: Feb. 1937.
（6）Poulsen, J. E.: H. C. Hagedorn. Dansk medicinhistorisk, Årbog 1978.
（7）Olsen, H. C.: Til minde om dr. H. C. Hagedorn. 1974. 未公開資料。
（8）ハーゲドンとヴェルディケの往復書簡。一九四〇年八月二〇日付けの手紙。資料。
（9）一九三八年三月一三日に行われたデンマーク航空協会の年次総会。資料。
（10）航空機に関するハーゲドンのメモによる。資料。
（11）レームはナチの組織ＳＡ（突撃隊）の指導者だった。ヒトラーは粛清の命令をすでに出していた。（Krockow, C.: Die Deutschen in ihrem Jahrhundert 1890-1990. Rowohlt. Reinbeck bei Hamburg, 1992.）
（12）“Die Stadt ist sehr unruhig”
（13）Hagedorn, F.: “Mindegades skræk”. Herning-bogen 1996.
（14）一九三八年、ルンドのトルステン・トゥンベアによる誕生日の祝いの言葉。資料。
（15）Acta Med. Scand. Suppl. XC, 1938.
（16）ボーディル・スタウンスベアの情報による。
（17）Richter-Friis, H.: Livet på Novo. Gyldendal. Copenhagen 1991.
（18）同注（2）
（19）一九三九年八月のＨ・Ａ・ハッサガーの報告による。資料。
（20）Hagedorn, H. C.: Ugeskrift for Læger 101: 451, 1939.
（21）同注（2）
（22）一九四五年三月二七日付けのハーゲドンの手紙。資料。
（23）Schmidt-Nielsen, B.: August og Marie Krogh. Gyldendal. Copenhagen 1997.
（24）ハーゲドンとクローの往復書簡。資料。
（25）ボーディル・シュミット＝ニールセンの情報による。
（26）同注（23）
（27）同注（24）一九三八年十二月七日付けの手紙。
（28）同注（24）一九三九年七月一五日付けの手紙。
（29）同注（23）
（30）ノルディスク基金理事会の議事録より。資料。
（31）Hagedorn, H. C.: Meddelelser fra Akademiet for de Takniske Videnskaber I: 33, 1949.

10 戦争

（1）Krockow, C. Von: Die Deutschen in ihrem Jahrhundert 1980-1990. Rowohlt. Reinbeck bei Hamburg, 1992.
（2）Fernau, J.: Cäsar lässt gr üssen. Herbig. Munich, 1971.
（3）一九三八年一月一四日付けのハーゲドンとＨ・Ｃ・オルセン博士の往復書簡。資料。
（4）一九三八年九月三日付けのハーゲドンとフランケルの往復書簡。資料。
（5）フランケル事件に関するハーゲドンの往復書簡。資料。
（6）一九三九年一月一五日付け、ロンドンにいたヴァルター・

フランケルからハーゲドンへの手紙。資料。

（7）ハーゲドンの往復書簡。一九三八年一一月二五日付けのヘンリクス宛ての手紙。資料。

（8）トーマス・ローゼンベルクの妻リゼロッテ・ローゼンベルクの情報による。

（9）ハーゲドンとジョスリンの往復書簡。一九三九年八月二日付けのジョスリンの手紙。資料。

（10）Ole Chievitz. Udgivet af en kreds af venner. Nordisk Boghandel 1956.

（11）同右

（12）同右

（13）Hagedorn, H. C.: Ole Chievitz og hans deltagelse i Denmarks frihedskamp. Ch. 10.

（14）一九四五年七月二六日付けのハーゲドンとスネーウムの往復書簡。資料。

（15）同注（13） これ以降、チーヴィッツが本当にこの反対弁論を書いたのかどうかに関して問題視されてきた。おそらく、コペンハーゲンにいた抵抗派の別のメンバー、カール・イェンセンによって草稿が書かれたのだろう。（一九五六年一二月一九日付けのハーゲドンとR・プリッツの往復書簡。資料）

（16）同注（13）

（17）一九四七年九月一日付けのTh.・クヌドソンからハーゲドン宛ての手紙。資料。

（18）一九四九年一二月二日付けのハーゲドンから「自由のデンマーク」医療グループ宛ての手紙。資料。

（19）ハーゲドンの秘書インゲ・プレイスの情報による。

（20）Hagedorn, F.: "Mindegades skræk". Herning-bogen 1996.

（21）一九四三年から四八年までの、警察と外務省への文書および抗議。資料。

（22）同右

（23）一九四三年から四五年までの、ヘアニンの飛行場に関する往復書簡。資料。

（24）一九四〇年八月二〇日付けのヴェルディケからハーゲドン宛ての手紙。資料。

（25）ノボ テラピューティスク研究所が所蔵する国外での膵臓調達に関する覚書。Industrirådet, September 1943.

（26）一九四〇年一月のノボ社の覚書。資料

（27）とはいえ、国はこの件を追及した。「ドイツの賠償に関する監査委員会」はノボ テラピューティスク研究所A／Sを告訴、一九五三年一月一五日には最高裁より、ドイツ領内の調達による売上、約二〇〇万クローネを支払うよう命じる判決が下された。一九五三年一月二九日、デンマーク政府顧問弁護士からハーゲドンへの手紙。資料。

（28）Poulsen, J. E.: H. C. Hagedorn. Dansk medicinhistoriske Årbog 1978.

（29）同右

（30）Hemmingsen, A. M., Krogh, A.: The Assey of Insulin by the Convulsion Dose method on White Mice. League of Nations III, 7: 40, 1926.

（31）大学審査委員会は一九四七年にヘミングセンにコペンハーゲン大学動物学講座教授職を提示。ハーゲドンは生物学研究に大いなる関心をもち、生物学協会の常任ゲストおよび講師で

あった。さらにヘミングセンのほかにも動物学博士エリック・テテンス・ニールセンの研究にも多大な金額を投資して支えた。テテンスは非常に才能に恵まれた学者で、業績の一つとして、ネズミ、魚、昆虫の体温を測る熱電気法の発明がある。

（32）一九二九年九月二九日付けのハーゲドンとヘミングセンの往復書簡。資料。

（33）J・E・ポールセン博士の情報による。

（34）フィン・ハーゲドンの話による。

（35）同右

（36）Hemmingsen, A. M.: Observations on Birds in North Eastern China, Especially Migration at Pei-Tei-Ho Beach. Spolia Zool. Mus. Hauniensis XI: 1-227, 1951.

（37）Poulsen, J. E.: Lecture to conference of NIL heads 23 September 1982. 資料。

（38）ヨハネス・ノーダリュの情報による。

（39）一九五二年、ユングスホード教会に関するハーゲドンの往復書簡。資料。

（40）ペル・ヘンリック・ハーゲドンの情報による。

（41）農園に関するハーゲドンの往復書簡。資料。

（42）一九二六年から七〇年までノルディスク研究所に雇用されていたヴィオラ・マレン・K・イーヴァスの情報による。

（43）Weitze, M.: Hereditary Adiposity in Mice. Store Nordiske Videnskabsboghandel. Copenhagen 1940.

（44）ビアテ・ハーゲドンの情報による。

（45）マリー・ハーゲドンの日記より。家族所有。

（46）同注（28）

（47）一九四三年五月一九日付けのルンドベックからハーゲドン宛ての手紙。資料。

（48）Denmarks Historie. Vol. 14. Politikens Forlag, 1966.

（49）一九四五年五月五日のハーゲドンのメモより。資料。

11 再建

（1）Danmarks Historie. Vol. 14. Politikens Forlag, 1966.

（2）ステファン・ユルゲンセンの娘ルース・プラム博士の情報による。

（3）ロンネベルクの件に関するハーゲドンの往復書簡。資料。

（4）Bendixen, Morgens: Det skete altsammen på Fattiggårdens mark. Centralsygehuset i Herning, 1985.

（5）ハーゲドンとH・C・オルセン博士の往復書簡。資料。

（6）Krayenbühl, Ch.: Report on insulin production at NIL. 25 November 1970. 資料。

（7）一九四六年一月二九日付けのヒムスワースからハーゲドン宛ての手紙。資料。

（8）ハーゲドンの往復書簡。資料。

（9）同注（6）

（10）イェンス・ブルスゴーの情報による。

（11）特許25.310の解除に関するハーゲドンの往復書簡。資料。

（12）Krayenbühl, Ch.: Report on the development of protamine insulin at NIL. 26 May 1971. 資料。

（13）トーマス・ローゼンベルクの未亡人リゼロッテ・ローゼン

ベルクの情報による。

(14) 速効型インスリンは、プロタミンインスリン結晶に対する溶解度はゼロに近かったが、非結晶性プロタミンインスリンに対する溶解度はかなり高く、そのため通常のインスリンに特徴的な迅速な効果が失われるのが通例であった。

(15) プロタミンインスリンと速効型インスリンの混合製剤が製品化されたのはずっと先のことであるが、その理由は、両者の最適な配分が患者によって異なったからにほかならない。

(16) Krayenbühl, C., Rosenberg, Th.: Crystalline Protamine Insulin. Rep. Steno Mem. Hosp. and the Nordisk Insulinlaboratorium I: 60, 1946.

(17) ハーゲドンとインスリン委員会のA・F・フィッシャーとの往復書簡。資料。

(18) 一九四七年六月から一二月の間のハーゲドンとペックの往復書簡。資料。

(19) ド・デューヴのノーベル賞受賞理由は、グルカゴンの発見ではなかった。しかしサザーランドと共同で、高血糖因子は膵臓から分泌されるホルモンで、大半のインスリン製剤においては夾雑物として現れることを証明した。(Sutherland, E. W., Duve, C. de: J. Biol. Chem. 175: 663, 1948)

(20) カイ・ブリュンフェルトの情報による。

(21) Hagedorn, H. C., Hallstrøm, F., Norman Jensen, B.: Hospitalstidende 78: 1193, 1935.

(22) Iversen, M.: Sådan husker jeg det. Livserindring. 1922. 個人所有。

(23) ハーゲドンと米国糖尿病協会の往復書簡、および一九四六年一〇月二日付けのジョスリンの手紙。資料。

(24) Iversen, M.: The Pituitary and the Adrenals in their Relation to the Effect of Alloxan on the Bloodsugar. Rep. Steno Mem. Hosp. and the Nordisk Insulinlaboratorium II: 1947.

(25) 特許番号64.453。デンマーク特許庁。

(26) Richter-Friis, H.: Livet på Novo. Gyldendal. Copenhagen, 1991.

(27) マリー・ハーゲドンの日記メモより。家族所有。

(28) 一九四八年、ノルディスク研究所による南極探検。ノルディスク研究所理事会への報告。資料。

(29) 一九四七年八月三〇日、特許番号3296/47の出願。デンマーク特許庁。

(30) Hagedorn, H.C.: Rejsen med M/T "Jasmin". 未刊行資料。

(31) ニールス・シュヴァルツ・ソレンセン博士の情報による。

(32) Hagedorn, H. C.: To the Antarctic for Insulin. Am. Diab. Ass. Forecast V: no. 5, 1, 1952.

12 敬意

(1) 一九四二年から四五年の間のハーゲドンとデンマーク糖尿病協会の往復書簡。資料。

(2) Published in Rep. Steno Mem. Hosp. and Nordisk Insulinlaboratorium, 1948.

(3) ボーディル・クヌドセン(旧姓ミュラー)の情報による。

(4) 特許25.310の解除に関するハーゲドンの往復書簡。資料。

(5) ノルディスク基金理事会の議事録より。資料。引用はノルウェーの作家アレクサンダー・キーランドの小説『船主ヴォルシェ』"Skipper Worse"から。

（6）エミル・ペターセンの情報による。

（7）クライエンブールから妻カーメンへの手紙。家族所有。

（8）グロビンインスリンは、一九三九年に米国で市場化されたが、ヨーロッパではまったく関心が集まらず、一九五三年までプロタミンインスリンとスルフェンインスリンが市場を独占した。スルフェンインスリンは一九三七年、ドイツのラウテンシュレーガー、デルスバッハ、シャウマンの三氏によって開発され（Dörsbach E.: Depotinsuline in Stich W. & Maske H.: Insulin und Insulintherapie. Urban & Schwarzenberg. Munich & Berlin, 1956）、中欧を中心にデポットインスリン・フェスト Depot Insulin Hoechst の名称で市場化された。同製剤の効果は、組織液に対し不溶性に近い性質を持つ、インスリンと合成物質であるスルフェンの複雑な構造による。

（9）Izzo, J., Kunz, W.: Studies on Modified Insulins. Proc. Am. Diab. Ass. 9: 226, 1949.

（10）同右

（11）ハーゲドンとペックの往復書簡。資料。

（12）一九五二年一一月二一日付けの手紙。資料。

（13）同注（7）

（14）一二本の学位論文は以下の通り。

N. R. Haagensen: Studies on Obesity, 1955.

N. Keiding: Protein-Bound Carbonhydrates and Proteins of Serum from Diabetic Patients and the Relation on the Late Diabetic Manifestations, 1957.

N. Schwartz-Sørensen: Studies on Liver Phosphorylase, 1958.

H. W. Larsen: Diabetic Retinopathy, 1959.

Chr. Rud: The Hexokinase Activity in Adipose Tissu. An Investigation in Mice and Men, 1960.

Ø. Aagenæs: Neurovascular Examinations on the Lower Extremities in Young Diabetics, with Special Reference to the Autonomous Neuropathy, 1963.

T. Deckert: Insulin Antibodies, 1964.

F. Valdorf-Hansen: Nogle undersøgelser over trombocyt- og koagulations-forhold hos diabetikere, 1967.

K. R. Jørgensen: Immunologisk insulinbestemmelse. Metodologiske og kliniske studier, 1972.

V. H. Asfeldt: Fluometrisk bestemmelse af corticosteroider I plasma. Metodologiske og kliniske studier, 1973.

F. K. Hanssen: Urinary Growth Hormone, 1975.

O. Ortved Andersen: Anti-insulin antistoffer. Faktorer af betydning for deres dannelse, 1977.

（15）Poulsen, J. E.: Diabetes 2: 7, 1953.

（16）ミス・ウッドストラップによって記録された、一九五一年一〇月二二日から一一月二日の旅行に関する報告。個人所有。

（17）同注（3）

（18）Hagedorn, H. C.: Scand. Arch. f. Physiol. 80: 156, 1938.

（19）Beecher, H. K: Krogh, A.: Nature 137, 458, 1936.

（20）Bang H. O.: Acta Pharmacol. 2: 79, 1946.

（21）ただし、この結論に関しては後に疑問が表明された。Kurtz, A. B., Markanday, S.: Br. Diab. Asso. Meeting 1985, abstract p. 48

(22) ハーゲドンとトーマス・ローゼンベルクの往復書簡、一九四九年九月一六日付けの手紙。資料。
(23) 一九五一年八月二一日付けの米国糖尿病協会会長からの手紙。資料。
(24) 一九五四年三月四日付けの手紙。資料。
(25) Richter-Friis, H.: Livet på Novo. Gyldendal. Copenhagen 1991.
(26) 一九四六年『医師週報』Ugeskrift for Læger における討論。
(27) 特許番号 88.273（出願一九五一年三月六日、受理一九五九年一二月十四日）。デンマーク特許庁。
(28) Poulsen, J. E.: Acta Endocrinol Suppl. 118: 28, 1967.
(29) Poulsen, J. E.: H. C. Hagedorn. Danske medicinhistorisk Årborg, 1978.
(30) Poulsen, J. E.: Lecture at NIL leaders' conference 23 September 1982. 資料。
(31) 一九八二年九月一五日付けのクヌド・アビルゴーからハーゲドンへの手紙。資料。
(32) リナストロム＝ラングはハーゲドンへの手紙の中で、血漿からタンパク質を分離する新方法について説明するとともに、同方法を用いた血漿タンパク質の量産について検討した（一九四五年秋のリナストロム＝ラングからハーゲドンへの手紙。資料）。
(33) 尿崩症は糖尿病とは異なる。両方とも多尿を特徴とするが、尿崩症は糖尿病と異なり血糖値は正常である。ノルディスク研究所が開発した調剤は鼻から吸引でき、効果もきわめて高かった。
(34) 血液型決定のためのチャートは一九五〇年、クヌド・エルドン博士（1918-1950）によって開発された。血液型決定に必要な血清反応を処理された厚紙の表で行えるのが利点であり、誤りの危険が減るほか、反応も安定しており、患者のカルテとともに保管することが可能であった。デンマーク血清研究所がこの発明に興味を示さなかったため、エルドンはハーゲドンに相談をもちかけたところ、ハーゲドンはすぐにこれを評価し、血清研究所の鼻をあかしてやろうと考えた。一九五一年には特許を取得し（デンマーク特許番号 78.626）、エルドンはノルディスク研究所に好待遇で迎えられた。
(35) Fønss-Bech, P.: A Study on Growth Hormone of Pituitary Lobe. Dissertation. Copenhagen, 1948.
(36) 内務省と貿易省の往復書簡。資料。
(37) カーメン・クライエンブールとクヌド・アビルゴーの情報による。
(38) Poulsen, J. E.: Lecture at conference of NIL leaders, 23 September 1982. 資料。
(39) 一九五七年二月二七日付けのハーゲドンとリナストロム＝ラングとの往復書簡。資料。
(40) 同注（37）
(41) 同注（29）
(42) Å・Th・B・ヤコブセンのメモ。家族所有。
(43) リセ・ヴィシングの情報による。
(44) ボーディル・クヌドセン（旧姓ミュラー）の情報による。
(45) リル号航海日誌。資料。
(46) Pulrcha sunt quae videntur.
Pulchriora quae sciuntur.

Longe pulcherrima quae ignorantur.
(47) イェンス・ブルスゴーの情報による。
(48) 今日ではハーゲドン研究所として知られている。
(49) 肉筆原稿のタイトルは次の通り。「ニコラス・ステノによる筋肉学諸原理の試論、あるいは、筋肉幾何学図解。サメの頭部解剖図、および、サメ科魚類の解剖図付き」"Nicolai Stenonis Elementorum Myologiae Specimen seu Musculi descriptio geometrica. Cui accedunt Canis Carchariae dissectum caput et dissectus piscis ex Canum genere"
(50) ハーゲドンの就任演説のための手稿。資料。

13 病気と死

(1) Hagedorn, H. C.: Diabetes mellitus. Rep. Steno Mem. Hosp. and the Nordisk Insulinlaboratorium. Vol. VI. 1956.
(2) Poulsen, J. E.: H. C. Hagedorn. Dansk medicinhistorisk Årbog, 1978.
(3) 一九六〇年三月二日、前立腺の手術の際にポールセン博士によって書き留められたハーゲドンの病歴。資料。
(4) Krayenbühl, Ch., Poulsen, J. E.: Danish Med. Bull. 6: 270, 1959.
(5) Hagedorn, F.: "Mindegades skræk". Herning-bogen 1996.
(6) チャールズ・ボーナム（スタウァビュ在住）の情報による。
(7) ヘニング・オッレゴーの情報による。
(8) ハーゲドンの姪マリー・ハーゲドンの情報による。
(9) 一九五三年のハーゲドンとゲルハルト・カッチュの往復書簡。資料。
(10) 看護師グートルン・ベイアー・オークレーの情報による。
(11) 同注（6）
(12) 一九六九年九月一一日のイングリッド・ウッドストラップからヘニング・クロー宛の手紙。資料。
(13) ボーディル・クヌドセン（旧姓ミュラー）の情報による。
(14) 同注（9）
(15) ハーゲドンのメモ断片への序文。資料。
(16) イェンス・ブルスゴーによって作成されたハーゲドンの財務記録。資料。
(17) 一九七一年のニールス・キュルビュ、J・E・ポールセン、エリック・ハーゲドン、クヌート・ハーゲドンによる往復書簡。
(18) 一九七〇年に行われたノルディスク研究所とノボ社の会議議事録。資料。
(19) 一九七二年一一月一九日付け、イングリッド・ウッドストラップからÅ・Th・B・ヤコブセン教授宛ての手紙。資料。
(20) 同注（16）
(21) モーンス・イヴァーセンの情報による。
(22) ペル・ヘンリック・ハーゲドンの情報による。
(23) 葬儀屋の説明による。資料。
(24) リセ・ヴィシングの情報による。
(25) Requiem aeterna dona eis, Domine, et lux perpetua luceat eis.
(26) Poulsen, J. E.: H. C. Hagedorn. Dansk medicinhistorisk Årbog, 1978.
(27) 一九七一年のマリア・ハーゲドンの往復書簡。資料。
(28) 最高裁判所弁護士H・O・フィッシャー・ミュラーが作成

したH・C・ハーゲドンとマリア・ハーゲドンの遺言書。公証資料。

< 訳者略歴 >

大森安恵（おおもり・やすえ）

高知県安芸市に生まれる
1956 年　東京女子医科大学卒業
1957 年　同大学第二内科入局。以後、糖尿病の臨床・研究に従事
1981 年　同大学糖尿病センター教授
1991 年　同センター所長兼主任教授
1997 年　定年退職、名誉教授。済生会栗橋病院副院長
　　　　第 40 回日本糖尿病学会で女性初の会長を務める
2002 年　東日本循環器病院・糖尿病センター所長。現在に至る

「糖尿病と妊娠に関する研究会」を 1985 年に創設し同代表世話人。2000 年に「日本糖尿病・妊娠学会」に変革し 2006 年まで理事長、現在は名誉理事長。2006 年 5 月、国際糖尿病連合と国連の共同作業 UN Resolution for Diabetes の「糖尿病と妊娠」部門ワーキングメンバーに選ばれ、2007 年 2 月に国連で糖尿病と妊娠に関するスピーチを行う。

〔著書〕『女医のこころ』（河出書房新社）、『間違いだらけの糖尿病の常識』（時空出版）ほか、糖尿病と妊娠に関する学術論文、著書は多数。

成田あゆみ（なりた・あゆみ）

1970 年　東京に生まれる
　　　　ブルガリア、横浜で育つ
1993 年　一橋大学経済学部卒業
1995 年　一橋大学大学院社会学研究科修了
現　在　英日翻訳者

〔著書〕『大学入試 英語総合問題のトレーニング』（Z 会）、『ウィズダム和英辞典』『ウィズダム英和辞典第 2 版』（三省堂、共著）

ハーゲドン　情熱の生涯
理想のインスリンを求めて

二〇〇七年九月一日　第一刷発行
二〇〇七年九月二〇日　第二刷発行

著者　トルステン・デッカート
訳者　大森安恵
　　　成田あゆみ
発行者　藤田美砂子
発行所　時空出版
〒112-0002　東京都文京区小石川四-一八-三
電話　東京〇三（三八一二）五三一三
印刷所　モリモト印刷株式会社
ISBN978-4-88267-042-1